W0206095

Einführung in
Perl für Bioinformatik

Einführung in Perl für Bioinformatik

James D. Tisdall

Deutsche Übersetzung von
Peter Klicman

O'REILLY®
Beijing · Cambridge · Farnham · Köln · Paris · Sebastopol · Taipei · Tokyo

Die Informationen in diesem Buch wurden mit größter Sorgfalt erarbeitet. Dennoch können Fehler nicht vollständig ausgeschlossen werden. Verlag, Autoren und Übersetzer übernehmen keine juristische Verantwortung oder irgendeine Haftung für eventuell verbliebene Fehler und deren Folgen.
Alle Warennamen werden ohne Gewährleistung der freien Verwendbarkeit benutzt und sind möglicherweise eingetragene Warenzeichen. Der Verlag richtet sich im wesentlichen nach den Schreibweisen der Hersteller. Das Werk einschließlich aller seiner Teile ist urheberrechtlich geschützt. Alle Rechte vorbehalten einschließlich der Vervielfältigung, Übersetzung, Mikroverfilmung sowie Einspeicherung und Verarbeitung in elektronischen Systemen.

Kommentare und Fragen können Sie gerne an uns richten:
O'Reilly Verlag
Balthasarstr. 81
50670 Köln
Tel.: 0221/9731600
Fax: 0221/9731608
E-Mail: kommentar@oreilly.de

Copyright der deutschen Ausgabe:
© 2002 by O'Reilly Verlag GmbH & Co. KG
1. Auflage 2002

Die Originalausgabe erschien 2001 unter dem Titel
Beginning Perl for Bioinformatics im Verlag O'Reilly & Associates, Inc.

Die Darstellung von Kaulquappen im Zusammenhang mit dem Thema Perl für Bioinformatik ist ein Warenzeichen von O'Reilly & Associates, Inc.

Die Deutsche Bibliothek - CIP - Einheitsaufnahme

Ein Titeldatensatz für diese Publikation ist
bei der Deutschen Bibliothek erhältlich.

Übersetzung und deutsche Bearbeitung: Peter Klicman, Köln
Lektorat: Michael Gerth, Köln
Korrektorat: Oliver Mosler, Köln
Fachkorrektorat: Vladimir Klebanov
Satz: G&U e.Publishing Services GmbH, Flensburg
Umschlaggestaltung: Ellie Volckhausen, Pam Spremulli & Melanie Wang, Boston
Produktion: Geesche Kieckbusch, Köln
Belichtung, Druck und buchbinderische Verarbeitung:
Druckerei Kösel, Kempten; www.koeselbuch.de

ISBN 3-89721-293-5

Dieses Buch ist auf 100% chlorfrei gebleichtem Papier gedruckt.

Inhalt

Vorwort von James Tisdall zur deutschen Ausgabe

Ich hoffe, daß dieses Buch Biologen und in der medizinischen Forschung Tätigen eine schnelle und effektive Möglichkeit bietet, sich nützliche Programmierfertigkeiten für das Labor anzueignen.

Während die Menge biologischer Daten ständig anstieg, wurde die Programmierung von Computern zu einer wichtigen Fertigkeit für die Forschung. Der Erfolg des internationalen Humangenom-Projekts und der Sequenzierung vieler Modellorganismen haben zu einer neuen Basis grundlegender Daten für die biologische Forschung geführt.

Zum Beispiel ist, während diese Zeilen geschrieben werden, die Sequenzierung eines Großteils des Maus-Genoms fast abgeschlossen. Das ist eine Ressource, die für den Fortschritt der Wissenschaft und der Medizin potentiell von sehr großer Bedeutung ist. Die Fähigkeit, Gene über Spezies hinweg zu vergleichen, ist ein besonders wichtiger Ansatz bei der Suche nach Heilmitteln für viele schwere Krankheiten. Solche Vergleiche werden meist mit Hilfe von Computerprogrammen vorgenommen.

Die Bioinformatik-Programmierung ist nun in vielen ähnlichen Forschungsgebieten – großen wie kleinen – von Nutzen. Dieses Buch soll Ihnen als Einstiegspunkt dienen, von dem aus Sie sich Programmierfähigkeiten aneignen können. Ein zweiter Band, an dem ich gerade schreibe, macht an der Stelle weiter, an der dieser erste, einführende Band endet.

Ich freue mich sehr, dieses Buch in einer deutschen Übersetzung zu sehen. Ich möchte mich für die Arbeit von Peter Klicman, Vladimir Klebanov und Michael Gerth bedanken, die diese deutsche Übersetzung geschaffen haben. Ich möchte mich an dieser Stelle auch bei meinen deutschsprachigen Freunden und Kollegen für unsere berufliche und musikalische Zusammenarbeit in Europa, New York und sonstwo bedanken. Ein besonderer Dank gilt der Familie Bélard aus Stuttgart-Vaihingen, die sich meiner Tochter Rose gegenüber besonders freundlich gezeigt haben, als diese als Austauschstudentin bei ihnen lebte. Dieser Dank geht auch an deren Sohn André Bélard, der uns während seines eigenen Studiums in den Vereinigten Staaten als Mitglied unserer Familie so viel gab. Ich widme diese Ausgabe der Zukunft unserer Kinder.

James Tisdall
Februar 2002

Vorwort

Was ist Bioinformatik?

Die Menge biologischer Daten wächst rasant an. Öffentliche Datenbanken wie GenBank und die Protein Data Bank wachsen seit geraumer Zeit exponentiell. Mit der Entwicklung des World Wide Web und der Einführung schneller Internetverbindungen kann auf die Daten dieser Datenbanken (und auf viele Spezialprogramme) einfach, schnell und kostengünstig von jeder Stelle der Welt aus zugegriffen werden. Das hat zur Folge, daß computerbasierte Werkzeuge eine immer entscheidendere Rolle beim Fortschreiten der biologischen Forschung spielen.

Bioinformatik, eine sich schnell entwickelnde Disziplin, ist die Anwendung von Werkzeugen und Techniken der Informatik zur Verwaltung und Analyse biologischer Daten. Der Begriff Bioinformatik ist relativ neu und schließt, so wie er hier definiert wird, solche Begriffe wie Computergestützte Biologie (Computional Biology) und andere mit ein. Die Nutzung von Computern in der biologischen Forschung gab es aber schon viele Jahre vor der Einführung des Begriffs Bioinformatik. So hat man sich zum Beispiel bei der Ermittlung der dreidimensionalen Proteinstrukturen in kristallographischen Röntgenuntersuchungen schon lange Zeit auf die Computeranalyse der Daten verlassen. In diesem Buch bezeichne ich die Verwendung von Computern in der biologischen Forschung als Bioinformatik. Es ist aber wichtig, sich dessen bewußt zu sein, daß andere Leute andere Unterscheidungen zwischen diesen Begriffen treffen. Vor allem wird der Begriff Bioinformatik häufig in Verbindung mit den Daten und Techniken verwendet, die bei umfangreichen Sequenzierungen und zur Analyse ganzer Genome wie etwa *C. elegans*, *Arabidopsis* und *Homo sapiens* eingesetzt werden.

Was die Bioinformatik leisten kann

Hier ein kurzes Beispiel für angewandte Bioinformatik. Nehmen wir einmal an, Sie haben ein sehr interessantes Segment Maus-DNA entdeckt, von dem Sie vermuten, daß es einen Hinweis auf die Entwicklung tödlicher Hirntumore beim Menschen geben kann. Nach der Sequenzierung der DNA starten Sie eine Suche in GenBank und anderen Datenquellen mit Hilfe webbasierter Sequenzalignment-Werkzeuge wie etwa BLAST. Zwar finden Sie einige verwandte Sequenzen, aber keine direkte Übereinstimmung und auch keine Informationen, die auf eine Bedeutung in der Tumorentwicklung hindeuten. Sie wissen, daß die öffentlichen Gendatenbanken täglich und schnell wachsen. Sie würden Ihre Suche gern jeden Tag durchführen und die Ergebnisse mit den vorherigen Suchen vergleichen, um zu sehen, ob etwas Neues in den Datenbanken steht. Nun würde das aber ein oder zwei Stunden täglich beanspruchen! Glücklicherweise können Sie Perl. In nur einem Tag entwickeln Sie ein Programm (das unter anderem das Bioperl-Modul nutzt), das jeden Tag automatisch eine BLAST-Suche nach Ihrer DNA-Sequenz in GenBank durchführt, das Ergebnis mit dem Ergebnis des Vortags vergleicht und Ihnen eine E-Mail schickt, wenn es irgendwelche Änderungen gibt. Dieses Programm ist so nützlich, daß Sie es auch für andere Sequenzen einsetzen und auch Ihre Kollegen beginnen, damit zu arbeiten. Innerhalb einiger Monate hat die Anstrengung eines Tages Ihnen und Ihren Kollegen viele Wochen Arbeit gespart. Dieses Beispiel stammt aus dem Leben. Es gibt heutzutage Programme, die Sie zu diesem Zweck nutzen können, ja sogar Websites, denen Sie Ihre DNA-Sequenz und Ihre E-Mail-Adresse übermitteln und die dann die ganze Arbeit für Sie erledigen!

Dies ist nur ein kleines Beispiel dafür, was passiert, wenn Sie die Leistungsfähigkeit der Informatik auf ein biologisches Problem anwenden. Das ist Bioinformatik.

Über dieses Buch

Dieses Buch ist eine Einführung in die Programmierung für Biologen und wendet sich an den Programmier-Einsteiger. Die Beispiele und Übungen verwenden mit nur wenigen Ausnahmen biologische Daten. Das Buch verfolgt im wesentlichen zwei Ziele: Es vermittelt Programmierkenntnisse und wendet diese auf interessante biologische Bereiche an.

Ich möchte, daß Sie so schnell und so »schmerzlos« wie möglich mit dem Programmieren beginnen können. Im Vordergrund steht die Einfachheit der Erklärung, nicht die umfassende Behandlung eines Themas. Ich werde die Programmierkonzepte nicht immer genau definieren, da formale Definitionen verwirrend sein können.

Die Programmiersprache Perl macht es möglich, sehr schnell mit der Entwicklung realer Programme zu beginnen. Während Sie das Buch und die Online-Dokumentation von Perl weiter studieren, werden Sie selbständig Details einfügen, bessere Möglichkeiten kennenlernen, bestimmte Dinge zu tun, und Ihr Verständnis von Programmierkonzepten verbessern.

Abhängig von Ihrem persönlichen Lernstil können Sie das Material auf verschiedene Arten angehen. Eine Möglichkeit, wie der König zu Alice sagte, ist folgende: »Fang am Anfang an und lies, bis du ans Ende gelangst; dann hör auf.« (Diese Zeile aus *Alice im Wunderland* wird häufig als wunderliche Definition eines Algorithmus verwendet.) Das Material ist so organisiert, daß es auf diese Weise gelesen werden kann, wie eine Erzählung vom Anfang bis zum Ende.

Ein anderer Ansatz besteht darin, die Programme auf Ihren Computer zu übertragen, sie auszuführen, zu sehen, was sie tun, und vielleicht hier und da etwas zu ändern, um zu sehen, welche Auswirkungen Ihre Änderungen auf das Programm haben. Das kann mit einem schnellen Überfliegen des Textes im entsprechenden Kapitel kombiniert werden. Diese Vorgehensweise ist ein gängiger Ansatz von Programmierern, wenn diese eine neue Sprache erlernen. Grundsätzlich lernen Sie durch Imitation, indem Sie sich echte Programme ansehen.

Jeder, der Perl für die Bioinformatik erlernen möchte, sollte sich an den Übungen versuchen, die am Ende der meisten Kapitel zu finden sind. Die Reihenfolge entspricht ungefähr dem Schwierigkeitsgrad, und einige der höher numerierten Übungen sind ziemlich anspruchsvoll und können durchaus das Niveau von Kursprojekten erreichen. Weil es bei Perl mehr als nur einen Weg gibt, die Dinge zu lösen, gibt es für die Übungen nicht nur eine richtige Antwort. Wenn Sie ein Programmier-Einsteiger sind und eine Übung auf welche Weise auch immer lösen können, dann haben Sie die Übung erfolgreich gemeistert. Die von mir empfohlenen Lösungen zu den Übungen finden Sie unter *http://www.oreilly.de/catalog/begperlbioger/* bzw. *http://examples.oreilly.com/begperlbio/*.

Ich hoffe, daß das Material in diesem Buch nicht nur als praktische Einführung dienen wird, sondern auch als erster Schritt zu einem Forschungsprogramm, falls Sie zu dem Schluß kommen, daß die Bioinformatik eine vielversprechende Forschungsrichtung ist, oder als ein nützlicher Helfer bei laufenden Untersuchungen.

An wen sich dieses Buch richtet

Dieses Buch ist eine praktische Einführung in die Programmierung für Biologen.

Der Bedarf an Programmierkenntnissen ist in der biologischen Forschung und Entwicklung mittlerweile sehr hoch. Früher wurde die Programmierung nur selten als wichtige Qualifikation für Biologen am Labortisch betrachtet, jüngste Trends in der Biologie haben die Computeranalyse großer Datenmengen allerdings inzwischen zu einem zentralen Punkt vieler Forschungsprogramme gemacht. Dieses Buch ist als praktische und kompakte Einführung für den vielbeschäftigten Biologen gedacht, der praktische Programmierfähigkeiten in der Bioinformatik entwickeln möchte. Wenn Sie also ein Biologe sind, der das Programmieren erlernen muß, dann ist dieses Buch für Sie genau richtig. Sein Ziel ist es, Ihnen beizubringen, wie man nützliche und praktische Bioinformatik-Programme so schnell und so schmerzlos wie möglich entwickeln kann.

Dieses Buch führt die Programmierung als wichtige neue Qualifikation für die Arbeit im Labor ein. Es enthält eine Einführung in die Programmierung zusammen mit einer Reihe von »Protokollen« oder Programmiertechniken, die im Labor direkt von Nutzen sein können. Der primäre Zweck ist aber das Erlernen der Programmierung, nicht der Aufbau eines umfassenden Werkzeugkastens.

Es gibt eine reale Vermischung von Fähigkeiten und Ansätzen zwischen Labortisch und Computerprogrammierung. Viele Leute sehen sich in der biologischen Forschung im Verlaufe eines Tages – oder einer Karriere – zwischen dem Aufsetzen der Elektrophorese-Gele und der Entwicklung eines Perl-Programms hin und her wechseln. Natürlich ist die Programmierung eine eigene Disziplin mit eigenen Methoden und einer eigenen Terminologie und muß daher mit ihren eigenen Begriffen angegangen werden. Dennoch erfolgt eine gegenseitige Befruchtung (wenn Sie mir diese Metapher verzeihen wollen) zwischen den beiden Disziplinen.

Die Übungen in diesem Buch weisen unterschiedliche Schwierigkeitsgrade auf (für diejenigen, die es in einem Kurs oder zum Selbststudium verwenden). (Fast) alle Beispiele basieren auf realen biologischen Problemen, und dieses Buch liefert Ihnen eine gute Einführung in die gängigsten Programmierprobleme der Bioinformatik und in die am häufigsten verwendeten computerbasierten biologischen Daten.

Warum programmieren lernen?

Weil viele Forscher, die ihre Arbeit als »Bioinformatik« beschreiben, überhaupt nicht programmieren, sondern statt dessen von anderen entwickelte Programme verwenden, drängt sich die Frage auf: »Muß ich für die Bioinformatik wirklich programmieren lernen?« Auf einer Ebene lautet die Antwort: Nein, Sie müssen nicht. Sie können eine ganze Menge erreichen, indem Sie vorhandene Werkzeuge nutzen, und es gibt Bücher und Dokumentationen, die Ihnen beibringen, wie man diese Tools nutzt. Auf einer anderen, höheren Ebene ändert sich die Antwort auf diese Frage aber. Was passiert, wenn Sie etwas machen möchten, was ein existierendes Tool nicht kann? Was passiert, wenn Sie kein Tool finden können, um eine bestimmte Aufgabe zu erledigen, und Sie auch niemanden finden, der es für Sie schreibt?

An diesem Punkt müssen Sie lernen, wie man programmiert. Und selbst wenn Sie sich größtenteils auf existierende Programme und Tools verlassen, kann es sich auszahlen, soviel zu lernen, daß man kleine Programme selbst schreiben kann. Kleine Programme können unglaublich nützlich sein. Zum Beispiel können Sie mit etwas Erfahrung lernen, wie man Programme schreibt, die andere Programme ausführen, und es sich so ersparen, stundenlang vor dem Computer sitzen und Dinge von Hand tun zu müssen.

Viele Wissenschaftler beginnen mit der Entwicklung kleiner Programme und stellen fest, daß ihnen das Programmieren wirklich Spaß macht. Als Programmierer müssen Sie sich niemals Sorgen darüber machen, nicht das passende Werkzeug für Ihre Bedürfnisse zu finden; Sie können es ja selbst schreiben. Dieses Buch versetzt Sie in die Lage dazu.

Der Aufbau dieses Buches

Dieses Buch besteht aus dreizehn Kapiteln und zwei Anhängen. Nachfolgend sehen Sie eine kurze Übersicht:

Kapitel 1, *Biologie und Informatik*
: Dieses Kapitel behandelt einige Schlüsselkonzepte der Molekularbiologie und beschreibt, wie Biologie und Informatik zusammenpassen.

Kapitel 2, *Erste Schritte mit Perl*
: Dieses Kapitel zeigt, wie Sie Perl auf Ihrem Computer einrichten und lauffähig machen.

Kapitel 3, *Die Kunst des Programmierens*
: Kapitel 3 enthält eine Übersicht darüber, wie Programmierer ihre Aufgaben erledigen. Einige der wichtigsten praktischen Strategien guter Programmierer werden erklärt, und wir zeigen Ihnen, wo Sie Antworten auf Fragen finden, die während der Programmierung auftreten. Diese Ideen werden anhand kurzer Fallstudien erläutert, die verdeutlichen, wie Programmierer eine Lösung für ein gegebenes Problem finden.

Kapitel 4, *Sequenzen und Strings*
: In Kapitel 4 beginnen Sie mit dem Schreiben von Perl-Programmen mit DNA und Proteinen. Die Programme transkribieren DNA nach RNA, verbinden Sequenzen, bilden komplementäre DNA-Stränge, lesen Sequenzdaten aus Dateien und vieles mehr.

Kapitel 5, *Motive und Schleifen*
: Dieses Kapitel macht mit den Grundlagen von Perl weiter. Vorgestellt werden Programme, die in DNA oder Proteinen nach Motiven suchen, mit dem Benutzer über die Tastatur interagieren, Daten in Dateien schreiben, Schleifen verwenden und Bedingungen prüfen, reguläre Ausdrücke nutzen und mit Strings und Arrays arbeiten.

Kapitel 6, *Subroutinen und Bugs*

Dieses Kapitel erweitert Ihr Grundlagenwissen zu Perl in zwei Richtungen: Subroutinen, die ein wichtiges Mittel zur Strukturierung von Programmen sind, und die Verwendung des Perl-Debuggers, mit dessen Hilfe man ein laufendes Perl-Programm detailliert untersuchen kann.

Kapitel 7, *Mutationen und Zufall*

Genetische Mutationen, die für die Biologie grundlegend sind, werden in Perl als zufällige Ereignisse mit Hilfe eines Zufallszahlengenerators modelliert. Dieses Kapitel nutzt Zufallszahlen zur Generierung von Datensätzen mit DNA-Sequenzen und zur wiederholten Mutation der DNA-Sequenz. Schleifen, Subroutinen und lexikalisches Scoping werden ebenfalls erläutert.

Kapitel 8, *Der genetische Code*

Dieses Kapitel zeigt, wie man DNA mit Hilfe des genetischen Codes in Proteine übersetzt. Es zeigt Ihnen auch ein gutes Stück mehr von Perl, etwa den Hash-Datentyp, sortierte und nicht sortierte Arrays, die binäre Suche, relationale Datenbanken und DBM sowie den Umgang mit FASTA-formatierten Sequenzdaten.

Kapitel 9, *Restriktionskarten und Reguläre Ausdrücke*

Dieses Kapitel enthält eine Einführung in die regulären Ausdrücke bei Perl. Wir konzentrieren uns dabei hauptsächlich auf die Entwicklung eines Programms zur Berechnung einer Restriktionskarte für eine DNA-Sequenz.

Kapitel 10, *GenBank*

Die Genetic Sequence Data Bank (GenBank) spielt in der modernen Biologie und in der Bioinformatik eine zentrale Rolle. In diesem Kapitel lernen Sie Programme zu entwickeln, die Informationen aus GenBank-Dateien und -Bibliotheken herauslesen. Sie werden auch eine Datenbank anlegen, die Ihnen ein eigenes, sehr schnelles Heraussuchen von Daten aus einer GenBank-Bibliothek ermöglicht.

Kapitel 11, *Protein Data Bank*

Dieses Kapitel entwickelt ein Programm, das Dateien der Protein Data Bank (PDB) verarbeiten kann. Dabei werden einige interessante Perl-Techniken vorgestellt, etwa die Suche und Iteration über viele Dateien hinweg und die Steuerung anderer Bioinformatik-Programme aus einem Perl-Programm heraus.

Kapitel 12, *BLAST*

Kapitel 12 entwickelt Code für die Verarbeitung von BLAST-Ausgabedateien. Ebenfalls erwähnt werden das Bioperl-Projekt und dessen BLAST-Parser sowie einige zusätzliche Möglichkeiten, Ausgaben mit Perl aufzubereiten.

Kapitel 13, *Weiterführende Themen*

Kapitel 13 wirft einen Blick auf einige Themenbereiche, die über den Rahmen dieses Buches hinausgehen.

Anhang A, *Ressourcen*
: In diesem Anhang haben wir Ressourcen zu Perl und zur Bioinformatik-Programmierung zusammengefaßt, wie z. B. Bücher und Websites.

Anhang B, *Perl-Zusammenfassung*
: Dieser Anhang enthält eine Zusammenfassung der in diesem Buch behandelten Aspekte von Perl (und ein wenig mehr).

Die Programm-Beispiele zu diesem Buch

Die Website zu diesem Buch, *http://www.oreilly.de/catalog/begperlbioger/*, enthält alle Programmcodes des Buches zum bequemen Herunterladen, einschließlich aller Übungen und Lösungen, sowie weitere Informationen.[1]

In diesem Buch verwendete Konventionen

Folgende typographische Konventionen werden in diesem Buch verwendet:

Kursive Schrift
: Wird für Befehle, Dateinamen, Verzeichnisnamen, Variablen, Module, URLs und bei der Einführung eines neuen Begriffs verwendet.

`Nichtproportionalschrift`
: Wird in Codebeispielen und für die Ausgabe von Befehlen verwendet.

Dieses Icon kennzeichnet einen wichtigen Hinweis zum nebenstehenden Text.

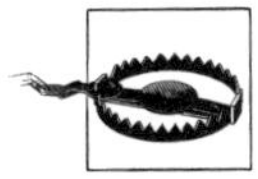

Dieses Icon kennzeichnet eine Warnung, die sich auf den nebenstehenden Text bezieht.

Danksagungen

Ich würde gern meiner Lektorin Lorrie LeJeune und jedem bei O'Reilly & Associates für ihr Können, ihren Enthusiasmus, die entgegengebrachte Unterstützung und Aufmerksamkeit danken. Ich möchte meinen technischen Korrektoren Cynthia Gibas, Joel Gres-

[1] *Programmcode*, oder einfach *Code*, steht für ein Computerprogramm – die Perl-Befehle, die ein Programmierer in eine Datei schreibt.

hock, Ian Korf, Andrew Martin, Jon Orwant und Clay Shirky für ihre hilfreichen und detaillierten Korrekturvorschläge danken. Ich danke auch M. Immaculada Barrasa, Michael Caudy, Muhammad Muquit und Nat Torkington für ihre exzellente Hilfe bei einzelnen Kapiteln.

Dank auch an James Watson, dessen Klassiker *The Molecular Biology of the Gene* als erstes mein Interesse an der Biologie weckte, Larry Wall für die Erfindung und Entwicklung von Perl und meinen Kollegen an den Bell Laboratories in Murray Hill, NJ, dafür, daß sie mich Informatik gelehrt haben. Dank an Beverly Emmanuel, David Searls und den verstorbenen Chris Overton, die das Computational Biology and Informatics Laboratory im Human Genome Project für Chromosom 22 an der University of Pennsylvania und dem Children's Hospital of Philadelphia ins Leben riefen. Sie gaben mir meinen ersten Bioinformatik-Job. Dank an Mitch Marcus von den Bell Labs und dem Department of Computer and Information Science der UPenn, der darauf bestand, daß ich mir seine Kopie von *Programming Perl* ausleihen und es ausprobieren sollte. Ich möchte auch meinen Kollegen bei Mercator Genetics und dem Fox Chase Cancer Center für die Unterstützung meiner Arbeit in der Bioinformatik danken.

Schließlich möchte ich noch meinen Freunden danken, die mich zum Schreiben ermuntert haben, besonders meinen Eltern Edward und Geraldine, meinen Geschwistern Judi, John und Thom, meiner Frau Elizabeth und meinen Kindern Rose, Eamon und Joe.

KAPITEL 1

Biologie und Informatik

Eines der spannendsten Dinge bei der Arbeit im Bereich des Programmierens und der Biologie besteht darin, daß beide Bereiche reich an neuen Techniken und Ergebnissen sind.

Natürlich ist die Biologie eine alte Wissenschaft, aber viele interessante Richtungen der biologischen Forschung basieren auf jüngsten Techniken und Ideen. Die moderne Wissenschaft der Genetik, die einen prominenten Platz in der modernen Biologie einnimmt, ist gerade einmal 100 Jahre alt und geht auf die breite Anerkennung von Mendels Arbeit zurück. Das Geheimnis der Struktur der Deoxyribonukleinsäure (DNA) und der ersten Proteinstruktur ist seit etwa 50 Jahren gelüftet, und die Technik der Polymerase-Kettenreaktion (PCR, Polymerase Chain Reaction) zum Vervielfältigen (Klonieren) der DNA ist gerade mal 20 Jahre alt. Im letzten Jahrzehnt erlebten wir den Beginn und die Vollendung des Humangenomprojekts, das die Gesamtheit der menschlichen Gene und vieles mehr aufgedeckt hat. Heute befinden wir uns im goldenen Zeitalter der biologischen Forschung – an einem Punkt der menschlichen Geschichte von großer medizinischer, wissenschaftlicher und philosophischer Bedeutung.

Die Informatik ist vergleichsweise jung. Algorithmen gab es zwar schon in der Antike (Euklid), und das Interesse an Rechenmaschinen ist ebenfalls sehr alt (z.B. Pascals mechanischer Rechner oder Babbages dampfbetriebene Erfindungen des 19. Jahrhunderts). Das Programmieren wurde aber erst vor etwa 50 Jahren aus der Taufe gehoben, zur gleichen Zeit, als die ersten programmierbaren, digitalen, elektronischen Großcomputer (wie ENIAC) konstruiert wurden. Das Programmieren hat sich bis zum heutigen Tag sehr stark weiterentwickelt. Das Internet ist etwa 20 Jahre alt (genau wie der PC), das Web ist etwa 10 Jahre alt. Heutzutage stützen sich unsere Bemühungen hinsichtlich Kommunikation, Transport, Landwirtschaft, Finanzen, Behörden, Unternehmen, Kunst und natürlich Wissenschaft sehr stark auf Computer und Computerprogramme.

Dieses rasante Wachstum verleiht der Arbeit des Programmierers eine gewisse Spannung und verlangt von den Profis in diesem Bereich, immer auf dem aktuellen Stand zu bleiben. In gewisser Hinsicht repräsentiert ein Programm prozedurales Wissen – das Wissen darum, wie man Dinge tut. Und eine Möglichkeit, die Bedeutung des Computers in unserer Gesellschaft und unserer Geschichte zu erahnen, besteht darin, das enorme Anwachsen prozeduralen Wissens zu erkennen, das die Verwendung von Computern hervorgebracht hat. Wir sehen auch, daß die Konzepte der Computertechnik und Algorithmen allgemein übernommen werden, etwa in der Kunst und in der Rechtswissenschaft. Der Computer wurde zur Metapher, Dinge ganz allgemeinen zu erklären. Es ist sicher verführerisch, sich die molekularbiologischen Vorgänge einer Zelle als eine spezielle Art von Computer vorzustellen.

In gleicher Weise haben die bemerkenswerten Entdeckungen in der Biologie Entsprechungen in der Informatik gefunden. Es gibt genetische Algorithmen, neuronale Netze, Simulated Annealing und vieles mehr. Der Austausch von Ideen und Metaphern zwischen Biologie und Informatik stellt für sich genommen schon die Weichen für Entdekkungen (auch wenn die Gefahr der Verwendung falscher Metaphern ebenfalls gegeben ist).

Aufbau der DNA

Es ist notwendig, an dieser Stelle einige sehr grundlegende Konzepte und Begriffe der DNA und Proteine zu erläutern. Diese Besprechung richtet sich an den Nicht-Biologen, d.h. als Biologe können Sie die beiden nächsten Abschnitte überspringen.

Die DNA ist ein aus vier Molekülen (die normalerweise *Basen* oder *Nukleotide* genannt werden) bestehendes Polymer. Die Namen und aus einem Buchstaben bestehenden Abkürzungen dieser Moleküle lauten Adenin (A), Cytosin (C), Guanin (G) und Thymin (T).[1] (In Kapitel 4 erfahren Sie mehr darüber, wie DNA in Form von Computerdaten dargestellt wird.) Die Basen bilden, mit den Enden aneinandergereiht, einen einzelnen DNA-Strang.

In der Zelle erscheint DNA normalerweise in Form zweier Stränge, die sich umeinander winden und so die berühmte Doppelhelix bilden. Die beiden Stränge der Doppelhelix besitzen übereinstimmende Basen, die als die *Basenpaare* bezeichnet werden. Einem A in einem Strang steht im anderen Strang immer ein T gegenüber, und ein G ist immer mit einem C gepaart.

1 Diese Namen leiten sich von ihren ursprünglichen Fundorten ab: dem Drüsengewebe, der Zelle, dem Guano und dem Thymus.

Außerdem sind die Stränge gerichtet. Ein Ende eines Nukleotids wird als das 5'-Ende (5-Strich) bezeichnet, das andere als das 3'-Ende (3-Strich). Wenn sich Nukleotide zu einem DNA-Strang verbinden, wird das 5'-Ende eines Nukleotids immer mit dem 3'-Ende des anderen verknüpft. Wenn die Zelle die DNA verwendet, etwa bei der Transkription in RNA, geschieht dies Base für Base, ausgehend von 5' in Richtung 3'. Wenn man also eine DNA-Sequenz aufschreibt, muß die Leserichtung von links nach rechts auf der Seite der 5'-nach-3'-Orientierung der Basen entsprechen. Ein codiertes Gen kann in jedem Strang erscheinen, weshalb bei der Suche in oder Analyse von DNA beide Stränge beachtet werden müssen.

Wenn zwei Stränge zu einer Doppelhelix verbunden werden (wie in Abbildung 1-1), weisen die beiden Stränge entgegengesetzte Richtungen auf. Die 5'-nach-3'-Orientierung eines Strangs verläuft also in der entgegengesetzten Richtung der 5'-nach-3'-Orientierung des anderen Strangs. An jedem Ende der Doppelhelix besitzt ein Strang also ein 3'-Ende, während der andere ein 5'-Ende aufweist.

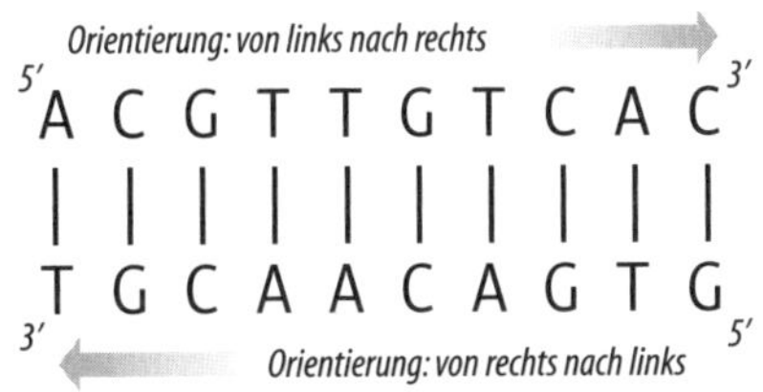

Abbildung 1-1: Zwei DNA-Stränge

Weil die Basenpaare immer A-T und C-G lauten und die Orientierung der Stränge untereinander entgegengesetzt verläuft, beschreiben die Begriffe *komplementär* und *antiparallel* (engl. »reverse complement«) die Beziehung zwischen den beiden Strängen. »Antiparallel« verweist auf die gegenläufige Orientierung der gepaarten Stränge, und »komplementär« hält fest, daß die Basen immer Paare mit ihren komplementären, ergänzenden Basen eingehen, d.h. A mit T und C mit G.

Mit Hilfe dieser Tatsachen ist es einfach herauszufinden, wie für einen einzelnen DNA-Strang der zweite Strang für die Doppelhelix aussehen muß. Bilden Sie einfach für alle Basen das Komplement: A zu T, T zu A, C zu G und G zu C. Nach Komplementierung der DNA müssen Sie das Ganze noch umdrehen, weil DNA in der 5'-nach-3'-Richtung geschrieben wird.

GenBank, die Genetic Sequence Data Bank (*http://www.ncbi.nlm.nih.gov*), enthält die meisten bekannten Sequenzdaten. Wir sehen uns GenBank in Kapitel 10 genauer an.

Aufbau von Proteinen

Proteine sind der DNA ein wenig ähnlich. Sie sind ebenfalls Polymere, d.h. aus einer kleinen Anzahl einfacher Moleküle bestehende lange Ketten. Während DNA aus vier Nukleotiden besteht, bestehen Proteine aus 20 Aminosäuren. Diese Aminosäuren können in jeder beliebigen Reihenfolge auftreten. Die Namen sowie die aus einem und aus drei Buchstaben bestehenden Abkürzungen für die Aminosäuren finden Sie in Tabelle 4-2.

Aminosäuren zeichnen sich durch eine Amino- und eine Carboxyl-Gruppe aus. Sie bilden eine chemische Verbindung, die sogenannte Peptidbindung, zwischen der Amino-Gruppe und der Carboxyl-Gruppe benachbarter Aminosäuren. Jede dieser 20 Aminosäuren besitzt außerdem eine unterschiedliche Seitenkette, die aus der Hauptkette herausragt. Die chemischen Eigenschaften dieser Seitenketten sind wichtig für die Bestimmung der Eigenschaften des Proteins.

Proteine besitzen normalerweise eine komplexere dreidimensionale Struktur als die DNA. Peptidbindungen haben, was die Rotation angeht, recht große Freiheiten, was es Proteinen erlaubt, sehr viele 3D-Strukturen zu bilden. Anstelle einer Doppelhelix wie bei DNA neigen Proteine dazu, eine Vielzahl unterschiedlicher Formen anzunehmen, und sind aus einer oder mehreren zusammengesetzten Aminosäureketten aufgebaut.[2] Die Reihenfolge der Aminosäuren entlang der Kette wird als *Primärstruktur* bezeichnet. Die Faltung in lokale Strukturen wie Helices, beta-Stränge und Turns (Schleifen) wird *Sekundärstruktur* genannt. Die finalen Faltungen und Zusammensetzungen werden als *Tertiärstruktur* und *Quartärstruktur* des Proteins bezeichnet (siehe Kapitel 11).

Es sind weit mehr primäre Sequenzdaten verfügbar als sekundäre und höher strukturierte Daten. Tatsächlich ist eine große Menge an primären Protein-Sequenzdaten verfügbar (weil es relativ einfach ist, die primäre Proteinsequenz in der DNA zu ermitteln, die in sehr vielen Fällen sequenziert wurde).

Die Protein Data Bank (PDB) enthält Strukturinformationen zu Tausenden von Proteinen, das gesammelte Wissen jahrzehntelanger Arbeit. Wir sehen uns die PDB in Kapitel 10 an, aber vielleicht möchten Sie schon vorher die PDB-Website (*http://www.rcsb.org/pdb/*) besuchen, um sich mit dieser grundlegenden Bioinformatik-Ressource vertraut zu machen.

2 Ich versuche, einen Großteil der möglicherweise verwirrenden Biologie in diesem Text zu vermeiden und den Fokus auf das Erlernen von Perl zu legen, muß an dieser Stelle aber erwähnen, daß auch die DNA eine komplexere 3D-Struktur besitzt. Sie kann in einsträngigen, zweisträngigen oder dreisträngigen Formen auftreten und ist über einen großen Teil der Lebensdauer einer Zelle auf kleinem Raum gefaltet.

In Silico

In jüngster Zeit wurde der neue Begriff *in silico* zu einem gängigen Hinweis auf biologische Studien, die am Computer durchgeführt wurden. Er gesellt sich dabei zu den traditionellen Begriffen *in vivo* und *in vitro*, die den Ort experimenteller Studien beschreiben.

Für Nicht-Biologen sei erläutert, daß *in vitro* »im Glas«, also im Reagenzglas, bedeutet. *In vivo* bedeutet »im Leben«, d.h. am lebenden Objekt. Der Begriff *in silico* leitet sich aus der Tatsache ab, daß die meisten Computerchips hauptsächlich aus Silizium bestehen. Ich persönlich ziehe den Begriff *in algorithmo* vor, weil es eine Vielzahl von möglichen Berechnungen gibt, die nichts mit Silizium zu tun haben, zum Beispiel die faszinierenden Techniken in DNA-, Quantum- und optischen Berechnungen.

Die große Menge online verfügbarer biologischer Daten hat die biologische Forschung in eine Situation gebracht, die derjenigen der Physik und der Astronomie ähnelt. Diese Wissenschaften haben entdeckt, daß Experimente mit moderner Ausrüstung sehr große Datenmengen erzeugen und daß der Computer bei der Untersuchung der Daten nicht nur sehr nützlich, sondern einfach unverzichtbar ist. In der Tat ist es möglich geworden, Experimente vollständig im Computer zu simulieren. Zum Beispiel bestand eine frühe Anwendung der Computersimulation in der Physik darin, die Akustik einer Konzerthalle zu modellieren und dann mit den Ergebnissen zu experimentieren, indem das Design der Halle verändert wurde – was natürlich eine wesentlich billigere Exerimentiermöglichkeit darstellt, als Dutzende von Konzerthallen zu bauen!

Ein ähnlicher Trend ist seit der Erfindung von Computern auch in der Biologie zu beobachten, aber dieser Trend hat sich mit dem Humangenom-Projekt und der Sequenzierung der DNA vieler Organismen stark beschleunigt. Die zu sammelnden, zu durchsuchenden und zu analysierenden experimentellen Daten sind für den normalen Biologen bei weitem zu umfangreich, was diesen nun zwingt, sich bei der Verwaltung der Informationen auf Computer zu verlassen.

Neben der Speicherung und dem Abruf biologischer Daten ist es nun möglich, lebende Systeme mittels Computersimulationen zu studieren. Es gibt routinemäßig am Computer durchgeführte Standardstudien, die auf Gene von Menschen und von verschiedenen anderen Organismen zurückgreifen. Ist die Sequenz irgendeiner DNA ermittelt, kann diese im Computer gespeichert werden, und es können Programme entwickelt werden, die Restriktionsstellen identifizieren, Restriktionsverdau durchführen und Restriktionskarten erstellen (siehe Kapitel 9). In ähnlicher Weise können Programme, die zur Gensuche verwendet werden, sequenzierte DNA verarbeiten und mutmaßliche Exons und Introns identifizieren. (Das Ganze läuft noch nicht fehlerfrei, während diese Zeilen geschrieben werden, und die Güte der Ergebnisse unterscheidet sich bei verschiedenen

Organismen.) Es existieren Modelle zellulärer Prozesse, bei denen es zum Beispiel möglich ist, den Effekt einer Änderung in der Regulation eines Gens zu studieren.

Heutzutage kann die Mikroarray-Technologie (die mit Glasplättchen mit Tausenden angebrachter Sonden arbeitet) den Grad der Expression Tausender Gene in nur einem Laborlauf messen. Computer helfen bei der Auflösung der komplexen Interaktionen zwischen Genen. Wir hoffen zum Beispiel, den gesamten Satz von Genen zu finden, deren Proteinprodukte zu einem bestimmten biochemischen Reaktionsweg in der Zelle gehören. Mikroarrays erzeugen große Datenmengen, diese Daten müssen im Computer gespeichert, mit anderen experimentellen Daten verglichen und analysiert werden.

An meinem ersten Tag als Programmierer bei Bell Labs Research sagte mir mein Chef, daß seine Simulationen nun so schnell berechnet werden könnten – über Nacht –, daß ihm das Probleme bereite. Es bliebe nicht genug Zeit, um über die letzte Simulation nachzudenken! Dennoch, und trotz der mit Computern verbundenen Kopfschmerzen und Fallen, scheint die Simulation von Experimenten ihre Vorteile für die Biologie unter Beweis zu stellen.

Die Grenzen des Computers

Einige der interessantesten Ergebnisse der Informatik zeigen bestimmte Grenzen des menschlichen Wissens auf. Es gibt in der Biologie viele ungelöste Probleme, und man hofft, daß die Anwendung von noch mehr Rechenleistung sie lösen hilft. Aber das ist nicht immer möglich, weil man bei einigen Problemen zeigen kann, daß sie *unlösbar* sind, d.h. von keinem Programm gelöst werden können. Darüber hinaus können einige Probleme zwar lösbar, durch die Größe des Problems aber praktisch unlösbar sein. Diese Probleme werden als *nicht-handhabbar* oder *NP-vollständig* bezeichnet. Selbst eine Million Computer, jeder eine Million Mal leistungsfähiger als der leistungsfähigste heute existierende Computer, würden vielleicht eine Milliarde Jahre benötigen, um die Antwort auf ein solch hartnäckiges Problem zu finden.

Nun, es ist wahrscheinlich, daß Sie mit einem solchen hartnäckigen Problem niemals in Berührung kommen. Es ist zwar möglich, aber relativ selten. Ich erwähne das hier eher nebenbei für den Programmiereinsteiger, denn aus praktischen Erwägungen. Aber je komplexere Programme Sie auf den Weg bringen wollen, desto mehr können diese Grenzen, insbesondere die unlösbare Natur verschiedener biologischer Probleme, praktische Auswirkungen auf Ihre Programmierbemühungen haben.

KAPITEL 2

Erste Schritte mit Perl

Perl ist eine populäre Programmiersprache, die in solchen Bereichen wie Bioinformatik und Web-Programmierung sehr häufig eingesetzt wird. Perl wurde bei Biologen so beliebt, weil es für verschiedene Aufgaben der Bioinformatik sehr gut geeignet ist.

Perl ist auch eine Anwendung, genau wie jede andere Anwendung auch, die Sie auf Ihrem Computer installieren können. Perl ist (kostenlos) verfügbar und läuft auf allen Betriebssystemen, die man im durchschnittlichen Biologielabor findet (Unix und Linux, Macintosh, Windows, VMS und viele mehr).[1] Die Perl-Anwendung auf Ihrem Computer nimmt ein in der Programmiersprache Perl geschriebenes Programm (z.B. eines der Programme, die Sie im Verlauf dieses Buches schreiben werden), übersetzt es in Anweisungen, die der Computer versteht, und führt es aus.

Das Wort *Perl* verweist also sowohl auf die Sprache, in der Sie Programme schreiben werden, als auch auf die Anwendung auf Ihrem Computer, die diese Programme ausführt. Sie können immer anhand des Kontextes erkennen, welche Bedeutung das Wort gerade hat.

Jede Computersprache wie Perl benötigt ein Übersetzungsprogramm (einen sogenannten Interpreter oder einen Compiler), das Programme in Anweisungen umwandelt, die der Computer tatsächlich ausführen kann. Die Perl-Anwendung wird daher häufig als Perl-Interpreter bezeichnet und enthält gleichzeitig einen Perl-Compiler. Sie werden häufig sehen, daß man Perl-Programme als Perl-Skripten oder Perl-Code bezeichnet. Die Begriffe Programm, Anwendung, Skript oder auch »Executable« sind mehr oder weniger austauschbar. Ich bezeichne sie in diesem Buch als »Programme«.

1 Ein *Betriebssystem* übernimmt die Ausführung von Programmen und anderen elementaren Diensten, die ein Computer anbietet, etwa die Speicherung von Dateien.

Eine niedrige und lange Lernkurve

Eine schöne Sache bei Perl ist, daß man das Schreiben von Programmen recht schnell erlernt. Im wesentlichen besitzt Perl eine *niedrige Lernkurve*. Das bedeutet, daß Sie mühelos anfangen können, ohne vor dem Schreiben nützlicher Programme sehr viele Informationen meistern zu müssen.

Perl unterstützt verschiedene Stile für die Entwicklung von Programmen. Weil das über den Rahmen dieses Buches hinausgeht, gehe ich hier nicht ins Detail, möchte aber erwähnen, daß Sie in diesem Buch den weitverbreiteten Stil der sogenannten »imperativen Programmierung« lernen werden. Der ebenso verbreitete Stil der objektorientierten Programmierung wird von Perl ebenfalls gut unterstützt. Andere Programmierstile sind die funktionale und die logische Programmierung.

Auch wenn Sie sehr schnell loslegen können, dauert es eine Weile, bis Sie alles von Perl kennen (wenn das Ihr Ziel ist). Die meisten Leute erlernen zunächst die Grundlagen, die auch in diesem Buch vermittelt werden, und eignen sich zusätzliches Wissen später bei Bedarf an.

Lassen Sie uns mit einigen grundlegenden Definitionen beginnen:

Was ist ein Computerprogramm?

Eine Reihe von Anweisungen, geschrieben in einer bestimmten Programmiersprache, die vom Computer gelesen werden können. Ein Programm kann so einfach sein wie das folgende Perl-Programm, das irgendwelche DNA-Sequenzdaten auf dem Bildschirm ausgibt:

```
print 'ACCTGGTAACCCGGAGATTCCAGCT';
```

Perl-Programme werden in Dateien geschrieben und gespeichert. Auf diese Weise werden auf Computern alle Arten von Daten (nicht nur Programme) festgehalten. Dateien werden hierarchisch in Gruppen organisiert, die bei Macintosh- und Windows-Systemen als Ordner (folder) und bei Unix- oder Linux-Systemen als Verzeichnisse (directories) bezeichnet werden. Die Begriffe Ordner und Verzeichnis werden hier abwechselnd benutzt.

Was ist eine Programmiersprache?

Eine sorgfältig definierte Menge von Regeln zum Schreiben von Computerprogrammen. Indem Sie die Regeln der Sprache lernen, können Sie Programme schreiben, die auf Ihrem Computer ausgeführt werden können. Programmiersprachen sind unseren natürlichen Sprachen (wie Deutsch) ähnlich, aber strenger definiert und auf bestimmte Computersysteme abgestimmt. Mit ein wenig Übung ist es nicht schwierig, Computerprogramme zu lesen oder zu schreiben. In diesem Buch werden Sie in Perl schreiben, aber es gibt viele andere Programmiersprachen.

Ein von einem Programmierer geschriebenes Programm wird auch als Quellcode bezeichnet oder einfach nur als Quelle oder Code. Der Quellcode muß in Maschinensprache umgewandelt werden, eine spezielle Sprache, die der Computer ausführen kann. Es ist schwierig, ein Programm in Maschinensprache zu schreiben bzw. zu lesen, weil es nur aus Binärzahlen besteht. Es wird häufig als *Executable* bezeichnet. Wie Sie später noch sehen werden, verwenden Sie den Perl-Interpreter (oder -Compiler), um ein Perl-Programm in ein lauffähiges Programm umzuwandeln.

Was ist ein Computer?

Nun, ...

Okay, alberne Frage. Es ist das Gerät, das man in Computerläden kauft. Tatsächlich ist es aber wichtig, eine klare Vorstellung davon zu haben, was für eine Art von Maschine ein Computer ist. Grundsätzlich ist ein Computer eine Maschine, die viele unterschiedliche Programme ausführen kann. Diese grundsätzliche Flexibilität und Vielseitigkeit ist es, die den Computer zu einem so nützlichen und allgemein einsetzbaren Werkzeug macht. Er ist *programmierbar*, und Sie werden lernen, wie man ihn in der Programmiersprache Perl programmiert.

Vorteile von Perl

Die folgenden Abschnitte verdeutlichen einige der Stärken von Perl.

Die Leichtigkeit der Programmierung

Computersprachen unterscheiden sich in den Dingen, die sie einfach machen. Mit »einfach« meine ich: für den Programmierer einfach zu programmieren. Perl besitzt bestimmte Features, die verschiedene gängige Aufgaben der Bioinformatik vereinfachen. Es kann mit Informationen in normalen (ASCII-)Dateien umgehen, also der Art von Dateien, in denen viele wichtige biologische Daten vorliegen, unter anderem in den GenBank- und PDB-Datenbanken. (Beachten Sie die Erläuterung von ASCII in Kapitel 4; Genbank und PDB werden in Kapitel 10 bzw. Kapitel 11 beschrieben.) Perl macht es einfach, lange Sequenzen, etwa bei DNA oder Proteinen, zu verarbeiten und zu manipulieren. Mit Perl ist es auch bequem möglich, Programme zu entwickeln, die ein oder mehrere andere Programme kontrollieren. Als abschließendes Beispiel sei noch erwähnt, daß Perl auch verwendet wird, um biologische Forschungseinrichtungen (und ihre Ergebnisse) auf ihren dynamischen Websites zu präsentieren. Perl kann also das alles und noch viel mehr.

Obwohl Perl für die Bioinformatik besonders gut geeignet ist, ist es weder die einzige Sprache, noch ist Perl immer die beste Wahl. Andere Programmiersprachen wie C und

Java werden ebenfalls in der Bioinformatik eingesetzt. Die Wahl der Sprache hängt vom zu lösenden Problem, den Fähigkeiten des Programmierers und dem verfügbaren System ab.

Rapid Prototyping

Ein weiterer wichtiger Vorteil bei der Verwendung von Perl in der biologischen Forschung ist die Geschwindigkeit, mit der ein Programmierer ein typisches Perl-Programm schreiben kann (was man als *Rapid Prototyping*, schneller Prototypenbau, bezeichnet). Viele Probleme lassen sich bei Perl mit wesentlich weniger Programmcode lösen als bei C oder Java. Das war für den Erfolg der Sprache in der Forschung wichtig. In Forschungsumgebungen gibt es häufig Bedarf an Programmen, die etwas Neues machen, die nur gelegentlich verwendet oder häufig modifiziert werden. Mit Perl können Sie ein solches Programm in ein paar Minuten, oder innerhalb weniger Stunden, ausknobeln und mit Ihrer Forschungsarbeit fortfahren. Diese Fähigkeit zum Rapid Prototyping ist oft ein wichtiger Faktor, wenn man sich bei einem Job für Perl entscheidet. Sie finden häufig Aussagen von Programmierern, die sowohl mit Perl als auch mit C vertraut sind, wonach mit Perl fünf- bis zehnmal schneller programmiert werden kann als mit C. Dieser Unterschied kann in einem üblicherweise personell unterbesetzten Forschungslabor entscheidend sein.

Portabilität, Geschwindigkeit und Programmpflege

Portabilität besagt, auf wie vielen Computersystemen die Sprache ausgeführt werden kann. Perl hat hier keine Probleme, da es für nahezu alle modernen Computer verfügbar ist, die man im Labor vorfindet. Wenn Sie einen DNA-Analyzer in Perl auf einem Mac entwickeln und diesen dann auf einen Windows-Computer übertragen, werden Sie feststellen, daß das Programm entweder direkt oder mit nur geringen Änderungen läuft.

Geschwindigkeit bedeutet die Geschwindigkeit, mit der das Programm ausgeführt wird. Perl ist hier recht gut, aber nicht der beste Kandidat. Ist die Ausführungsgeschwindigkeit ein wichtiger Faktor, dann ist die Sprache C üblicherweise die beste Wahl. Ein in C geschriebenes Programm läuft üblicherweise mindestens doppelt so schnell wie das vergleichbare Perl-Programm. (Es gibt die Möglichkeit, Perl mit Compilern und ähnlichen Dingen zu beschleunigen, aber trotzdem...)

In vielen Organisationen werden Programme zuerst in Perl entwickelt, und nur die Programme, bei denen eine maximale Geschwindigkeit notwendig ist, werden dann noch einmal in C geschrieben. Tatsächlich ist eine maximale Geschwindigkeit aber nur gelegentlich ein wichtiger Aspekt.

Programmierung ist eine relativ teure Angelegenheit: Sie verlangt Zeit und geschultes Personal. Sie ist arbeitsintensiv. Andererseits sind Computer und Computerzeit (die nach dem Herz des Computers häufig auch als CPU-Zeit bezeichnet wird) relativ günstig. Die meisten Arbeitsplatzrechner stehen den größten Teil des Tages sowieso ungenutzt herum. Normalerweise ist es daher besser, dem Computer die Arbeit zu überlassen und dem Programmierer Zeit zu sparen. Solange Ihr Programm nicht unbedingt in sagen wir mal vier Sekunden statt zehn Sekunden laufen muß, sind Sie mit Perl auf der sicheren Seite.

Programmpflege beschreibt die allgemeine Tätigkeit, die Dinge »am Laufen« zu halten: Dies umfaßt Aktivitäten wie ein Programm um neue Features erweitern, die Unterstützung zusätzlicher Eingabetypen, die Portierung auf andere Computersysteme, Fehlerbehebung und so weiter. Die Entwicklung von Programmen kostet Zeit, verlangt einiges an Aufwand und erzeugt Kosten, aber erfolgreiche Programme kosten letztendlich mehr in der Pflege, denn in der eigentlichen Entwicklung. Es ist wichtig, in einer Sprache und in einem Stil zu schreiben, die die Pflege relativ einfach machen, und Perl erlaubt Ihnen das. (Sie können bei Perl, wie bei jeder anderen Programmiersprache auch, komplizierten und schwer zu pflegenden Code entwickeln, aber ich werde Ihnen Hinweise geben, wie Ihr Code für andere Programmierer einfacher zu lesen ist.)

Perl-Versionen

Perl hat, wie nahezu jede populäre Software, im Laufe seines nahezu fünfzehnjährigen Lebens eine Vielzahl von Erweiterungen und Änderungen erlebt. Die Autoren – Larry Wall und eine Vielzahl von Helfern – veröffentlichen regelmäßig neue Versionen. Diese neuen Versionen werden sorgfältig entworfen, um einen Großteil der für ältere Versionen entwickelten Programme weiter zu unterstützen, aber gelegentlich werden wichtige neue Features eingeführt, die von älteren Perl-Versionen nicht unterstützt werden.

Dieses Buch geht davon aus, daß Sie die Perl-Version 5.6 oder höher installiert haben. Ist Perl auf Ihrem System installiert, handelt es sich sehr wahrscheinlich um Perl 5.6, aber Sie überprüfen das besser. Bei einem Unix- oder Linux-System bzw. in einem MS-DOS- oder Mac OS X-Befehlsfenster gibt der Befehl `perl -v` die Versionsnummer aus. Wenn Sie eine kleinere Nummer erhalten, müssen Sie eine neue Perl-Version installieren, um einen Großteil der in diesem Buch behandelten Programme wie beschrieben laufen lassen zu können.

Was ist mit zukünftigen Versionen? Perl entwickelt sich immer weiter, und die Perl-Version 6 ist schon in Sicht. Wird der Code in diesem Buch auch mit Perl 6 funktionieren? Die Antwort lautet: ja. Auch wenn Perl 6 die Sprache um einige neue Dinge erweitert, sollten Sie mit dem hier vorgestellten Perl 5-Code keine Schwierigkeiten bekommen.

Perl auf Ihrem Computer installieren

Die folgenden Abschnitte enthalten Hinweise für die Installation von Perl auf den gängigsten Computersystemen.

Perl könnte bereits installiert sein!

Auf vielen Computern – insbesondere Unix- und Linux-Rechnern – ist Perl bereits vorinstalliert. (Beachten Sie, daß Unix und Linux grundsätzlich die gleiche Art Betriebssystem darstellen. Linux ist ein Klon, eine funktionale Kopie, eines Unix-Systems.) Prüfen Sie also zuerst, ob Perl nicht bereits vorhanden ist. Unter Unix und Linux geben Sie in der Kommandozeile folgendes ein:

```
$ perl -v
```

Wenn Perl bereits installiert ist, erhalten Sie eine Meldung wie die folgende, die ich auf meinem Linux-System erhalten habe:

```
This is perl, v5.6.1 built for i686-linux

Copyright 1987-2001, Larry Wall

Perl may be copied only under the terms of either the Artistic License or the
GNU General Public License, which may be found in the Perl 5 source kit.

Complete documentation for Perl, including FAQ lists, should be found on
this system using 'man perl' or 'perldoc perl'. If you have access to the
Internet, point your browser at http://www.perl.com/, the Perl Home Page.
```

Falls Perl nicht installiert ist, erhalten Sie eine Meldung wie diese:

```
perl: command not found
```

Wenn Sie diese Nachricht bei einem größeren Unix-System an einer Universität oder in einem Unternehmen erhalten, dann sollten Sie sich mit dem Systemadministrator unterhalten, da Perl durchaus installiert sein könnte, Ihre Umgebung aber nicht so eingerichtet ist, daß sie es findet. (Oder Ihr Systemadministrator könnte sagen: »Sie brauchen Perl? Okay, ich installiere es Ihnen.«)

Bei Windows oder Macintosh müssen Sie sich die Menüs ansehen oder mit dem *find*-Programm nach Perl suchen. Sie können `perl -v` auch in einem MS-DOS-Befehlsfenster oder in einer Mac OS X-Shell eingeben. (Beachten Sie, daß Mac OS X ein Unix-System ist!)

Kein Internetzugang?

Wenn Sie über keinen Internetzugang verfügen, können Sie Ihren Computer mit zu einem Freund nehmen und die Verbindung dort herstellen, um Perl zu installieren. Sie können auch ein Zip-Laufwerk benutzen oder eine CD brennen, um die Perl-Software auf Ihren Rechner zu bringen. Es gibt auch kommerzielle, vorkonfektionierte Perl-CDs unterschiedlicher Hersteller (fragen Sie in Ihrem Computerladen).

Abgesehen von der Installation von Perl, benötigen Sie für alles andere in diesem Buch keinen Internetzugang. Wenn Sie also die Übungen lösen wollen, während Sie mit dem Zug fahren, ist das durchaus möglich. Abgesehen von der Installation von Perl, sind die Haupteinsatzgebiete, für die Sie einen Zugang zum Internet brauchen, das Herunterladen der Beispiele von der Website zu diesem Buch (damit Sie sie nicht von Hand eingeben müssen), das Herunterladen der Übungen, die Untersuchung biologischer Daten aus verschiedenen biologischen Datenbanken und der Zugriff auf die Perl-Dokumentation (wenn diese nicht auf Ihrer Maschine installiert ist).

Wenn Sie sich allerdings ernsthaft mit Bioinformatik beschäftigen, ist das Internet eine praktische Notwendigkeit. Sie können mit diesem Buch die Grundlagen der Programmierung erlernen, ohne eine Internetverbindung zu benötigen, werden den Internetzugang aber brauchen, um auf Bioinformatik-Software und -Daten zugreifen zu können.

Herunterladen

Perl ist eine Anwendung, d.h., das Herunterladen und die Installation auf Ihrem Computer funktionieren genau wie bei jeder anderen Anwendung auch.

Die als zentrale Anlaufstelle dienende Website für alles rund um Perl ist *http://www.perl.com/*. Die Hauptseite verfügt über einen Download-Button, über den Sie alle Schritte erläutert bekommen, die zur Installation von Perl auf Ihrem Computer notwendig sind. Auf der Downloads-Seite finden Sie einen Getting Help-Link sowie viele andere Links. Selbst wenn die Informationen in diesem Buch veraltet sein sollten, können Sie die Perl-Site besuchen, und Sie werden alles finden, was zur Installation von Perl notwendig ist.

Tatsächlich sind das Herunterladen und die Installation von Perl normalerweise recht einfach und bereiten meistens auch keinerlei Kopfschmerzen. Manchmal müssen Sie sich aber möglicherweise doch etwas mehr anstrengen, um Perl ans Laufen zu bringen. Wenn Sie als Programmierneuling auf Probleme stoßen, sollten Sie sich professionellen Rat von einem Programmierer, Administrator, Lehrer oder jemandem holen, der bereits mit Perl programmiert.

Zusammengefaßt sehen die grundlegenden Schritte zur Installation von Perl auf Ihrem Computer wie folgt aus:

1. Prüfen Sie, ob Perl bereits installiert ist. Ist das der Fall, stellen Sie sicher, daß mindestens Perl 5 installiert ist.
2. Verschaffen Sie sich Zugang zum Internet, und besuchen Sie die Perl-Homepage unter *http://www.perl.com/*.
3. Wechseln Sie auf die Downloads-Seite, und finden Sie heraus, welche Perl-Distribution Sie herunterladen müssen.
4. Laden Sie die korrekte Perl-Distribution herunter.
5. Installieren Sie die Distribution auf Ihrem Computer.

Binär- oder Quellcode-Distribution?

Beim Herunterladen von *http://www.perl.com* müssen Sie sich zwischen den Binär- und den Quellcode-Distributionen von Perl entscheiden. Die beste Wahl für die Installation von Perl auf Ihrem Computer ist eine bereits fertige Binärversion des Programms, da sie am einfachsten zu installieren ist. Wenn allerdings keine Binärversion für Ihr Betriebssystem verfügbar ist, oder wenn Sie die verschiedenen Optionen Ihrer Perl-Installation kontrollieren wollen, können Sie sich den Perl-Quellcode herunterladen. Der eigentliche Quellcode wurde in der Programmiersprache C geschrieben, den Sie mit Hilfe eines C-Compilers kompilieren. Sie sollten sich allerdings bemühen, eine Binärversion für Ihr Betriebssystem zu finden, da die Kompilierung von Quellcode für Neulinge recht kompliziert sein kann.

Installation

Die nächsten Abschnitte enthalten spezifische Installationsanweisungen für bestimmte Plattformen.

Unix und Linux

Wenn Perl auf Ihrer Unix- oder Linux-Maschine nicht installiert ist, sollten Sie zuerst nach einer Binärversion suchen, die Sie installieren könnten. Auf der Downloads-Seite von *http://www.perl.com* finden Sie den Unterpunkt »Binary Distributions«. Wählen Sie »Unix or Linux«, und prüfen Sie, ob für Ihre Betriebssystemvariante ein Binary verfügbar ist. Verschiedene Versionen sind vorhanden, und die Anweisungen auf der Website sollten ausreichen, um Perl installieren zu können, sobald Sie die Distribution heruntergeladen haben. Die meisten Linux-Distributionen halten aktuelle Perl-Binaries auf ihren Websites vor. Wenn Sie beispielsweise ein Red Hat Linux-System besitzen, müssen Sie zuerst die Version Ihres Systems bestimmen (durch Eingabe von `uname -a`) und dann die entsprechende *rpm*-Datei herunterladen und installieren. Red Hat besitzt ein *rpm* für Perl, das Benutzer von Red Hat Linux durch folgende Eingabe installieren können:

```
rpm -Uvh perl.rpm
```

(Der tatsächliche Name der *perl.rpm*-Datei variiert.)

Ist für Ihre Unix- oder Linux-Variante keine binäre Perl-Version verfügbar, müssen Sie Perl aus dem Quellcode kompilieren. In diesem Fall klicken Sie auf der Perl-Website den Downloads-Link an und wählen »Source Code Distribution«. Der Quellcode besitzt eine *INSTALL*-Datei mit Anweisungen. Diese Datei leitet Sie durch das Herunterladen des Quellcodes, dessen Installation auf Ihrem System, die Kompilierung des Quellcodes in ein Binary und abschließend durch die Installation des Binaries.

Wie bereits erwähnt wurde, dauert die Kompilierung aus dem Quellcode wesentlich länger als die Installation eines bereits fertigen Binaries. Sie müssen mehr Anweisungen lesen, aber normalerweise funktioniert alles recht gut. Sie benötigen einen C-Compiler auf Ihrem Computer, um Perl aus dem Quellcode installieren zu können. Heutzutage werden einige Unix-Systeme ohne einen vollständigen C-Compiler ausgeliefert. Bei Linux ist immer ein freier C-Compiler namens *gcc* installiert, und Sie können *gcc* auch auf jedem Unix-(oder Windows- oder Mac-)System installieren, auf dem ein C-Compiler fehlt.

Macintosh

Die zur Installation von MacPerl notwendigen Schritte sind auf der MacPerl-Website *http://www.macperl.com/* (auf die Sie auch von der Downloads-Seite der Perl-Website gelangen) klar erläutert. Hier eine sehr kurze Übersicht.

Auf der MacPerl-Seite klicken Sie »Get MacPerl« an und folgen den Anweisungen zum Herunterladen der Anwendung. Sie erscheint dann auf Ihrem Desktop. Durch einen Doppelklick wird sie mit Stuffit entpackt. Wenn Sie den Alladin Stuffit Expander nicht besitzen (bei den meisten Macs ist er vorhanden), funktioniert das nicht, und Sie müssen *http://www.alladinsys.com* besuchen und Stuffit herunterladen und installieren.

MacPerl kann als eigenständige Anwendung unter dem MacOS Finder oder als Tool unter der Macintosh Programmer's Workbench installiert werden. Sie werden wahrscheinlich die eigenständige Anwendung vorziehen. Perl Version 5 ist für MacOS 7.0 und höher verfügbar. Details darüber, welche Perl-Version für Ihre jeweilige Hardware und MacOS-Version verfügbar ist, finden Sie ebenfalls auf der MacPerl-Webseite.

Windows

Es sind verschiedene Binaries für unterschiedliche Windows-Versionen verfügbar. Weil Windows eng mit den Intel-32-Bit-Chips verbunden ist, werden diese Binaries häufig Wintel- oder Win32-Binaries genannt. Die momentane Perl-Standarddistribution ist ActivePerl von ActiveState unter *http://www.activestate.com/ActivePerl/*, wo Sie auch vollständige Installationsanweisungen finden. Sie können sich ActivePerl auch über die Downloads-Seite der Perl-Website beschaffen. Im Unterpunkt »Binary Distributions« wählen Sie »Win32« und klicken dann die ActivePerl-Site an.

Auf der ActivePerl-Seite von ActiveState klicken Sie den Download-Button an. Sie können dann das Windows-Intel-Binary herunterladen. Beachten Sie, daß die Installation auch ein Programm namens Windows Installer benötigt, das über ActivePerl verfügbar ist, wenn es nicht bereits auf Ihrem Computer installiert ist.

Wie man Perl-Programme ausführt

Wie man Perl genau ausführt, hängt von Ihrem Betriebssystem ab. Die Anweisungen, die mit Ihrer Perl-Installation geliefert werden, enthalten alles, was Sie wissen müssen. Ich werde an dieser Stelle kurze Zusammenfassungen geben, damit Sie direkt loslegen können.

Unix oder Linux

Unter Unix oder Linux führen Sie Perl-Programme normalerweise über die Kommandozeile aus. Wenn Sie sich im gleichen Verzeichnis wie das Programm befinden, können Sie ein Perl-Programm in einer Datei namens *dieses_programm* ausführen, indem Sie `perl dieses_programm` eingeben. Befinden Sie sich nicht im gleichen Verzeichnis, müssen Sie den Pfad auf das Programm angeben:

```
perl /usr/local/bin/dieses_programm
```

Üblicherweise enthält die erste Zeile von *dieses_programm* den für Ihr System korrekten Pfadnamen für Perl, da unterschiedliche Maschinen Perl in verschiedenen Verzeichnissen installiert haben können. Bei meinem Computer verwende ich folgendes als erste Zeile meiner Perl-Programme:

```
#!/usr/bin/perl
```

Sie können `which perl` eingeben, um zu ermitteln, unter welchem Pfad Perl auf Ihrem System installiert ist.

Sie können ein Programm mit Hilfe des *chmod*-Befehls als »ausführbar« markieren. Sie können zum Beispiel folgendes eingeben:

```
chmod 755 dieses_programm
```

Wenn Sie die erste Zeile richtig eingegeben und *chmod* verwendet haben, können Sie einfach den Namen des Perl-Programms eingeben, um es auszuführen. Wenn Sie sich also gerade im gleichen Verzeichnis befinden, in dem auch das Programm liegt, können Sie `./dieses_programm` eingeben. Befindet sich das Programm in einem Verzeichnis, das in Ihrer `$PATH`- oder `$path`-Variable enthalten ist, können Sie einfach `dieses_programm` eingeben.[2]

Wird Ihr Perl-Programm nicht ausgeführt, könnte die von der Shell im Befehlsfenster zurückgelieferte Fehlermeldung verwirrend sein. So liefert beispielsweise die *bash*-Shell auf meinem Linux-System in zwei Fällen die folgende Fehlermeldung zurück:

```
bash: ./mein_programm: No such file or directory
```

Die beiden Fälle sind, wenn es wirklich kein Programm namens *mein_programm* im aktuellen Verzeichnis gibt oder wenn die erste Zeile von *mein_programm* einen falschen Pfad für Perl angibt. Achten Sie auf diese Dinge, insbesondere wenn Sie Programme aus dem CPAN (siehe Anhang A) ausführen, die unterschiedliche Pfadnamen für Perl enthalten können. Wenn Sie versuchen, `mein_programm` auszuführen, könnten Sie auch die folgende Fehlermeldung erhalten:

```
bash: mein_programm: command not found
```

Das bedeutet, daß das Betriebssystem das Programm nicht finden kann. Aber es liegt doch in Ihrem aktuellen Verzeichnis! Das Problem ist wahrscheinlich, daß Ihre `$PATH`- oder `$path`-Variable das aktuelle Verzeichnis nicht enthält und das System daher dort gar nicht erst nach dem Programm sucht. In diesem Fall müssen Sie die `$PATH`- oder `$path`-Variable (je nachdem, welche Shell Sie verwenden) setzen oder einfach `./mein_programm` statt `mein_programm` eingeben.

Macs

Bei Macs wird die Speicherung von Perl-Programmen als »Droplets« empfohlen. Die MacPerl-Dokumentation enthält die einfachen Anweisungen. Grundsätzlich öffnen Sie das Perl-Programm mit der MacPerl-Anwendung und wählen dann »Save As« und die Type-Option »Droplet«.

Sie können eine Datei mittels Drag-and-Drop über ein Droplet ziehen, um diese Datei als Eingabe zu verwenden (über das `@ARGV`-Array – siehe Kapitel 6).

2 `$PATH` ist die von den *sh-*, *bash-* und *ksh*-Shells verwendete Variable; `$path` wird bei *csh* und *tcsh* verwendet.

Das neue Mac OS X ist ein Unix-System, bei dem Sie die Möglichkeit haben, Perl-Programme, wie weiter oben bei Unix/Linux beschrieben, über die Kommandozeile auszuführen.

Windows

Bei Windows-Systemen ist es üblich, eine Verknüpfung der Dateierweiterung *.pl* mit Perl-Programmen herzustellen. Das geschieht als Teil des Perl-Installationsprozesses, der die Registrierung so modifiziert, daß diese Dateiverknüpfung vorhanden ist. Sie können dann *dieses_programm.pl* ausführen, indem Sie `dieses_programm` in einem MS-DOS-Befehlsfenster eingeben oder `perl dieses_programm.pl` verwenden. Windows besitzt eine PATH-Variable, die Ordner angibt, in denen das System nach Programmen sucht. Diese Variable wird im Zuge der Perl-Installation dahingehend modifiziert, daß sie den Pfad auf den Ordner mit der Perl-Anwendung enthält (üblicherweise *c:\perl*). Wenn Sie versuchen, ein Perl-Programm auszuführen, das in einem Ordner installiert ist, der nicht in der PATH-Variable enthalten ist, können Sie den vollständigen Pfadnamen für das Programm angeben, zum Beispiel *perl c:\windows\desktop\mein_programm.pl*.

Texteditoren

Nachdem Sie nun Ihren Computer eingerichtet und Perl installiert haben, müssen Sie einen Texteditor wählen und dessen Grundlagen erlernen. Ein *Texteditor* wird zur Eingabe von Dokumenten, etwa Programmen, und zum Sichern des Inhalts dieser Dokumente in Dateien verwendet. Um also ein Perl-Programm schreiben zu können, benötigen Sie einen Texteditor. Das kann eine mittelschwere Angelegenheit werden, wenn Sie noch nie zuvor einen Editor verwendet haben, auch wenn einige Texteditoren sehr einfach zu erlernen sind. Hier einige Beispiele für weitverbreitete Editoren, sortiert nach Betriebssystem:

Unix oder Linux

vi und *emacs* sind komplexe (aber sehr gute) Editoren. *pico*, *xedit* und verschiedene andere (*nedit*, *gedit*, *kedit*) sind einfach zu nutzen und zu lernen, aber weniger leistungsfähig. StarOffice enthält auch einen freien, Microsoft Word-kompatiblen Editor (aber stellen Sie sicher, daß Sie Ihre Dateien als ASCII bzw. reinen Text abspeichern).

Macintosh

Der in MacPerl fest eingebaute Editor ist gut. Es gibt auch einen schönen kommerziellen Editor namens BBEdit, der für Perl optimiert ist. Auch eine Freeware-Variante namens BBEdit Lite ist verfügbar. Sie können auch den Alpha-Shareware-Editor oder Microsoft Word (sichern Sie Dateien nur als reinen ASCII-Text) verwenden.

Windows

Notepad (»Notizblock«) funktioniert zufriedenstellend, und Sie könnten bereits mit ihm vertraut sein. Microsoft Word kann ebenfalls verwendet werden, Sie müssen Dateien aber immer als ASCII oder reinen Text speichern. Emacs für Windows ist für die Perl-Programmierung auf Windows-basierten Computern wärmstens zu empfehlen, aber er ist etwas schwierig zu erlernen. Es gibt eine Vielzahl anderer Editoren. Ich verwende eine freie Version des Unix-Editors *vi* namens *vim*, die auf Windows portiert wurde.

Viele andere Texteditoren sind verfügbar. Die meisten Computer werden mit einer Reihe verschiedener Editoren ausgeliefert. (Viele Programmierer haben sich an irgendeinem Punkt ihrer Karriere selbst an der Entwicklung eines eigenen oder der Erweiterung eines bereits existierenden Editors versucht. Die Auswahl ist also wirklich riesig.)

Einige Editoren sind sehr einfach zu erlernen und zu verwenden. Andere besitzen eine riesige Anzahl von Features, eigene Handbücher, Diskussionsforen, Websites usw. und können einige Zeit zum Lernen beanspruchen. Als Programmierneuling sollten Sie einen einfachen Editor wählen und sich die Kopfschmerzen ersparen. Später können Sie, wenn Sie abenteuerlustig sind, auf einen besseren Editor umsteigen, dessen Features Ihre Arbeit beschleunigen können. Sind Sie nicht sicher, was auf Ihrem Computer verfügbar ist? Fragen Sie einen Programmierer oder einen anderen Benutzer, oder werfen Sie einen Blick in die mit dem Computersystem gelieferte Dokumentation.

Hilfe finden

Stellen Sie sicher, daß Sie die notwendige Dokumentation besitzen. Wenn Sie Perl wie vorhin beschrieben installiert haben, wurde die Dokumentation als Teil der allgemeinen Perl-Installation installiert, und die mit Ihrer Perl-Distribution gelieferten Anweisungen beschreiben, wie Sie an die Dokumentation gelangen. Es gibt auch eine exzellente Online-Dokumentation, halten Sie auf der Perl-Homepage danach Ausschau.

Programmier-Ressourcen sind Orte, an denen man nach Antworten auf Fragen der Programmierung sucht. In Anhang A erfahren Sie, wo Sie Ressourcen wie Bücher, Online-Dokumentation, fertige Programme, Newsgruppen, Archive, Zeitschriften und Konferenzen finden. Während Sie sich mit der Programmierung beschäftigen, werden Sie die wichtigsten Bücher, Websites, Internet-Newsgruppen und deren durchsuchbare Archive, lokale Gurus (Experten zu diesem Thema) und Programmdokumentation kennenlernen. Hierzu gehören auch die Programmierhandbücher (gedruckt oder online) und die »häufig gestellten Fragen«, die sogenannten »Frequently Asked Questions« (oder kurz FAQs).

Die meisten Sprachen besitzen einen Standardsatz von Dokumenten, der alles zur Sprache, ihrer Definition und Verwendung enthält. Bei Perl ist dieser in Form des Online-Manuals enthalten. Obwohl Programmierhandbücher häufig nicht gut geschrieben sind, sollten Sie darauf vorbereitet sein, sich mit ihnen zu beschäftigen. Die Fähigkeit, Dinge überfliegen zu können, ist ein großer Vorteil. Das Perl-Manual ist nicht schlecht. Sein Hauptproblem besteht, wie bei den meisten Handbüchern, darin, daß es alle Details enthält und einen daher ein wenig überwältigen kann. Dennoch hilft die Perl-Dokumentation dem Neuling durch Tutorials, sich zurechtzufinden.

Schließlich bitte ich Sie, den Programmierneuling, sich einen erfahrenen Perl-Programmierer zu suchen, der gelegentliche Fragen beantworten kann. Das kann der Dozent oder der Assistent eines Seminars sein, ein Mitarbeiter, jemand im lokalen Computerladen oder jemand, der auf Ihre Frage in einer Online-Newsgruppe antwortet (es gibt spezielle Newsgruppen für den Perl-Neuling). Die Chancen stehen gut, daß Ihnen die gelegentliche Unterhaltung mit einem erfahrenen Benutzer während der ersten Lernphasen sehr viele Stunden erspart, in denen Sie sich in Sackgassen verrennen würden. Viele Programmierer reichen gern eine helfende Hand oder bieten Neulingen Ratschläge an; in der Programmiergemeinde herrscht eine freundliche und kollegiale Atmosphäre vor.

Seien Sie dennoch gewarnt: Experten reagieren gereizt auf Leute, die fortlaufend Fragen stellen, deren Antworten bereits in FAQs und anderen Standarddokumenten nachzulesen sind. Manchmal finden Sie den Rat RTFM – ein Akronym für »Read The F(ine) Manual« – als Antwort auf solche Fragen. Schauen Sie sich daher vorher ein wenig in den FAQs um, bevor Sie jemandem seine wertvolle Zeit stehlen.

(Ich kann mir die folgende Anekdote nicht verkneifen.) Bei meinem ersten Programmier-Job, den ich annahm, um das Programmieren zu lernen, wurde ich mit einem Problem konfrontiert, für das es keine offensichtliche Lösung gab. Ich habe die Person befragt, die im Laboratorium als bester Programmierer galt. Ich habe mein Dilemma sorgfältig erläutert, während er aufmerksam zuhörte. Als ich fertig war, lächelte er und gab mir den Rat: »Sei ein Mann. Mach' es selbst.« Ich war niedergeschlagen und zog mich in meine Verwirrung zurück. Wie sich später aber herausstellte, hatte er nur einen Scherz gemacht und kam später auf mich zu und gab mir Hinweise, die zu einer Lösung führten.

KAPITEL 3

Die Kunst des Programmierens

Dieses Kapitel enthält eine Übersicht darüber, wie Programmierer ihre Arbeit erledigen. Wenn Sie Perl bereits installiert haben und mit dem Schreiben von Programmen für die Bioinformatik beginnen möchten, können Sie direkt mit Kapitel 4 weitermachen.

Genau wie die Besucher eines Biologielabors »all die Reagenzgläser« ehrfurchtsvoll bestaunen, betrachtet auch so mancher Programmierneuling die Welt der Programmierung als obskure Black Box voll verwirrender Terminologie und abstrusem Wissen. Um die ganze Angelegenheit ein wenig zu entwirren, wollen wir uns mit einigen wichtigen Realitäten vertraut machen, denen alle Programmierer unterliegen. Die beiden wichtigsten sind die von guten Programmierern verwendeten praktischen Strategien und die Frage, wo man Antworten auf Fragen findet, die während der Programmierung auftauchen. Mit Hilfe einiger kurzer Fallstudien wollen wir uns ansehen, wie Programmierer Lösungen zu Problemen finden. Anhang A führt einige der besten Perl- und Bioinformatik-Ressourcen auf, mit deren Hilfe Sie bestimmte Probleme lösen können.

Individuelle Programmieransätze

Welcher Weg ist der beste, um das Programmieren zu lernen? Die Antwort hängt davon ab, was Sie zu erreichen hoffen. Es gibt verschiedene Wege für den Einstieg:

- Besuchen Sie die unterschiedlichsten Kurse
- Lesen Sie ein einführendes Buch wie dieses
- Nehmen Sie sich die Programmierhandbücher, und stürzen Sie sich ins Abenteuer
- Lassen Sie sich von einem Programmierer unterweisen
- Identifizieren Sie ein von Ihnen benötigtes Programm
- Probieren Sie alle obengenannten Punkte aus, bis Sie Ihr Programm geschrieben haben

Die Antwort hängt auch davon ab, wie Sie lernen wollen. Einige Leute ziehen Kurse vor, weil die Informationen häufig gut organisiert präsentiert werden und Fragen direkt vom Lehrer beantwortet werden können. Andere lernen am besten im Selbststudium mit einem selbstbestimmten Tempo.

Einige Dinge beim Erlernen der Programmierung sind all diesen Ansätzen gleich. Wenn Sie noch nie programmiert haben, bereiten Sie die Informationen in den folgenden Abschnitten darauf vor, was Sie noch erwartet.

Editieren – Ausführen – Überarbeiten (und Sichern)

Das Wichtigste an der Programmierung ist die Tatsache, daß es sich um eine praktische Lerntätigkeit handelt – genau wie das Tanzen, Musizieren, Kochen und ähnliche Aktivitäten. Sie können darüber lesen, aber Sie können es erst wirklich begreifen, wenn Sie es auch wirklich machen.

Während Sie das Programmieren in Perl erlernen, müssen Sie etwas darüber lesen, wie Perl funktioniert, was in den folgenden Kapiteln der Fall sein wird. Sie werden sich auch eine Vielzahl von Programmbeispielen ansehen müssen. Aber es ist besonders wichtig, daß Sie sich an der Entwicklung eigener Programme versuchen, wozu Sie am Ende der späteren Kapitel aufgefordert werden. Nur diese Art der direkten Erfahrung macht Sie zu einem Programmierer.

Ich möchte Ihnen also eine Übersicht über die wichtigsten Aufgaben im Zusammenhang mit der Entwicklung von Programmen geben, damit Sie Ihre ersten Programme mit einer klareren Vorstellung davon angehen, was alles dazugehört.

Was genau werden Sie am Computer machen? Ein Großteil der Arbeit eines Programmierers besteht darin, ein Programm in einem Editor zu schreiben bzw. zu überarbeiten, das Programm auszuführen und dessen Verhalten zu beobachten. Auf der Basis dieses Verhaltens wird das Programm erneut überarbeitet und so weiter. Ein typischer Programmierer verbringt mehr als die Hälfte seiner Zeit mit dem Schreiben eines Programms.

Sicherung und Backups

Sobald Sie auch nur ein paar Zeilen Code geschrieben haben, ist es wichtig, daß Sie diesen auch sichern. Tatsächlich sollten Sie immer daran denken, eine Version Ihres Programms während des Editierens in regelmäßigen Abständen zu sichern, damit Sie nicht Ihre stundenlange Arbeit verlieren, wenn der Computer abstürzen sollte. Stellen Sie auch sicher, daß Sie ein Backup Ihrer Arbeit auf einer anderen Platte speichern. Festplatten gehen kaputt, und wenn das bei Ihrer der Fall ist, ist die auf ihr gespeicherte Information verloren. Es ist daher von grundlegender Bedeutung, daß Sie regelmäßige Backups

(Datensicherungen) Ihrer Arbeit auf einem anderen Medium – Band, Floppydisk, Zip-Laufwerk, einer anderen Festplatte, wiederbeschreibbare CD oder was auch immer – festhalten, damit Ihre Arbeit nicht einfach verloren ist, wenn es zu einem Plattenfehler kommt.

Über das Backup Ihrer Platte hinaus ist es auch eine gute Idee, ältere Programmversionen in regelmäßigen Intervallen zu sichern. Auf diese Weise können Sie zu einer früheren Programmversion zurückkehren, falls das notwendig sein sollte.

Sie sollten auch sicherstellen, daß die von Ihnen angelegten Backups tatsächlich funktionieren. Wenn Sie also etwas auf Band sichern, sollten Sie versuchen, die Dateien auf dem Band gelegentlich wieder einzulesen, um sicherzustellen, daß das Band und die Software auch funktionieren. Sie können Ihre Programme auch in regelmäßigen Abständen ausdrucken, um eine zusätzliche Versicherung gegen Systemfehler zu schaffen. Schließlich ist es auch eine gute Strategie, die Sicherungskopien weit weg vom Computer unterzubringen. Im Falle eines Feuers oder einer anderen Katastrophe sind die Backups in Sicherheit.

Fehlermeldungen

Das Beheben von Fehlern ist ein grundlegender Schritt bei der Entwicklung von Programmen. Nachdem Sie ein Programm geschrieben und editiert haben, besteht der nächste Schritt darin, es auszuführen und zu sehen, ob es funktioniert. Sehr häufig werden Sie sehen, daß Sie irgendeinen typographischen Fehler gemacht haben. Zum Beispiel könnten Sie ein Semikolon vergessen haben. In einem solchen Fall ist Ihr Programm nicht gültig, und Sie erhalten verschiedene Fehlermeldungen vom System. Sie müssen sich diese Fehlermeldungen dann ansehen und Ihr Programm bearbeiten, um den betreffenden Code zu korrigieren.

Solche Fehlermeldungen sind manchmal eher kryptisch. Im Falle eines Fehlers könnte der Perl-Interpreter Schwierigkeiten haben festzustellen, wo genau Sie den Fehler gemacht haben. Er könnte auch nur erkennen, daß etwas falsch ist. Er versucht also zu erraten, wo das Problem liegt, und dabei könnte er Ihnen einige bedeutungslose Informationen liefern.

Das Wichtigste bei der Verwendung von Fehlermeldungen ist, nur die erste oder die ersten beiden Meldungen zu betrachten und den Rest zu ignorieren. Beheben Sie die ersten Probleme, und versuchen Sie dann, das Programm erneut auszuführen. Fehlermeldungen sind häufig wortreich und erstrecken sich über mehrere Seiten. Ignorieren Sie einfach alles außer den ersten Fehlern. Ein anderer wichtiger Punkt ist, daß die in den ersten Fehlermeldungen angegebenen Zeilennummern normalerweise richtig sind. Manchmal liegt der Fehler eine Zeile davor oder dahinter. Weiter weg sind die Fehler sehr selten. Später werden wir Fehlermeldungen erzeugen und lesen.

Debugging

Vielleicht führt Ihre Editierarbeit zu einem gültigen Programm, und der Perl-Interpreter liest das Programm ein und führt es aus. Sie finden allerdings heraus, daß das Programm nicht das macht, was Sie wollen. Nun müssen Sie wieder zurückkehren, sich das Programm ansehen und herausfinden, wo der Fehler steckt.

Vielleicht haben Sie einen einfachen Fehler gemacht, etwa addiert statt subtrahiert. Sie können die Dokumentation auch falsch ausgelegt haben und die Sprache falsch einsetzen (lesen Sie noch einmal die Dokumentation). Sie könnten auch einfach einen fehlerhaften Plan zur Erreichung Ihres Zieles verfolgen (überdenken Sie Ihre Strategie, und programmieren Sie den entsprechenden Code neu). Manchmal kann man nicht erkennen, was schiefläuft, und Sie müssen sich an anderer Stelle umsehen (versuchen Sie, Newsgruppen-Archive oder FAQs zu durchsuchen, oder fragen Sie Kollegen um Rat).

Für schwer zu findende Fehler gibt es Programme, die als *Debugger* bezeichnet werden und die es Ihnen ermöglichen, das Programm Schritt für Schritt auszuführen und sich alles anzusehen, was im Programm geschieht. (Kapitel 6 wirft einen genauen Blick auf den Perl-Debugger.)

Es gibt noch andere Werkzeuge und Techniken, die Sie verwenden können. Zum Beispiel können Sie Ihr Programm untersuchen, indem Sie `print`-Anweisungen einfügen, die Zwischenwerte oder Ergebnisse ausgeben. Es gibt auch spezielle Hilfsprogramme, die Ihr Programm während der Ausführung überwachen und Ihnen dann einen Bericht liefern, etwa darüber, wo das Programm die meiste Zeit verbraucht. Diese Werkzeuge (und andere) sind für die Programmierung von grundlegender Bedeutung, und Sie müssen lernen, wie man mit ihnen umgeht.

Eine Umgebung aus Programmen

Programmierung ist eine Übung in Problemlösung. Es handelt sich dabei um einen iterativen, allmählichen Prozeß. Auch wenn sie von einer einzelnen Person geleistet werden kann, ist sie doch häufig eine soziale Aktivität (was viele Neulinge überrascht). Sie verlangt die Entwicklung bestimmter Problemlösungsfähigkeiten und das Erlernen einiger weniger Werkzeuge. Programmierung ist manchmal schwierig und kann frustrierend sein. Andererseits empfinden diejenigen, die diese Fähigkeiten besitzen, eine große Befriedigung, ein funktionierendes Programm zu entwickeln.

Computerprogramme können vieles sein, von einfach nur nützlich über ästhetisch und intellektuell stimulierend bis hin zu wichtigen Generatoren neuen Wissens. Sie können schön sein. (Sie können auch destruktiv, dumm, albern oder böse sein, schließlich sind es menschliche Kreationen.) Weil das Schreiben von Programmen ein iterativer, aufbauender, allmählicher Prozeß ist, kann es wirklich sehr befriedigend sein zu sehen, wie sich die Arbeit von ihren simplen Anfängen hin zu vollständigen Strukturen entfaltet. Beim Neuling spiegelt dieses allmähliche Entfalten eines neuen Programms die graduelle Meisterung der Sprache wider.

Als unsere Kultur Mitte des 20. Jahrhunderts mit der Entwicklung und Sammlung von Programmen begann, begann sich auch eine Programmierumgebung zu entwickeln. Allmählich haben wir einen Grundstock prozeduralen Wissens angesammelt. Programme spiegeln häufig die Tatsache wider, daß sie in einem Meer aus vielen anderen Programmen schwimmen. Der Programmierneuling kann sehr viel aus dieser Umgebung lernen.

Open Source-Programme

Als das Programmieren für die Welt wichtig wurde, wurde es auch ökonomisch wertvoll. Aus diesem Grund wird der Quellcode vieler Programme geheimgehalten, um kommerzielle Interessen zu schützen und den Wettbewerb zu behindern.

Dennoch ist der Quellcode für viele der besten und am weitesten verbreiteten Programme frei verfügbar und kann von jedem untersucht werden. Frei verfügbarer Quellcode wird *Open Source* (»offener Quellcode«) genannt. (Es gibt verschiedene Arten von Copyrights, die an einen Open Source-Programmcode gebunden sein können, aber alle erlauben die Untersuchung des Quellcodes.) Die Open Source-Bewegung betrachtet den Quellcode von Programmen in ähnlicher Weise, wie Wissenschaftler ihre Ergebnisse veröffentlichen: öffentlich und offen für die ungehinderte Untersuchung und Diskussion.

Der Quellcode dieser Programme kann ein wundervoller Ort für den Programmierneuling sein, um zu lernen, wie professionelle Programmierer schreiben. Zu den als Open Source verfügbaren Programmen gehören der Perl-Interpreter und eine sehr große Menge Perl-Code, das Linux-Betriebssystem, der Apache-Webserver, der Netscape-Webbrowser, der Mail-Transfer-Agent *sendmail* und viele mehr.

Programmierstrategien

Um Ihnen, dem Programmierneuling, eine Vorstellung davon zu geben, wie die Programmierung funktioniert, wollen wir uns ansehen, wie ein erfahrener Programmierer Probleme löst. Hierzu stellen wir Ihnen eine Reihe lehrreicher Fallstudien vor.

Stellen Sie sich vor, Sie möchten alle regulatorischen Elemente[1] in einem großen Brokken DNA, den Sie gerade aus dem Sequenzierungslabor erhalten haben, zählen. Sie sind

1 Ein regulatorisches Element ist ein Stück DNA, das die Expression einer codierenden DNA-Region steuert, d.h. Einfluß darauf hat, ob und wann sie zur Erzeugung eines Proteins verwendet wird.

ein professioneller Bioinformatik-Programmierer. Was ist zu tun? Es gibt zwei mögliche Lösungen: Finden Sie ein Programm, oder entwickeln Sie selbst eines.

Es ist sehr wahrscheinlich, daß es bereits ein perfekt funktionierendes und vielleicht sogar freies Programm gibt, das genau die Fähigkeiten hat, die Sie wünschen. Sehr häufig finden Sie genau das, was Sie brauchen, im Web und vermeiden die Kosten und den Aufwand für das Neuerfinden des Rades. Das ist Programmierung von ihrer besten Seite – minimaler Aufwand für den maximalen Erfolg. Das ist der klassische Fall des Sprichworts der Experimentatoren: »Ein Tag in der Bibliothek kann Dir sechs Monate im Labor ersparen.«

Ein wichtiger Aspekt der Kunst des Programmierens besteht darin, die bereits verfügbaren Programme nicht aus den Augen zu lassen. Sie können den Code dann einfach verwenden, wenn er genau das macht, was Sie benötigen, oder Sie können ein vorhandenes Programm nehmen und es an Ihre Belange anpassen. Natürlich müssen Copyrights beachtet werden, aber vieles ist kostenlos verfügbar, insbesondere für Bildungseinrichtungen und nicht profitorientierte Organisationen. Der Code der meisten Perl-Module besitzt ein Copyright, aber es ist Ihnen erlaubt, ihn mit bestimmten Einschränkungen zu verwenden und zu modifizieren. Details finden Sie auf der Perl-Website und in den entsprechenden Modulen.

Wie findet man diese wunderbaren, freien und bereits existierenden Programme? Die Perl-Gemeinde besitzt eine zentrale Sammlung derartiger Programmcodes auf der Website des Comprehensive Perl Archive Network (CPAN) unter *http://www.CPAN.org*. Sehen Sie sich dort um: Die Dinge sind nach Themen sortiert, d.h., Sie finden schnell das, was Sie interessiert, etwa Web-, Statistik- oder Grafikprogramme. In unserem Fall werden Sie das Bioperl-Modul finden, das verschiedene nützliche Bioinformatik-Funktionen enthält. Ein *Modul* ist eine Sammlung von Perl-Code, die von Ihren Perl-Programmen auf einfache Weise geladen und verwendet werden kann.

Die nützlichste Form von Code bilden praktische Bibliotheken oder Module, die eine Reihe von Funktionen zusammenfassen. Diese Pakete bieten sehr viel Flexibilität bei der Entwicklung neuer Programme. Zwar müssen Sie immer noch programmieren, aber Sie haben wesentlich weniger Arbeit, als wenn Sie das ganze Programm von vorn entwickeln müßten. Um unser Beispiel von eben mit den regulatorischen Elementen wieder aufzunehmen, könnte Ihre Suche zu einem praktischen Modul führen, das diese regulatorischen Elemente aufweist, und gleichzeitig könnten Sie auf Code stoßen, der eine Liste von Elementen nimmt und nach diesen in einer DNA-Bibliothek sucht. Nun müssen Sie den existierenden Code nur noch kombinieren, die DNA-Bibliothek bereitstellen, und mit ein wenig Programmierung sind Sie fertig.

Es gibt sehr viele andere Orte, an denen Sie nach bereits existierendem Code suchen können. Sie können das Internet mit Ihren Lieblings-Suchmaschinen durchsuchen. Sie können Sammlungen mit Bioinformatik-Links auf der Suche nach Programmen durchstöbern. Sie können auch die anderen von uns bereits genannten Quellen wie Newsgruppen, Experten usw. nutzen.

Wenn Sie noch keine Lösung gefunden haben und wissen, daß die Eigenentwicklung des Programms einige Zeit in Anspruch nehmen würde, können Sie die Literatur in der Bibliothek durchgehen und vielleicht auch die Hilfe eines Bibliothekars in Anspruch nehmen. Sie können Medline nach Artikeln über regulatorische Elemente durchsuchen, weil Artikel häufig auch Code anbieten (ein reales Programm in einer Sprache wie Perl), den die Autoren weitergeben. Sie können Tagungsberichte, Bücher und Fachzeitschriften durchgehen. Konferenzen und Messen sind großartige Orte, um sich umzusehen, Leute zu treffen und Fragen zu stellen.

In vielen Fällen werden Sie Erfolg haben und sich (und Ihrem Labor) trotz des Aufwands Tage, Wochen oder Monate an Zeit ersparen.

Dennoch eine ernste Warnung zur Modifikation existierenden Codes: Je nachdem, wie viele Änderungen notwendig sind, kann es manchmal schwieriger sein, vorhandenen Code zu verändern, als das ganze Programm neu zu entwickeln. Warum? Nun, je nachdem, wer den Code geschrieben hat, kann es schwierig sein, überhaupt zu erkennen, was die verschiedenen Teile des Codes eigentlich tun. Sie können keine Änderungen vornehmen, wenn Sie überhaupt nicht verstehen, welche Methoden das Programm nutzt. (Wir werden uns später über das Schreiben lesbaren Codes und die Bedeutung von Kommentaren unterhalten.) Allein dieser Faktor ist für einen Großteil der Kosten bei der Programmierung verantwortlich. Viele Programme sind nicht einfach zu lesen oder zu verstehen und können daher nicht gepflegt werden. Auch kann das Testen von Programmen aus verschiedenen Gründen schwierig sein, und es kann sehr viel Zeit und Aufwand beanspruchen, bevor Sie sich selbst sicher sind, daß Ihre Modifikationen auch wirklich korrekt arbeiten.

Okay, nehmen wir an, Sie haben drei Tage nach einem existierenden Programm gesucht und es gab wirklich keines. (Nun ja, es gab eines, aber das kostete $30.000, was Ihr Budget um ein Vielfaches sprengt, und Ihr lokaler Programmier-Experte war viel zu beschäftigt, um eines für Sie zu schreiben.) Es führt also kein Weg daran vorbei, das Programm selbst zu entwickeln.

Wie fängt man es aber an, ein solches Programm von Grund auf zu entwickeln und dann schließlich bei einem Programm zu landen, das die regulatorischen Elemente in irgendeiner DNA zählt? Lesen Sie weiter.

Der Prozeß des Programmierens

Ihnen wurde aufgetragen, ein Programm zu entwickeln, das die regulatorischen Elemente in der DNA zählt. Wenn Sie noch nie programmiert haben, haben Sie wahrscheinlich auch keine Ahnung, wie man anfängt. Lassen Sie uns darüber reden, was Sie wissen müssen, um ein Programm schreiben zu können:

Hier eine Zusammenfassung der von uns behandelten Schritte:

1. Bestimmen Sie die notwendigen Eingaben wie etwa vom Benutzer anzugebende Daten oder Informationen.
2. Überlegen Sie sich einen allgemeinen Entwurf für das Programm, inklusive der generellen Methode – dem Algorithmus –, nach der bzw. dem das Programm die Ausgabe berechnet.
3. Entscheiden Sie, wie die Ausgabe erfolgt, d.h. ob sie beispielsweise in Dateien erfolgt oder grafisch dargestellt wird.
4. Verfeinern Sie den allgemeinen Entwurf durch die Festlegung weiterer Details.
5. Schreiben Sie den Perl-Programmcode.

Diese Schritte können sich bei kürzeren oder längeren Programmen unterscheiden, aber dennoch ist dies der allgemeine Ansatz, den Sie für den Großteil Ihrer Programme verfolgen werden.

Die Entwurfsphase

Zuerst müssen Sie einen Plan entwickeln, nach dem Ihr Programm arbeiten soll. Dies ist das allgemeine Design des Programms und ein wichtiger Schritt, der üblicherweise erfolgt, bevor das eigentliche Schreiben des Programms beginnt. Programme werden häufig mit Kochrezepten verglichen, weil es sich bei ihnen auch um genaue Anweisungen handelt, wie irgendeine Aufgabe zu erledigen ist. Zum Beispiel benötigen Sie eine Vorstellung davon, welche Ein- und Ausgaben das Programm besitzen muß. In unserem Beispiel wäre die Eingabe die neue DNA. Sie benötigen dann eine Strategie, nach der das Programm die notwendigen Berechnungen durchführt, um aus der Eingabe die gewünschte Ausgabe zu errechnen.

In unserem Beispiel muß das Programm zuerst einmal Informationen vom Benutzer erfragen, nämlich wo die DNA zu finden ist. (Diese Information kann der Name einer Datei sein, die eine Computer-Repräsentation der DNA-Sequenz enthält.) Das Programm muß es dem Benutzer erlauben, den Namen einer Datendatei einzugeben, was vielleicht über den Computerbildschirm, vielleicht aber auch über eine Webseite geschehen kann. Das Programm muß dann prüfen, ob die Datei existiert (und sich beschweren, falls das nicht der Fall ist, etwa weil der Benutzer den Dateinamen falsch geschrieben hat). Schließlich muß es die Datei öffnen und die DNA einlesen, bevor es fortfahren kann.

Dieser einfache Schritt verlangt einen Kommentar. Sie können die DNA direkt in den Programmcode integrieren und vermeiden so, diesen Teil des Programms schreiben zu müssen. Indem Sie das Programm aber so entwerfen, daß es die DNA einliest, wird es nützlicher, da Sie das Programm nicht jedesmal neu schreiben müssen, wenn Sie eine neue DNA erhalten. Das ist eine einfache, eigentlich offensichtliche Idee, aber trotzdem sehr leistungsfähig.

Die von Ihrem Programm zur Berechnung verwendeten Daten werden als *Eingabe* (Input) bezeichnet. Eingaben können aus unterschiedlichen Quellen stammen: aus Dateien, aus anderen Programmen, von Benutzern, von auf Websites ausgefüllten Formularen, aus E-Mails und so weiter. Die meisten Programme lesen Eingaben in irgendeiner Form ein, einige Programme machen das nicht.

Lassen Sie uns dem eigentlichen Programmcode die Liste der regulatorischen Elemente hinzufügen. Sie können (wie wir das mit der DNA gemacht haben) nach einer Datei fragen, die diese Liste enthält, und das Programm in die Lage versetzen, nach verschiedenen Listen regulatorischer Elemente zu suchen. In diesem Fall ändert sich die Liste aber nicht, also weshalb den Benutzer mit der Eingabe eines weiteren Dateinamens belästigen?

Nachdem wir über die DNA und die Liste der regulatorischen Elemente verfügen, müssen Sie (in allgemeinen Begriffen formuliert) entscheiden, wie das Programm nun tatsächlich nach jedem regulatorischen Element in der DNA suchen soll. Dieser Schritt ist offensichtlich sehr wichtig, weshalb Sie sicherstellen müssen, daß er auch gelingt. Zum Beispiel könnte es notwendig sein, das Programm schnell genug ablaufen zu lassen, wenn die Geschwindigkeit des Programms ein wichtiger Gesichtspunkt ist.

Das ist das Problem der Wahl des richtigen Algorithmus für eine entsprechende Aufgabe. Ein Algorithmus ist ein Enwurf zur Berechnung eines Problems (mehr dazu in einer Minute). Sie könnten beispielsweise entscheiden, nacheinander jedes regulatorische Element zu nehmen und die DNA vom Anfang bis zum Ende nach diesem Element abzusuchen, bevor Sie mit dem nächsten fortfahren. Sie könnten aber auch entscheiden, die DNA nur einmal durchzugehen und an jeder Position nach den regulatorischen Elementen zu suchen. Besitzt der eine oder der andere Weg einen Vorteil? Kann die Liste der regulatorischen Elemente sortiert und so die Suche beschleunigt werden? Lassen wir es für den Augenblick dabei bewenden, daß die Wahl des Algorithmus sehr wichtig ist.

Der letzte Teil des Entwurfs besteht darin, für das Ergebnis irgendeine Form der Ausgabe zur Verfügung zu stellen. Vielleicht möchten Sie die Ergebnisse auf einer Webseite ausgeben oder einfach als eine simple Liste auf dem Computerbildschirm, oder Sie möchten sie in einer druckfähigen Datei festhalten oder vielleicht auch alle oben genannten Varianten verwenden. An diesem Punkt müßten Sie den Benutzer nach einem Dateinamen fragen können, in dem die Ausgabe gesichert werden soll.

Das führt uns zum Problem der Darstellung von Ergebnissen. Diese Frage ist tatsächlich besonders wichtig. Die ideale Lösung besteht darin, die Ergebnisse in einer Weise auszugeben, die dem Benutzer auf einen Blick die auffallenden Features der Berechnung zeigt. Sie können Grafiken, Farben, Karten oder kleine hüpfende Bälle zur Kennzeichnung unerwarteter Ergebnisse verwenden: Möglichkeiten gibt es viele. Ein Programm, dessen Ergebnisse schwer zu lesen sind, erledigt seine Aufgabe natürlich nicht zufriedenstellend. Tatsächlich können Ausgaben, die es schwierig machen, die gewünschten Ergebnisse zu finden oder zu verstehen, den ganzen Aufwand zunichte machen, den Sie zur Entwicklung eines eleganten Programms betrieben haben.

Es gibt verschiedene Strategien, die von Programmierern angewandt werden, um die Entwicklung guter allgemeiner Entwürfe zu unterstützen. Normalerweise wird jedes Programm (außer sehr kurze) in verschiedenen kleinen, aber miteinander verbundenen Teilen geschrieben. (Hiervon werden Sie in den späteren Kapiteln sehr viel sehen.) Was sind das für Teile, und wie werden sie miteinander verbunden? Das Software-Engineering beschäftigt sich mit diesen Aspekten. An diesem Punkt möchte ich nur hervorheben, daß sie sehr wichtig sind, und einige Wege aufzeigen, wie Programmierer sich der Notwendigkeit des Entwurfs widmen.

Es gibt viele Entwurfsmethodiken, die alle ihre ergebenen Anhänger besitzen. Der beste Ansatz besteht darin zu lernen, was es gibt, und dann die für die Aufgabe am besten geeignete Methodik zu verwenden. Zum Beispiel wird in diesem Buch ein Programmierstil vermittelt, der als *imperative Programmierung* bezeichnet wird. Er basiert darauf, daß man ein Problem in interagierende *Prozeduren* oder *Subroutinen* (siehe Kapitel 6) zerlegt, was man als *strukturiertes Design* bezeichnet. Ein anderer weitverbreiteter Stil wird *objektorientierte Programmierung* genannt und ebenfalls von Perl unterstützt.

Wenn Sie mit einer großen Gruppe von Programmierern an einem großen Projekt arbeiten, kann die Entwurfsphase sehr formal sein und sogar von ganz anderen Personen übernommen werden als den eigentlichen Programmierern. Auf der anderen Seite der Skala finden Sie den einsamen Programmierer, der einfach mit dem Schreiben beginnt und den Plan erst entwickelt, während er den Code schreibt. Es gibt nicht den einen besten Weg, der für jeden funktioniert. Doch unabhängig davon, welchen Ansatz Sie verwenden, als Neuling müssen Sie irgendein Design im Kopf haben, bevor Sie mit dem Schreiben von Code beginnen.

Algorithmen

Ein *Algorithmus* ist das Design oder der Plan für die von einem Computerprogramm durchzuführende Berechnung. (Tatsächlich ist dieser Begriff außerhalb eines formalen mathematischen Systems etwas schwierig zu definieren, aber das hier ist eine vernünftige Definition.) Ein Algorithmus wird implementiert, indem man ihn in einer bestimmten Computersprache codiert, aber der Algorithmus ist die hinter dieser Berechnung stehende Idee. Er wird häufig in Form von Pseudocode dargestellt, der eine Vorstellung davon vermittelt, wie das Programm tatsächlich funktioniert, ohne ein echtes Computerprogramm zu sein.

Die meisten Programme machen einfache Dinge. Sie erhalten Dateinamen von Benutzern, öffnen diese Dateien und lesen die Daten ein. Sie führen einfache Berechnungen aus und stellen die Ergebnisse dar. Dies sind die Arten von Algorithmen, die Sie hier lernen werden.

Die Wissenschaft von den Algorithmen geht allerdings sehr tief, ist recht fruchtbar und hat eine große Bedeutung für die Bioinformatik. Algorithmen können entworfen werden, um neue Wege zur Analyse biologischer Daten zu finden und neue wissenschaftliche Ergebnisse zu entdecken. Es gibt bestimmt viele Probleme in der Biologie, deren Lösungen wir durch die Erfindung neuer Algorithmen ein gutes Stück näher kommen könnten (und werden).

Die Wissenschaft von den Algorithmen besitzt viele clevere Techniken. Als Programmierneuling müssen Sie sich darüber im Moment noch keine Gedanken machen. An dieser Stelle, einem Einführungskapitel in einem Einführungsbuch zur Programmierung, ist es nicht sinnvoll, Details algorithmischer Methoden zu behandeln. Ihre erste Aufgabe besteht darin zu lernen, wie man in irgendeiner Programmiersprache programmiert. Doch wenn Sie bei der Sache bleiben, werden Sie anfangen, diese Techniken zu erlernen. Ein anständiges Buch, das als Referenz immer zur Verfügung steht, ist eine gute Investition für den ernsthaften Programmierer (siehe Anhang A).

Für das aktuelle Beispiel, bei dem regulatorische Elemente in der DNA gezählt werden, habe ich eine Vorgehensweise vorgeschlagen. Nehmen Sie sich nacheinander jedes regulatorische Element vor und suchen Sie die DNA danach ab, bevor Sie mit dem nächsten regulatorischen Element fortfahren. Andere Algorithmen sind ebenfalls möglich; tatsächlich gehört dieses Beispiel zum allgemeinen Problem der *Mustererkennung in Zeichenketten* (String-Matching), das für die Bioinformatik von größter Bedeutung ist und dessen Studium zu einer Vielzahl sehr cleverer Algorithmen geführt hat.

Algorithmen werden normalerweise nach Problemen oder Techniken zusammengefaßt, und es ist sehr umfangreiches Material verfügbar. Für den praktisch denkenden Programmierer am nützlichsten sind Sammlungen von Algorithmen, die in bestimmten

Programmiersprachen geschrieben wurden und sich in eigene Programme integrieren lassen. Nutzen Sie Anhang A als Ausgangspunkt. Mit Hilfe der dort genannten Codesammlungen und Bücher ist es möglich, viele algorithmische Techniken auf relativ einfache Art und Weise in Ihren Perl-Code zu integrieren.

Pseudocode und Code

Sie besitzen nun einen allgemeinen Entwurf mit Eingaben, Algorithmus und Ausgaben. Wie wandelt man diese allgemeine Idee nun in ein Design für ein Programm um?

Eine gängige Implementierungsstrategie besteht darin, die Sache im sogenannten Pseudocode aufzuschreiben. *Pseudocode* ist ein formloses »Programm«, bei dem keine Details enthalten sind und keine formale Syntax befolgt wird.[2] Er wird nicht als Programm ausgeführt; sein Zweck besteht nur darin, die Idee des allgemeinen Entwurfs eines Programms auf schnelle und formlose Weise aufzuzeigen.

Beispielsweise könnten Sie in einem echten Perl-Programm einen als Subroutine bezeichneten Code entwickeln (siehe Kapitel 6), in diesem Fall eine Subroutine, die vom Benutzer eine Antwort über die Tastatur einliest. Eine solche Subroutine könnte wie folgt aussehen:

```
sub leseantwort {
    print "Geben Sie Ihre Antwort ein :";
    my $antwort  = <STDIN>;
    chomp $antwort;
    return $antwort;
}
```

In Pseudocode könnten Sie aber einfach folgendes schreiben

```
leseantwort
```

und sich um die Details später Gedanken machen.

Hier ein Beispiel für Pseudocode für das von uns erläuterte Programm:

```
Namen der DNA-Datei vom Benutzer einlesen

DNA aus DNA-Datei einlesen

für jedes regulatorische Element
    ist das Element in der DNA, dann
       Zähler um eins erhöhen

Zähler ausgeben
```

2 *Syntax* steht für die Regeln der Grammatik. Die deutsche Syntax verlangt »Gehe zur Schule«, nicht »Schule gehe zu«. Programmiersprachen besitzen ebenfalls Syntaxregeln.

Kommentare

Kommentare sind ein Bestandteil des Perl-Quellcodes und sollen einem dabei helfen zu verstehen, was das Programm macht. Alles von einem #-Zeichen bis zum Ende der Zeile wird als Kommentar betrachtet und vom Perl-Interpreter ignoriert. (Eine Ausnahme bildet die erste Zeile vieler Perl-Programme, in der so etwas wie `#!/usr/bin/perl`; steht. Beachten Sie hierzu den Abschnitt »Befehlsinterpretation« in Kapitel 4.)

Kommentare sind von erheblicher Bedeutung, will man den Nutzen eines Programms erhalten. Sie enthalten normalerweise eine Besprechung des allgemeinen Zwecks und Entwurfs des Programms, Beispiele für die Verwendung des Programms sowie detaillierte Hinweise an unterschiedlichen Stellen des Codes, die genau erklären, warum der Code vorhanden ist und was er macht. Generell schreibt ein guter Programmierer auch gute Kommentare als integralen Bestandteil des Programms. Sie werden Kommentare in allen Programmierbeispielen dieses Buches finden.

Wichtig ist: Ihr Code muß von Menschen ebenso gelesen werden können wie vom Computer.

Kommentare sind auch beim Debugging fehlerhafter Programme nützlich. Wenn Sie Probleme haben herauszufinden, wo ein Programm einen Fehler macht, können Sie selektiv verschiedene Teile des Codes »auskommentieren«. Wenn Sie einen Abschnitt finden, der das Problem behebt, sobald er auskommentiert wurde, dann besitzen Sie einen recht kurzen Codeabschnitt, von dem Sie wissen, daß er das Problem enthalten muß. Dies ist häufig ein nützlicher Debugging-Ansatz.

Kommentare können verwendet werden, wenn Sie Pseudocode in Perl-Quellcode umwandeln. Pseudocode ist kein Perl-Code, d.h., der Perl-Interpreter beschwert sich über jeden nicht auskommentierten Pseudocode. Sie können den Pseudocode *auskommentieren*, indem Sie #-Zeichen an den Anfang aller Pseudocode-Zeilen stellen:

```
# Namen der DNA-Datei vom Benutzer einlesen

# DNA aus DNA-Datei einlesen

# für jedes regulatorische Element
#    ist das Element in der DNA, dann
#       Zähler um eins erhöhen

# Zähler ausgeben
```

Während Sie Ihr Pseudocode-Design in Perl-Code umwandeln, können Sie die Kommentare des Perl-Codes einfach aufheben, indem Sie die #-Zeichen entfernen. Auf diese Weise haben Sie eine Mischung von Perl- und Pseudocode, aber Sie können die Perl-Teile ausführen und testen. Der Perl-Interpreter ignoriert die auskommentierten Zeilen einfach.

Sie können sogar den gesamten Pseudocode (auskommentiert) im Programm beibehalten. Auf diese Weise bleibt ein Umriß des Programm-Designs erhalten, der von Nutzen sein kann, wenn Sie oder jemand anders den Code lesen oder modifizieren will.

Wir haben nun den Punkt erreicht, an dem wir tatsächlich mit der Perl-Programmierung beginnen können. In Kapitel 4 lernen Sie die Perl-Syntax kennen und beginnen mit der Programmierung in Perl. Während Sie das tun, sollten Sie an die erste Phase denken, in der Sie Ihr Programm entwerfen. Dann erst folgt der Zyklus, mit dem Sie die meiste Zeit verbringen werden: das Editieren des Programms, das Ausführen des Programms und das Überarbeiten des Programms.

KAPITEL 4

Sequenzen und Strings

In diesem Kapitel beginnen wir mit der Entwicklung von Perl-Programmen, die biologische Sequenzdaten, also DNA und Proteine, bearbeiten. Sobald Sie die Sequenzen im Computer vorliegen haben, beginnen Sie mit der Entwicklung von Programmen, die folgendes mit den Sequenzdaten anstellen:

- DNA nach RNA transkribieren
- Sequenzen verketten
- Das entgegengesetzte Komplement der Sequenzen bilden
- Sequenzdaten aus Dateien einlesen

Sie werden auch Programme schreiben, die Informationen über Ihre Sequenzen liefern. Wie hoch ist der GC-Anteil in Ihrer DNA? Wie hydrophob ist Ihr Protein? Sie werden Programmiertechniken kennenlernen, mit deren Hilfe Sie diese und andere Fragen beantworten können.

Die in diesem Kapitel vermittelten Perl-Fertigkeiten umfassen die Grundlagen der Sprache. Hier sind einige dieser Grundlagen:

- skalare Variablen
- Arrayvariablen
- Stringoperationen wie Substitution und Codeübersetzung
- Einlesen von Daten aus Dateien

Die Darstellung von Sequenzdaten

Ein Großteil dieses Buches behandelt die Bearbeitung von Symbolen, die biologische Sequenzen von DNA und Proteinen darstellen. Die in der Bioinformatik zur Darstellung dieser Sequenzen verwendeten Symbole sind die gleichen, die Biologen in der Literatur für den gleichen Zweck einsetzen.

Wie vorhin erwähnt, besteht DNA aus vier Bausteinen: den Nukleinsäuren, auch Nukleotide oder Basen genannt. Proteine bestehen aus 20 Bausteinen, den Aminosäuren, auch Residuen genannt. Fragmente von Proteinen werden auch Peptide genannt. DNA und Proteine sind grundsätzlich beides Polymere, deren Bausteine einfach miteinander verbunden sind. Es ist also möglich, die Primärstruktur eines DNA-Moleküls oder Proteins zusammenzufassen, indem man einfach die Sequenzen der Basen oder Aminosäuren angibt.

Das sind sehr knappe Definitionen. Ich gehe davon aus, daß Sie mit ihnen bereits vertraut sind oder bereit sind, sich ein Buch zur Molekularbiologie zu besorgen und sich weiterführende Details anzueignen. Tabelle 4-1 zeigt die *Basen*. Fügen Sie ein Zucker hinzu und Sie erhalten die *Nukleoside* Adenosin, Guanosin, Cytidin, Thymidin und Uridin. Sie können außerdem ein Phosphat hinzufügen und erhalten die *Nukleotide* Adenylsäure, Guanylsäure, Cytidylsäure, Thymidylsäure und Uridylsäure. Eine *Nukleinsäure* ist eine chemisch verbundene Sequenz von Nukleotiden. Ein *Peptid* besteht aus einer kleinen Anzahl verbundener Aminosäuren; eine längere Abfolge wird als *Polypeptid* bezeichnet. Ein *Protein* ist eine biologisch funktionale Einheit, die aus einem oder mehreren Polypeptiden besteht. Eine *Residue* ist eine Aminosäure in einer Polypeptidkette.

Der Zweckmäßigkeit halber werden die Nukleinsäuren und die Aminosäuren häufig in Form von Codes dargestellt, die aus einem oder drei Buchstaben bestehen und in den Tabellen 4-1 und 4-2 zusammengefaßt sind. (In diesem Buch werden für Aminosäuren meist die Ein-Buchstaben-Codes verwendet.)

Tabelle 4-1: Standard-IUB/IUPAC-Nukleinsäure-Codes

Code	Nukleinsäure(n)
A	Adenin
C	Cytosin
G	Guanin
T	Thymin
U	Uracil
M	A oder C (Aminogruppen)
R	A oder G (Purine)
W	A oder T (schwach interagierend)
S	C oder G (schwach interagierend)
Y	C oder T (Pyrimidine)
K	G oder T (Ketogruppen)
V	A oder C oder G
H	A oder C oder T

Tabelle 4-1: Standard-IUB/IUPAC-Nukleinsäure-Codes (Fortsetzung)

Code	Nukleinsäure(n)
D	A oder G oder T
B	C oder G oder T
N	A, G, C oder T (beliebig)

Tabelle 4-2: Standard-IUB/IUPAC-Aminosäure-Codes

Ein-Buchstaben-Code	Aminosäure	Drei-Buchstaben-Code
A	Alanin	Ala
B	Asparaginsäure oder Asparagin	Asx
C	Cystein	Cys
D	Asparaginsäure	Asp
E	Glutaminsäure	Glu
F	Phenylalanin	Phe
G	Glycin	Gly
H	Histidin	His
I	Isoleucin	Ile
K	Lysin	Lys
L	Leucin	Leu
M	Methionin	Met
N	Asparagin	Asn
P	Prolin	Pro
Q	Glutamin	Gln
R	Arginin	Arg
S	Serin	Ser
T	Threonin	Thr
V	Valin	Val
W	Tryptophan	Trp
X	Unbekannt	Xxx
Y	Tyrosin	Tyr
Z	Glutaminsäure oder Glutamin	Glx

Die Nukleinsäure-Codes in Tabelle 4-1 enthalten Buchstaben für die vier grundlegenden Nukleinsäuren. Sie definieren auch einzelne Buchstaben für alle möglichen Gruppen aus zwei, drei oder vier Nukleinsäuren. In den meisten Fällen werden in diesem Buch nur A, C, G, T, U und N verwendet. Die Buchstaben A, C, G und T repräsentieren Nukleinsäuren für die DNA. U ersetzt T, wenn DNA in Ribonukleinsäure (RNA) transkribiert wird. N ist die übliche Repräsentation für »unbekannt«, etwa wenn ein Sequenziergerät eine Base nicht mit Sicherheit bestimmen kann. Später, in Kapitel 9, benötigen wir die anderen Codes bei der Programmierung von Restriktionskarten zur Gruppierung von Nukleinsäuren. Beachten Sie, daß die kleingeschriebenen Varianten dieser Ein-Buchstaben-Codes gelegentlich auch verwendet werden, meist für DNA, selten für Proteine.

Die Informatik-Terminologie unterscheidet sich bei den in den Tabellen 4-1 und 4-2 aufgeführten Codes etwas von der Biologie. In der Informatik definieren diese Tabellen zwei *Alphabete*, endliche Mengen von Symbolen, die Strings bilden können. Eine Folge von Symbolen wird als *String* (Zeichenkette) bezeichnet. So ist dieser Satz zum Beispiel ein String. Eine Sprache ist eine (endliche oder unendliche) Menge von Strings. In diesem Buch bestehen die »Sprachen« hauptsächlich aus DNA- und Protein-Sequenzdaten. Bioinformatiker bezeichnen die eigentliche DNA- oder Proteinsequenz häufig als »String«, im Gegensatz zu dessen Repräsentation in Form von Sequenzdaten. Das ist ein Beispiel dafür, wie die Terminologien beider Disziplinen ineinander übergehen.

Wie Sie anhand der Tabellen sehen konnten, werden wir Daten in Form einfacher Buchstaben darstellen, so als würden wir sie auf eine Seite schreiben. Aber Computer verwenden in Wirklichkeit zusätzliche Codes zur Darstellung einfacher Buchstaben. Sie müssen sich darüber keine allzu großen Sorgen machen, aber denken Sie daran, Text in Ihrem Editor immer als ASCII oder reinen Text abzuspeichern.

ASCII ist für den Computer eine Möglichkeit, Text-(oder Kontroll-)Daten im Speicher festzuhalten. Wenn dann ein Programm wie etwa ein Texteditor diese Daten liest und weiß, daß es ASCII liest, kann es die entsprechenden Buchstaben auf dem Bildschirm vernünftig darstellen, weil es den richtigen Code kennt. Das A und O lautet also: ASCII ist ein Code zur Darstellung von Text auf einem Computer.[1]

1 Eine neue Zeichencodierung namens *Unicode*, die alle Symbole aller Sprachen dieser Welt verarbeiten kann, erfährt eine zunehmende Verbreitung und wird auch von Perl unterstützt.

Ein Programm zur Speicherung einer DNA-Sequenz

Lassen Sie uns ein kleines Programm schreiben, das irgendeine DNA in einer Variablen ablegt und diese auf dem Bildschirm ausgibt. Die DNA wird in der üblichen Form geschrieben, d.h. als String aus den Buchstaben A, C, G und T. Wir nennen die Variable `$DNA`, was mit anderen Worten bedeutet, daß `$DNA` der Name der im Programm verwendeten DNA-Sequenzdaten ist. Beachten Sie, daß eine Variable bei Perl eigentlich ein Name für irgendwelche Daten ist, auf die Sie zugreifen möchten. Dieser Name ermöglicht Ihnen den vollständigen Zugriff auf die Daten. Beispiel 4-1 zeigt das gesamte Programm.

Beispiel 4-1: DNA auf den Computer bringen

```
#!/usr/bin/perl -w
# DNA in einer Variablen speichern und diese ausgeben

# Zuerst speichern wir die DNA in einer Variablen namens $DNA
$DNA = 'ACGGGAGGACGGGAAAATTACTACGGCATTAGC';

# Danach geben wir die DNA auf dem Bildschirm aus
print $DNA;

# Zum Schluß weisen wir das Programm explizit an, sich zu beenden
exit;
```

Geben Sie diesen Code ein (oder kopieren Sie ihn sich von der Website zu diesem Buch), und speichern Sie ihn in einer Datei ab. Nutzen Sie dabei Ihr Wissen über Texteditoren und die Ausführung von Perl-Programmen aus Kapitel 2. Denken Sie daran, das Programm im ASCII- oder in einem reinen Textformat abzuspeichern, da Perl sonst Probleme haben könnte, die resultierende Datei zu lesen.

Der zweite Schritt ist die Ausführung des Programms. Die Details zur Ausführung eines Programms hängen davon ab, welchen Computertyp Sie verwenden (siehe Kapitel 2). Nehmen wir einmal an, das Programm ist auf Ihrem Computer in einer Datei namens *beispiel4-1* gespeichert. Wenn Sie sich an Kapitel 2 zurückerinnern, können Sie dieses Programm unter Unix oder Linux ausführen, indem Sie `perl beispiel4-1` in einem Shell-Fenster eingeben.

Auf einem Mac öffnen Sie die Datei mit der MacPerl-Anwendung und speichern das Programm als Droplet. Danach starten Sie es einfach durch einen Doppelklick auf das Droplet. Unter Windows geben Sie `perl beispiel4-1` in einem MS-DOS-Befehlsfenster ein.

Wenn Sie das Programm erfolgreich ausführen konnten, erscheint die Ausgabe auf Ihrem Bildschirm.

Flußkontrolle

Beispiel 4-1 verdeutlicht viele der Ideen, auf denen all unsere Perl-Programme basieren werden. Eine dieser Ideen ist die *Flußkontrolle*, also die Reihenfolge, in der die Anweisungen des Programms vom Computer ausgeführt werden.

Jedes Programm beginnt bei der ersten Zeile und führt die Anweisungen eine nach der anderen aus, bis das Ende erreicht ist, es sei denn, es wird explizit angewiesen, etwas anderes zu tun. Beispiel 4-1 läuft einfach ohne Umwege von oben nach unten durch.

In späteren Kapiteln werden Sie lernen, wie man den Fluß der Ausführung steuert.

Noch einmal Kommentare

Nun wollen wir uns die einzelnen Teile von Beispiel 4-1 ansehen. Ihnen werden die vielen Leerzeilen aufgefallen sein. Diese sind nur da, um das Programm für einen Menschen einfacher lesbar zu machen. Beachten Sie als nächstes die mit dem #-Zeichen beginnenden Kommentare. Denken Sie an Kapitel 3, wonach Perl diese Kommentare zusammen mit den Leerzeilen bei der Ausführung einfach ignoriert. Tatsächlich sind die beiden folgenden Zeilen für Perl völlig identisch mit dem Programm aus Beispiel 4-1

```
#!/usr/bin/perl -w
$DNA = 'ACGGGAGGACGGGAAAATTACTACGGCATTAGC'; print $DNA; exit;
```

Ich habe die Kommentare hier sehr großzügig eingesetzt. Kommentare zu Beginn des Codes können deutlich machen, welchem Zweck das Programm dient und wer es geschrieben hat. Darüber hinaus können weitere Informationen angegeben werden, die hilfreich sein können, wenn jemand anders den Code verstehen muß. Kommentare können auch erläutern, was jeder Codeabschnitt macht, und enthalten manchmal auch Erläuterungen, wie der Code sein Ziel erreicht.

Es ist verführerisch, sich über die Bedeutung von Kommentaren auszulassen. Wir wollen es dabei bewenden lassen zu sagen, daß in den meisten Informatik-Seminaren an den Unis Programme ohne Kommentare eine niedrige Bewertung erhalten (oder sogar durchfallen). Ebenso hat ein Programmierer im richtigen Leben wohl nur eine kurze und nicht besonders erfolgreiche Karriere vor sich, wenn er seinen Code nicht kommentiert.

Befehlsinterpretation

Da sie mit einem #-Zeichen beginnt, sieht die erste Zeile des Programms wie ein Kommentar aus, wirkt gleichzeitig aber nicht sehr informativ:

```
#!/usr/bin/perl -w
```

Hierbei handelt es sich um eine spezielle Zeile, die einem unter Unix oder Linux laufenden Computer mitteilt, daß dies ein Perl-Programm ist. Auf verschiedenen Computern kann diese Zeile leicht unterschiedlich aussehen. Bei einigen Maschinen ist sie auch unnötig, weil der Computer Perl anhand anderer Informationen erkennt. Eine Windows-Maschine ist üblicherweise so konfiguriert, daß sie jedes Programm mit der Endung *.pl* als Perl-Programm interpretiert. Bei Unix oder Linux, einem Windows-Befehlsfenster oder einer Mac OS X-Shell können Sie auch `perl mein_programm` eingeben, und das Perl-Programm `mein_programm` würde diese spezielle Zeile nicht benötigen. Dennoch wird sie häufig verwendet, und sie steht am Anfang all unserer Programme.

Beachten Sie, daß diese erste Zeile das Flag `-w` verwendet. Das »w« steht für warnings, also Warnungen, und sorgt dafür, daß Perl im Fall eines Fehlers entsprechende Meldungen ausgibt. Sehr häufig enthält die Fehlermeldung eine Zeilennummer, an der der Fehler aufgetreten zu sein scheint. Manchmal ist diese Zeilennummer falsch, aber der Fehler liegt üblicherweise in oder direkt vor der Zeile, die in der Meldung genannt wird. Später in diesem Buch werden Sie die Anweisung `use warnings` als Alternative zu `-w` kennenlernen.

Anweisungen

Die nächste Zeile von Beispiel 4-1 speichert die DNA in einer Variablen ab:

```
$DNA = 'ACGGGAGGACGGGAAAATTACTACGGCATTAGC';
```

Das ist ein sehr häufiger und sehr wichtiger Vorgang bei einer Computersprache, weshalb wir einen näheren Blick darauf werfen wollen. Sie werden einige grundlegende Features von Perl und Programmiersprachen im allgemeinen kennenlernen, weshalb Sie diesen Teil nicht einfach überfliegen, sondern tatsächlich lesen sollten.

Diese Codezeile wird als *Anweisung* (Statement) bezeichnet. Bei Perl enden Anweisungen mit einem Semikolon (;). Die Verwendung des Semikolons ist mit der Verwendung des Punktes in der deutschen Sprache vergleichbar.

Um genauer zu sein, ist diese Codezeile eine *Zuweisung* (Assignment). Ihre Aufgabe bei diesem Programm besteht darin, irgendeine DNA in einer Variablen namens `$DNA` zu speichern. Wie Sie in den nächsten Abschnitten sehen werden, passieren dabei einige grundlegende Dinge.

Variablen

Zuerst wollen wir uns die Variable `$DNA` ansehen. Ihr Name ist irgendwie willkürlich. Sie können einen anderen Namen wählen, und das Programm verhält sich immer noch gleich. Zum Beispiel könnten Sie die beiden folgenden Zeilen

```
$DNA = 'ACGGGAGGACGGGAAAATTACTACGGCATTAGC';

print $DNA;
```

durch

```
$Ein_Gedicht_von_Seamus_Heaney = 'ACGGGAGGACGGGAAAATTACTACGGCATTAGC';

print $Ein_Gedicht_von_Seamus_Heaney;
```

ersetzen, und das Programm verhält sich genau wie vorher, d.h., es gibt die DNA auf dem Bildschirm aus. Der wesentliche Punkt ist der, daß Sie sich die Namen von Variablen in Ihrem Computerprogramm selbst aussuchen können. (Innerhalb bestimmter Grenzen: In Perl muß der Name einer Variable aus Groß- und Kleinbuchstaben, Ziffern und dem Unterstrich _ zusammengesetzt sein. Auch darf das erste Zeichen keine Ziffer sein.)

Dies ist neben den bereits gemachten Bemerkungen zu Leerzeilen und Kommentaren ein weiterer wichtiger Punkt, den Code für Menschen lesbarer zu gestalten. Für den Computer hat es keinerlei Bedeutung, ob der Variablenname `$DNA` statt `$Ein_Gedicht_von_Seamus_Heaney` lautet, für jemanden, der das Programm liest, aber sehr wohl. Der eine Name ist sehr sinnvoll, weil er ganz klar deutlich macht, wozu diese Variable im Programm verwendet wird, und so die lästige Arbeit vereinfacht, das Programm zu verstehen. Beim anderen Namen bleibt unklar, was das Programm macht und wozu die Variable gut ist. Die Verwendung sorgfältig gewählter Variablennamen ist ein Teil dessen, was man als selbstdokumentierenden Code bezeichnet. Wenn Sie Ihre Variablennamen sinnvoll wählen, werden Sie zwar immer noch Kommentare benötigen, aber vielleicht nicht mehr so viele.

Sie werden bemerkt haben, daß der Variablenname `$DNA` mit einem Dollarzeichen beginnt. Bei Perl wird diese Art Variable als *skalare* Variable bezeichnet. Diese Art von Variable kann ein einzelnes Datenelement aufnehmen. Skalare Variablen werden für solche Daten wie Strings oder verschiedene Arten von Zahlen verwendet (z.B. den String `Hallo` oder Zahlen wie 25, 6.234, 3.5E10, -0.8373). Eine skalare Variable enthält zu einem bestimmten Zeitpunkt genau ein Datenelement.

Strings

In Beispiel 4-1 enthält die skalare Variable `$DNA` irgendeine DNA, die in der üblichen Art und Weise durch die Buchstaben A, C, G und T repräsentiert wird. Wie bereits früher erwähnt, wird eine Folge von Buchstaben in der Informatik als String bezeichnet. Bei Perl legen Sie einen String fest, indem Sie ihn in sogenannte Quoting-Zeichen stellen. Bei diesen Quoting-Zeichen handelt es sich um einfache Anführungszeichen, wie in Beispiel 4-1, oder um doppelte Anführungszeichen. (Den Unterschied werden Sie später kennenlernen.) Die DNA wird also wie folgt dargestellt:

```
'ACGGGAGGACGGGAAAATTACTACGGCATTAGC'Zuweisung
```

Zuweisung

Um bei Perl eine Variable auf einen bestimmten Wert zu setzen, verwenden Sie das Gleichheitszeichen =. Das =-Zeichen wird *Zuweisungsoperator* genannt. In Beispiel 4-1 wird der Wert

```
'ACGGGAGGACGGGAAAATTACTACGGCATTAGC'
```

der Variable `$DNA` zugewiesen. Nach der Zuweisung können Sie den Namen der Variable verwenden, um an den Wert zu gelangen, so wie wir das mit der `print`-Anweisung in Beispiel 4-1 gemacht haben.

Die Anordnung der einzelnen Teile ist bei der Zuweisung von Bedeutung. Der Wert, der an etwas zugewiesen wird, erscheint immer rechts vom Zuweisungsoperator. Die Variable, der ein Wert zugewiesen wird, steht immer links vom Zuweisungsoperator. In Programmierhandbüchern begegnen Ihnen manchmal die Begriffe *lvalue* und *rvalue* für die linke bzw. rechte Seite des Zuweisungsoperators.

Die Verwendung des =-Zeichens hat bei Programmiersprachen eine lange Tradition. Allerdings kann sie auch Quell der Verwirrung sein: Zum Beispiel bedeutet in der Mathematik das = meist, daß die zwei Dinge links und rechts vom Gleichheitszeichen gleich sind. Es ist daher wichtig zu bemerken, daß das Gleichheitszeichen bei Perl nicht für Gleichheit steht. Es weist einer Variablen einen Wert zu. (Später werden Sie erfahren, wie man Gleichheit darstellt.)

Lassen Sie uns also zusammenfassen, was wir bislang über diese Anweisung gelernt haben:

```
$DNA = 'ACGGGAGGACGGGAAAATTACTACGGCATTAGC';
```

Es handelt sich um eine Zuweisungsanweisung, die den Wert der skalaren Variable `$DNA` auf einen String setzt, der eine DNA darstellt.

Ausgabe

Die Anweisung

```
print $DNA;
```

gibt `ACGGGAGGACGGGAAAATTACTACGGCATTAGC` auf dem Bildschirm des Computers aus. Beachten Sie, daß die `print`-Anweisung skalare Variablen so verarbeitet, daß sie deren Werte ausgibt – in diesem Fall also den String, der in der Variablen `$DNA` enthalten ist. Mehr über die Ausgabe später.

Beenden

Schließlich noch die Anweisung `exit`. Sie weist den Computer an, das Programm zu beenden. Perl benötigt am Ende eines Programms keine exit-Anweisung. Sobald es am Ende angelangt ist, beendet sich das Programm automatisch. Es tut aber niemandem weh, wenn man die Anweisung einfügt, und sie zeigt deutlich an, daß das Programm vorbei ist. Sie werden andere Programme sehen, die sich mit exit beenden, wenn irgend etwas schiefgeht, bevor das Programm regulär abgeschlossen werden konnte. Die exit-Anweisung ist also definitiv nützlich.

Verkettung von DNA-Fragmenten

Nun wollen wir eine einfache Veränderung an Beispiel 4-1 vornehmen, um Ihnen zu zeigen, wie man zwei DNA-Fragmente miteinander verbindet (»verkettet«). *Verkettung* ist das Anhängen von etwas an das Ende von etwas anderem. Ein Biologe ist sich sehr wohl bewußt, daß die Verbindung von DNA-Sequenzen einen gängigen Vorgang im Biologielabor darstellt, zum Beispiel beim Einklonieren der DNA in einen Vektor oder beim Zusammenfügen der Exons in der Splicing-Phase der Genexpression. Viele Softwarepakete der Bioinformatik müssen solche Operationen durchführen, daher auch die Entscheidung für dieses Beispiel.

Beispiel 4-2 demonstriert einige weitere Dinge, die man mit Strings, Variablen und print-Anweisungen machen kann.

Beispiel 4-2: DNA verketten

```
#!/usr/bin/perl -w
# DNA verketten

# Zwei DNA-Fragmente in den Variablen $DNA1 und $DNA2 speichern
$DNA1 = 'ACGGGAGGACGGGAAAATTACTACGGCATTAGC';
$DNA2 = 'ATAGTGCCGTGAGAGTGATGTAGTA';

# Die DNA auf dem Bildschirm ausgeben
print "Hier die beiden ursprünglichen DNA-Fragmente:\n\n";

print $DNA1, "\n";

print $DNA2, "\n\n";

# Die DNA-Fragmente in einer dritten Variablen verketten und ausgeben
# Wir nutzen die "String-Interpolation"
$DNA3 = "$DNA1$DNA2";

print "Hier die Verkettung der beiden ersten Fragmente (Version 1):\n\n";

print "$DNA3\n\n";

# Eine alternative Möglichkeit ist der "Punkt-Operator":
```

Beispiel 4-2: DNA verketten (Fortsetzung)

```
# Die DNA-Fragmente in einer dritten Variablen verketten und ausgeben
$DNA3 = $DNA1 . $DNA2;

print "Hier die Verkettung der beiden ersten Fragmente (Version 2):\n\n";

print "$DNA3\n\n";

# Das gleiche ausgeben, ohne die Variable $DNA3 zu verwenden
print "Hier die Verkettung der beiden ersten Fragmente (Version 3):\n\n";

print $DNA1, $DNA2, "\n";

exit;
```

Wie Sie sehen können, gibt es hier drei Variablen namens `$DNA1`, `$DNA2` und `$DNA3`. Ich habe `print`-Anweisungen zur fortlaufenden Kommentierung eingefügt, damit die auf dem Bildschirm erscheinende Ausgabe mehr Sinn ergibt und nicht nur einfach eine Aneinanderreihung von DNA-Fragmenten ist:

Die Ausgabe von Beispiel 4-2 sieht wie folgt aus:

```
Hier die beiden ursprünglichen DNA-Fragmente:

ACGGGAGGACGGGAAAATTACTACGGCATTAGC
ATAGTGCCGTGAGAGTGATGTAGTA

Hier die Verkettung der beiden ersten Fragmente (Version 1):

ACGGGAGGACGGGAAAATTACTACGGCATTAGCATAGTGCCGTGAGAGTGATGTAGTA

Hier die Verkettung der beiden ersten Fragmente (Version 2):

ACGGGAGGACGGGAAAATTACTACGGCATTAGCATAGTGCCGTGAGAGTGATGTAGTA

Hier die Verkettung der beiden ersten Fragmente (Version 3):

ACGGGAGGACGGGAAAATTACTACGGCATTAGCATAGTGCCGTGAGAGTGATGTAGTA
```

Beispiel 4-2 weist viele Ähnlichkeiten mit Beispiel 4-1 auf. Lassen Sie uns einen Blick auf die Unterschiede werfen. Fangen wir mit den `print`-Anweisungen an, die einige zusätzliche, nicht gerade intuitive Teile aufweisen:

```
print $DNA1, "\n";

print $DNA2, "\n\n";
```

Die `print`-Anweisungen besitzen wie vorhin DNA enthaltende Variablen, auf die nun aber ein Komma und dann `"\n"` oder `"\n\n"` folgt. Das sind Anweisungen zur Ausgabe von Zeilenvorschüben (Newlines). Ein Zeilenvorschub (oder Newline) ist auf der Seite oder dem Bildschirm unsichtbar, weist den Computer aber an, die nachfolgenden Ausgaben in der nächsten Zeile fortzusetzen. Ein Newline, "\n", positioniert Sie einfach am Anfang der nächsten Zeile. Zwei Newlines, "\n\n", bewegen Sie zur nächsten Zeile und positionieren Sie dann in der dahinterliegenden Zeile, was zu einer Leerzeile führt.

Sehen Sie sich den Code in Beispiel 4-2 und dessen Ausgabe an und beachten Sie, was diese Newline-Direktiven für die Ausgabe bedeuten. Eine Leerzeile ist eine Zeile, in der nichts ausgegeben wird. Je nach Betriebssystem besteht eine solche Leerzeile nur aus einem Newline-Zeichen oder aus einer Kombination aus Newline- und Wagenrücklauf-Zeichen (Carriage Return). Sie kann aber auch nicht-druckbare Leerraum-Zeichen (Whitespace) wie Leerzeichen und Tabulatoren enthalten. Beachten Sie, daß Newlines in doppelten Anführungszeichen stehen, was bedeutet, daß sie Teile von Strings sind. (Hier einer der Unterschiede zwischen einfachen und doppelten Anführungszeichen: "\n" gibt ein Newline aus, während '\n' den Text \n einfach unverändert ausgibt.)

Achten Sie auf das Komma in der print-Anweisung. Ein Komma trennt die Elemente in einer Liste. Die print-Anweisung gibt alle aufgelisteten Elemente aus. So einfach ist das.

Nun wollen wir uns die Anweisung ansehen, die die beiden DNA-Fragmente $DNA1 und $DNA2 in der Variable $DNA3 verkettet:

```
$DNA3 = "$DNA1$DNA2";
```

Die Zuweisung an $DNA3 ist einfach eine typische Zuweisung, wie wir sie schon aus Beispiel 4-1 kennen: ein Variablenname, gefolgt von einem =-Zeichen, gefolgt von einem Wert, der zugewiesen werden soll.

Der Wert rechts von der Zuweisung ist ein in doppelten Anführungszeichen stehender String. Die Anführungszeichen ermöglichen es, daß die Variablen im String durch ihre Werte ersetzt werden. Das wird als *Stringinterpolation* bezeichnet.[2] In Wirklichkeit besteht der String also nur aus der DNA der Variable $DNA1, direkt gefolgt von der DNA der Variable $DNA2. Diese Verkettung der beiden DNA-Fragmente wird dann der Variable $DNA3 zugewiesen.

Nach Zuweisung der verketteten DNA an die Variable $DNA3 geben Sie diese aus und lassen noch eine Leerzeile folgen:

```
print "$DNA3\n\n";
```

2 Es gibt Situationen, in denen Sie bei der Stringinterpolation geschweifte Klammern einfügen müssen. Die zusätzlichen geschweiften Klammern stellen sicher, daß die Variablennamen nicht mit irgend etwas anderem verwechselt werden, was in dem in Anführungszeichen stehenden String steht. Wenn Sie zum Beispiel eine Variable $praefix verwenden und versuchen, sie in den String Ich bin $praefixinteressiert zu interpolieren, könnte Perl die Variable nicht erkennen, da es sie eventuell mit der nicht existierenden Variable $praefixinteressiert verwechselt. Der String Ich bin ${praefix}interessiert ist für Perl hingegen eindeutig.

Eines der Perl-Schlagworte lautet »There's more than one way to do it«, frei übersetzt also »Viele Wege führen zum Ziel«. Der nächste Teil des obigen Programms zeigt daher eine andere Möglichkeit zur Verkettung zweier Strings mit Hilfe des Punkt-Operators. Der Punkt-Operator erzeugt, wenn er zwischen zwei Strings steht, einen einzelnen String, in dem die beiden ursprünglichen Strings verkettet sind. Die Zeile

```
$DNA3 = $DNA1 . $DNA2;
```

macht den Einsatz dieses Operators deutlich.

> Der Operator einer Computersprache nimmt irgendwelche Argumente – in diesem Fall die Strings `$DNA1` und `$DNA2` –, macht etwas mit ihnen und gibt einen Wert zurück – in diesem Fall den verketteten String, der in der Variable `$DNA3` festgehalten wird. Die wohl bekanntesten Operatoren aus der Arithmetik – Addition, Subtraktion, Multiplikation und Division – sind alles Operatoren, die zwei Argumente verlangen und eine Zahl als Wert zurückliefern.

Zum Schluß wollen wir, nur um die verschiedenen Teile der Sprache zu üben, die gleiche Verkettung nur mit der `print`-Anweisung erreichen:

```
print $DNA1, $DNA2, "\n";
```

Hier hat die `print`-Anweisung drei Teile, die jeweils durch Kommas voneinander getrennt sind: die beiden DNA-Fragmente in den zwei Variablen sowie ein Newline. Sie können das gleiche Ergebnis auch mit der folgenden `print`-Anweisung erreichen:

```
print "$DNA1$DNA2\n";
```

Bevor wir diesen Abschnitt beschließen, wollen wir noch einen Blick nach vorn auf andere Einsatzbereiche von Perl-Variablen werfen. Sie haben die Verwendung von Variablen zur Aufnahme von DNA-Sequenzdaten gesehen. Es gibt noch andere Datentypen, und Programmiersprachen benötigen auch Variablen, die diese aufnehmen können. Bei Perl kann eine skalare Variable wie `$DNA` einen String, einen Integerwert (d.h. eine ganze Zahl), eine Fließkommazahl (mit einem Dezimalpunkt), einen Booleschen Wert (wahr oder falsch) und mehr aufnehmen. Wenn es notwendig ist, findet Perl heraus, welche Art von Daten in der Variable enthalten ist. Für den Augenblick können Sie die folgenden Zeilen in Beispiel 4-1 oder Beispiel 4-2 aufnehmen, die eine Zahl in einer Variablen ablegen und diese ausgeben:

```
$zahl = 17;
print $zahl,"\n";
```

Transkription: DNA nach RNA

Ein großer Teil dessen, womit Sie, der Perl-Bioinformatik-Programmierer, Ihre Zeit verbringen werden, sind Variationen der in den Beispielen 4-1 und 4-2 behandelten Themen. Sie erhalten irgendwelche Daten, sei es DNA, Proteine, GenBank-Einträge oder was auch immer, bearbeiten diese Daten und geben irgendeine Form von Ergebnis aus.

Beispiel 4-3 ist ein weiteres Programm zur Bearbeitung von DNA. Es transkribiert DNA nach RNA. Innerhalb der Zelle ist diese Transkription der DNA nach RNA das Ergebnis der Arbeit einer feinen, komplexen und fehlerkorrigierenden Molekular-Maschinerie.[3] Hier ist es eine einfache Substitution. Wenn DNA nach RNA transkribiert wird, werden alle Ts in Us umgewandelt, und das ist alles, was Ihr Programm wissen muß.[4]

Beispiel 4-3: Transkription von DNA nach RNA

```
#!/usr/bin/perl -w
Transkription von DNA nach RNA

# Die DNA
$DNA = 'ACGGGAGGACGGGAAAATTACTACGGCATTAGC';

# Die DNA auf dem Bildschirm ausgeben
print "Hier ist die Ausgangs-DNA:\n\n";

print "$DNA\n\n";

# Transkription von DNA nach RNA durch die Substitution aller Ts durch Us
$RNA = $DNA;

$RNA =~ s/T/U/g;

# Die RNA auf dem Bildschirm ausgeben
print "Hier ist das Ergebnis der Transkription der DNA nach RNA:\n\n";

print "$RNA\n";

# Programm beenden
exit;
```

3 Kurz gesagt, entsteht RNA durch komplementäres Abschreiben der DNA nach den Regeln der Basenpaarung. Als Matrize (Vorlage, engl. Template) dient dabei der Strang, der komplementär zum eigentlich codierenden DNA-Strang ist. Außerdem wird in die RNA anstelle eines T immer ein U eingebaut. Die synthetisierte RNA ist also komplementär zur Matrize und gleicht somit – bis auf die Ersetzung aller Ts durch Us – dem codierenden DNA-Strang.

4 Wir ignorieren bewußt den Mechanismus des Splicings von Introns. Das T steht für Thymin, das U für Uracil.

Hier folgt die Ausgabe von Beispiel 4-3:

```
Hier ist die Ausgangs-DNA:

ACGGGAGGACGGGAAAATTACTACGGCATTAGC

Hier ist das Ergebnis der Transkription der DNA nach RNA:

ACGGGAGGACGGGAAAAUUACUACGGCAUUAGC
```

Dieses kurze Programm stellt einen wichtigen Teil von Perl vor: die Fähigkeit, Textdaten wie eine Zeichenkette mit DNA auf einfache Weise zu bearbeiten. Diese Bearbeitungen können von unterschiedlichster Art sein: Übersetzung, Umkehrung, Substitution, Löschung, Neuanordnung und so weiter. Diese Fähigkeit ist einer der Hauptgründe für den Erfolg von Perl in der Bioinformatik und unter Programmierern im allgemeinen.

Zuerst legt das Programm eine Kopie der DNA an, die in einer Variablen namens `$RNA` abgelegt wird:

```
$RNA = $DNA;
```

Beachten Sie, daß nach Ausführung dieser Anweisung eine Variable namens `$RNA` existiert, die aber tatsächlich DNA enthält.[5] Das ist völlig in Ordnung – Sie können Variablen nennen, wie Sie wollen –, kann aber anfangs für Verwirrung sorgen. Nun steht in diesem Fall aber vor der Kopie ein informativer Kommentar, und es folgt direkt eine Anweisung, die tatsächlich dafür sorgt, daß die Variable `$RNA` auch wirklich RNA enthält. Es ist also alles in Ordnung. Hier folgt eine Möglichkeit, um zu verhindern, daß `$RNA` wirklich etwas anderes enthält als RNA:

```
($RNA = $DNA) =~ s/T/U/g;
```

In Beispiel 4-3 erfolgt die Transkription mit der folgenden Anweisung:

```
$RNA =~ s/T/U/g;
```

Es gibt zwei neue Elemente in dieser Anweisung: den Bindungsoperator (`=~`) und den Substitutionsbefehl `s/T/U/g`.

Der *Bindungsoperator* `=~` wird (offensichtlich) bei Variablen verwendet, die Strings enthalten. Hier enthält die Variable `$RNA` DNA-Sequenzdaten. Der Bindungsoperator bedeutet: »Wende die Operation zur Rechten auf den String in der Variable zur Linken an.«

5 Erinnern Sie sich an den früheren Abschnitt »'ACGGGAGGACGGGAAAATTACTACGGCATTAGC'Zuweisung«, in dem wir die Bedeutung der Reihenfolge der einzelnen Teile einer Zuweisung erläutert haben. Hier wird der Wert von $DNA, also die in der Variable $DNA abgelegten DNA-Sequenzdaten, der Variable $RNA zugewiesen. Hätten Sie `$DNA = $RNA;` geschrieben, wäre der Wert der Variable $RNA (die ja leer ist) der Variable $DNA zugewiesen worden, d.h., die DNA-Sequenzdaten in dieser Variable wären überschrieben worden, und wir besäßen nur noch zwei leere Variablen.

Der *Substitutionsoperator*, zu sehen in Abbildung 4-1, verlangt eine etwas genauere Erläuterung. Die verschiedenen Teile des Befehls sind durch Schrägstriche (Slashes) voneinander getrennt. Zuerst gibt das s an, daß es sich um eine Substitution handelt. Auf den ersten / folgt ein T, das das Element im String darstellt, das substituiert werden soll. Auf den zweiten / folgt das U, also das Element, das das T ersetzen soll. Zum Schluß folgt auf den dritten / ein g. Dieses g steht für »global« und ist einer von mehreren Modifikatoren, die in diesem Teil der Anweisung stehen dürfen. Global bedeutet: »Führe diese Substitution innerhalb des gesamten Strings durch«, also an allen möglichen Stellen des Strings.

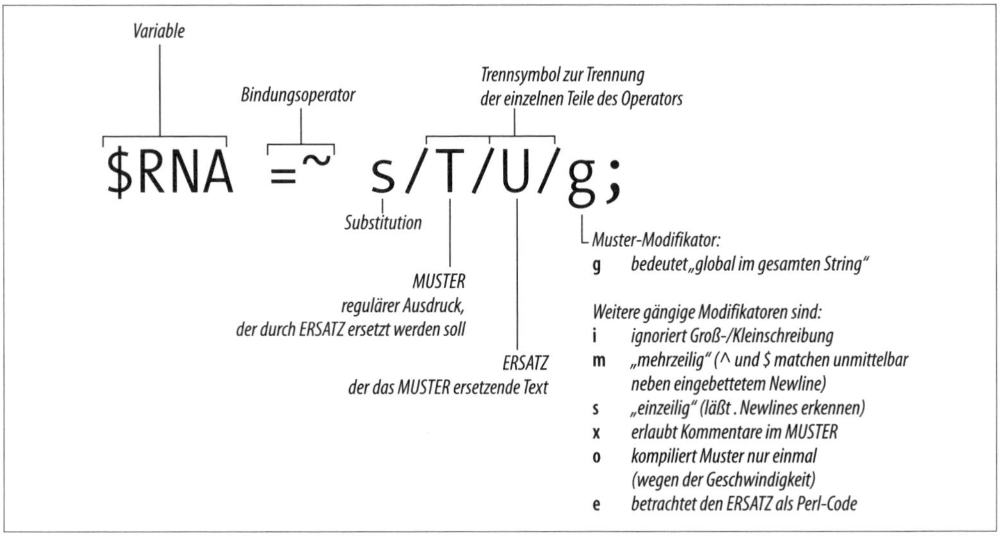

Abbildung 4-1: Der Substitutionsoperator

Die Bedeutung dieser Anweisung lautet also: »Ersetze im String, der in der Variable $RNA gespeichert ist, alle Ts durch Us.«

Der Substitutionsoperator ist ein Beispiel für die Verwendung regulärer Ausdrücke. Reguläre Ausdrücke bilden den Schlüssel zur Bearbeitung von Text und sind eines der mächtigsten Features von Perl, wie Sie in späteren Kapiteln noch sehen werden.

Die Perl-Dokumentation nutzen

Die wichtigste Ressource eines Perl-Programmierers ist die Perl-Dokumentation. Sie sollte auf Ihrem Computer installiert sein, ist aber auch im Internet auf der Perl-Site zu finden. Die Perl-Dokumentation kann je nach Computersystem in leicht unterschiedlicher Form vorliegen, aber die Webversion ist für alle gleich. Das ist auch die Version, auf die ich in diesem Buch verweise. Verschiedene Quellen für die Perl-Dokumentation finden Sie in den Referenzen in Anhang A.

Einfach um es einmal auszuprobieren, wollen wir uns den `print`-Operator ansehen. Öffnen Sie zuerst Ihren Webbrowser, und gehen Sie zu *http://www.perl.com*. Klicken Sie dann den Link »Documentation« an. Wählen Sie »Perl's Builtin Functions« (also die in Perl fest eingebauten Funktionen) und dann die alphabetisch sortierte Liste der Perl-Funktionen (»Alphabetical Listing of Perl's Functions«). Sie sehen nun eine recht lange alphabetisch sortierte Liste der Perl-Funktionen. Sobald Sie auf dieser Seite sind, sollten Sie vielleicht ein entsprechendes Lesezeichen in Ihrem Browser hinzufügen, da Sie sich wahrscheinlich häufiger auf dieser Seite wiederfinden. Klicken Sie nun »print« an, um sich den `print`-Operator anzusehen.

Schauen Sie sich die enthaltenen Beispiele an, um zu sehen, wie dieses Sprach-Feature verwendet wird. Das ist üblicherweise die schnellste Möglichkeit herauszufinden, was Sie wissen müssen.

Sobald Sie die Dokumentation vor sich auf dem Bildschirm haben, werden Sie sehen, daß das Lesen einige Fragen beantwortet, gleichzeitig aber auch neue aufwirft. Die Dokumentation neigt dazu, die ganze Sache in sehr knapper Form abzuhandeln, was den Neuling etwas verängstigen kann. So beginnt die Dokumentation zur `print`-Funktion (frei übersetzt) mit: »Gibt einen String oder eine kommaseparierte Liste von Strings aus. Gibt bei Erfolg WAHR zurück.« Aber dann folgt ein wildes Kauderwelsch (zumindest sieht es an diesem Punkt Ihrer Lernkurve so aus!): Dateihandles? Ausgabe-Streams? Listenkontext?

All diese Informationen sind in der Dokumentation notwendig. Schließlich wollen Sie irgendwann einmal die ganze Geschichte verstehen! Normalerweise können Sie einfach ignorieren, was Sie nicht verstehen.

Die Perl-Dokumentation enthält auch verschiedene Anleitungen (Tutorials), die beim Erlernen von Perl sehr hilfreich sein können. Sie setzen gelegentlich mehr als Einsteigerwissen über Programmiersprachen voraus, aber Sie könnten sie trotzdem nützlich finden. Die Dokumentation zu erkunden ist eine gute Möglichkeit, Perl schneller kennenzulernen.

Berechnung des entgegengesetzten Komplements mit Perl

Wie Sie aus Kapitel 1 wissen, besteht ein DNA-Polymer aus Nukleotiden. Aufgrund der engen Beziehung der beide DNA-Stränge in einer Doppelhelix ist es sehr einfach, ein Programm zu entwickeln, das, gibt man ihm einen Strang, den dazugehörigen zweiten Strang ausgibt. Eine solche Berechnung ist ein wichtiger Bestandteil vieler Bioinformatik-Anwendungen. Zum Beispiel ist es bei der Suche nach irgendeiner DNA in einer

Datenbank durchaus üblich, automatisch auch nach dem Komplementärstrang zu suchen, da Sie das Gegenstück zu einem bekannten Gen in der Hand halten könnten.

Ohne weitere Umstände folgt nun Beispiel 4-4, das einige neue Perl-Features verwendet. Wie Sie sehen werden, probiert es zuerst eine Methode aus, die fehlschlägt, und versucht dann eine andere Methode, die erfolgreich ist.

Beispiel 4-4: Berechnung des entgegengesetzten Komplements eines DNA-Strangs

```
#!/usr/bin/perl -w
# Berechnung des entgegengesetzten Komplements eines DNA-Strangs

# Die DNA
$DNA = 'ACGGGAGGACGGGAAAATTACTACGGCATTAGC';

# Die DNA auf dem Bildschirm ausgeben
print "Hier ist die Ausgangs-DNA:\n\n";

print "$DNA\n\n";

# Berechnung des entgegengesetzten Komplements
#  Warnung: Dieser Versuch schlägt fehl!
#
# Zuerst wird die DNA in die neue Variable $revcom kopiert
# (Abkürzung für REVerse COMplement)
# Beachten Sie, daß Variablennamen Kleinbuchstaben wie bei "revcom"
# ebenso verwenden können wie Großbuchstaben in "DNA".
# Kleinbuchstaben sind übrigens weiter verbreitet.
#
# Es spielt keine Rolle, ob wir zuerst den String umkehren und dann
# das Komplement bilden oder ob wir zuerst das Komplement bilden
# und dann den String umkehren. Das Ergebnis ist immer das gleiche.
# Deshalb erledigen wir die Umkehrung und das Kopieren in einer Anweisung.
#

$revcom = reverse $DNA;

#
# Als nächstes ersetzen wir alle Basen durch ihre Komplemente
# A->T, T->A, G->C, C->G
#

$revcom =~ s/A/T/g;
$revcom =~ s/T/A/g;
$revcom =~ s/G/C/g;
$revcom =~ s/C/G/g;

# Das entgegengesetzte Komplement der DNA auf dem Bildschirm ausgeben
print "Hier ist das entgegengesetzte Komplement der DNA:\n\n";
```

Beispiel 4-4: Berechnung des entgegengesetzten Komplements eines DNA-Strangs (Fortsetzung)

```
print "$revcom\n";

#
# Oh, oh, das hat nicht richtig funktioniert!
# Unser entgegengesetztes Komplement sollte alle Basen enthalten, weil die
# Ausgangs-DNA alle Basen enthielt - unseres besitzt aber nur A und G!
#
# Erkennen Sie, warum?
#
# Das Problem besteht darin, daß die ersten beiden Substitutionsbefehle
# alle As zu Ts machen (es gibt also keine As mehr) und dann alle
# Ts in As umwandeln (so daß alle ursprünglichen As und Ts nun As sind).
# Das gleiche passiert mit den Gs und Cs, die alle zu Gs werden.
#

print "\nDas war ein fehlerhafter Algorithmus, und das Komplement war falsch!\n";
print "Wir versuchen es erneut ... \n\n";

# Neue Kopie der DNA erzeugen (sehen Sie, warum wir das Original gespeichert haben?)
$revcom = reverse $DNA;

# Wir erläutern tr/// im Text
$revcom =~ tr/ACGTacgt/TGCAtgca/;

# Das entgegengesetzte Komplement der DNA auf dem Bildschirm ausgeben
print "Hier ist das entgegengesetzte Komplement der DNA:\n\n";

print "$revcom\n";

print "\nDiesmal hat es funktioniert!\n\n";

exit;
```

Die Ausgabe von Beispiel 4-4 sollte auf Ihrem Bildschirm in etwa so aussehen:

```
Hier ist die Ausgangs-DNA:

ACGGGAGGACGGGAAAATTACTACGGCATTAGC

Hier ist das entgegengesetzte Komplement der DNA:

GGAAAAGGGGAAGAAAAAAAGGGGAGGAGGGGA

Das war ein fehlerhafter Algorithmus, und das Komplement war falsch!
Wir versuchen es erneut ...

Hier ist das entgegengesetzte Komplement der DNA:

GCTAATGCCGTAGTAATTTTCCCGTCCTCCCGT

Diesmal hat es funktioniert!
```

Sie können prüfen, ob zwei DNA-Stränge einander entgegengesetzte Komplemente sind, indem Sie einen von links nach rechts und den anderen von rechts nach links, also von den entgegengesetzten Enden beginnend, lesen und dabei jedes Basenpaar miteinander vergleichen. C kann nur mit G eine Verbindung eingehen und A nur mit T.

Sobald man die ersten paar Zeichen der Ausgangs-DNA liest und mit der Komplementär-DNA des ersten Versuchs vergleicht, erkennt man, daß der erste Berechnungsversuch fehlerhaft ist. Wir haben einen falschen Algorithmus verwendet.

Das ist eine Kostprobe dessen, was Sie bei der Programmierung manchmal erfahren werden. Sie entwickeln ein Programm für eine bestimmte Aufgabe und finden dann heraus, daß es nicht wie erwartet funktioniert. In diesem Fall haben wir uns bereits bekannte Teile der Sprache benutzt und versucht, sie auf ein neues Problem anzuwenden. Nur reichten sie für diese Aufgabe wohl nicht aus. Was war schiefgegangen?

Sie werden sehen, daß Ihnen diese Erfahrung bald vertrauter ist, als Ihnen lieb sein kann: Sie schreiben irgendwelchen Code und er funktioniert nicht! Sie werden dann also die Syntax korrigieren (was üblicherweise der leichtere Teil ist und dank der Hinweise der Fehlermeldungen erledigt werden kann), oder Sie denken etwas mehr über das Problem nach, finden heraus, warum das Programm falsch ist, und versuchen dann, sich einen neuen und nun erfolgreichen Lösungsansatz auszudenken. Häufig verlangt das ein erneutes Durchforsten der Sprachdokumentation auf der Suche nach Details, wie die Sprache funktioniert. Gleichzeitig hofft man, ein Feature zu finden, das das Problem behebt. Wenn es auf einem Computer gelöst werden kann, können Sie es auch mit Perl lösen. Die Frage ist nur, wie genau.

In Beispiel 4-4 schlägt unser erster Berechnungsversuch fehl. Jede Base im String wird als Ganzes übersetzt, wobei vier separate Substitutionen global zum Einsatz kommen. Ein anderer Weg ist notwendig. Sie können die DNA von links nach rechts durchgehen, sich jeweils eine Base ansehen, das entsprechende Komplement erzeugen und sich dann die nächste Base ansehen, bis Sie das Ende des Strings erreicht haben. Dann kehren Sie den String einfach um, und Sie sind fertig. Tatsächlich ist das eine gute Methode und mit Perl leicht durchzuführen, auch wenn einige Teile der Sprache benötigt werden, die nicht vor Kapitel 5 auftauchen.

Nun, in unserem Fall ist der `tr`-Operator – was für Transkription oder Translation steht – perfekt für die Aufgabe geeignet. Er sieht wie der Substitutionsbefehl aus, besitzt also auch drei Schrägstriche, die die verschiedenen Teile voneinander trennen.

`tr` macht genau das, was nötig ist. Es übersetzt eine Menge von Zeichen in neue Zeichen, und zwar alle auf einmal. Abbildung 4-2 zeigt, wie es funktioniert: Der Satz der zu übersetzenden Zeichen steht zwischen den beiden ersten Schrägstrichen. Der Satz mit den Zeichen, die statt dessen eingesetzt werden sollen, steht zwischen dem zweiten und dem dritten Schrägstrich. Jedes Zeichen im ersten Satz wird durch das Zeichen ersetzt, das im zweiten Satz an genau der gleichen Stelle steht. So ist in Beispiel 4-4 `C` das zweite Zeichen im ersten Satz und wird daher durch das zweite Zeichen im zweiten Satz, nämlich G, ersetzt. Schließlich werden, weil DNA-Sequenzdaten Groß- oder Kleinbuchstaben verwenden können (auch wenn die DNA bei diesem Programm nur Großbuchstaben verwendet), in der `tr`-Anweisung von Beispiel 4-4 beide Fälle berücksichtigt.

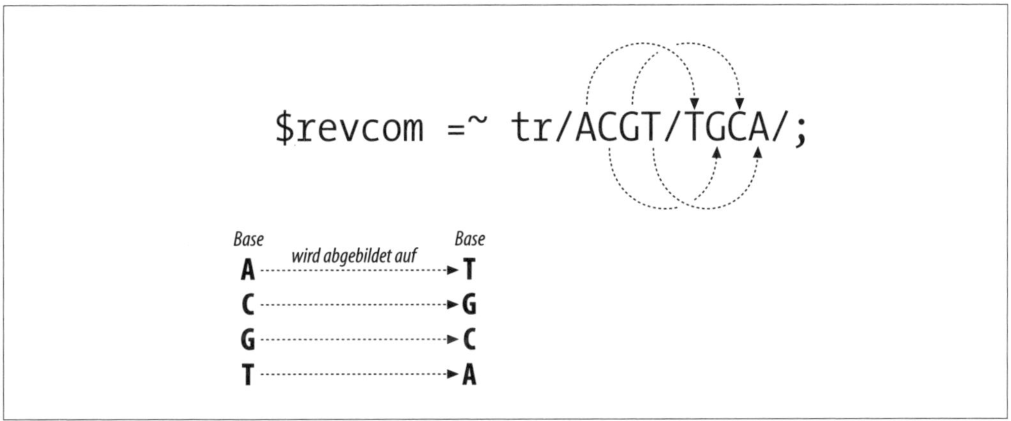

Abbildung 4-2: Die tr-Anweisung

Die `reverse`-Funktion macht mit minimalem Aufwand genau das, was Sie brauchen. Sie kehrt die Reihenfolge von Elementen um, und diese Elemente können (wie in Beispiel 4-4 zu sehen) auch Strings sein.

Proteine, Dateien und Arrays

Bisher haben Sie Programme mit DNA-Sequenzdaten geschrieben. Nun wollen wir die genauso wichtigen Protein-Sequenzdaten einbinden. Hier eine Übersicht dessen, was Sie in den nächsten Abschnitten erwartet:

- Wie man Protein-Sequenzdaten in einem Perl-Programm nutzt
- Wie man Protein-Sequenzdaten aus einer Datei einliest
- Arrays in Perl

Im Rest des Kapitels werden sowohl Protein- als auch DNA-Sequenzdaten verwendet.

Proteine in Dateien lesen

Programme interagieren mit Dateien auf dem Computer. Diese Dateien können auf Festplatte, CD, Floppy-Disk, Zip, Magnetband – also jeder Art permanentem Speicher – vorliegen.

Lassen Sie uns sehen, wie man Protein-Sequenzdaten aus einer Datei liest. Zuerst legen Sie (mit einem Texteditor) eine Datei auf Ihrem Computer an und tragen einige Protein-Sequenzdaten ein. Nennen Sie die Datei *NM_021964fragment.pep* (Sie können sie von der Website zu diesem Buch herunterladen). Sie werden die folgenden Daten verwenden (die Teil des menschlichen Zinkfinger-Proteins NM_021964 sind):

```
MNIDDKLEGLFLKCGGIDEMQSSRTMVVMGGVSGQSTVSGELQD
SVLQDRSMPHQEILAADEVLQESEMRQQDMISHDELMVHEETVKNDEEQMETHERLPQ
GLQYALNVPISVKQEITFTDVSEQLMRDKKQIR
```

Sie können einen beliebigen Namen für die Datei verwenden, solange es nicht bereits eine Datei dieses Namens im gleichen Ordner gibt.

Genau wie gut gewählte Variablennamen für das Verständnis eines Programms von großer Bedeutung sein können, kann auch die Wahl der Datei- und Ordnernamen wichtig sein. Wenn bei einem Projekt viele Dateien und Ordner erzeugt werden, müssen Sie sorgfältig darüber nachdenken, wie diese zu benennen und zu organisieren sind. Das gilt für den einzelnen Wissenschaftler ebenso wie für große, multinationale Teams. Es ist wichtig, sich bei der Zuweisung informativer Dateinamen einige Gedanken zu machen.

Der Dateiname *NM_021964fragment.pep* stammt aus der GenBank-ID des Datensatzes, in dem dieses Protein zu finden ist. Er deutet auch die fragmentarische Struktur der Daten an und verwendet die Dateierweiterung *.pep*, um Sie daran zu erinnern, daß diese Datei Peptid- oder Protein-Sequenzdaten enthält. Natürlich könnte für Sie ein anderes Schema besser sein, wichtig ist nur, daß man eine Vorstellung davon gewinnt, was in der Datei enthalten ist, ohne sich den Inhalt genau ansehen zu müssen.

Nachdem Sie nun eine Datei mit Protein-Sequenzdaten angelegt oder heruntergeladen haben, wollen wir ein Programm entwickeln, das die Protein-Sequenzdaten aus einer Datei liest und in einer Variablen speichert. Beispiel 4-5 zeigt unseren ersten Versuch, den wir im weiteren Verlauf erweitern werden.

Beispiel 4-5: Protein-Sequenzdaten aus einer Datei einlesen

```
#!/usr/bin/perl -w
# Protein-Sequenzdaten aus einer Datei einlesen
```

Beispiel 4-5: Protein-Sequenzdaten aus einer Datei einlesen (Fortsetzung)

```
# Der Name der Datei, die die Protein-Sequenzdaten enthält
$proteindateiname = 'NM_021964fragment.pep';

# Zuerst müssen wir die Datei "öffnen" (open) und ein
# "Dateihandle" mit ihr verknüpfen. Wir wählen der
# Lesbarkeit halber den Namen PROTEINDATEI.
open(PROTEINDATEI, $proteindateiname);

# Nun führen wir das eigentliche Lesen der Protein-Sequenzdaten aus der Datei durch.
# Dazu verwenden wir spitze Klammern (< und >), um die Eingabe aus dem
# Dateihandle zu lesen. Wir speichern die Daten in unserer Variable $protein.
$protein = <PROTEINDATEI>;

# Nachdem wir die Daten haben, können wir die Datei wieder schließen (close).
close PROTEINDATEI;

# Das Protein auf dem Bildschirm ausgeben.
print "Hier ist das Protein:\n\n";

print $protein;

exit;
```

Hier folgt die Ausgabe von Beispiel 4-5:

```
Hier ist das Protein:

MNIDDKLEGLFLKCGGIDEMQSSRTMVVMGGVSGQSTVSGELQD
```

Beachten Sie, daß nur die erste Zeile der Datei ausgegeben wird. Ich erläutere gleich, warum das so ist.

Lassen Sie uns Beispiel 4-5 genauer betrachten. Nachdem wir einen Dateinamen in der Variable `$proteindateiname` abgelegt haben, wird die Datei mit der folgenden Anweisung geöffnet:

```
open(PROTEINDATEI, $proteindateiname);
```

Nach dem Öffnen der Datei können Sie verschiedene Dinge mit ihr anstellen: Sie können sie lesen, schreiben, durchsuchen, sich an eine bestimmte Stelle der Datei bewegen, die gesamte Datei löschen und so weiter. Beachten Sie, daß das Programm davon ausgeht, daß die in der Variable `$proteindateiname` angegebene Datei existiert und geöffnet werden kann. Sie werden nachher noch sehen, wie man das prüfen kann, aber probieren Sie doch mal folgendes aus: Legen Sie in `$proteindateiname` einen Dateinamen fest, der auf Ihrem Computer nicht existiert, und führen Sie das Programm erneut aus. Sie erhalten irgendwelche Fehlermeldungen, wenn die Datei nicht existiert.

Wenn Sie sich die Dokumentation der open-Funktion ansehen, werden Sie auf viele Optionen stoßen. Meist können Sie mit diesen festlegen, wie eine Datei genau verwendet wird, nachdem sie geöffnet wurde.

Lassen Sie uns den Ausdruck PROTEINDATEI untersuchen, den wir als *Dateihandle* bezeichnet haben (engl. »Filehandle«, in den Codebeispielen meist kurz »fh«). Es ist im Moment nicht wirklich wichtig zu verstehen, was Dateihandles tatsächlich sind. Sie sind einfach Dinge, mit denen Sie arbeiten, wenn Sie mit Dateien umgehen. Sie müssen keine Großbuchstaben verwenden, allerdings ist das eine weithin befolgte Konvention. Nachdem die open-Anweisung ein Dateihandle zugewiesen hat, erfolgt die gesamte Interaktion mit einer Datei über die Angabe dieses Dateihandles.

Eingelesen werden die Daten im Programm erst durch die Anweisung:

```
$protein = <PROTEINDATEI>;
```

Warum steht das Dateihandle PROTEINDATEI in spitzen Klammern? Diese spitzen Klammern werden als *Eingabeoperatoren* bezeichnet. Mit einem Dateihandle innerhalb spitzer Klammern bringen Sie Daten in das Programm, die in Quellen außerhalb des Programms abgelegt sind. Hier lesen wir eine Datei namens *NM_021964fragment.pep* ein, deren Name in der Variable $proteindateiname abgelegt ist und für die ein Dateihandle durch die open-Anweisung assoziiert wurde. Die Daten werden in der Variable $protein gespeichert und dann ausgegeben.

Nun wurde, wie Sie bereits bemerkt haben, nur die erste Zeile dieser mehrzeiligen Datei ausgegeben. Warum? Weil es noch einige Dinge über das Einlesen von Dateien zu lernen gibt.

Es gibt verschiedene Möglichkeiten, eine Datei vollständig einzulesen. Beispiel 4-6 zeigt eine Möglichkeit.

Beispiel 4-6: Protein-Sequenzdaten aus einer Datei einlesen, 2. Versuch

```
#!/usr/bin/perl -w
# Protein-Sequenzdaten aus einer Datei einlesen, 2. Versuch

# Der Name der Datei, die die Protein-Sequenzdaten enthält
$proteindateiname = 'NM_021964fragment.pep';

# Zuerst müssen wir die Datei "öffnen" (open) und ein
# "Dateihandle" mit ihr verknüpfen. Wir wählen der
# Lesbarkeit halber den Namen PROTEINDATEI.
open(PROTEINDATEI, $proteindateiname);

# Nun führen wir das eigentliche Lesen der Protein-Sequenzdaten aus der Datei durch.
# Dazu verwenden wir spitze Klammern (< und >), um die Eingabe aus dem
# Dateihandle zu lesen. Wir speichern die Daten in der Variable $protein.
```

Beispiel 4-6: Protein-Sequenzdaten aus einer Datei einlesen, 2. Versuch (Fortsetzung)

```
#
# Weil die Datei drei Zeilen enthält, die Leseoperation aber nur jeweils eine Zeile
# zurückgibt, lesen wir dreimal jeweils eine Zeile ein und geben sie aus.

# Erste Zeile
$protein = <PROTEINFILE>;

# Das Protein auf dem Bildschirm ausgeben
print "\nHier ist die erste Zeile der Proteindatei:\n\n";

print $protein;

# Zweite Zeile
$protein = <PROTEINDATEI>;

# Das Protein auf dem Bildschirm ausgeben
print "\nHier ist die zweite Zeile der Proteindatei:\n\n";

print $protein;

# Dritte Zeile
$protein = <PROTEINDATEI>;

# Das Protein auf dem Bildschirm ausgeben
print "\nHier ist die dritte Zeile der Proteindatei:\n\n";

print $protein;

# Nachdem wir unsere Daten haben, können wir die Datei schließen.
close PROTEINDATEI;

exit;
```

Hier ist die Ausgabe von Beispiel 4-6:

```
Hier ist die erste Zeile der Proteindatei:

MNIDDKLEGLFLKCGGIDEMQSSRTMVVMGGVSGQSTVSGELQD

Hier ist die zweite Zeile der Proteindatei:

SVLQDRSMPHQEILAADEVLQESEMRQQDMISHDELMVHEETVKNDEEQMETHERLPQ

Hier ist die dritte Zeile der Proteindatei:

GLQYALNVPISVKQEITFTDVSEQLMRDKKQIR
```

Interessant an diesem Programm ist, daß es zeigt, wie das Lesen aus einer Datei funktioniert. Jedesmal wenn Sie etwas in eine skalare Variable wie `$protein` einlesen, wird die nächste Zeile der Datei gelesen. Irgend etwas merkt sich, bis wohin die letzte Leseoperation erfolgt ist, und macht beim nächsten Mal an dieser Stelle weiter.

Andererseits sind die Nachteile dieses Programms offensichtlich. Für jede Zeile aus einer Eingabedatei ein paar Zeilen Code schreiben zu müssen ist nicht gerade bequem. Perl besitzt allerdings zwei Features, mit deren Hilfe dies auf sehr elegante Weise gehandhabt werden kann: Arrays (werden im nächsten Abschnitt erklärt) und Schleifen (in Kapitel 5).

Arrays

Bei Computersprachen ist ein *Array* eine Variable, die mehrere skalare Werte speichern kann. Bei diesen Werten kann es sich um Zahlen, Strings oder, wie in unserem Fall, um die Zeilen einer Datei mit Protein-Sequenzdaten handeln. Lassen Sie uns untersuchen, wie man Arrays verwenden kann. Beispiel 4-7 zeigt, wie man ein Array nutzt, um alle Zeilen einer Eingabedatei einzulesen.

Beispiel 4-7: Protein-Sequenzdaten aus einer Datei einlesen, 3. Versuch

```
#!/usr/bin/perl -w
# Protein-Sequenzdaten aus einer Datei einlesen, 3. Versuch

# Der Name der Datei, die die Protein-Sequenzdaten enthält
$proteindateiname = 'NM_021964fragment.pep';

# Zuerst müssen wir die Datei "öffnen"
open(PROTEINDATEI, $proteindateiname);

# Wir lesen die Protein-Sequenzdaten aus der Datei und speichern sie
# in der Arrayvariablen @protein
@protein = <PROTEINDATEI>;

# Das Protein auf dem Bildschirm ausgeben
print @protein;

# Die Datei schließen
close PROTEINDATEI;

exit;
```

Hier sehen Sie die Ausgabe von Beispiel 4-7:

```
MNIDDKLEGLFLKCGGIDEMQSSRTMVVMGGVSGQSTVSGELQD
SVLQDRSMPHQEILAADEVLQESEMRQQDMISHDELMVHEETVKNDEEQMETHERLPQ
GLQYALNVPISVKQEITFTDVSEQLMRDKKQIR
```

Wie Sie sehen können, sind das genau die in der Datei enthaltenen Daten. Wir waren also erfolgreich!

Wie bequem das ist, ist wohl offensichtlich – mit nur einer Codezeile lesen wir die gesamten Daten in das Programm ein.

Beachten Sie, daß die Arrayvariable mit einem at-Zeichen (@) und nicht wie skalare Variablen mit einem Dollarzeichen ($) beginnt. Beachten Sie auch, daß die `print`-Funktion mit Arrays genauso umgehen kann wie mit skalaren Variablen. Arrays werden in Perl sehr häufig verwendet, weshalb Sie im weiteren Verlauf des Buches noch viele Beispiele mit Arrays sehen werden.

Ein Array ist eine Variable, die viele skalare Werte enthalten kann. Jedes Element ist dabei ein skalarer Wert, den Sie referenzieren können, indem Sie seine Position im Array (den Index oder Offset) angeben. Lassen Sie uns einige Beispiele für Arrays und deren gängigste Operationen betrachten. Wir werden ein Array mit dem Namen `@basen` definieren, in dem die vier Basen A, C, G und T enthalten sind. Danach werden wir einige der gängigsten Arrayoperatoren anwenden.

Hier sehen Sie ein Codefragment, das die Initialisierung eines Arrays demonstriert und zeigt, wie man Indizes nutzt, um auf die einzelnen Elemente in einem Array zuzugreifen:

```
# Hier eine Möglichkeit zur Deklaration eines Arrays.
# Es wird mit einer Liste von vier skalaren Werten initialisiert.
@basen = ('A', 'C', 'G', 'T');

# Nun geben wir jedes Element des Arrays aus:
print "Hier sind die Arrayelemente:";
print "\nErstes Element: ";
print $basen[0];
print "\nZweites Element: ";
print $basen[1];
print "\nDrittes Element: ";
print $basen[2];
print "\nViertes Element: ";
print $basen[3];
```

Dieses Codefragment liefert die folgende Ausgabe:

```
Erstes Element: A
Zweites Element: C
Drittes Element: G
Viertes Element: T
```

Sie können die Elemente nacheinander wie folgt ausgeben:

```
@basen = ('A', 'C', 'G', 'T');
print "\n\nHier sind die Arrayelemente: ";
print @basen;
```

Das erzeugt die folgende Ausgabe:

```
Hier sind die Arrayelemente: ACGT
```

Sie können die Elemente auch durch Leerzeichen getrennt ausgeben (beachten Sie die Anführungszeichen in der print-Anweisung):

```
@basen = ('A', 'C', 'G', 'T');
print "\n\nHier sind die Arrayelemente: ";
print "@basen";
```

Das führt zu folgender Ausgabe:

```
Hier sind die Arrayelemente: A C G T
```

Sie können ein Element vom Ende des Arrays mit pop entfernen:

```
@basen = ('A', 'C', 'G', 'T');
$base1 = pop @basen;
print "Hier ist das vom Ende entfernte Element: ";
print $base1, "\n\n";
print "Hier ist das restliche Array von Basen: ";
print "@basen";
```

Das führt zu folgender Ausgabe:

```
Hier ist das vom Ende entfernte Element: T

Hier ist das restliche Array von Basen: A C G
```

Sie können ein Element vom Anfang des Arrays mit shift entfernen:

```
@basen = ('A', 'C', 'G', 'T');
$base2 = shift @basen;
print "Hier ist das vom Anfang entfernte Element: ";
print $base2, "\n\n";
print "Hier ist das restliche Array von Basen: ";
print "@basen";
```

Das führt zu folgender Ausgabe:

```
Hier ist das vom Anfang entfernte Element: A

Hier ist das restliche Array von Basen: C G T
```

Sie können ein Element mit unshift am Anfang des Arrays einfügen:

```
@basen = ('A', 'C', 'G', 'T');
$base1 = pop @basen;
unshift (@basen, $base1);
print "Wir verschieben das letzte Element an den Anfang:";
print "@basen\n\n";
```

Das führt zu folgender Ausgabe:

```
Wir verschieben das letzte Element an den Anfang: T A C G
```

Sie können ein Element mit push am Ende des Arrays anhängen:

```
@basen = ('A', 'C', 'G', 'T');
$base2 = shift @basen;
```

```
push (@basen, $base2);
print "Wir hängen das erste Element an das Ende an: ";
print "@basen\n\n";
```

Das erzeugt die folgende Ausgabe:

```
Wir hängen das erste Element an das Ende an: C G T A
```

Sie können die Reihenfolge des Arrays umkehren:

```
@basen = ('A', 'C', 'G', 'T');
@reverse = reverse @basen;
print "Hier ist das umgekehrte Array: ";
print "@reverse\n\n";
```

Das führt zu folgender Ausgabe:

```
Hier ist das umgekehrte Array: T G C A
```

Sie können die Länge des Arrays bestimmen:

```
@basen = ('A', 'C', 'G', 'T');
print "Hier ist die Länge des Arrays: ";
print scalar @basen, "\n";
```

Das liefert folgende Ausgabe:

```
Hier ist die Länge des Arrays: 4
```

Sie können ein Element mit Hilfe der Perl-Funktion splice an einer beliebigen Stelle innerhalb des Arrays einfügen:

```
@basen = ('A', 'C', 'G', 'T');
splice ( @basen, 2, 0, 'X');
print "Hier wurde im Array hinter dem zweiten Element ein Element eingefügt: ";
print "@basen\n";
```

Die Ausgabe sieht wie folgt aus:

```
Hier wurde im Array hinter dem zweiten Element ein Element eingefügt: A C X G T
```

Skalarer Kontext und Listenkontext

Viele Perl-Operationen verhalten sich je nach Kontext anders. Perl besitzt einen *skalaren Kontext* und einen *Listenkontext*, die beide in Beispiel 4-8 gezeigt werden.

Beispiel 4-8: Skalarer Kontext und Listenkontext

```
#!/usr/bin/perl -w
# Demonstration von "skalarer Kontext" und "Listenkontext"

@basen = ('A', 'C', 'G', 'T');

print "@basen\n";
```

Beispiel 4-8: Skalarer Kontext und Listenkontext (Fortsetzung)

```
$a = @basen;

print $a, "\n";

($a) = @basen;

print $a, "\n";

exit;
```

Hier sehen Sie die Ausgabe von Beispiel 4-8:

```
A C G T
4
A
```

In diesem Beispiel wird zuerst ein Array mit den vier Basen deklariert. Dann versucht die Zuweisungsanweisung, der skalaren Variable $a ein Array (das eine Art Liste darstellt) zuzuweisen:

```
$a = @basen;
```

Bei dieser Art von *skalarem Kontext* evaluiert ein Array zur Größe des Arrays, d.h. zur Anzahl der Elemente im Array. Der skalare Kontext wird durch die skalare Variable auf der linken Seite der Anweisung herbeigeführt.

Als nächstes wird in Beispiel 4-8 versucht, ein Array (wie gesagt: eine Art Liste) einer anderen Liste zuzuweisen, die in diesem Fall nur aus der Variable $a besteht:

```
($a) = @basen;
```

Bei dieser Art *Listenkontext* evaluiert ein Array zu einer Liste seiner Elemente. Der Listenkontext wird durch die in Klammern stehende Liste auf der linken Seite der Anweisung hergestellt. Stehen auf der linken Seite nicht genügend Variablen zur Verfügung, an die man zuweisen könnte, wird nur ein Teil des Arrays den Variablen zugewiesen. Dieses Verhalten von Perl tritt in vielen Situationen auf. Viele Features von Perl verhalten sich vom Sprachdesign her unterschiedlich, je nachdem, ob sie in einem skalaren oder in einem Listenkontext verwendet werden. Mehr zum skalaren und Listenkontext finden Sie in Anhang B.

Sie haben nun die Verwendung von Strings und Arrays zur Aufnahme von Sequenzen und Dateien gesehen, und Sie haben die grundlegende Syntax von Perl kennengelernt, inklusive Variablen, Zuweisungen, Ausgaben und dem Lesen von Dateien. Sie haben DNA nach RNA transkribiert und das entgegengesetzte Komplement eines DNA-Strangs berechnet. Am Ende von Kapitel 5 haben Sie die essentiellen Grundlagen der Perl-Programmierung gemeistert.

Übungen

Übung 4.1

Untersuchen Sie Programmiersprachen im Hinblick auf ihre Empfindlichkeit gegenüber Syntaxfehlern. Versuchen Sie, bei einem Ihrer funktionierenden Programme ein Semikolon am Ende einer Anweisung zu entfernen, und untersuchen Sie die daraus folgenden Fehlermeldungen (falls vorhanden). Versuchen Sie, andere syntaktische Elemente zu verändern: Fügen Sie runde oder geschweifte Klammern ein, schreiben Sie »print« oder ein anderes reserviertes Wort falsch, geben Sie einfach etwas ein, oder löschen Sie etwas. Programmierer sind an solche Fehler gewöhnt. Selbst wenn man eine Sprache gut kennt, ist es durchaus üblich, irgendwelche Syntaxfehler einzubauen, während man ein Programm erweitert. Beachten Sie, wie ein einziger Fehler zu vielen Fehlermeldungen führen kann. Gibt Perl die Zeile genau wieder, in der der Fehler enthalten ist?

Übung 4.2

Schreiben Sie ein Programm, das einen Integerwert (eine ganze Zahl) in einer Variable speichert und diesen dann ausgibt.

Übung 4.3

Schreiben Sie ein Programm, das DNA (die ursprünglich sowohl groß als auch klein geschrieben wurde) in Kleinbuchstaben (acgt) ausgibt. Schreiben Sie ein weiteres Programm, das die DNA in Großbuchstaben (ACGT) ausgibt. Verwenden Sie die Funktion `tr///`.

Übung 4.4

Machen Sie das gleiche wie in Übung 4.3, verwenden Sie diesmal aber die Stringdirektiven `\U` und `\L` für die Groß- und Kleinschreibung. So gibt beispielsweise `print "\U$DNA"` die Daten in `$DNA` in Großbuchstaben aus.

Übung 4.5

Manchmal geht der Informationsfluß von RNA nach DNA. (Dieser Vorgang wird als »reverse Transkription« bezeichnet.) Schreiben Sie ein Programm, das RNA wieder nach DNA übersetzt.

Übung 4.6

Lesen Sie zwei Datendateien ein, und geben Sie den Inhalt der ersten, gefolgt vom Inhalt der zweiten, aus.

Übung 4.7

Diese Übung ist etwas schwieriger. Schreiben Sie ein Programm, das eine Datei einliest und deren Zeilen in umgekehrter Reihenfolge ausgibt, also die letzte Zeile zuerst. Sie könnten sich hierzu die Funktionen `push`, `pop`, `shift` und `unshift` ansehen und eine oder mehrere dieser Funktionen verwenden, um diese Aufgabe zu lösen. Sie könnten auch schon einen Blick in Kapitel 5 werfen und eine Schleife in diesem Programm verwenden. Je nachdem, welchen Ansatz Sie wählen, ist das aber möglicherweise nicht notwendig. Sie könnten aber auch `reverse` auf ein Array von Zeilen anwenden.

KAPITEL 5

Motive und Schleifen

Dieses Kapitel fährt mit der in Kapitel 4 begonnenen Besprechung der Grundlagen von Perl fort. Am Ende dieses Kapitels wissen Sie, wie man:

- in DNA oder Proteinen nach Motiven sucht
- mit Benutzern über die Tastatur interagiert
- Daten in Dateien schreibt
- Schleifen verwendet
- einfache reguläre Ausdrücke verwendet
- basierend auf Konditionalbedingungen unterschiedliche Aktionen durchführt
- Sequenzdaten im Detail untersucht, indem man mit Strings und Arrays arbeitet

Diese Themen vermitteln Ihnen, zusammen mit dem in Kapitel 4 gelernten, die zur Entwicklung nützlicher Bioinformatik-Programme notwendigen Fähigkeiten. In diesem Kapitel werden Sie lernen, wie man ein Programm entwickelt, das in Sequenzdaten nach Motiven sucht.

Flußkontrolle

Flußkontrolle ist die Reihenfolge, in der die Anweisungen eines Programms ausgeführt werden. Ein Programm führt nacheinander alle Anweisungen, von der ersten am Anfang bis zur letzten am Ende des Programms, aus, es sei denn, man weist es explizit an, etwas anderes zu tun. Es gibt zwei Möglichkeiten, ein Programm anzuweisen, etwas anderes zu tun: Konditionalanweisungen (oder Bedingungsanweisungen, Conditional Statements) und Schleifen (Loops). Eine *Konditionalanweisung* führt eine Gruppe von Anweisungen nur dann aus, wenn ein Konditionaltest (eine Bedingung) bestanden (erfüllt) wurde. Andernfalls wird die Gruppe mit diesen Anweisungen übersprungen. Eine *Schleife* wiederholt eine Gruppe von Anweisungen, bis eine mit ihr verknüpfte Prüfung fehlschlägt.

Konditionalanweisungen

Lassen Sie uns einen weiteren Blick auf die open-Anweisung werfen. Denken Sie daran, daß Sie eine Fehlermeldung erhalten, wenn Sie versuchen, eine nicht vorhandene Datei zu öffnen. Sie können das Vorhandensein einer Datei explizit prüfen, bevor Sie versuchen, die Datei überhaupt zu öffnen. Tatsächlich sind diese Art Tests mit die mächtigsten Features von Computersprachen. Die Konditionalanweisungen `if`, `if-else` und `unless` bilden in Perl drei dieser Testmechanismen.

Das wichtigste Feature dieser Art von Konstrukt ist das Testen einer Bedingung (Conditional). Eine solche Bedingung evaluiert entweder zu einem Wahr-(`true`-) oder zu einem Falsch-(`false`-)Wert. Ist die Bedingung erfüllt, also wahr, werden die nachfolgenden Anweisungen ausgeführt. Ist die Bedingung nicht erfüllt (also falsch), werden die Anweisungen übersprungen (oder auch umgekehrt).

Dabei stellt sich die Frage: »Was ist Wahrheit?« Diese Frage können Programmiersprachen in leicht unterschiedlicher Weise beantworten.

Dieser Abschnitt enthält einige Beispiele, die einige der Perl-Bedingungen demonstrieren. Die Wahr/Falsch-Bedingung ist für jedes Beispiel die Gleichheit zwischen zwei Zahlen. Beachten Sie, daß die Gleichheit von Zahlen durch zwei Gleichheitszeichen (==) dargestellt wird, weil ein einzelnes Gleichheitszeichen bereits für die Zuweisung an eine Variable verwendet wird.

> Das = für die Zuweisung und das == für numerische Gleichheit zu verwechseln ist ein häufiger Programmierfehler. Achten Sie also darauf!

Die folgenden Beispiele demonstrieren, ob die Bedingung zu wahr oder falsch evaluiert. Normalerweise werden Sie solche einfachen Tests kaum gebrauchen können. Üblicherweise prüfen Sie Werte, die in Variablen eingelesen oder von Funktionen zurückgegeben wurden – Dinge also, die Sie nicht unbedingt im voraus wissen.

Die `if`-Anweisung mit einer Wahr-Bedingung

```
if( 1 == 1) {

    print "1 ist gleich 1\n\n";
}
```

führt zu folgender Ausgabe:

```
1 ist gleich 1
```

Die Bedingung lautet `1 == 1` oder auf deutsch »Ist 1 gleich 1?«. Weil das der Fall ist, evaluiert die Bedingung zu wahr, die mit der `if`-Anweisung verknüpfte Anweisung wird ausgeführt, und eine Meldung wird ausgegeben.

Sie können auch folgendes schreiben:

```
if( 1) {
    print "1 evaluiert zu wahr\n\n";
}
```

Dies liefert die folgende Ausgabe:

```
1 evaluiert zu wahr
```

Die `if`-Anweisung mit einer Falsch-Bedingung

```
if( 1 == 0) {
    print "1 ist gleich 0\n\n";
}
```

erzeugt keine Ausgabe! Der Test lautet `1 == 0` oder auf deutsch »Ist 1 gleich 0?«. Weil das nicht der Fall ist, evaluiert die Bedingung zu einem Falsch-Wert, die mit der `if`-Anweisung verknüpften Anweisungen werden nicht ausgeführt, und es wird keine Meldung ausgegeben.

Sie können auch einfach folgendes schreiben:

```
if( 0 ) {
    print "0 evaluiert zu wahr\n\n";
}
```

Dadurch wird keine Ausgabe erzeugt, weil 0 zu falsch evaluiert und die mit der `if`-Anweisung verknüpften Anweisungen komplett übersprungen werden.

Es gibt eine andere Möglichkeit, kurze `if`-Anweisungen zu schreiben, die der Funktionsweise der deutschen Sprache entsprechen. Im Deutschen können Sie »Wenn du das machst, werden sie kommen« ebensogut sagen wie »Sie werden kommen, wenn du das machst«. Perl bleibt hier nicht außen vor, sondern erlaubt es ebenfalls, das `if` hinter die Aktion zu stellen:

```
print "1 ist gleich 1\n\n" if (1 == 1);
```

entspricht dem ersten Beispiel dieses Abschnitts und gibt folgendes aus:

```
1 ist gleich 1
```

Lassen Sie uns nun eine `if-else`-Anweisung mit einer Wahr-Bedingung betrachten:

```
if( 1 == 1) {
    print "1 ist gleich 1\n\n";
} else {
    print "1 ist nicht gleich 1\n\n";
}
```

Das führt zu folgender Ausgabe:

```
1 ist gleich 1
```

Das `if-else` führt einen Teil aus, wenn der Test zu wahr evaluiert, und den anderen Teil, wenn dieser Test zu falsch evaluiert. Hier ein `if-else` mit einer Falsch-Bedingung:

```
if( 1 == 0) {
    print "1 ist gleich 0\n\n";
} else {
    print "1 ist nicht gleich 0\n\n";
}
```

Nun erhalten wir die folgende Ausgabe:

```
1 ist nicht gleich 0
```

Das letzte Beispiel ist `unless` – das Gegenstück zu `if`. Es funktioniert genau wie das englische Wort »unless« (zu deutsch »wenn nicht«): »Wenn man nicht Russische Literatur studiert, weiß man nichts über Tschechow.« Evaluiert die Bedingung zu einem Wahr-Wert, wird keine Aktion ausgeführt. Führt die Evaluierung zu einem Falsch-Wert, werden die zugehörigen Anweisungen ausgeführt. Wenn »Russische Literatur studieren« auf Sie nicht zutrifft, »wissen Sie nichts über Tschechow«.

```
unless( 1 == 0) {
    print "1 ist nicht gleich 0\n\n";
}
```

erzeugt die folgende Ausgabe:

```
1 ist nicht gleich 0
```

Konditionalprüfungen und geschweifte Klammern

Zwei weitere Kommentare sind zu diesen Anweisungen und den Konditionaltests angebracht.

Erstens gibt es verschiedene weitere Tests, die im Bedingungsteil dieser Anweisungen stehen dürfen. Neben der numerischen *Gleichheit* (==) der vorangegangenen Beispiele können Sie auch Dinge wie nicht gleich (`!=`), größer als (>), kleiner als (<) und vieles mehr prüfen.

In ähnlicher Weise können Sie auch die Gleichheit von Strings mit Hilfe des eq-Operators prüfen: Wenn zwei Strings gleich sind, ist das Ergebnis wahr. Es gibt auch Dateitest-Operatoren, mit denen Sie prüfen können, ob eine Datei existiert, leer ist, bestimmte Zugriffsrechte besitzt und so weiter (siehe Anhang B). Ein gängiger Test besteht einfach aus einem Variablennamen: Enthält die Variable den Wert null, wird sie als falsch betrachtet, während jede andere Zahl zu wahr evaluiert. Enthält die Variable einen nicht leeren String, evaluiert sie zu wahr, während der leere String, gekennzeichnet durch `""` oder `''`, zu falsch evaluiert.

Zweitens müssen Sie beachten, daß die auf den Bedingungsteil folgenden Anweisungen in einem zusammengehörigen Paar geschweifter Klammern eingeschlossen werden. Die Anweisungen innerhalb der geschweiften Klammern werden als *Block* bezeichnet und kommen in Perl häufig vor.[1] Zusammengehörende Paare von runden, eckigen, spitzen oder geschweiften Klammern, also (), [], <> und {}, sind typische Programmier-Features. Die gleiche Anzahl linker und rechter geschweifter Klammern an den richtigen Stellen ist eine grundlegende Voraussetzung dafür, daß ein Perl-Programm korrekt läuft.

Es ist sehr einfach, bei den zusammengehörenden geschweiften Klammern die Übersicht zu verlieren. Seien Sie also nicht überrascht, wenn Sie Klammern vergessen oder bei der Ausführung des Programms Fehlermeldungen erhalten. Je komplexer der Code wird, desto schwieriger kann es sein herauszufinden, an welcher Stelle die Klammern falsch stehen und wie man den Fehler behebt. Selbst wenn die geschweiften Klammern an den richtigen Stellen stehen, kann es beim Lesen des Codes schwer sein zu erkennen, welche Anweisungen zusammengruppiert wurden. Sie können dieses Problem vermeiden, indem Sie versuchen, in einer Zeile nicht zu viel unterzubringen, und mit Einrükkungen arbeiten, um die Codeblöcke noch weiter hervorzuheben (siehe hierzu den späteren Abschnitt »Code-Layout«).[2]

Zurück zu den Konditionalanweisungen. Das `if-else` besitzt auch eine `if-elsif-else`-Form, die in Beispiel 5-1 zu sehen ist. Die Bedingungen, zuerst das `if` und dann die `elsifs`, werden nacheinander evaluiert. Sobald ein Teil zu wahr evaluiert, wird dessen Block ausgeführt, und die restlichen Bedingungen werden ignoriert. Evaluiert keine der Bedingungen zu einem Wahr-Wert, wird der `else`-Block ausgeführt, wenn es denn einen gibt – er ist nämlich optional.

Beispiel 5-1: if-elsif-else

```
#!/usr/bin/perl -w
# if-elsif-else

$wort = 'MNIDDKL';

# if-elsif-else-Bedingungen
if($wort eq 'QSTVSGE') {

    print "QSTVSGE\n";

} elsif($wort eq 'MRQQDMISHDEL') {
```

1 Seltsamerweise muß die letzte Anweisung innerhalb eines Blocks nicht mit einem Semikolon abgeschlossen werden.

2 Einige Texteditoren helfen Ihnen beim Auffinden der passenden Klammer (wenn Sie zum Beispiel im *vi*-Editor die Prozenttaste % über einer Klammer drücken, bringt Sie das zum dazugehörigen Gegenstück).

Beispiel 5-1: if-elsif-else (Fortsetzung)

```
    print "MRQQDMISHDEL\n";

} elsif ( $wort eq 'MNIDDKL' ) {

    print "MNIDDKL - das magische Wort!\n";

} else {

    print "Ist \"$wort\" ein Peptid? Das Programm ist sich nicht sicher.\n";

}

exit;
```

Achten Sie auf das \" in der `print`-Anweisung des `else`-Blocks. Auf diese Weise können Sie ein Anführungszeichen (") in einem in Anführungszeichen stehenden String ausgeben. Das Backslash-Zeichen weist Perl an, das nachfolgende " als normales Zeichen zu betrachten und es nicht als Markierung für das Ende des Strings zu interpretieren. Beachten Sie auch, daß hier eq verwendet wird, um die Gleichheit von Strings zu überprüfen.

Beispiel 5-1 liefert die folgende Ausgabe:

```
MNIDDKL - das magische Wort!
```

Schleifen

Eine *Schleife* erlaubt die wiederholte Ausführung eines Anweisungsblocks, der zwischen den zugehörigen geschweiften Klammern steht. Perl kennt verschiedene Möglichkeiten der Schleifenbildung: `while`-Schleifen, `for`-Schleifen, `foreach`-Schleifen und noch mehr. Beispiel 5-2 (das Beispiel 4-7 modifiziert) zeigt eine `while`-Schleife und deren Verwendung beim Einlesen von Protein-Sequenzdaten aus einer Datei.

Beispiel 5-2: Protein-Sequenzdaten aus einer Datei einlesen, 4. Versuch

```
#!/usr/bin/perl -w
# Protein-Sequenzdaten aus einer Datei einlesen, 4. Versuch

# Der Name der Datei, die die Protein-Sequenzdaten enthält
$proteindateiname = 'NM_021964fragment.pep';

# Zuerst müssen wir die Datei "öffnen" (open). Schlägt das Öffnen
# fehl, müssen wir eine Fehlermeldung ausgeben und das Programm beenden.
unless ( open(PROTEINDATEI, $proteindateiname) ) {
```

Beispiel 5-2: Protein-Sequenzdaten aus einer Datei einlesen, 4. Versuch (Fortsetzung)

```
    print "Konnte $proteindateiname nicht öffnen!\n";
    exit;
}

# Wir lesen die Protein-Sequenzdaten in einer "while"-Schleife aus der Datei
# und geben jede Zeile direkt nach dem Einlesen aus.
while( $protein = <PROTEINDATEI> ) {

    print "  ###### Hier ist die nächste Zeile der Datei:\n";

    print $protein;
}

# Datei schließen.
close PROTEINDATEI;

exit;
```

Hier die Ausgabe von Beispiel 5-2:

```
  ######  Hier ist die nächste Zeile der Datei:
MNIDDKLEGLFLKCGGIDEMQSSRTMVVMGGVSGQSTVSGELQD
  ######  Hier ist die nächste Zeile der Datei:
SVLQDRSMPHQEILAADEVLQESEMRQQDMISHDELMVHEETVKNDEEQMETHERLPQ
  ######  Hier ist die nächste Zeile der Datei:
GLQYALNVPISVKQEITFTDVSEQLMRDKKQIR
```

Beachten Sie, wie der Variablen `$protein` in der `while`-Schleife bei jedem Durchlauf die nächste Zeile der Datei zugewiesen wird. Bei Perl gibt eine Zuweisung den Wert der Zuweisung zurück. Hier besteht der Test also darin zu prüfen, ob bei der Zuweisung eine weitere Zeile eingelesen werden konnte. Kann eine weitere Zeile eingelesen werden, erfolgt die Zuweisung, die Bedingung ist wahr, die neue Zeile wird in der Variable `$protein` gespeichert, und der Block mit den beiden `print`-Anweisungen wird ausgeführt. Sind keine weiteren Zeilen vorhanden, ist die Zuweisung undefiniert, die Bedingung schlägt fehl, das Programm überspringt den Block mit den beiden `print`-Anweisungen, beendet die `while`-Schleife und macht mit dem nachfolgenden Teil des Programms weiter (in diesem Fall also mit den Funktionen `close` und `exit`).

open und unless

Der `open`-Aufruf ist ein sogenannter Systemaufruf, weil Perl, um eine Datei mit `open` öffnen zu können, das Betriebssystem nach dieser Datei fragen muß. Das Betriebssystem kann dabei irgendeine Unix- oder Linux-Version, eine Version von Microsoft Windows oder eines der Apple Macintosh-Betriebssysteme usw. sein. Dateien werden vom Betriebssystem verwaltet, und der Zugriff ist daher auch nur durch das Betriebssystem möglich.

Sie sollten es sich zur Gewohnheit machen, den Erfolg oder Mißerfolg von Systemaufrufen zu prüfen, insbesondere beim Öffnen von Dateien. Wenn ein Systemaufruf fehlschlägt und Sie das nicht erkennen, weil Sie es nicht überprüft haben, macht Ihr Programm einfach weiter und versucht vielleicht, etwas aus dieser nicht geöffneten Datei zu lesen bzw. in diese Datei zu schreiben. Sie sollten immer auf solche Fehler prüfen und den Benutzer des Programms direkt benachrichtigen, wenn eine Datei nicht geöffnet werden konnte. Oft möchte man das Programm bei einem Fehler beenden oder eine andere Datei öffnen.

In Beispiel 5-2 ist der Systemaufruf `open` Teil der Überprüfung der `unless`-Bedingung.

`unless` ist das Gegenstück zu `if`. Genau wie Sie im Deutschen sagen können: »Führe die Anweisungen im Block aus, wenn die Bedingung wahr ist«, können Sie auch das Gegenteil sagen: »Führe die Anweisungen im Block aus, solange die Bedingung nicht wahr ist.« Der Systemaufruf `open` liefert Ihnen einen Wahr-Wert zurück, wenn er die Datei erfolgreich öffnen konnte. Hier werden also entsprechend dem Bedingungsteil der `unless`-Anweisung die Anweisungen im Block ausgeführt, wenn der `open`-Aufruf fehlschlägt, d.h., das Programm gibt eine Fehlermeldung aus und endet dann.

Zusammenfassend läßt sich sagen, daß Bedingungen und Schleifen bei Perl einfache Ideen darstellen und nicht schwer zu erlernen sind. Sie zählen zu den mächtigsten Merkmalen von Programmiersprachen. Konditionalanweisungen erlauben es Ihnen, ein Programm auf mehrere Alternativen hin auszulegen und auf diese Weise je nach erhaltener Eingabe unterschiedliche Entscheidungen zu treffen. Sie sind für einen großen Teil jeglicher »künstlichen Intelligenz« eines Computerprogramms verantwortlich. Schleifen bändigen die Geschwindigkeit des Computers in der Form, daß Sie mit nur wenigen Codezeilen große Datenmengen verarbeiten oder eine Berechnung kontinuierlich iterieren und verfeinern können.

Code-Layout

Sobald Sie mit der Verwendung von Schleifen und Konditionalanweisungen beginnen, müssen Sie ernsthaft über die Formatierung nachdenken. Bei der Formatierung von Perl-Code auf einer Seite haben Sie sehr viele Optionen. Vergleichen Sie die folgenden Varianten der Formatierung einer `if`-Anweisung innerhalb einer `while`-Schleife:

Format A

```
while ( $lebend ) {
    if ( $braucht_naehrstoffe ) {
        print "Zelle benötigt Nährstoffe\n";
    }
}
```

Format B

```
while ( $lebend )
{
    if ( $braucht_naehrstoffe )
    {
        print "Zelle benötigt Nährstoffe\n";
    }
}
```

Format C

```
            while ( $lebend )
              {
                 if ( $braucht_naehrstoffe )
{
    print "Zelle benötigt Nährstoffe\n";
}
}
```

Format D

```
while($lebend){if($braucht_naehrstoffe){print "Zelle benötigt Nährstoffe\n";}}
```

Soweit es den Perl-Interpreter betrifft, sind alle vier Codefragmente gleich. Das liegt daran, daß Perl nicht davon abhängig ist, wie die Anweisungen in den Zeilen stehen. Perl interessiert nur die richtige Anordnung der syntaktischen Elemente. Einige Elemente benötigen Whitespace-Zeichen (wie Leerzeichen, Tabulatoren oder Newlines) zur Abgrenzung voneinander, aber generell gibt Perl nicht vor, wie Sie Whitespaces einsetzen müssen, um Ihren Code aufzubereiten.

Die Formate A und B sind gängige Varianten der Codeformatierung. Beide machen dem Lesenden die Programmstruktur deutlich. Beachten Sie, wie die Anweisungen, mit denen ein Block verknüpft ist – die `while`- und `if`-Anweisungen –, die geschweiften Klammern in einer Reihe ausrichten und die Anweisungen innerhalb der Blöcke einrükken (was bei langen, komplizierten Blöcken von besonderer Bedeutung sein kann). Die Anweisungen innerhalb der Blöcke sind eingerückt, wofür Sie üblicherweise die Tabulatortaste oder Gruppen von vier oder acht Leerzeichen verwenden. (Viele Texteditoren erlauben das Einfügen von Leerzeichen beim Drücken der Tabulatortaste, oder man kann sie anweisen, Tabulatorstops nach vier, acht oder welcher Anzahl von Leerzeichen auch immer einzufügen.) Die Gesamtstruktur eines Programms wird auf diese Weise klarer. Sie können einfach erkennen, welche Anweisungen zu einem Block gruppiert und mit einer Schleife oder einer Konditionalanweisung verknüpft wurden. Ich persönlich bevorzuge das Layout aus Format A, auch wenn ich mit Format B ebensogut zurechtkomme.

Format C ist ein Beispiel für schlecht formatierten Code. Die Flußkontrolle des Codes ist nicht klar ersichtlich. So ist zum Beispiel schwer zu erkennen, ob die `print`-Anweisung im Block mit der `while`-Anweisung liegt.

Format D macht deutlich, wie schwer es ist, einen Code ohne Formatierung zu lesen, selbst bei einem so einfachen Fragment wie diesem.

Der Perl-Styleguide, verfügbar über die Haupt-Manpage von Perl oder durch Eingabe von

```
perldoc perlstyle
```

enthält Empfehlungen und Vorschläge zur Entwicklung lesbaren Codes. Es handelt sich dabei aber nicht um feste Regeln, und Sie können selbst entscheiden, welche Formatierpraktiken für Sie am besten geeignet sind.

Motive finden

Eines der häufigsten Dinge, die wir in der Bioinformatik tun, ist die Suche nach *Motiven*, kurzen DNA- oder Protein-Sequenzen von besonderem Interesse. Es kann sich dabei um regulatorische Elemente der DNA handeln oder um Proteine, von denen bekannt ist, daß sie sich über viele Spezies hinweg erhalten. (Die PROSITE-Website unter *http://www.expasy.ch/prosite/* enthält umfassende Informationen über Protein-Motive.)

Die Motive, nach denen Sie in biologischen Sequenzen suchen, bestehen normalerweise nicht aus einer spezifischen Sequenz. Sie können mehrere Varianten besitzen – zum Beispiel Positionen, an denen es keine Rolle spielt, welche Base oder Residue vorhanden ist. Sie könnten auch variable Längen aufweisen. Sie lassen sich häufig in Form regulärer Ausdrücke darstellen, worüber Sie im folgenden Beispiel 5-3 gleich mehr erfahren, aber auch in Kapitel 9 und an vielen anderen Stellen in diesem Buch.

Perl besitzt eine praktische Menge von Features, mit denen sich Dinge in Strings finden lassen. Dies hat Perl, neben anderen Dingen, zu einer so populären Sprache für die Bioinformatik gemacht. Beispiel 5-3 stellt diese Fähigkeit zur Suche in Strings vor. Es macht etwas wirklich Sinnvolles, und vergleichbare Programme werden in der biologischen Forschung die ganze Zeit verwendet. Das Programm macht folgendes:

- Es liest Protein-Sequenzdaten aus einer Datei ein.
- Es faßt die gesamten Sequenzdaten in einem String zusammen, um die Suche zu vereinfachen.
- Es sucht nach Motiven, die der Benutzer über die Tastatur eingegeben hat.

Beispiel 5-3: Suche nach Motiven

```
#!/usr/bin/perl -w
# Suche nach Motiven

# Benutzer nach der Datei fragen, die die Protein-Sequenzdaten enthält.
# Der Dateiname wird über die Tastatur eingelesen.
print "Bitte den Dateinamen der Protein-Sequenzdaten eingeben: ";

$proteindateiname = <STDIN>;

# Newline vom Dateinamen entfernen
chomp $proteindateiname;

# Datei öffnen oder Programm beenden
unless ( open(PROTEINDATEI, $proteindateiname) ) {

    print "Kann Datei \"$proteindateiname\" nicht öffnen.\n\n";
    exit;
}

# Protein-Sequenzdaten aus der Datei einlesen und in
# der Arrayvariable @protein ablegen.
@protein = <PROTEINDATEI>;

# Datei schließen - wir haben nun alle Daten in @protein festgehalten.
close PROTEINDATEI;

# Protein-Sequenzdaten in einem einzelnen String zusammenfassen, weil in einem
# String wesentlich einfacher nach einem Motiv gesucht werden kann als in einem
# Array mit Zeilen (was tun, wenn das Motiv über einen Zeilenumbruch hinweg vorkommt?).
$protein = join( ', @protein);

# Whitespace entfernen
$protein =~ s/\s//g;

# In einer Schleife wird der Benutzer nach dem zu suchenden Motiv gefragt,
# das Motiv wird gesucht, und es wird gemeldet, wenn es gefunden werden konnte.
# Das Programm wird beendet, wenn kein Motiv eingegeben wurde.
do {
    print "Geben Sie das zu suchende Motiv ein: ";

    $motiv = <STDIN>;

    # Newline am Ende von $motiv entfernen

    chomp $motiv;

    # Nach Motiv suchen
```

Beispiel 5-3: Suche nach Motiven (Fortsetzung)

```
    if ( $protein =~ /$motiv/ ) {

        print "Motiv gefunden!\n\n";

    } else {

        print "Motiv nicht gefunden.\n\n";
    }

# Programm beenden, wenn der Benutzer nichts angegeben hat.
} until ( $motiv =~ /^\s*$/ );

# Programm beenden
exit;
```

Hier folgt eine typische Ausgabe von Beispiel 5-3:

```
Bitte den Dateinamen der Protein-Sequenzdatei eingeben: NM_021964fragment.pep
Geben Sie das zu suchende Motiv ein: SVLQ
Motiv gefunden!

Geben Sie das zu suchende Motiv ein: jkl
Motiv nicht gefunden.

Geben Sie das zu suchende Motiv ein: QDSV
Motiv gefunden!

Geben Sie das zu suchende Motiv ein: HERLPQGLQ
Motiv gefunden!

Geben Sie das zu suchende Motiv ein:
Motiv nicht gefunden.
```

Wie Sie anhand der Ausgabe sehen können, findet das Programm Motive, die der Benutzer über die Tastatur eingibt. Mit einem solchen Programm müssen Sie nicht mehr manuell potentiell große Datenmengen durchgehen. Der Computer übernimmt die Arbeit und macht das wesentlich schneller und genauer als ein Mensch.

Es wäre schön, wenn das Programm nicht nur melden würde, daß es ein Motiv gefunden hat, sondern auch an welcher Position. Wie man das erreicht, werden Sie in Kapitel 9 sehen. In einer Übung zu diesem Kapitel sollen Sie dieses Programm so modifizieren, daß es die Positionen der Motive ausgibt.

Die folgenden Abschnitte untersuchen und erläutern die neuen Elemente in Beispiel 5-3:

- Benutzereingaben über die Tastatur einlesen
- Zeilen einer Datei in einer einzelnen skalaren Variable zusammenfassen (join)
- Reguläre Ausdrücke und Zeichenklassen

- `do-until`-Schleifen
- Pattern Matching (Mustererkennung)

Benutzereingaben über die Tastatur einlesen

Dateihandles haben Sie erstmals in Beispiel 4-5 gesehen. In Beispiel 5-3 (wie auch in Beispiel 4-5) werden ein Dateihandle und der Eingabeoperator (<>) verwendet, um Daten aus einer geöffneten Datei in ein Array einzulesen:

```
@protein = <PROTEINDATEI>;
```

Perl nutzt die gleiche Syntax, um an Eingaben zu gelangen, die der Benutzer über die Tastatur eingegeben hat. In Beispiel 5-3 wird zu diesem Zweck ein spezielles Dateihandle namens STDIN (die Kurzform von »standard input«, also Standardeingabe) verwendet. So wird beispielsweise mit der folgenden Zeile ein Dateiname vom Benutzer eingelesen:

```
$proteindateiname = <STDIN>;
```

Ein Dateihandle kann also mit einer Datei verknüpft werden, es kann aber auch mit der Tastatur verknüpft werden, wo der Benutzer Antworten auf vom Programm gestellte Fragen eingibt.

Wenn Sie, wie in diesem Beispiel, zur Speicherung der Eingabe eine skalare Variable verwenden (die mit einem Dollarzeichen `$` beginnt), wird nur eine Zeile eingelesen, was in der Regel auch so gewünscht wird.

In Beispiel 5-3 wird der Benutzer aufgefordert, den Namen der Datei einzugeben, die die Protein-Sequenzdaten enthält. Nachdem der Dateiname auf diese Weise eingelesen wurde, gibt es noch einen weiteren Schritt zu erledigen, bevor Sie die Datei öffnen können. Wenn der Benutzer den Dateinamen eingibt und dann die Enter-Taste (oder auch Return-Taste) drückt, wird auch ein Newline übertragen. Dieses Newline-Zeichen wird dann auch als letztes Zeichen in der Variable festgehalten. Das Zeichen ist aber nicht Teil des Dateinamens und muß entfernt werden, bevor der Systemaufruf `open` funktionieren kann. Die Perl-Funktion `chomp` entfernt Newlines (oder die verwandten Zeilenvorschub- und Carriage Return-Zeichen) vom Ende eines Strings. (Die ältere Funktion `chop` entfernt einfach das letzte Zeichen, egal was für ein Zeichen es eigentlich ist. Das führte zu Problemen, weshalb `chomp` eingeführt wurde und nahezu immer zu bevorzugen ist.)

Dieser Teil verlangt bei Perl also etwas zusätzliche Arbeit: das Entfernen des Newline-Zeichens aus der Eingabe, die vom Benutzer über die Tastatur getätigt wurde. Wenn Sie versuchen, die `chomp`-Funktion auszukommentieren, werden Sie sehen, daß die `open`-Operation fehlschlägt, da ein Dateiname niemals ein Newline am Ende besitzt. (Betriebssysteme haben bestimmte Vorschriften, welche Zeichen in Dateinamen erlaubt sind.)

Arrays in Skalare umwandeln mit join

Es ist üblich, daß Protein-Sequenzdaten in kurze Segmente von etwa 80 Zeichen aufgeteilt werden. Der Grund dafür ist einfach: Wenn Daten auf Papier ausgedruckt oder auf dem Bildschirm dargestellt werden, müssen sie so umbrochen werden, daß sie auf das entsprechende Ausgabeformat passen. Dieses Aufbrechen in Segmente ist für Ihr Perl-Programm aber unpraktisch. Was passiert, wenn Sie nach einem Motiv suchen, das durch ein Newline-Zeichen geteilt wurde? Nun, Ihr Programm würde es nicht finden. Tatsächlich sind einige Motive, nach denen wir in Beispiel 5-3 gesucht haben, durch Zeilenumbrüche aufgeteilt. Bei Perl behandeln Sie diese Art segmentierter Daten mit der Funktion `join`. In Beispiel 5-3 faßt `join` alle Datenzeilen im Array `@protein` in einem einzigen String zusammen, der in der neuen skalaren Variable `$protein` abgelegt wird:

```
$protein = join( '', @protein);
```

Sie geben dabei einen String an, der bei der Zusammenfassung zwischen die jeweiligen Elemente des Arrays eingefügt wird. In unserem Fall soll der Leerstring zwischen den einzelnen Eingabezeilen plaziert werden. Dieser Leerstring wird durch ein Paar einfache Anführungszeichen `''` repräsentiert (doppelte Anführungszeichen `""` funktionieren auch).

Erinnern Sie sich an Beispiel 4-2, wo wir verschiedene gleichwertige Möglichkeiten vorgestellt haben, zwei DNA-Fragmente zu verketten. Die Verwendung der `join`-Funktion ist sehr ähnlich. Sie nimmt die skalaren Werte, also die einzelnen Elemente des Arrays, und verkettet sie zu einem einzelnen skalaren Wert. Denken Sie an die folgende Anweisung aus Beispiel 4-2, die eine Möglichkeit zur Verkettung zweier Strings aufzeigt:

```
$DNA3 = $DNA1 . $DNA2;
```

Eine andere Möglichkeit, die gleiche Verkettung zu erreichen, ist die `join`-Funktion:

```
$DNA3 = join( "", ($DNA1, $DNA2) );
```

Bei dieser Version wird anstelle eines Arraynamens eine Liste skalarer Elemente angegeben:

```
($DNA1, $DNA2)
```

do-until-Schleifen

In Beispiel 5-3 sehen Sie eine neue Form der Schleife, die `do-until`-Schleife, die zuerst einen Block ausführt und erst dann die Bedingung prüft. Manchmal ist diese Form bequemer als die übliche Variante, bei der zuerst geprüft und der Block dann ausgeführt wird, wenn der Test erfolgreich war. Hier möchten Sie vom Benutzer etwas anfordern, die Eingabe vom Benutzer einlesen, nach dem Motiv suchen und das Ergebnis ausgeben. Bevor Sie das wieder tun, prüfen Sie im Bedingungsteil, ob der Benutzer eine Leerzeile eingegeben hat. Ist das der Fall, sucht der Benutzer keine weiteren Motive, und Sie beenden die Schleife.

Reguläre Ausdrücke

Reguläre Ausdrücke erlauben Ihnen die einfache Bearbeitung von Strings aller Art, beispielsweise DNA- und Protein-Sequenzdaten. Wenn es etwas gibt, was Sie mit einem String machen wollen, können Sie es normalerweise mit regulären Ausdrücken machen.

Einige reguläre Ausdrücke sind sehr simpel. Zum Beispiel können Sie einfach den genauen Text dessen als regulären Ausdruck angeben, wonach Sie im String suchen. Wenn Sie im Text zu diesem Buch nach dem Wort »Bioinformatik« suchen, könnten Sie den folgenden regulären Ausdruck verwenden:

```
/Bioinformatik/
```

Reguläre Ausdrücke können aber wesentlich komplexer sein. In diesem Abschnitt erläutere ich deren Verwendung in Beispiel 5-3.

Reguläre Ausdrücke und Zeichenklassen

Reguläre Ausdrücke sind eine Möglichkeit, einen oder mehrere Strings mit Hilfe spezieller Wildcard-ähnlicher Operatoren zu erkennen. Reguläre Ausdrücke können so einfach sein wie ein Wort (wodurch das Wort selbst erkannt wird), oder sie können komplexer sein und eine große Menge unterschiedlicher Wörter (oder auch alle Wörter) erkennen.

Nachdem Sie in Beispiel 5-3 die Protein-Sequenzdaten mit Hilfe der `join`-Funktion in der skalaren Variable `$protein` zusammengefaßt haben, müssen Sie noch sämtliche Newlines und alles andere entfernen, was nicht zu den Sequenzdaten gehört. Hierzu gehören Zahlen in den Zeilen, Kommentare, informelle (»Header«-)Zeilen und so weiter. In unserem Fall wollen Sie alle Newlines sowie jegliche Leerzeichen oder Tabulatoren entfernen, die unsichtbar vorhanden sein könnten. Der folgende Code in Beispiel 5-3 entfernt diese Whitespace-Zeichen:

```
$protein =~ s/\s//g;
```

Die Sequenzdaten in der skalaren Variable `$protein` werden durch diese Anweisung verändert. Der Bindungsoperator `=~` und die Substitutionsfunktion `s///` sind Ihnen erstmals in Beispiel 4-3 begegnet, wo wir sie genutzt haben, um ein Zeichen in ein anderes umzuwandeln. Hier werden sie etwas anders eingesetzt. Sie ersetzen alle Whitespace-Zeichen (repräsentiert durch das `\s`) durch nichts (repräsentiert dadurch, daß zwischen dem zweiten und dem dritten Schrägstrich nichts eintragen ist). Mit anderen Worten: Sie löschen jedes Zeichen aus der Menge der Whitespace-Zeichen aus dem String. Diese Operation erfolgt durch die Angabe des gs am Ende der Anweisung global, also über den gesamten String.

Das `\s` ist eines von mehreren Metasymbolen. Sie kennen bereits das Metasymbol `\n`. Das Metasymbol `\s` erkennt alle Leerzeichen, Tabulatoren, Newlines, Carriage Returns oder Seitenvorschübe. Sie können `\s` auch wie folgt schreiben:

```
[ \t\n\f\r]
```

Der obige Ausdruck ist ein Beispiel für eine Zeichenklasse und ist von eckigen Klammern umschlossen. Eine Zeichenklasse erkennt eines der Zeichen, die innerhalb der eckigen Klammern genannt werden. Ein Leerzeichen wird einfach als Leerzeichen angegeben, während andere Whitespace-Zeichen eigene Metasymbole besitzen: `\t` steht für den Tabulator, `\n` für das Newline, `\f` für Seitenvorschub (Formfeed) und `\r` für Carriage Return. Ein Carriage Return sorgt dafür, daß das nächste Zeichen zu Beginn der Zeile erscheint. Perl-Newlines werden auf unterschiedlichen Betriebssystemen unterschiedlich behandelt; kurz gesagt, `\n` funktioniert auf allen Systemen, möglicherweise werden Sie auch `\r\n` an Zeilenenden bei Windows finden.

Jeder erläuterte `s///`-Befehl besitzt irgendeinen regulären Ausdruck zwischen den ersten beiden Schrägstrichen. Sie haben einzelne Buchstaben gesehen, wie etwa das `C` in `s/C/G/g`. Dieses `C` ist ein Beispiel für einen gültigen regulären Ausdruck.

In Beispiel 5-3 werden reguläre Ausdrücke noch an anderer Stelle eingesetzt. Der Code

```
if ( $motiv =~ /^\s*$/ ) {
```

prüft, ob die Variable `$motiv` eine Leerzeile enthält. Hat der Benutzer nichts eingegeben, außer vielleicht ein paar Whitespaces (die als `\s*` dargestellt werden), ist die Mustererkennung (das Pattern Matching) erfolgreich, und das Programm beendet sich. Der gesamte reguläre Ausdruck lautet

```
/^\s*$/
```

und kann wie folgt übersetzt werden: Erkenne einen String, der vom Anfang der Zeile (angezeigt durch das ^) aus null oder mehr (angezeigt durch das *) Whitespace-Zeichen (das `\s`) besteht und sich bis zum Ende des Strings (das $) erstreckt.

Machen Sie sich keine Sorgen, wenn Ihnen das alles etwas kryptisch vorkommt – Sie werden sich schnell mit der Terminologie vertraut machen. Reguläre Ausdrücke bilden eine großartige Möglichkeit, Sequenzen und andere textbasierte Daten zu bearbeiten.

Perl ist besonders gut darin, reguläre Ausdrücke relativ einfach, mächtig und flexibel einsetzen zu können. Viele der in Anhang A genannten Referenzen enthalten Informationen zu regulären Ausdrücken, und Sie finden eine kurze Zusammenfassung in Anhang B.

Pattern Matching mit =~ und regulären Ausdrücken

Die eigentliche Suche nach dem Motiv erfolgt bei Beispiel 5-3 in der folgenden Zeile:

```
if ( $protein =~ /$motiv/ ) {
```

Hier sucht der Bindungsoperator `=~` im Protein `$protein` nach dem regulären Ausdruck, der als Wert in der Variable `$motiv` steht. Mit Hilfe dieses Features können Sie den Wert einer Variable bei einem String-Matching interpolieren. (Interpolation bedeutet bei Perl das Einfügen des Wertes einer Variable in einen String. Sie haben das erstmals in Beispiel 4-2 gesehen, als wir Strings verkettet haben.) Das Motiv, d.h. der Wert der Stringvariable `$motiv`, bildet Ihren regulären Ausdruck. Die einfachsten regulären Ausdrücke sind einfache Zeichenketten wie beispielsweise das Motiv `AQQK`.

Sie können Beispiel 5-3 nutzen, um mit einigen weiteren Features regulärer Ausdrücke zu experimentieren. Sie können einen beliebigen regulären Ausdruck eingeben, nach dem im Protein gesucht wird. Starten Sie das Programm, nehmen Sie sich die Dokumentation regulärer Ausdrücke zur Hand, und experimentieren Sie! Hier einige Beispiele für weitere reguläre Ausdrücke:

- Suche nach einem A, gefolgt von einem D oder S, gefolgt von einem V:

  ```
  Geben Sie das zu suchende Motiv ein: A[DS]V
  Motiv nicht gefunden.
  ```

- Such nach K, N, null oder mehr Ds und zwei oder mehr Es (das `{2,}` bedeutet »zwei oder mehr«):

  ```
  Geben Sie das zu suchende Motiv ein: KND*E{2,}
  Motiv gefunden!
  ```

- Suche nach zwei Es, gefolgt von beliebigen anderen Zeichen, gefolgt von zwei weiteren Es:

  ```
  Geben Sie das zu suchende Motiv ein: EE.*EE
  Motiv gefunden!
  ```

Beachten Sie, daß in der letzten Suche der Punkt für ein beliebiges Zeichen außer Newline steht. ».*« steht also für null oder mehr dieser Zeichen. (Wenn Sie tatsächlich einen Punkt erkennen wollen, müssen Sie ihn durch einen Backslash vor der Interpretation schützen.)

Nukleotide zählen

Es gibt viele Dinge, die man über ein Stück DNA erfahren möchte. Ist es codierend oder nicht-codierend?[3] Enthält es ein regulatorisches Element? Ist es mit einer anderen bekannten DNA verwandt, und wenn ja, wie? Wie viele der vier Nukleotide enthält die DNA? Tatsächlich besitzen die codierenden Regionen bestimmter Spezies spezifische Nukleotid-Anteile, weshalb die letzte Frage bei der Suche nach den Genen wichtig sein kann. Auch weisen unterschiedliche Spezies verschiedene Muster der Nukleotid-Nutzung auf. Das Zählen der Nukleotide kann daher interessant und nützlich sein.

In den folgenden Abschnitten finden Sie die beiden Beispiel-Programme 5-4 und 5-6, die jeden Nukleotidtyp in einer DNA zählen. Sie führen einige neue Bereiche von Perl ein:

- Zerlegung von Strings
- Betrachtung spezifischer Positionen in Strings
- Iteration über ein Array
- Iteration über die Länge eines Strings

Um die Anzahl der jeweiligen Nukleotide in irgendeiner DNA zu bestimmen, müssen Sie sich jede Base ansehen, erkennen, um welche es sich handelt, und für jedes Nukleotid einen Zähler verwenden. Wir machen das auf zwei verschiedene Arten:

- Zerlegung der DNA in ein Array einzelner Basen und Iteration über das Array (d.h., wir arbeiten die Elemente des Arrays eines nach dem anderen durch)
- Nutzung der Perl-Funktion `substr` zur Iteration über die einzelnen Positionen des DNA-Strings während des Zählens

Lassen Sie uns mit dem Pseudocode für die Aufgabe beginnen. Danach verfeinern wir unseren Pseudocode schrittweise und entwickeln schließlich den Perl-Code für beide Ansätze.

Der folgende Pseudocode beschreibt ganz allgemein, was benötigt wird:

```
für jede Base in der DNA
    Ist die Base A
        Zähler_für_A = Zähler_für_A + 1
    Ist die Base C
        Zähler_für_C = Zähler_für_C + 1
    Ist die Base G
        Zähler_für_G = Zähler_für_G + 1
```

3 Codierende DNA ist DNA, die für ein Protein codiert, sie ist also Teil eines Gens. Bei vielen Organismen, auch Menschen, ist ein großer Teil der DNA nicht-codierend – d.h., sie ist kein Bestandteil eines Gens und codiert nicht für Proteine. Bei Menschen sind etwa 98–99% der DNA nicht-codierend.

```
    Ist die Base T
        Zähler_für_T = Zähler_für_T + 1

Zähler_für_A, Zähler_für_C, Zähler_für_G und Zähler_für_T ausgeben
```

Wie Sie sehen können, ist das Prinzip sehr einfach. Es spiegelt einfach das wider, was Sie von Hand machen würden. (Wenn Sie die relativen Häufigkeiten der Basen aller menschlichen Gene würden zählen wollen, könnten Sie das nicht von Hand machen – es sind zu viele –, Sie müßten ein solches Programm verwenden. Daher Bioinformatik.) Lassen Sie uns nun sehen, wie man das in Perl codieren kann.

Zerlegung von Strings in Arrays

Nehmen wir an, Sie entscheiden sich dafür, den String mit der DNA in ein Array zu zerlegen. Diejenigen Buchstaben des Strings, die die Basen der DNA darstellen, werden dabei getrennt, und jeder Buchstabe erhält einen eigenen skalaren Wert im Array. Sie können sich dann ein Arrayelement nach dem anderen ansehen (wobei jedes ein einzelnes Zeichen enthält) und dabei die Zähler aktualisieren. Dies ist das Gegenstück zur `join`-Funktion im Abschnitt »Arrays in Skalare umwandeln mit join«, die sich ein Array von Strings nimmt und daraus einen einzelnen skalaren Wert macht. (Nach der Zerlegung des Strings in ein Array können Sie, wenn Sie es wünschen, den ursprünglichen String mittels `join` wieder herstellen.)

In der folgenden Version des Pseudocodes füge ich auch Anweisungen ein, um die DNA aus einer Datei einzulesen und den Inhalt der Datei so zu verarbeiten, daß ein einzelner String mit der DNA-Sequenz vorliegt. Zuerst fassen wir also die einzelnen Zeilen der Datei mittels join zusammen, entfernen alle Whitespaces, damit nur noch Sequenzdaten erhalten bleiben, und zerlegen den String dann wieder in ein Array.

Der Punkt ist hier natürlich der, daß das letzte Array genau das enthält, was wir wollen: die Daten in einer für das Zählen bequemen Form. Anstelle eines aus mehreren Zeilen bestehenden Arrays mit Newlines und möglicherweise anderen ungewollten Zeichen gibt es ein exaktes Array einzelner Basen.

```
DNA aus einer Datei einlesen

Die Zeilen der Datei mittels join in einem einzelnen String namens $DNA zusammenfassen

# Die Basen in $DNA in einem Array ablegen
@DNA = zerlege $DNA

# Zähler initialisieren
Zähler_für_A = 0
Zähler_für_C = 0
Zähler_für_G = 0
Zähler_für_T = 0
```

```
für jede Base in @DNA

    Ist die Base A
        Zähler_für_A = Zähler_für_A + 1
    Ist die Base C
        Zähler_für_C = Zähler_für_C + 1
    Ist die Base G
        Zähler_für_G = Zähler_für_G + 1
    Ist die Base T
        Zähler_für_T = Zähler_für_T + 1

Zähler_für_A, Zähler_für_C, Zähler_für_G und Zähler_für_T  ausgeben
```

Wie versprochen, ist diese Version des Pseudocodes etwas detaillierter. Es wird empfohlen, sich jede Base anzusehen, indem der DNA-String in ein Array einzelner Zeichen zerlegt wird. Er initialisiert auch die Zähler mit dem Wert null, um deren korrekte Funktion zu gewährleisten. Es ist wesentlich einfacher zu erkennen, was passiert, wenn Sie die Initialisierung tatsächlich niederschreiben. Auf diese Weise verhindern Sie auch, daß sich bestimmte Fehler in Ihren Code einschleichen. (Allerdings ist das nicht zwingend notwendig; manchmal läßt man den Wert von Variablen bis zu ihrer Verwendung bewußt uninitialisiert.) Perl nimmt den Wert einer nicht initialisierten Variable mit null an, wenn Sie versuchen, sie als Zahl zu verwenden, etwa bei der Addition mit einer anderen Zahl. Allerdings erhalten Sie sehr wahrscheinlich eine Warnung, wenn das der Fall ist.

Wir haben nun ein Design für unser Programm, lassen Sie uns also jetzt Perl-Code daraus machen. Beispiel 5-4 ist ein funktionsfähiges Programm. Im Verlauf dieses Kapitels werden Sie andere Möglichkeiten kennenlernen, die gleiche Aufgabe schneller zu erledigen, aber Geschwindigkeit ist an diesem Punkt nicht von Bedeutung.

Beispiel 5-4: Häufigkeit von Nukleotiden bestimmen

```
#!/usr/bin/perl -w
# Häufigkeit von Nukleotiden bestimmen

# Name der Datei mit den DNA-Sequenzdaten einlesen
print "Geben Sie die DNA-Sequenzdatei ein: ";

$dna_dateiname = <STDIN>;

# Newline aus dem DNA-Dateinamen entfernen
chomp $dna_dateiname;

# Datei öffnen oder abbrechen
unless ( open(DNADATEI, $dna_dateiname) ) {

    print "Kann Datei \"$dna_filename\" nicht öffnen\n\n";
    exit;
}
```

Beispiel 5-4: Häufigkeit von Nukleotiden bestimmen (Fortsetzung)

```
# DNA-Sequenzdaten aus der Datei einlesen und
# in der Arrayvariable @DNA ablegen
@DNA = <DNADATEI>;

# Datei schließen
close DNADATEI;

# Zeilen aus der DNA-Datei einlesen und die DNA-Sequenzdaten
# in einem einzelnen String zusammenfassen.
$DNA = join( '', @DNA);

# Whitespace entfernen
$DNA =~ s/\s//g;

# Nun zerlegen wir die DNA in ein Array, wobei jeder Buchstabe des
# Originalstrings ein separates Element im Array bildet.
# Das macht es einfach, sich jede Position anzusehen.
# Beachten Sie, daß wir hierzu die Variable @DNA wiederverwenden.
@DNA = split( '', $DNA );

# Zähler initialisieren.
# Wie Sie sehen, verwenden wir skalare Variablen zur Aufnahme von Zahlen.
$Zähler_für_A = 0;
$Zähler_für_C = 0;
$Zähler_für_G = 0;
$Zähler_für_T = 0;
$fehler       = 0;

# In einer Schleife sehen wir uns jede Base nacheinander an, bestimmen, um
# welches der vier Nukleotide es sich handelt, und inkrementieren den
# entsprechenden Zähler.
foreach $base (@DNA) {

    if     ( $base eq 'A' ) {
        ++$Zähler_für_A;
    } elsif ( $base eq 'C' ) {
        ++$Zähler_für_C;
    } elsif ( $base eq 'G' ) {
        ++$Zähler_für_G;
    } elsif ( $base eq 'T' ) {
        ++$Zähler_für_T;
    } else {
        print "!!!!!!!! Fehler - Base unbekannt: $base\n";
        ++$fehler;
    }
}
```

Beispiel 5-4: Häufigkeit von Nukleotiden bestimmen (Fortsetzung)

```
# Ausgabe der Ergebnisse
print "A = $Zähler_für_A\n";
print "C = $Zähler_für_C\n";
print "G = $Zähler_für_G\n";
print "T = $Zähler_für_T\n";
print "Fehler = $fehler\n";

# Programm beenden
exit;
```

Um Ihnen Beispiel 5-4 zu demonstrieren, habe ich die folgende kleine Datei mit DNA angelegt und sie *small.dna* genannt:

```
AAAAAAAAAAAAAAGGGGGGGTTTTCCCCCCCC
CCCCCGTCGTAGTAAAGTATGCAGTAGCVG
CCCCCCCCCCGGGGGGGGAAAAAAAAAAAAAAATTTTTTAT
AAACG
```

Die Datei *small.dna* können Sie mit Ihrem Lieblingseditor in Ihren Computer eingeben oder von der Website zu diesem Buch herunterladen.

Beachten Sie, daß es ein V in der Datei gibt, also einen Fehler.[4] Hier die Ausgabe von Beispiel 5-4:

```
Geben Sie die DNA-Sequenzdatei ein: small.dna
!!!!!!!! Fehler - Base unbekannt: V

A = 40
C = 27
G = 24
T = 17
Fehler = 1
```

Lassen Sie uns nun die neuen Dinge dieses Programms betrachten. Das Öffnen und Einlesen der Sequenzdaten ist mit den früheren Programmen identisch. Die erste neue Sache findet sich in dieser Zeile:

```
@DNA = split( '', $DNA);
```

Der Kommentar besagt, daß der String `$DNA` in ein Array `@DNA` zerlegt wird, das die einzelnen Zeichen enthält.

4 Dateien mit DNA-Sequenzdaten enthalten manchmal solche Zeichen wie N, was für »irgendeine nicht zu ermittelnde Base« steht, oder andere Spezialzeichen. Sie müssen sich manchmal die Dokumentation der Quelle, etwa einen ABI-Sequencer oder eine GenBank-Datei oder was auch immer, ansehen, um herauszufinden, welche Zeichen verwendet werden und was sie bedeuten.

`split` ist das Gegenstück zu `join`, und Sie tun gut daran, sich die Dokumentation dieser beiden Befehle in aller Ruhe anzusehen. Der Aufruf von `split` mit einem Leerstring als erstes Argument sorgt dafür, daß der String in einzelne Zeichen zerlegt wird, und das ist genau das, was wir wollen.[5]

Als nächstes initialisieren wir die fünf skalaren Variablen `$Zähler_für_A` usw. mit dem Wert `0`. *Initialisierung* bedeutet die Zuweisung eines Ausgangswertes, in diesem Fall den Wert `0`.

Beispiel 5-4 verdeutlicht die Konzepte von *Typ* und *Initialisierung*. Der Typ einer Variable bestimmt, welche Daten sie enthalten kann, z.B. Strings oder Zahlen. Bisher haben wir skalare Variablen wie `$DNA` genutzt, um aus den Buchstaben A, C, G und T bestehende Strings zu speichern. Beispiel 5-4 zeigt, daß skalare Variablen auch zur Speicherung von Zahlen verwendet werden können. Die Variable `$Zähler_für_A` enthält beispielsweise die Anzahl der entdeckten As.

Skalare Variablen können Integerwerte (also ganze Zahlen wie 0, 1, -1, 2, -2, ...), Dezimalzahlen (oder *Fließkommazahlen*) wie 6,544[6] sowie Zahlen in wissenschaftlicher Notation wie 6,544E6, was $6{,}544 \times 10^6$ oder 6544000 entspricht, enthalten. (Details zu den verschiedenen Arten von Zahlen finden Sie in Anhang B.)

In Beispiel 5-4 werden die Variablen `$Zähler_für_A` bis `$Zähler_für_T` mit 0 initialisiert. Die *Initialisierung* einer Variable bedeutet, ihr nach der Deklaration einen Wert zuzuweisen. Wenn Sie Ihre Variablen nicht initialisieren, wird ihr Wert mit `'undef'` (für undefiniert) angenommen. Bei Perl ist eine undefinierte Variable 0, wenn sie in einem numerischen Kontext angefordert wird. Bei einer Stringoperation wird der leere String eingesetzt. Auch wenn Perl-Programmierer Variablen häufig nicht initialisieren, ist dies bei vielen anderen Programmiersprachen ein kritischer Punkt. Bei C besitzen nicht initialisierte Variablen zum Beispiel unvorhersehbare Werte. Das kann Ihre Ausgabe ziemlich durcheinanderbringen. Sie sollten es sich angewöhnen, Variablen zu initialisieren: Das macht die Programme einfacher zu lesen und zu pflegen, und das ist wichtig.

Die *Deklaration* einer Variable bedeutet, ihren Namen festzulegen und andere Attribute wie etwa ihren Ausgangswert und ihren Geltungsbereich (»Scope«, siehe Kapitel 6 und die Erläuterung der `my`-Variablen). Viele Sprachen verlangen die Deklaration aller Variablen vor deren Verwendung. In diesem Buch waren Deklarationen bis jetzt eine unnötige Komplikation. Im nächsten Kapitel wird es dann notwendig, mit der Deklaration zu

5 Wie Sie der Dokumentation zur `split`-Funktion entnehmen können, kann das erste Argument ein regulärer Ausdruck sein wie `/\s+/` (ein oder mehrere aufeinanderfolgende Whitespace-Zeichen).

6 Beachten Sie, daß Sie Fließkommazahlen in Perl-Code wie im Amerikanischen üblich mit Dezimalpunkt schreiben müssen, nicht wie im Deutschen üblich mit Dezimalkomma. – Anm.d.Ü.

beginnen. Bei Perl können Sie zusätzlich zum Ausgangswert auch den Geltungsbereich der Variablen deklarieren. Viele Sprachen verlangen von Ihnen, daß Sie den Variablentyp vordeklarieren (z.B. »Integer i«), Perl kennzeichnet den Typ im Variablennamen (z.B. durch das »@« in »@array«).

Perl wurde so geschrieben, daß es ziemlich clever ist, wenn es darum geht, was in einer skalaren Variable steht. Zum Beispiel können Sie einer Variable die Zahl `1234` (ohne Anführungszeichen) oder den String `'1234'` (mit Anführungszeichen) zuweisen. Perl betrachtet die Variable bei der Ausgabe wie einen String und bei arithmetischen Operationen wie eine Zahl, ohne daß Sie sich darum irgendwelche Gedanken machen müßten. Beispiel 5-5 demonstriert diese Fähigkeit. Perl ist also nicht sehr streng, wenn es darum geht festzulegen, für welchen Datentyp eine Variable verwendet wird.

Beispiel 5-5: Demonstration des in Perl integrierten Wissens über Zahlen und Strings

```
#!/usr/bin/perl -w
# Demonstration des in Perl integrierten Wissens über Zahlen und Strings

$num = 1234;

$str = '1234';

# Variablen ausgeben
print $num, " ", $str, "\n";

# Variablen als Zahlen addieren
$num_oder_str = $num + $str;

print $num_oder_str, "\n";

# Variablen als Strings verketten
$num_oder_str = $num . $str;

print $num_oder_str, "\n";

exit;
```

Beispiel 5-5 erzeugt die folgende Ausgabe:

```
1234 1234
2468
12341234
```

Beispiel 5-5 verdeutlicht die clevere Art und Weise, auf die Perl den Datentyp einer skalaren Variable bestimmt, ob es sich um einen String oder um eine Zahl handelt und ob Sie sie wie eine Zahl addieren oder subtrahieren bzw. wie einen String verketten möchten. Perl verhält sich entsprechend, was Ihren Job als Programmierer erleichtert; Perl »macht das Richtige« für Sie.

Als nächstes folgt eine neue Art von Schleife, die foreach-Schleife. Diese Schleife geht alle Elemente eines Arrays durch. Die Zeile

```
foreach $base (@DNA) {
```

geht also alle Elemente des Arrays @DNA durch, und bei jedem Schleifendurchgang wird die skalare Variable $base (oder welchen Namen Sie auch immer wählen) auf das nächste Element des Arrays gesetzt.

Im Hauptteil der Schleife (dem »Body«) wird jede Base untersucht, und der Zähler für die entsprechende Base wird inkrementiert. Es gibt bei Perl vier Möglichkeiten, eine 1 zu einer Zahl zu addieren. Hier haben wir ein ++ vor die Variable gestellt:

```
++$zähler;
```

Sie können das ++ auch hinter die Variable schreiben:

```
$zähler++;
```

Sie können es auch als Kombination aus Addition und Zuweisung formulieren:

```
$zähler = $zähler + 1;
```

Dafür gibt es auch eine Kurzform:

```
$zähler += 1;
```

Sie haben die Qual der Wahl. Die Plus-Plus-Notation (++) ist bei der Inkrementierung von Zählern praktisch (weshalb wir sie hier verwendet haben). Die Plus-Gleich-Notation (+=) spart etwas Schreibarbeit und ist bei der Addition von anderen Werten als 1 sehr populär.

Die foreach-Schleife aus Beispiel 5-5 hätte auch wie folgt geschrieben werden können:

```
foreach (@DNA) {

    if     ( /A/ ) {
        ++$Zähler_für_A;
    } elsif ( /C/ ) {
        ++$Zähler_für_C;
    } elsif ( /G/ ) {
        ++$Zähler_für_G;
    } elsif ( /T/ ) {
        ++$Zähler_für_T;
    } else {
        print "!!!!!!!! Fehler - Base unbekannt: ";
        print;
        print "\n";
        ++$fehler;
    }
}
```

Diese Version der foreach-Schleife

```
foreach (@DNA) {
```

verwendet keinen skalaren Wert. Wenn Sie in einer foreach-Schleife keine skalare Variable angeben, die die aus dem Array gelesenen Skalare aufnimmt ($base hat diese Funktion in der Schleife in Beispiel 5-4 übernommen), dann greift Perl auf die Spezialvariable $_ zurück.

Außerdem arbeiten viele der in Perl eingebauten Funktionen mit dieser Spezialvariable, wenn ihnen kein Argument übergeben wird. Im obigen Beispiel sind die Bedingungen einfache Muster. Perl geht davon aus, daß Sie eine Mustererkennung über die Variable $_ ausführen, und verhält sich daher so, als hätten Sie (in unserem Beispiel) `$_ =~ /A/` geschrieben. In der Fehlermeldung gibt die print-Anweisung schließlich den Wert der $_-Variable aus.

Diese Spezialvariable $_, die nicht benannt werden muß, taucht in vielen Perl-Programmen auf, auch wenn ich sie in diesem Buch nicht häufig verwende.

Arbeiten mit Strings

Es ist nicht notwendig, einen String in ein Array zu zerlegen, nur um sich jedes einzelne Zeichen ansehen zu können. Tatsächlich wollen Sie das manchmal sogar vermeiden. Ein großer String verbraucht auf Ihrem Computer viel Speicherplatz, und das gilt auch für ein großes Array. Wenn Sie einen String in ein Array zerlegen, ist der ursprüngliche String immer noch vorhanden, und Sie müssen auch noch eine Kopie jedes Zeichens für das zu erzeugende Array anlegen. Wenn ein langer String bereits einen guten Teil des verfügbaren Speichers belegt, kann das Anlegen eines zusätzlichen Arrays zu einem Speicherüberlauf führen. Bei einem Speicherüberlauf verhält sich Ihr Computer ziemlich dürftig. Er kann sehr langsam werden, abstürzen oder einfrieren (»hängen«). Das ist bisher für uns kein Thema, aber bei der Verarbeitung großer Datenmengen (wie dem menschlichen Genom) müssen Sie solche Dinge berücksichtigen.

Sie wollen es also vermeiden, eine Kopie der DNA-Sequenzdaten in einer anderen Variable abzuspeichern. Gibt es eine Möglichkeit, sich den String in $DNA anzusehen und die Basen direkt zu zählen? Ja. Hier ist etwas Pseudocode, gefolgt von einem Perl-Programm:

```
DNA aus einer Datei einlesen

Zeilen der Datei mittels join zu einem einzigen String in $DNA verketten

# Zähler initialisieren
Zähler_für_A = 0
Zähler_für_C = 0
Zähler_für_G = 0
Zähler_für_T = 0
```

```
für jede Base an jeder Position in $DNA

    Ist die Base A
        Zähler_für_A = Zähler_für_A + 1
    Ist die Base C
        Zähler_für_C = Zähler_für_C + 1
    Ist die Base G
        Zähler_für_G = Zähler_für_G + 1
    Ist die Base T
        Zähler_für_T = Zähler_für_T + 1

Zähler_für_A, Zähler_für_C, Zähler_für_G und Zähler_für_T ausgeben
```

Beispiel 5-6 zeigt ein Programm, das jede Base in einem DNA-String untersucht.

Beispiel 5-6: Häufigkeit von Nukleotiden bestimmen, 2. Versuch

```
#!/usr/bin/perl -w
# Häufigkeit von Nukleotiden bestimmen, 2. Versuch

# DNA-Sequenzdaten einlesen
print "Geben Sie die DNA-Sequenzdatei an: ";

$dna_dateiname = <STDIN>;

chomp $dna_dateiname;

# Datei vorhanden?
unless ( -e $dna_dateiname) {

    print "Datei \"$dna_filename\" scheint nicht zu existieren!!\n";
    exit;
}

# Können wir die Datei öffnen?
unless ( open(DNADATEI, $dna_dateiname) ) {

    print "Kann Datei \"$dna_filename\" nicht öffnen\n\n";
    exit;
}

@DNA = <DNADATEI>;

close DNADATEI;

$DNA = join( '', @DNA);

# Whitespaces entfernen
$DNA =~ s/\s//g;
```

Beispiel 5-6: Häufigkeit von Nukleotiden bestimmen, 2. Versuch (Fortsetzung)

```
# Zähler initialisieren.
# Skalare Variablen können auch Zahlen enthalten.
$Zähler_für_A = 0;
$Zähler_für_C = 0;
$Zähler_für_G = 0;
$Zähler_für_T = 0;
$fehler       = 0;

# In einer Schleife sehen wir uns nacheinander jede Base an, bestimmen,
# um welches Nukleotid es sich handelt, und inkrementieren den
# entsprechenden Zähler.
for ( $position = 0 ; $position < length $DNA ; ++$position ) {

    $base = substr($DNA, $position, 1);

    if     ( $base eq 'A' ) {
        ++$Zähler_für_A;
    } elsif ( $base eq 'C' ) {
        ++$Zähler_für_C;
    } elsif ( $base eq 'G' ) {
        ++$Zähler_für_G;
    } elsif ( $base eq 'T' ) {
        ++$Zähler_für_T;
    } else {
        print "!!!!!!!! Fehler - Base unbekannt: $base\n";
        ++$fehler;
    }
}

# Ergebnisse ausgeben
print "A = $Zähler_für_A\n";
print "C = $Zähler_für_C\n";
print "G = $Zähler_für_G\n";
print "T = $Zähler_für_T\n";
print "Fehler = $fehler\n";

# Programm beenden
exit;
```

Hier die Ausgabe von Beispiel 5-6:

```
Geben Sie die DNA-Sequenzdatei an: small.dna
!!!!!!!! Fehler - Base unbekannt: V
A = 40
C = 27
G = 24
T = 17
Fehler = 1
```

In Beispiel 5-6 habe ich eine Zeile eingefügt, die prüft, ob die Datei existiert:

```
unless ( -e $dna_dateiname) {
```

Es gibt Dateitest-Operatoren für die unterschiedlichsten Bedingungen; siehe Anhang B oder die Perl-Dokumentation unter `-X`. Beachten Sie, daß Dateien verschiedene Attribute besitzen wie Größe, Zugriffsrechte, Lage im Dateisystem, Dateityp usw. und daß viele dieser Dinge auf einfache Weise mit den Dateitest-Operatoren geprüft werden können.

Beachten Sie auch, daß ich die detaillierten Kommentare zu den regulären Ausdrücken beibehalten habe, weil reguläre Ausdrücke schwer zu lesen sein können. Kurze Kommentare helfen dem Leser, den Code zu überfliegen.

Alles andere ist Ihnen vertraut, bis Sie die `for`-Schleife erreichen, die einer etwas genaueren Erläuterung bedarf:

```
for ( $position = 0 ; $position < length $DNA ; ++$position ) {

    # Die Anweisungen im Block
}
```

Diese `for`-Schleife ist mit der folgenden `while`-Schleife identisch:

```
$position = 0;

while( $position < length $DNA ) {

    # die gleichen Anweisungen im Block, plus ...

    ++$position;
}
```

Nehmen Sie sich etwas Zeit, und vergleichen Sie diese beiden Schleifen. Sie sehen die gleichen Anweisungen, aber an anderen Stellen.

Wie Sie sehen können, packt die `for`-Schleife die Initialisierung und die Inkrementierung eines Zählers (`$position`) in die Schleifenanweisung, während es sich bei der `while`-Schleife um separate Anweisungen handelt. Bei der `for`-Schleife stehen sowohl Initialisierung als auch Inkrement innerhalb der Klammern, während in der `while`-Schleife nur die Bedingung geprüft wird. In der `for`-Schleife können Initialisierungen vor dem ersten Semikolon und Inkrementanweisungen hinter dem zweiten Semikolon stehen. Die Initialisierungsanweisung wird vor dem Start der Schleife genau einmal ausgeführt. Die Inkrementanweisung wird hingegen am Ende jeder Iteration (unmittelbar vor der erneuten Prüfung der Bedingung) ausgeführt. Tatsächlich handelt es sich nur um eine Kurzform der gerade beschriebenen `while`-Schleife.

Der Bedingungsteil prüft, ob die im String erreichte Position kleiner ist als die Länge des Strings. Er verwendet hierzu die Perl-Funktion `length`. Natürlich wollen Sie keine Zeichen mehr prüfen, sobald die Länge des Strings überschritten wurde. An dieser Stelle ist wohl ein Wort über die Numerierung der Positionen in Strings und Arrays angebracht.

Standardmäßig geht Perl davon aus, daß ein String an der Position 0 beginnt. Das letzte Zeichen des Strings liegt also an einer Position, die eins kleiner ist als die Länge des Strings. Warum erfolgt die Zählung auf diese Weise, statt die Positionen von 1 aus durchzunumerieren und bis zur Länge des Strings laufen zu lassen? Es gibt Gründe, aber diese sind etwas abstrus. Aufklärung finden Sie in der Dokumentation. Falls es Ihnen ein Trost ist, kann ich Ihnen verraten, daß viele andere Programmiersprachen die gleiche Wahl getroffen haben. (Okay, viele andere verwenden auch die intuitive Variante und beginnen mit 1.)

Diese Art der Numerierung ist für Biologen von Bedeutung, weil diese es gewöhnt sind, Sequenzen mit 1 beginnend zu numerieren und nicht mit 0, wie Perl das macht. Sie müssen einer Position manchmal eine 1 hinzufügen, bevor Sie Ergebnisse ausgeben, damit diese für den Nicht-Programmierer einen Sinn ergeben. Es ist milde gesagt lästig, aber man gewöhnt sich daran.

Das gleiche gilt auch für die Numerierung der Elemente eines Arrays. Das erste Element im Array ist das Element `0`; das letzte ist das Element `$länge-1`.

Wie auch immer, Sie erkennen, daß der Bedingungsteil zu wahr evaluiert, solange der Wert von `$position length-1` oder kleiner ist. Der Bedingungsteil schlägt fehl, sobald `$position` den gleichen Wert erreicht wie die Länge des Strings. Nehmen wir zum Beispiel einen String mit dem Text »suchen«. Dieser hat eine Länge von 6 Zeichen. Das »s« ist an Position 0 und das »n« an Position 5, also eins weniger als die Länge des Strings (6).

Innerhalb des Blocks rufen Sie die Funktion `substr` auf, um sich den String anzusehen:

```
$base = substr($DNA, $position, 1);
```

Dies ist eine recht allgemein gehaltene Funktion für die Arbeit mit Strings. Sie können Dinge auch einfügen und entfernen. Hier wollen Sie sich nur ein Zeichen ansehen, weshalb Sie `substr` auf den String `$DNA` anwenden, ein Zeichen an Position `$position` ermitteln und das Ergebnis in der skalaren Variable `$base` festhalten. Dann machen Sie mit dem Zählen so weiter wie in der alten Version des Programms (Beispiel 5-4).

In Dateien schreiben

Beispiel 5-7 zeigt eine weitere Möglichkeit, Nukleotide in einem DNA-String zu zählen. Es nutzt einen Perl-Trick, der genau für die Art Job entworfen wurde. Es verwendet eine globale Regex-Suche im Test einer `while`-Schleife und ist, wie Sie sehen werden, eine kompakte Möglichkeit, die Zeichen in einem String zu zählen.

Eine schöne Sache bei Perl ist, daß, wenn Sie etwas sehr oft machen müssen, die Sprache wahrscheinlich einen relativ kompakten Weg dazu bereitstellt. (Der Nachteil ist natürlich, daß es sehr viel bei Perl zu lernen gibt.)

Die Ergebnisse in Beispiel 5-7 werden nicht nur auf dem Bildschirm ausgegeben, sondern auch in eine Datei geschrieben. Der zum Schreiben in eine Datei notwendige Code sieht dabei wie folgt aus:

```
# Schreibe die Ergebnisse auch in eine Datei namens "countbase"

$ausgabedatei = "countbase";

unless ( open(COUNTBASE, ">$ausgabedatei") ) {
    print "Kann \"$ausgabedatei\" nicht mit Schreibrechten öffnen!!\n\n";
    exit;
}

print COUNTBASE "A=$a C=$c G=$g T=$t Fehler=$e\n";

close(COUNTBASE);
```

Wie Sie sehen, verwenden Sie zum Schreiben in eine Datei einen open-Aufruf, genau wie beim Lesen aus einer Datei. Der Unterschied besteht allerdings darin, daß Sie dem Dateinamen ein Größer-als-Zeichen (>) voranstellen. Das Dateihandle wird zum ersten Argument einer `print`-Anweisung (ohne daß ihm ein Komma folgt). Auf diese Weise leitet die `print`-Anweisung ihre Ausgabe in die Datei.[7]

Beispiel 5-7 ist die dritte Version eines Perl-Programms, das jede Base in einem DNA-String untersucht.

Beispiel 5-7: Häufigkeit von Nukleotiden bestimmen, 3. Versuch

```
#!/usr/bin/perl -w
# Häufigkeit von Nukleotiden bestimmen, 3. Versuch

# DNA-Sequenzdaten einlesen
print "Geben Sie die DNA-Sequenzdatei an: ";

$dna_dateiname = <STDIN>;

chomp $dna_dateiname;

# Existiert die Datei?
unless ( -e $dna_dateiname) {
    print "Datei \"$dna_filename\" scheint nicht zu existieren!!\n";
    exit;
}
```

7 In diesem Fall wird die Datei zuerst gelöscht, wenn sie bereits existiert. Sie können auch ein anderes Verhalten festlegen, etwa das Anhängen an die Datei. Wie bereits erwähnt, finden Sie in der Perl-Dokumentation alle Details zur open-Funktion, die (unter anderem) alle Optionen für das Lesen und Schreiben von Dateien setzt.

Beispiel 5-7: Häufigkeit von Nukleotiden bestimmen, 3. Versuch (Fortsetzung)

```
# Können wir die Datei öffnen?
unless ( open(DNADATEI, $dna_dateiname) ) {

    print "Kann \"$dna_dateiname\" nicht öffnen\n\n";
    exit;
}

@DNA = <DNADATEI>;

close DNADATEI;

$DNA = join( '', @DNA);

# Whitespaces entfernen
$DNA =~ s/\s//g;

# Zähler initialisieren.
# Beachten Sie, daß wir eine skalare Variable zur Aufnahme von Zahlen verwenden können
$a = 0; $c = 0; $g = 0; $t = 0; $e = 0;

# Wir nutzen einen Regex-"Trick" und fünf while-Schleifen,
#  um die vier Basen und die Fehler zu zählen
while($DNA =~ /a/ig){$a++}
while($DNA =~ /c/ig){$c++}
while($DNA =~ /g/ig){$g++}
while($DNA =~ /t/ig){$t++}
while($DNA =~ /[^acgt]/ig){$e++}

print "A=$a C=$c G=$g T=$t Fehler=$e\n";

# Schreibe die Ergebnisse auch in eine Datei namens "countbase"
$ausgabedatei = "countbase";

unless ( open(COUNTBASE, ">$ausgabedatei") ) {

    print "Kann \"$outputfile\" nicht mit Schreibrechten öffnen!!\n\n";
    exit;
}

print COUNTBASE "A=$a C=$c G=$g T=$t Fehler=$e\n";

close(COUNTBASE);

# Programm beenden
exit;
```

Beispiel 5-7 liefert folgendes Ergebnis:

```
Geben Sie die DNA-Sequenzdatei an: small.dna
A=40 C=27 G=24 T=17 Fehler=1
```

Die Ausgabedatei *countbase* hat nach der Ausführung von Beispiel 5-7 folgenden Inhalt:

```
A=40 C=27 G=24 T=17 Fehler=1
```

Die `while`-Schleife

```
while($dna =~ /a/ig){$a++}
```

verwendet als Bedingung innerhalb der runden Klammern einen String-Matching-Ausdruck:

```
$dna =~ /a/ig
```

Dieser Ausdruck sucht nach dem regulären Ausdruck `/a/`, also dem Buchstaben `a`. Da der Modifier `i` verwendet wird, wird die Groß-/Kleinschreibung ignoriert, d.h., es wird a oder `A` erkannt. Es wird auch der Global-Modifier g verwendet, was bedeutet, daß alle as im String erkannt werden. (Ohne den Global-Modifier würde bei jedem Durchlauf der Schleife einfach wahr zurückgegeben werden, wenn ein »a« in `$dna` steht.)

Nun führt dieser String-Matching-Ausdruck im Kontext einer `while`-Schleife dazu, daß diese ihren Block immer dann ausführt, wenn der reguläre Ausdruck erkannt wurde. Fügen Sie also den aus nur einer Anweisung bestehenden Block

```
{$a++}
```

an, um den Zähler bei jedem Treffer des regulären Ausdrucks zu erhöhen. Wir zählen also alle `a`.

Noch ein weiterer Hinweis zu dieser dritten Version des Programms. Sie werden bemerkt haben, daß einige Anweisungen diesmal geändert oder gekürzt wurden. Einige Variablen besitzen kürzere Namen, einige Anweisungen stehen nun in einer Zeile, und die `print`-Anweisung am Ende ist diesmal etwas knapper gehalten. Dabei handelt es sich nur um alternative Schreibweisen. Während Sie programmieren, werden Sie sich selbst dabei ertappen, mit verschiedenen Ansätzen zu experimentieren: Probieren Sie einige hinsichtlich ihrer Größe aus.

Die Art, auf die Sie Ihre Basen in dieser dritten Version zählen können, ist flexibel gestaltet. Zum Beispiel erlaubt sie es Ihnen, Nicht-ACGT-Zeichen zu zählen, ohne sie individuell angeben zu müssen. In späteren Kapiteln werden Sie sehen, wie Sie `while`-Schleifen in ähnlicher Weise sinnvoll nutzen können. Allerdings gibt es noch eine schnellere Möglichkeit, Basen zu zählen. Sie können die tr-Funktion aus Kapitel 4 verwenden. Sie ist schneller, was hilfreich ist, wenn es viel DNA zu zählen gibt:

```
$a = ($dna =~ tr/Aa//);
$c = ($dna =~ tr/Cc//);
$g = ($dna =~ tr/Gg//);
$t = ($dna =~ tr/Tt//);
```

Die tr-Funktion gibt die Zahl der im String entdeckten angegebenen Zeichen zurück. Ist die Menge der Ersetzungszeichen dabei leer, wird der String nicht verändert. Das ergibt einen guten Zeichenzähler. Beachten Sie, daß Sie bei tr die Groß- und Kleinbuchstaben angeben müssen. Da tr keine Zeichenklassen akzeptiert, gibt es auch keine direkte Möglichkeit, Nicht-Basen zu zählen. Sie könnten aber folgendes schreiben:

```
$basecount = ($dna = ~ tr/ACGTacgt//);
$ nichtbase = (length $dna) - $basecount)
```

Außerdem läuft das Programm mit tr schneller als mit den while-Schleifen aus Beispiel 5-7.

Es könnte Ihnen etwas zuviel sein, drei (eigentlich vier) Versionen dieses Basen-Zählprogramms zu besitzen, insbesondere da ein Großteil des Codes in allen Versionen gleich ist. Der einzige Teil des Programms, der sich wirklich geändert hat, war der Teil, der die Basen gezählt hat. Wäre es nicht praktisch, eine Möglichkeit zu besitzen, nur den Teil ändern zu müssen, der die Basen zählt? In Kapitel 6 werden Sie sehen, wie Subroutinen es Ihnen ermöglichen, Ihre Programme auf diese Weise aufzuteilen.

Übungen

Übung 5.1

Verwenden Sie eine Schleife, um ein nicht endendes Programm zu schreiben. Die Bedingung muß bei jedem Schleifendurchgang immer zu wahr evaluieren. Beachten Sie, daß einige Systeme erkennen, daß Sie sich in einer Endlosschleife befinden, und Ihr Programm automatisch beenden. Wie Sie Ihr Programm beenden können, hängt vom verwendeten Betriebssystem ab. Strg-C funktioniert bei Unix und Linux, bei einem Windows MS-DOS-Befehlsfenster und bei einem Mac OS X Shell-Fenster.

Übung 5.2

Fordern Sie vom Benutzer zwei (kurze) DNA-Strings an. Verketten Sie die beiden Strings, indem Sie den zweiten mit Hilfe des Zuweisungsoperators .= an den ersten anhängen. Geben Sie die beiden verketteten Strings aus, und geben Sie dann den zweiten String so aus, daß er sich an seiner Kopie in den verketteten Strings ausrichtet. Bei den Eingabestrings AAAA und TTTT soll also folgendes erscheinen:

```
AAAATTTT
    TTTT
```

Übung 5.3

Schreiben Sie ein Programm, das alle Zahlen von 1 bis 100 ausgibt. Ihr Programm sollte aus wesentlich weniger als 100 Zeilen Code bestehen.

Übung 5.4

Schreiben Sie ein Programm zur Berechnung des entgegengesetzten Komplements eines DNA-Strangs. Verwenden Sie dabei nicht die Funktionen `s///` oder `tr`. Verwenden Sie die `substr`-Funktion, und untersuchen Sie jede Base im Original, während Sie das entgegengesetzte Komplement bilden. (Hinweis: Vielleicht finden Sie es einfacher, das Original von rechts nach links durchzugehen, statt von links nach rechts, auch wenn beide Varianten möglich sind.)

Übung 5.5

Schreiben Sie ein Programm, das den prozentualen Anteil hydrophober Aminosäuren in einer Proteinsequenz ermittelt. (Um herauszufinden, welche Aminosäuren hydrophob sind, konsultieren Sie einen einführenden Text zu Proteinen, Molekular- oder Zellbiologie. Informationsquellen finden Sie in Anhang A.)

Übung 5.6

Schreiben Sie ein Programm, das prüft, ob zwei als Argumente übergebene Strings die jeweils entgegengesetzten Komplemente darstellen. Verwenden Sie die fest in Perl eingebauten Funktionen `split`, `pop`, `shift` und `eq` (`eq` ist genaugenommen ein Operator).

Übung 5.7

Schreiben Sie ein Programm, das angibt, wie hoch der GC-Gehalt irgendeiner Sequenz ist. (Geben Sie – mit anderen Worten – einfach den prozentualen Anteil von G und C in der DNA aus.)

Übung 5.8

Ändern Sie Beispiel 5-3 so, daß es Motive mit Hilfe regulärer Ausdrücke nicht nur findet, sondern das gefundene Motiv auch ausgibt. Wenn Sie zum Beispiel mit Hilfe regulärer Ausdrücke nach dem Motiv EE.*EE suchen, sollte Ihr Programm EETVKNDEE ausgeben. Sie können die Spezialvariable `$&` verwenden. Nach einem Treffer enthält diese Variable das erkannte Muster.

Übung 5.9

Schreiben Sie ein Programm, das zwei Basen in einem DNA-String an bestimmten Positionen vertauscht. (Hinweis: Sie können die Perl-Funktionen `substr` oder `slice` verwenden.)

Übung 5.10

Schreiben Sie ein Programm, das etwas in eine temporäre Datei schreibt und diese dann wieder löscht. Die Funktion `unlink` löscht eine Datei, also etwa:

```
unlink "tmpdatei";
```

Prüfen Sie aber auch, ob `unlink` erfolgreich war.

KAPITEL 6

Subroutinen und Bugs

In diesem Kapitel wollen wir Ihre bereits erworbenen Kenntnisse in zwei Richtungen erweitern:

- Subroutinen
- Verwendung des Perl-Debuggers

Subroutinen sind ein wichtiges Mittel zur Strukturierung von Programmen. Sie werden sie in Kapitel 7 (wo Sie lernen, wie man Zufallszahlen zur Simulation von DNA-Mutationen generiert) wie auch in allen folgenden Kapiteln verwenden. Der Perl-Debugger untersucht das Verhalten eines Programms in »Zeitlupe« und hilft Ihnen dabei, ärgerliche Fehler zu finden.

Subroutinen

Subroutinen sind ein wichtiges Mittel zur Strukturierung von Programmen und werden in allen wichtigen Programmiersprachen verwendet.

Eine *Subroutine* faßt etwas Code zusammen, gibt diesem Code einen Namen und stellt eine Möglichkeit bereit, Werte für Berechnungen zu übergeben und die Ergebnisse zu melden. Der Rest des Programms kann den Code der Subroutine nutzen, indem er einfach ihren Namen aufruft, dabei die benötigten Werte an die Subroutine übergibt und dann die entsprechenden Ergebnisse einsammelt. Diese Verwendung einer Subroutine wird im allgemeinen als *Aufruf* der Subroutine bezeichnet. Sie können sich eine Subroutine als Programm im Programm vorstellen. Genau wie Sie Programme ausführen, um irgendwelche Ergebnisse zu erhalten, rufen Ihre Programme Subroutinen auf, um ebenfalls bestimmte Ergebnisse zu erhalten. Sobald Sie eine Subroutine haben, können Sie sie in einem Programm verwenden, solange Sie wissen, welche Werte übergeben werden müssen und welche Rückgabewerte zu erwarten sind.

Vorteile von Subroutinen

Subroutinen bieten mehrere Vorteile. Sie versorgen Programme mit Abstraktion, Modularisierung und der Fähigkeit, umfangreiche Programme zu entwickeln, indem Code in handlichen Teilen mit definierten Ein- und Ausgaben organisiert wird.

Nehmen wir einmal an, Sie müssen etwas an verschiedenen Stellen eines Programms oder in verschiedenen Programmen berechnen, z.B. den Mittelwert einer Verteilung. Indem Sie diese Berechnung in Form einer Subroutine entwickeln, brauchen Sie sie nur einmal zu schreiben und können sie dann bei Bedarf immer wieder aufrufen. Dadurch wird Ihr Programm:

- Kürzer, weil Sie Code wiederverwenden.
- Einfacher zu testen, weil Sie die Subroutine separat überprüfen können.
- Einfacher zu verstehen, weil Unordnung vermieden wird und die Programme besser organisiert sind.
- Zuverlässiger, weil die Wiederverwendung von Subroutinen weniger Code zur Folge hat und damit auch weniger Möglichkeiten bietet, etwas falsch zu machen.
- Schneller fertig, weil Sie beispielsweise schon einige Statistik-Subroutinen entwikkelt haben könnten und dann einfach nur diejenige aufrufen müssen, die den Durchschnitt berechnet, ohne sie erst schreiben zu müssen. Oder, noch besser, Sie finden eine gute Statistik-Bibliothek, die schon von jemand anderem entwickelt wurde, und müssen überhaupt nichts selbst entwickeln.

Hier greift noch eine andere, subtile, aber dennoch leistungsfähige Idee. Subroutinen können selbst andere Subroutinen aufrufen, d.h., eine Subroutine kann sich bei ihren Berechnungen von anderen Subroutinen helfen lassen.[1] Indem Sie eine Reihe von Subroutinen entwickeln, von denen jede eine oder einige wenige Sachen gut erledigt, können Sie diese auf verschiedene Arten kombinieren, um neue Subroutinen aufzubauen. Sie können dann auch diese neuen Subroutinen kombinieren und so weiter, und das Endergebnis können sehr große und flexible Programmiersysteme sein. Die Zerlegung von Problemen in eine Reihe von bequem zu kombinierenden Subroutinen erlaubt Ihnen den Aufbau einer Umgebung, die mit minimalem Aufwand wachsen und an geänderte Verhältnisse angepaßt werden kann.

Der Trick bei der ganzen Sache ist der, wie man den Code auf Subroutinen verteilt. Sie wollen Subroutinen für etwas generell Sinnvolles nutzen und nicht, um sie nur einmal aufzurufen (obwohl das gelegentlich auch nützlich sein kann). Es gibt verschiedene

1 Subroutinen können sogar sich selbst aufrufen. Diese sogenannte *Rekursion* kann eine elegante Möglichkeit der Berechnung sein (siehe Kapitel 11).

Faustregeln: Eine Subroutine sollte eine Aufgabe gut erledigen und nicht mehr als ein oder zwei Seiten Code umfassen. Nun sind das keine echten Regeln, und Ausnahmen bestätigen hier häufig die Regel, aber die Faustregeln können Ihnen dabei helfen, Ihren Code in handliche Teile zu zerlegen, die für Subroutinen geeignet sind.

Subroutinen schreiben

Lassen Sie uns sehen, wie man Subroutinen verwendet, und dann, wie man sie definiert.

Um eine Subroutine zu nutzen, übergeben Sie der Subroutine Daten in Form von *Argumenten* und sammeln dann den/die Rückgabewert(e) der Subroutine wieder ein. Nehmen wir zum Beispiel an, daß Sie eine Subroutine benötigen, die bei einer gegebenen DNA den Wert »ACGT« an das Ende der DNA anhängt und die neue, längere DNA zurückgibt. Wir nennen diese Subroutine `addACGT`. Bei Perl rufen Sie eine Unterroutine üblicherweise auf, indem Sie ihren Namen, gefolgt von einer in Klammern stehenden Liste von Argumenten (falls vorhanden), angeben. Hier zum Beispiel ein Aufruf von `addACGT` mit dem einen Argument `$dna`:

```
addACGT($dna);
```

Zum Aufruf einer Subroutine mußte der Name der Subroutine bei älteren Perl-Versionen mit einem &-Zeichen (»Kaufmanns-Und«, Ampersand) beginnen. Sie können das immer noch tun (z.B. `&addACGT`), heutzutage wird das Zeichen üblicherweise aber weggelassen.[2]

Beispiel 6-1 zeigt eine Subroutine, die detailliert zeigt, wie das funktioniert.

Beispiel 6-1: Subroutine zum Anhängen von ACGT an eine DNA

```
#!/usr/bin/perl -w
# Programm mit einer Subroutine zum Anhängen von ACGT an eine DNA

# Die ursprüngliche DNA
$dna = 'CGACGTCTTCTCAGGCGA';

# Der Aufruf der Subroutine "addACGT".
# Das übergebene Argument steht in $dna; das Ergebnis wird in $longer_dna  gespeichert
$longer_dna = addACGT($dna);

print "Habe ACGT an $dna angehängt und erhalte $longer_dna\n\n";

exit;
```

2 Es gibt Fälle, selbst bei neueren Perl-Versionen, wo ein Ampersand notwendig ist. Sie werden einen solchen Fall in Kapitel 11 sehen, im Abschnitt »Verarbeitung vieler Dateien«, der das *File::Find*-Modul beschreibt. (Beachten Sie auch die Funktionen `defined` und `undef` in der Dokumentation oder der *perlref*-Manpage.)

Beispiel 6-1: Subroutine zum Anhängen von ACGT an eine DNA (Fortsetzung)

```
################################################################################
# Subroutine für Beispiel 6-1
################################################################################

# Hier die Definition der Subroutine "addACGT"

sub addACGT {
    my($dna) = @_;

    $dna .= 'ACGT';
    return $dna;
}
```

Beispiel 6-1 erzeugt die folgende Ausgabe:

```
Habe ACGT an CGACGTCTTCTCAGGCGA angehängt und erhalte CGACGTCTTCTCAGGCGAACGT
```

Wir wollen nun diesen Code genauer betrachten und sehen, wie Subroutinen in Perl-Programmen definiert und verwendet werden.

Betrachtet man das Programm als Ganzes, fällt einem als erstes auf, daß das Programm nun aus zwei Abschnitten besteht. Der erste Abschnitt beginnt am Anfang des Programms und endet mit dem exit-Befehl. Dem folgt (eingeleitet durch viele Kommentare) ein Abschnitt für Subroutinen-Definitionen, in unserem Fall also nur die Definition der Subroutine `addACGT`. Es ist üblich, die Definition aller Subroutinen am Ende des Programms zusammenzufassen. Auf diese Weise ist das Lesen einfacher. Üblicherweise sind sie alphabetisch sortiert oder auf andere (sinnvolle) Weise angeordnet.

Eigentlich können Sie Ihre Subroutinen-Definitionen an nahezu jedem Ort des Programms unterbringen. Das liegt daran, daß Perl den Code zuerst durchgeht und dabei zum Beispiel die Syntax prüft und die Subroutinen-Definitionen erfaßt, bevor es das Programm ausführt. Subroutinen-Definitionen können also hinter dem Punkt im Code stehen, an dem die entsprechenden Subroutinen zum erstenmal aufgerufen werden (und nicht, was viele Leute als Regel ansehen, davor). Sie müssen auch nicht zu einer Gruppe zusammengefaßt werden, sondern können sich über das gesamte Programm verteilen. Aber unsere Methode, sie alle am Ende zusammenzufassen, kann das Lesen ein Programms wesentlich vereinfachen. Die mögliche Ausnahme ist die Verwendung einer kleinen Subroutine in einem Abschnitt des Codes, was manchmal bei der `sort`-Funktion der Fall ist. In diesem Fall kann die Definition im direkten Umfeld es dem Leser ersparen, zwischen der Subroutinen-Definition und ihrer Verwendung hin und her blättern zu müssen. Normalerweise ist es bequemer, sich ein Programm ohne die Subroutinen-Definitionen anzusehen, um sich zuerst einen allgemeinen Überblick über den

Programmfluß zu verschaffen. Sollte es notwendig sein, sieht man sich die Subroutinen-Definitionen später an.

Wie Sie sehen, ist Beispiel 6-1 sehr einfach. Es speichert irgendeine DNA in der Variable `$dna` und übergibt diese Variable dann als Argument im Subroutinen-Aufruf `addACGT($dna)`. Die Subroutine wird über ihren Namen aufgerufen, gefolgt von den in Klammern stehenden Argumenten dieser Subroutine. Sie muß keine Argumente besitzen, bei mehr als einem Argument werden diese aber durch Kommas voneinander getrennt. Der von der Subroutine zurückgegebene Wert kann gespeichert werden. Bei diesem Programm wird der Wert in einer Variable namens `$longer_dna` gesichert. Diese wird am Schluß ausgegeben, und das Programm wird beendet.

Der Teil des Programms vom Anfang bis zur `exit`-Anweisung wird als *Hauptprogramm* oder *Hauptteil* (»Body«) des Programms bezeichnet. Indem man sich diesen Codeabschnitt ansieht, erkennt man, was vom Anfang bis zum Ende des Programms passiert, ohne sich die Details der Subroutinen ansehen zu müssen.

Nachdem wir uns das Hauptprogramm von Beispiel 6-1 angesehen haben, wird es Zeit, die Subroutinen-Definition zu betrachten und zu zeigen, wie sie das Prinzip des Geltungsbereichs (»Scope«) nutzt.

Geltungsbereiche und Subroutinen

Eine Subroutine wird durch das für Subroutinen-Definitionen *reservierte Wort*[3] `sub`, den Namen der Subroutine (in diesem Fall `addACGT`) und durch einen von geschweiften Klammern umschlossenen *Block* definiert. Dabei handelt es sich um die gleiche Art Block wie dem, der in Schleifen zur Zusammenfassung von Anweisungen verwendet wird.

In Beispiel 6-1 lautet der Name der Subroutine `addACGT`, und der Block umfaßt alles, was auf diesen Namen folgt. Hier noch einmal die Subroutinen-Definition:

```
sub addACGT {
    my($dna) = @_;

    $dna .= 'ACGT';
    return $dna;
}
```

Sehen wir uns das Innere des Blocks dieser Subroutine an.

3 Ein reserviertes Wort ist ein grundlegendes, definiertes Wort der Sprache Perl, wie etwa `if`, `while`, `foreach` oder `sub`.

Eine Subroutine ist wie ein separates Hilfsprogramm für das Hauptprogramm und benötigt ihre eigenen Variablen. In diesem Buch werden Sie in Ihren Subroutinen zwei Arten von Variablen verwenden:[4]

- An die Subroutine übergebene Argumente
- Andere Variablen, durch `my` deklariert und auf den Geltungsbereich der Subroutine beschränkt

Argumente sind Werte, die der Subroutine übergeben werden, wenn sie verwendet oder aufgerufen wird. Die Werte der Argumente werden der Subroutine mit Hilfe der Spezialvariable `@_` übergeben, was Sie im nächsten Abschnitt noch sehen werden.

Andere Variablen, die eine Subroutine möglicherweise verwenden könnte, müssen vor der Interaktion mit Variablen in anderen Teilen des Programms geschützt werden, wirken sich also nur innerhalb des Geltungsbereichs (Scope) der Subroutine aus. Das wird erreicht, indem man sie als `my`-Variablen deklariert, was wir in Kürze erläutern.

Zum Schluß geben die meisten Subroutinen ihre Ergebnisse über die Funktion `return` zurück. Damit können Sie einen einzelnen Skalar zurückgeben, wie bei `return $dna` in unserer Subroutine `addACGT`. Sie können aber auch eine Liste von Skalaren mit `return ($dna1, $dna2)` oder ein Array mit `return @zeilen` und noch mehr zurückgeben.

Argumente

Eine Subroutine *aufzurufen* bedeutet, ihren Namen anzugeben, die entsprechenden Argumente zu übergeben und (üblicherweise) das Ergebnis festzuhalten. *Argumente*, manchmal auch *Parameter* genannt, enthalten üblicherweise die Daten, mit denen die Subroutine arbeiten muß. In Beispiel 6-1 ist dies der Aufruf der Subroutine `addACGT` mit dem Argument `$dna`:

```
$longer_dna = addACGT($dna);
```

Der wesentliche Punkt ist, daß Sie als Programmierer, wann immer Sie eine Subroutine verwenden wollen, festlegen, welche(s) Argument(e) übergeben werden und womit gerechnet wird (in diesem Fall also jegliche DNA, an die `ACGT` angehängt werden muß), und der Wert jedes Arguments erscheint dann innerhalb der Subroutine im Array `@_`.

Wenn Sie eine Subroutine mit bestimmten Argumenten aufrufen, sind die Namen dieser Argumente innerhalb der Subroutine bedeutungslos. Nur die Werte der an die Subroutine übergebenen Argumente sind wichtig. Die Subroutine sammelt diese Werte

4 Die Subroutinen in diesem Buch verwenden keine globalen Variablen, die vom Hauptprogramm und den Subroutinen zu sehen sind. Wir verwenden auch keine mit `local` deklarierten Variablen, die andere Beschränkungen des Geltungsbereichs verwenden als `my`.

üblicherweise im Array `@_` und weist sie dann neuen Variablen zu. Diese Variablen können die gleichen Namen besitzen wie die anderen Variablen, müssen aber nicht mit diesen übereinstimmen. Das einzige, was erhalten bleibt, ist die Reihenfolge der Werte, nicht die Namen der diese Werte enthaltenden Variablen.

Das funktioniert folgendermaßen. Die erste Zeile des Subroutinen-Blocks sieht so aus:

```
my($dna) = @_;
```

Die Werte der Argumente aus dem Aufruf werden der Subroutine in der speziellen Arrayvariable `@_` übergeben. Sie wissen, daß es sich um ein Array handelt, weil sie mit einem `@`-Zeichen beginnt. Sie hat den kurzen Namen `_` und ist eine spezielle Arrayvariable, die in Perl-Programmen vordefiniert ist. (Diesen Namen sollten Sie für eigene Arrays also nicht verwenden.) Das Array `@_` enthält alle an die Subroutine übergebenen skalaren Werte. In diesem Fall gibt es nur einen skalaren Wert: den DNA-String, also den Wert, der in der Variable `$dna` als Argument übergeben wurde.

Besitzt die Subroutine weitere Argumente – z.B. eines für DNA, eines für das zugehörige Protein und eines für den Namen des Gens –, werden sie alle übergeben und dann innerhalb der Subroutine an `my`-Variablen zugewiesen:

```
my($dna,$protein,$name_des_gens) = @_;
```

Werden keine Argumente übergeben, lassen Sie diese Anweisung in der Subroutine einfach weg.

Nachdem die Anweisung

```
my($dna) = @_;
```

in der Subroutine ausgeführt wurde, steht der übergebene Wert in der Subroutinen-eigenen Variable `$dna`. Der nächste Abschnitt erläutert, warum dies eine neue Variable ist, die nur innerhalb dieser Subroutine gilt. Die Variable der Subroutine kann einen beliebigen Namen aufweisen, d.h., sie muß nicht den gleichen Namen besitzen wie das Argument, auch wenn das in diesem Beispiel so ist. Das Tolle bei Geltungsbereichen ist die Tatsache, daß es keine Rolle spielt, ob die Variable den gleichen Namen hat oder nicht.

> Hüten Sie sich vor dem typischen Fehler, das Array `@_` bei der Benennung der Argumente innerhalb der Subroutine zu vergessen, d.h. die Anweisung
>
> ```
> my($dna);
> ```
>
> anstelle von
>
> ```
> my($dna) = @_;
> ```
>
> zu verwenden. Wenn Sie diesen Fehler begehen, erscheinen die Werte der Argumente nicht innerhalb Ihrer Subroutine, auch wenn ihre Namen deklariert werden.

Geltungsbereiche (Scoping)

Indem alle Variablen einer Subroutine nur innerhalb dieser Subroutine gelten, kann ein sicherer Aufruf der Subroutine von jeder Stelle aus erfolgen. Sie legen fest, daß eine Variable nur innerhalb der Subroutine gilt, indem Sie sie als my-Variable deklarieren. my ist ein in Perl definiertes Schlüsselwort, das den Geltungsbereich von Variablen auf den Block beschränkt, in dem sie verwendet werden (in diesem Fall der Block einer Subroutine).[5]

Variablen zu verstecken und sie nur lokal innerhalb eines bestimmten Teils des Programms zu benutzen wird als *Scoping* bezeichnet. Bei Perl wird die Verwendung von my-Variablen als *lexikalisches Scoping* bezeichnet. Dieses Scoping bildet einen wesentlichen Teil der Modularisierung Ihres Programms.

Sie deklarieren eine Variable also wie folgt als my-Variable:

```
my($x);
```

oder:

```
my $x;
```

oder durch die Kombination von Deklaration und Initialisierung:

```
my($x) = '49';
```

oder wenn Sie ein Argument innerhalb einer Subroutine verarbeiten:

```
my($x) = @_;
```

Ist eine Variable einmal auf diese Weise deklariert worden, existiert sie nur bis zum Ende des Blocks, in dem sie deklariert wurde. Wenn Sie in einer Subroutine also alle Variablen (d. h. die Argumente und alle anderen Variablen) auf diese Weise deklarieren, sind diese nur innerhalb der Subroutine gültig. Besitzt eine Variable den gleichen Namen wie eine andere Variable an einer anderen Stelle im Programm, müssen Sie sich keine Gedanken machen, weil die my-Deklaration tatsächlich eine neue Variable anlegt, die nur innerhalb des umschließenden Blocks gültig ist. Alle anderen Variablen gleichen Namens, die an irgendeiner Stelle außerhalb des Blocks verwendet werden, werden auch separat gehalten.

Das Beispiel, das das Einsammeln von Argumenten in einer Subroutine zeigte, verwendet runde Klammern um die Variable. Weil @_ ein Array ist, bringen die runden Klammern um die neuen Variablen diese in einen Arraykontext und stellen auf diese Weise sicher, daß sie korrekt initialisiert werden (siehe Kapitel 4).

5 Es gibt unterschiedliche Scoping-Modelle. my implementiert ein als *lexikalisches Scoping* bezeichnetes Modell, das auch als *statisches Scoping* bezeichnet wird. Eine weitere Methode in Perl ist das *local*-Konstrukt, aber Sie werden fast immer my verwenden wollen.

Deklarieren Sie immer alle Variablen in Ihren Subroutinen – selbst diejenigen, die nicht als Argumente übergeben werden – mit dem my-Konstrukt. (Es sei denn, daß Sie globale Variablen verwenden, was hier nicht der Fall ist.)

Warum mit Scoping arbeiten? Beispiel 6-2 zeigt, welche Probleme auftreten können, wenn Sie es nicht tun. Denken Sie daran, daß der Vorteil von Subroutinen darin besteht, daß Sie nützlichen Code nur einmal schreiben und diesen dann bei Bedarf immer wieder verwenden. Beispiel 6-2 ist ein Programm mit einer Variable im Hauptprogramm, deren Name auch in einer aufgerufenen Subroutine vorkommt. Das kann sehr leicht passieren, wenn Sie eine Subroutine zu einem anderen Zeitpunkt schreiben als das Hauptprogramm (sagen wir, sechs Monate später) oder wenn Sie eine Subroutine nutzen, die von jemand anderem entwickelt wurde.

Beispiel 6-2: Fallstricke ohne my-Variablen

```
#!/usr/bin/perl -w
# Fallstricke ohne my-Variablen

$dna = 'AAAAA';

$ergebnis = A_nach_T($dna);

print "Ich habe alle A in $dna in T umgewandelt und erhalte $ergebnis\n\n";

exit;

################################################################################
# Subroutine
################################################################################
sub A_nach_T {
    my($input) = @_;

    $dna = $input;

    $dna =~ s/A/T/g;

    return $dna;
}
```

Beispiel 6-2 liefert die folgende Ausgabe:

```
Ich habe alle A in TTTTT in T umgewandelt und erhalte TTTTT
```

Erwartet wurde aber die folgende Ausgabe:

```
Ich habe alle A in AAAAA in T umgewandelt und erhalte TTTTT
```

Sie erhalten diese gewünschte Ausgabe, indem Sie die Definition der Subroutine A_nach_T so ändern, daß die Variable $dna in der Subroutine als my-Variable deklariert wird:

```
sub A_nach_T {
    my($input) = @_;

    my($dna) = $input;

    $dna =~ s/A/T/g;

    return $dna;
}
```

Wo genau ist der Fehler in Beispiel 6-2 aufgetreten? Als das Programm die Subroutine aufgerufen und die Variable $dna zur Umwandlung aller Buchstaben A in T genutzt hat, erkannte Perl, daß im Hauptprogramm bereits eine Variable $dna verwendet wird, und hat sie einfach weiter verwendet. Nachdem das Programm aus der Subroutine zurückgekehrt und bei der print-Anweisung angekommen war, hat es immer noch die gleiche (weil einzige) Variable $dna benutzt. Bei der Ausgabe des Ergebnisses enthielt die Variable $dna also nicht mehr die ursprüngliche, sondern die durch die Berechnung innerhalb der Subroutine veränderte DNA.

Nun können solche Dinge aber laufend vorkommen. Programmierer neigen dazu, bestimmte Namen für Variablen immer wieder zu verwenden: Die üblichen Verdächtigen sind $tmp, $temp, $x, $a, $zahl, $variable, $var, $array, $input, $output, $ergebnis, $daten, $datei, $dateiname und so weiter (mitsamt den englischen Entsprechungen). Bioinformatiker zeigen eine Vorliebe für $dna, $protein, $motiv, $sequenz und ähnliche Dinge. Sobald Sie damit beginnen, Subroutinen-Bibliotheken anderer Leute zu verwenden und größere Programme zu entwickeln, ist es wesentlich einfacher – und sicherer –, Perl das Problem von Namensüberschneidungen aufzuhalsen.

Tatsächlich beenden wir von nun an die Verwendung von undeklarierten Variablen. Ab jetzt werden all unsere Variablen, selbst die im Hauptprogramm, mit my deklariert. Sie können die Einhaltung dieser Selbstdisziplin unterstützen, indem Sie Ihre Programme mit der folgenden Direktive versehen:

```
use strict;
```

Aufgrund dieser Anweisung bestehen alle Ihre Programme darauf, daß alle Variablen als my-Variablen deklariert werden.

Bevor Sie sich über diese scheinbar unnötige Verkomplizierung Ihres Codes im Vergleich zu den Kapiteln 4 und 5 beschweren, sollten Sie wissen, daß viele Programmiersprachen die Deklaration aller Variablen verlangen. Die Tatsache, daß Sie bei Perl kein striktes Scoping verwenden müssen, zahlt sich zum Beispiel aus, wenn Sie kleine Programme entwickeln oder wenn Sie Schülern das Programmieren beibringen wollen, ohne diese am Anfang mit tausend Details erschlagen zu müssen.

Ein weiterer Vorteil des strikten Scopings zeigt sich, wenn Sie bei der Entwicklung eines Programms versehentlich einen Variablennamen falsch schreiben. Werden die Variablen nicht deklariert, erzeugt Perl eine neue Variable mit dem (falsch geschriebenen) Namen. Das Programm wird wohl nicht richtig funktionieren, und es könnte schwierig sein, das Problem zu finden. Wenn das Programm mit striktem Scoping arbeitet, sind alle falsch geschriebenen Variablen auch undeklariert, worüber sich Perl beschwert und Ihnen Stunden oder Tage erspart, in denen Sie sich die Haare raufen oder böse Dinge sagen würden.

Lassen Sie uns also noch einmal rekapitulieren, wie Scoping, Argumente und Subroutinen funktionieren, indem wir noch einen Blick auf Beispiel 6-1 werfen. Die Subroutine wird aufgerufen, indem man ihren Namen `addACGT` schreibt, das Argument `$dna` übergibt und das Ergebnis (falls vorhanden) festhält, indem man es an `$longer_dna` zuweist:

```
$longer_dna = addACGT($dna);
```

Die erste Zeile der Subroutine erhält den Wert des Arguments aus der Spezialvariable `@_` und speichert ihn in einer eigenen Variable namens `$dna`, die außerhalb der Subroutine nicht erscheint, weil wir mit `my` arbeiten. Auch wenn die Originalvariable außerhalb der Subroutine ebenfalls `$dna` heißt, ist die Variable `$dna` innerhalb der Subroutine eine völlig neue Variable (wenn auch mit dem gleichen Namen), die aufgrund des `my` nur innerhalb der Subroutine gilt. Die neue Variable ist nur so lange aktiv, wie sich das Programm in der Subroutine befindet. Beachten Sie in der Ausgabe der `print`-Anweisung am Ende von Beispiel 6-2, daß zwar der Wert einer Variable namens `$dna` innerhalb der Subroutine modifiziert wird, der Originalwert der `$dna`-Variable außerhalb der Subroutine aber nicht verändert wird.

Kommandozeilenargumente und Arrays

Beispiel 6-3 ist ein weiteres Programm, das mit Subroutinen arbeitet. Hier übergeben Sie dem Programm die benötigten Informationen (wie Dateinamen oder DNA-Strings) in der Kommandozeile, ohne interaktiv Abfragen des Programms beantworten zu müssen. Das ist beispielsweise nützlich, wenn Sie ein Programm zu einem bestimmten Zeitpunkt starten wollen und selbst gar nicht da sind.

Beispiel 6-3 verdeutlicht auch ein wenig die Verwendung von Arrays. Sie werden sehen, wie man Indizes nutzt, um auf bestimmte Elemente eines Arrays zuzugreifen.

Bei Kommandozeilen-Programmen geben Sie den Namen des Programms, gefolgt von den Argumenten (falls es welche gibt), ein und drücken dann die Enter-(oder Return-) Taste, um das Programm zu starten. Beim Aufruf des Programms in Beispiel 6-3 gibt der Benutzer neben dem Namen des Programms auch ein Argument an, in diesem Fall einfach einen DNA-String, dessen Buchstaben G dann gezählt werden. Aufruf und Rückgabe des Programms sehen z. B. so aus:

```
% perl beispiel6-3.pl AAGGGGTTTCCC

Die DNA AAGGGGTTTCCC enthält 4 G!
```

Natürlich nutzen viele Programme eine grafische Benutzeroberfläche (GUI, graphical user interface). Das Programm erhält dadurch einen Teil des Bildschirms (oder den ganzen Bildschirm) und besitzt dann üblicherweise solche Dinge wie Menüs und Buttons sowie Felder zur Eingabe von Parametern über die Tastatur.

Dennoch werden viele Programme von der Kommandozeile ausgeführt. Selbst das neuere Mac OS X, das auf Unix aufsetzt, besitzt nun eine Kommandozeile. (Auch wenn die meisten Windows-Benutzer das MS-DOS-Kommandofenster nicht häufig nutzen, ist es doch nützlich, zum Beispiel für die Ausführung von Perl-Programmen.) Wie bereits erwähnt, ermöglicht die nicht-interaktive Ausführung von Programmen, d.h. die Übergabe der Parameter in Form von Kommandozeilenargumenten, die automatische Ausführung von Programmen. Das kann beispielsweise um Mitternacht sein, wenn niemand mehr vor dem Computer sitzt.

Beispiel 6-3 zählt die Anzahl aller G in einem DNA-String.

Beispiel 6-3: Zählen aller G in irgendeiner DNA über die Kommandozeile

```
#!/usr/bin/perl -w
# Zählen aller G in irgendeiner DNA über die Kommandozeile

use strict;

# DNA aus den Argumenten der Kommandozeile einlesen, die der Benutzer beim Aufruf
# des Programms angibt. Werden keine Argumente übergeben,
# erfolgt ein Verwendungshinweis, und das Programm bricht ab.

# $0 ist eine Spezialvariable, die den Namen des Programms enthält.
my($USAGE) = "Verwendung: $0 DNA\n\n";

# @ARGV ist ein Array mit allen Kommandozeilenargumenten.
#
# Ist das Array leer, schlägt der Test fehl, und die Anweisungen
# print USAGE und exit werden ausgeführt.
unless(@ARGV) {
    print $USAGE;
    exit;
}

# DNA aus dem Argument in der Kommandozeile einlesen.
my($dna) = $ARGV[0];
```

Beispiel 6-3: Zählen aller G in irgendeiner DNA über die Kommandozeile (Fortsetzung)

```
# Die Subroutine aufrufen, die die Arbeit erledigt, und das Ergebnis festhalten.
my($anzahl_Gs) = countG ( $dna );

# Ergebnis ausgeben und Programm beenden.
print "\nDie DNA $dna enthält $anzahl_G G\!\n\n";

exit;

################################################################################
# Subroutinen für Beispiel 6-3
################################################################################

sub countG {
    # Liefert die Anzahl aller G im Argument $dna zurück

    # Argumente und Variablen initialisieren
    my($dna) = @_;

    my($anzahl) = 0;

    # Wir verwenden die vierte Methode zum Zählen der Nukleotide in einer
    # DNA aus Kapitel 5, "Motive und Schleifen"
    $anzahl = ( $dna =~ tr/Gg//);

    return $anzahl;
}
```

Sehen wir uns nun an, wie das Programm funktioniert, während wir die neuen Features untersuchen und erläutern. Beachten Sie zum Einstieg die folgende neue Zeile:

```
use strict;
```

Ich werde sie von nun an verwenden, um sicherzustellen, daß alle Variablen mit `my` deklariert werden und somit ein lexikalisches Scoping erzwungen wird.

Perl besitzt einige Spezialvariablen, die es so setzt, daß Sie die Argumente der Kommandozeile auf einfache Weise verwenden können. Jedes Perl-Programm besitzt die Arrayvariable `@ARGV`, in der jegliche Kommandozeilenargumente enthalten sind. Es gibt auch eine Spezialvariable namens `$0` (eine Null), die den Namen des Programms enthält, wie er in der Kommandozeile steht.

Beachten Sie bei Beispiel 6-3, daß eine informative Meldung in der Variable `$USAGE` definiert ist. Diese liefert einen Hinweis auf die Verwendung des Programms, nämlich den Wert der Variable `$0`, gefolgt von den vom Programm benötigten Argumenten. Hierbei handelt es sich um eine gängige Praxis. Gibt der Benutzer dem Programm nicht das, was es benötigt (was durch irgendeinen Test bestimmt wird), gibt das Programm Informationen zur richtigen Verwendung aus und bricht ab.

Dieses Programm überprüft, ob irgendwelche Argumente über die Kommandozeile angegeben wurden. Es prüft, ob `@ARGV` irgend etwas enthält, und liefert in diesem Fall `wahr` zurück. Ist das Array hingegen völlig leer, evaluiert der Test zu `falsch`. Wenn das Programm ein Argument benötigt, können Sie `unless` verwenden. Ist `@ARGV` leer, geben Sie den Verwendungshinweis `$USAGE` aus und beenden das Programm:

```
unless(@ARGV) {
    print $USAGE;
    exit;
}
```

Das nächste Stück Code zeigt etwas Neues über Arrays, nämlich wie man ein Element aus dem Array herauszieht, indem man es über einen Index referenziert. Es zeigt mit anderen Worten, wie Sie an das erste oder vierte oder welches Element auch immer gelangen. Der Code in Beispiel 6-3 zeigt, wie man das erste Element extrahiert. Wie Sie sehen, beginnt die Numerierung bei 0:

```
my($dna) = $ARGV[0];
```

Nun wissen Sie bereits, daß es ein erstes Element gibt, weil Sie gerade sichergestellt haben, daß das Array nicht leer ist. Sie erhalten das erste Element aus Array `@ARGV`, indem Sie aus dem `@` ein `$` machen und den gewünschten Index (0 für das erste Element, 1 für das zweite und so weiter) in eckigen Klammern anhängen. Diese Syntax deutet an, daß Sie nun genau ein Element des Arrays betrachten, eine skalare Variable, und daher wie bei jeder anderen skalaren Variable ein Dollarzeichen verwenden.

In Beispiel 6-3 kopieren Sie das erste (und einzige) Element des Kommandozeilen-Arrays `@ARGV` in die Variable `$dna`.

Schließlich erfolgt der Aufruf der Subroutine, die nichts Neues enthält, uns aber einen Traum aus dem letzten Absatz von Kapitel 5 erfüllt:

```
my($anzahl_Gs) = countG ( $dna );
```

Daten an Subroutinen übergeben

Wenn Sie in späteren Kapiteln mit dem Parsing von GenBank-, PDB- und BLAST-Dateien beginnen, werden Sie Ihren Subroutinen kompliziertere Argumente übergeben müssen, um die verschiedenen Datenfelder aufnehmen zu können, die Sie aus den Datensätzen herausfiltern. Die folgenden Abschnitte erläutern, wie das bei Perl geschieht. Sie können diesen Abschnitt überspringen und ihn später genauer lesen, wenn Sie bei Kapitel 10 angelangt sind.

Subroutinen: Pass-by-Value

Bisher haben unsere Subroutinen mit recht einfachen Argumenten gearbeitet. Die Werte dieser Argumente werden kopiert und an die Subroutinen übergeben. Was auch immer mit diesen Werten innerhalb der Subroutine passiert, hat keinerlei Einfluß auf die Werte der Argumente im Hauptprogramm. Dies wird als *Pass-by-Value* oder *Call-by-Value* bezeichnet, d.h., der Wert wird direkt übergeben. Hier ein Beispiel:

```
#!/usr/bin/perl -w
# Beispiel für Pass-by-Value (auch Call-by-Value)

use strict;

my $i = 2;

simple_sub($i);

print "Im Hauptprogramm, nach dem Aufruf der Subroutine, ist \$i gleich $i\n\n";

exit;

################################################################################
# Subroutinen
################################################################################
sub simple_sub {

    my($i) = @_;

    $i += 100;

    print "In der Subroutine simple_sub ist \$i gleich $i\n\n";
}
```

Das liefert die folgende Ausgabe:

```
In der Subroutine simple_sub ist $i gleich 102

Im Hauptprogramm, nach dem Aufruf der Subroutine, ist $i gleich 2
```

Subroutinen: Pass-by-Reference

Bei komplizierteren Argumenten, etwa einer Mischung aus Skalaren, Arrays und Hashes, kann Perl diese häufig nicht unterscheiden. Perl übergibt der Subroutine alle Argumente in einem einzigen Array, dem Spezialarray @_. Sind Arrays oder Hashes als Argumente vorhanden, werden deren Elemente in diesem @_-Array der Subroutine »plattgedrückt«. Hier ein Beispiel:

```
#!/usr/bin/perl -w
# Pass-by-Value-Problem mit zwei Arrays

use strict;
```

```
my @i = ('1', '2', '3');
my @j = ('a', 'b', 'c');

print "Im Hauptprogramm vor dem Aufruf der Subroutine: i = " . "@i\n";
print "Im Hauptprogramm vor dem Aufruf der Subroutine: j = " . "@j\n";

reference_sub(@i, @j);

print "Im Hauptprogramm nach dem Aufruf der Subroutine: i = " . "@i\n";
print "Im Hauptprogramm nach dem Aufruf der Subroutine: j = " . "@j\n";

exit;

################################################################################
# Subroutinen
################################################################################

sub referenz_sub {

    my(@i, @j) = @_;

    print "In Subroutine : i = " . "@i\n";
    print "In Subroutine : j = " . "@j\n";

    push(@i, '4');

    shift(@j);
}
```

Die folgende Ausgabe verdeutlicht das Problem dieses Ansatzes:

```
Im Hauptprogramm vor dem Aufruf der Subroutine: i = 1 2 3
Im Hauptprogramm vor dem Aufruf der Subroutine: j = a b c
In Subroutine : i = 1 2 3 a b c
In Subroutine : j =
Im Hauptprogramm nach dem Aufruf der Subroutine: i = 1 2 3
Im Hauptprogramm nach dem Aufruf der Subroutine: j = a b c
```

Wie Sie sehen, wurden in der Subroutine alle Elemente von `@i` und `@j` im Array `@_` zusammengefaßt. Sämtliche Unterscheidungen zwischen den beiden Arrays sind innerhalb der Subroutine verlorengegangen. Wenn Sie dann versuchen, die beiden Arrays mit der Anweisung

```
my(@i, @j) = @_;
```

wiederherzustellen, weist Perl alles dem ersten Array `@i` zu. Dieses Verhalten macht die Übergabe mehrerer Arrays an eine Subroutine etwas riskant.

Wie üblich werden auch die ursprünglichen Arrays innerhalb des Hauptprogramms durch die Subroutine nicht beeinflußt, weil Sie mit lexikalischem Scoping (`my`-Variablen) arbeiten.

Sie können das obige Problem umgehen, indem Sie die Argumente in einer als *Pass-by-Reference* oder *Call-by-Reference* (zu deutsch etwa: Aufruf mittels Referenz) bezeichneten Form übergeben. Durch diese Übergabe per Referenz können Sie einer Subroutine eine Reihe von Skalaren, Arrays, Hashes und mehr übergeben, und die Subroutine kann sie alle unterscheiden. Das hat aber seinen Preis: Der resultierende Code ist etwas komplexer. Die Vorteile sind es aber häufig wert.

Es gibt einen großen Unterschied im Verhalten der Argumente, die per Referenz übergeben werden. Werden Argumentvariablen auf diese Weise übergeben, spiegelt sich alles, was Sie innerhalb der Subroutine mit diesen Werten anstellen, auch im Hauptprogramm wider.

Um die Argumente beim Aufruf einer Subroutine per Referenz zu übergeben, rufen Sie sie wie vorher auf, stellen aber dem jeweiligen Argumentnamen einen Backslash voran. In dem Pass-by-Reference-Beispiel später in diesem Abschnitt erfolgt der Subroutinenaufruf folgendermaßen:

```
referenz_sub(\@i, \@j);
```

Wie Sie hier sehen können, handelt es sich bei den beiden Argumenten um zwei Arrays. Um die Unterscheidung zwischen diesen beiden beim Aufruf von `referenz_sub` zu erhalten, werden sie per Referenz übergeben, indem man beiden Namen einen Backslash voranstellt.

Innerhalb der Subroutine gibt es einige Veränderungen. Zuerst werden die Argumente aus dem `@_`-Array eingesammelt und als skalare Variablen gespeichert. Das liegt daran, daß eine Referenz eine spezielle Art Daten darstellt, die immer in einer skalaren Variable gespeichert werden, egal ob es sich um eine Referenz auf einen Skalar, ein Array, einen Hash oder etwas anderes handelt. Das Beispiel sammelt seine Argumente ein

```
my($i, $j) = @_;
```

indem es diese als Skalare aus dem `@_`-Array einliest.

Die Subroutine muß mit diesen referenzierten Argumenten noch etwas machen. Wenn referenzierte Argumente verwendet werden, müssen diese nämlich dereferenziert werden. Um ein referenziertes Argument zu dereferenzieren, müssen Sie der Referenz das Symbol voranstellen, das die Art der Variable angibt: ein `$` für einen Skalar, `@` für ein Array und `%` für einen Hash. Diese Variablen weisen vor ihrem Namen also zwei Symbole auf – von links nach rechts gelesen, erscheint zuerst das übliche, den Typ bestimmende Symbol, gefolgt von einem `$`, das die Variable als Referenz kennzeichnet. Die Zeilen

```
push(@$i, '4');
shift(@$j);
```

in der folgenden Subroutine sind diejenigen, die die Argumente bearbeiten. Das `push` hängt das Element '4' an das Ende des Arrays `@i` an, und `shift` entfernt das erste Element aus dem Array `@j`. Da die Arrays mittels Referenz übergeben wurden, lauten ihre

Namen innerhalb der Subroutine @$i und @$j. (Wenn Sie sich das dritte Element des @j-Arrays ansehen wollen, normalerweise mit $j[2], müßten Sie jetzt $$j[2] schreiben.)

Alle Änderungen, die in der Subroutine an den Argumenten vorgenommen werden, wirken sich auch im Hauptprogramm aus. Das liegt daran, daß es sich bei Referenzen um Verweise auf die tatsächlichen Argumente handelt. Es handelt sich nicht um Kopien der Werte wie beim Pass-by-Value. Wie Sie im Beispiel sehen können, wurden die Arrays des Hauptprogramms nach dem Aufruf der Subroutine entsprechend geändert:

```
#!/usr/bin/perl
# Beispiel für Pass-by-Reference (auch Call-by-Reference)

use strict;
use warnings;

my @i = ('1', '2', '3');
my @j = ('a', 'b', 'c');

print "Im Hauptprogramm vor dem Aufruf der Subroutine: i = " . "@i\n";
print "Im Hauptprogramm vor dem Aufruf der Subroutine: j = " . "@j\n";

referenz_sub(\@i, \@j);

print "Im Hauptprogramm nach dem Aufruf der Subroutine: i = " . "@i\n";
print "Im Hauptprogramm nach dem Aufruf der Subroutine: j = " . "@j\n";

exit;

################################################################################
# Subroutinen
################################################################################

sub referenz_sub {
    my($i, $j) = @_;

    print "In Subroutine : i = " . "@$i\n";
    print "In Subroutine : j = " . "@$j\n";

    push(@$i, '4');
    shift(@$j);
}
```

Das liefert die folgende Ausgabe:

```
Im Hauptprogramm vor dem Aufruf der Subroutine: i = 1 2 3
Im Hauptprogramm vor dem Aufruf der Subroutine: j = a b c
In Subroutine : i = 1 2 3
In Subroutine : j = a b c
Im Hauptprogramm nach dem Aufruf der Subroutine: i = 1 2 3 4
Im Hauptprogramm nach dem Aufruf der Subroutine: j = b c
```

Die Subroutine kann nun die beiden als Argumente übergebenen Arrays unterscheiden. Die Änderungen, die innerhalb der Subroutine an den Variablen vorgenommen wurden, bleiben auch erhalten, nachdem die Subroutine endet und Sie zum Hauptprogramm zurückgekehrt sind. Das ist die grundlegende Eigenschaft von Pass-by-Reference.

Module und Bibliotheken von Subroutinen

Wenn Sie damit anfangen, eine Sammlung von Subroutinen aufzubauen, werden Sie feststellen, daß Sie diese laufend aus existierenden Programmen kopieren und in Ihre neuen Programme einfügen. Die Subroutinen tauchen dann in mehreren Programmen auf. Die Listings Ihrer Programme werden dadurch äußerst wortreich und wiederholen sich ständig. Auch die Modifikation einer Subroutine wird ziemlich kompliziert, weil sie ja überall geändert werden muß.

Nun sind Subroutinen natürlich eine großartige Sache, aber wenn man sie in jedes neue Programm kopieren muß, das man gerade schreibt, wird das etwas lästig. Es wird nun also Zeit, unsere Subroutinen in (sehr praktischen) Dateien abzulegen, den *Modulen* oder *Bibliotheken* (Libraries).

Das funktioniert wie folgt. Fassen Sie alle wiederverwendbaren Subroutinen in einer separaten Datei zusammen. (Während Sie immer mehr Code entwickeln und die Dinge komplizierter werden, werden Sie die Subroutinen wahrscheinlich in verschiedenen Dateien unterbringen wollen.) Dann geben Sie in Ihrem Programm einfach nur noch den Namen dieser Datei(en) bekannt und siehe da: Alle Subroutinen-Definitionen werden eingelesen, als würden sie in Ihrem Programm liegen. Hierzu können Sie die in Perl integrierte Funktion `use` verwenden, die eine Subroutinen-Bibliothek einliest.

Lassen Sie uns das Modul *BeginPerlBioinfo.pm* nennen. Sie halten in dieser Datei einfach alle Subroutinen-Definitionen fest, wie sie auch sonst in Ihrem Programmcode stehen. Sie bauen das Modul auf, indem Sie die Subroutinen-Definitionen beim Lesen des Buches darin festhalten. Noch einfacher ist es, wenn Sie sich das Modul von der Website zu diesem Buch herunterladen. Beim Aufbau oder der Erweiterung von Modulen muß aber eine Sache beachtet werden: *Die letzte Zeile eines Moduls muß* `1;` *lauten, sonst funktioniert es nicht*. Dieses `1;` muß in der letzten Zeile der *.pm*-Datei stehen und darf nicht Teil der letzten Subroutine sein. Wenn Sie das vergessen, erhalten Sie eine Fehlermeldung wie:

```
BeginPerlBioinfo.pm did not return a true value at jkl line 14.
BEGIN failed--compilation aborted at jkl line 14.
```

Um nun eine der Subroutinen in *BeginPerlBioinfo.pm* verwenden zu können, müssen Sie die folgende Anweisung nahe an den Anfang Ihres Codes stellen (in die Nähe der `use strict`-Anweisung):

```
use BeginPerlBioinfo;
```

Beachten Sie, daß das *.pm* absichtlich nicht mit angegeben wurde: Perl handhabt auf diese Weise die Namen von Modulen.

Es gibt noch eine letzte Sache, die Sie über die Verwendung von Modulen zum Laden von Subroutinen wissen müssen: Das Perl-Programm muß wissen, wo es das Modul finden kann. Wenn Sie Ihre Arbeit in einem Ordner unterbringen, sollte alles problemlos laufen. Wenn sich Perl darüber beschwert, *BeginPerlBioinfo.pm* nicht finden zu können, geben Sie den vollständigen Pfad auf das Modul an. Lautet der vollständige Pfadname */home/tisdall/book/BeginPerlBioinfo.pm*, dann verwenden Sie folgende Zeilen in Ihrem Programm:

```
use lib '/home/tisdall/book';
use BeginPerlBioinfo;
```

Es gibt noch andere Wege, um Perl mitzuteilen, wo es nach Modulen suchen soll. Sehen Sie sich die Perl-Dokumentation zu use an.

Alle nützlichen Subroutinen in diesem Buch werden in das genannte Modul eingesetzt, das Sie (beginnend in Kapitel 8) durch die folgende Codezeile verwenden:

```
use BeginPerlBioinfo;
```

Das Modul kann auch über die Website zu diesem Buch heruntergeladen werden.

Fehler in Ihrem Code beheben

Lassen Sie uns nun darüber reden, was zu tun ist, wenn Sie Probleme mit Ihrem Programm haben.

Ein Programm kann auf die unterschiedlichsten Arten falsch sein. Vielleicht läuft es gar nicht. Ein Blick auf die Fehlermeldungen, insbesondere die ersten ein oder zwei, führt üblicherweise zum Problem, das wahrscheinlich in der Syntax zu suchen ist. Die Lösung besteht darin, die richtige Syntax zu verwenden (z.B. die korrekte Klammerung oder das Beenden jeder Anweisung mit einem Semikolon).

Ihr Programm könnte laufen, muß sich aber nicht wie geplant verhalten. Dann haben Sie ein Problem in der Logik des Programms. Vielleicht haben Sie an irgendeinem Punkt zick gemacht, wenn Sie zack hätten machen sollen. Vielleicht haben Sie subtrahiert, wenn Sie hätten addieren sollen, oder den Zuweisungsoperator = verwendet, obwohl Sie eigentlich die Gleichheit zweier Zahlen mit == prüfen wollten. Vielleicht haben Sie für Ihr Problem aber keinen wirklich guten Ansatz gewählt, was aber erst deutlich wird, wenn man das Programm laufen läßt.

Allerdings ist das Problem nicht immer offensichtlich, und dann müssen Sie schweres Geschütz auffahren.

Glücklicherweise besitzt Perl verschiedene Möglichkeiten, Ihnen bei der Suche und der Korrektur von Fehlern in Ihren Programmen zu helfen. Die Verwendung der Anweisungen `use strict;` und `use warnings;` sollte Ihnen zur Gewohnheit werden, weil mit diesen sehr viele Fehler vermieden werden können. Der Perl-Debugger ermöglicht es Ihnen, Ihr Programm während der Ausführung detailliert zu untersuchen.

use warnings; und use strict;

Es ist im allgemeinen nicht schwer zu sagen, wo die Syntax eines Programms falsch ist, weil der Perl-Interpreter Fehlermeldungen erzeugt, die normalerweise direkt zum Problem führen. Es ist wesentlich schwerer zu sagen, wo Ihr Programm etwas macht, was Sie eigentlich nicht wollen. Viele dieser Probleme lassen sich abfangen, indem Sie Warnungen aktivieren und die strikte Verwendung von Deklarationen erzwingen.

Ihnen ist vielleicht aufgefallen, daß bisher alle Programme in diesem Buch mit der folgenden Zeile beginnen:

```
#!/usr/bin/perl -w
```

Das `-w` aktiviert den Warn-Modus von Perl, der potentielle Probleme in Ihrem Code sucht und entsprechende Warnungen ausgibt. Dieser Modus erkennt die gängigen Probleme wie etwa die wiederholte Deklaration von Variablen, Dinge also, die keine Syntaxfehler darstellen, aber trotzdem zu Problemen führen können.

Eine andere Möglichkeit, Warnungen zu aktivieren, besteht darin, die folgende Anweisung am Anfang Ihres Programms zu plazieren:

```
use warnings;
```

Die Anweisung `use warnings;` ist möglicherweise in Ihrer Perl-Version nicht vorhanden, wenn diese schon etwas älter ist. Wenn Ihre Perl-Version sich also beschwert, nehmen Sie die Anweisung heraus und verwenden statt dessen den Befehl `-w`, entweder in der Interpreterzeile oder auf der Kommandozeile:

```
$ perl -w mein_programm
```

Allerdings ist `use warnings;` zwischen den einzelnen Betriebssystemen wesentlich portabler. Daher werde ich ab jetzt auf diese Weise die Warnungen im Code aktivieren. Ein weiteres wichtiges Hilfsmittel, das Sie nutzen sollten, wird durch die folgende Anweisung aktiviert, die ebenfalls am Anfang Ihres Programms stehen muß (direkt nach `use warnings;`):

```
use strict;
```

Wie vorhin bereits erwähnt, erzwingt sie die Deklaration Ihrer Variablen. (Es gibt einige Optionen, aber diese liegen außerhalb des Rahmens dieses Buches.) Diese Anweisung erkennt falsch geschriebene Variablen, undeklarierte Variablen, die andere Teile Ihres Programms stören könnten, und so weiter.

> Bei der Entwicklung von Perl-Code verwenden Sie am besten immer sowohl `use strict;` als auch `use warnings;`.

Fehler beheben mit Kommentaren und print-Anweisungen

Manchmal können Sie fehlerhaften Code ermitteln, indem Sie einzelne Abschnitte des Programms gezielt auskommentieren, bis Sie den Abschnitt finden, der das Problem verursacht. Sie können fragwürdige Teile des Codes auch um `print`-Anweisungen erweitern, um zu sehen, was bestimmte Variablen an diesem Punkt machen.

Das Auskommentieren von Codefragmenten kann besonders nützlich sein, wenn die von Perl gelieferten Fehlermeldungen nicht direkt auf die richtige Zeile verweisen. Das kommt gelegentlich schon mal vor. Ist das der Fall, können Sie versuchen herauszufinden, ob der Fehler durch die Auskommentierung kleiner Codefragmente verschwindet, und wissen dann, wo der Fehler ungefähr liegt. Beide Techniken lassen sich zeitlich sehr gut integrieren und funktionieren bei nahezu jeder Programmiersprache sehr gut.

Das Einfügen von `print`-Anweisungen kann ebenfalls ein schneller Weg sein, ein Problem genau aufzuzeigen, besonders wenn Sie bereits eine Idee haben, wo das Problem liegt. Als Programmiereinsteiger werden Sie den Perl-Debugger aber wohl einfacher finden als die Verwendung von `print`-Anweisungen. Im Debugger können Sie auf einfache Weise `print`-Anweisungen für jede Zeile setzen. Zum Beispiel gibt der folgende Debugger-Befehl die Werte von `$i` und `$k` vor Zeile 48 aus:

```
a 48 print "$i $k\n"
```

Sobald Sie einmal wissen, wie sie funktioniert, ist diese Methode im allgemeinen schneller und einfacher als das Editieren des Perl-Programms und das Einfügen von `print`-Anweisungen. Die Verwendung dieser Methode ist zum Teil eine Frage des persönlichen Geschmacks, da einige wirklich gute Programmierer den althergebrachten Weg, das Einfügen von `print`-Anweisungen, bevorzugen.

Der Perl-Debugger

Mein bevorzugter Weg zur Handhabung von nicht offensichtlichen Fehlern in meinen Programmen ist die Verwendung des Perl-Debuggers. Das Problem bei Fehlern im Code besteht darin, daß man bei der Ausführung des Programms nur noch die Ausgabe sieht. Sie können nicht erkennen, welche einzelnen Schritte das Programm unternimmt. Der Perl-Debugger erlaubt die detaillierte Untersuchung Ihres Programms, Schritt für Schritt, und führt Sie fast immer sehr schnell zur Quelle des Problems. Sie werden auch sehen, daß er mit ein wenig Übung einfach zu verwenden ist.

Es gibt Situationen, die der Perl-Debugger nicht gut in den Griff bekommt: interagierende, von Timing-Faktoren abhängige Prozesse zum Beispiel. Der Debugger kann immer nur jeweils ein Programm untersuchen und hält das Programm während dieser Untersuchung auch an. Timing-Aspekte mit anderen Prozessen fallen also unter den Tisch.

In den meisten Fällen ist der Perl-Debugger ein gutes, elementares Programmierwerkzeug. Dieser Abschnitt führt seine wichtigsten Features ein.

Ein Programm mit Fehlern

Beispiel 6-4 enthält einige Fehler, die wir untersuchen können. Es soll eine Sequenz und zwei Basen nehmen und von der Position dieser Basen bis zum Ende der Sequenz alles ausgeben (wenn die Basen in der Sequenz gefunden werden können). Die beiden Basen können als Argument übergeben werden. Wird kein Argument übergeben, verwendet das Programm standardmäßig die Basen TA.

Es gibt eine neue Sache in Beispiel 6-4. Die `next`-Anweisung beeinflußt den Kontrollfluß in einer Schleife. Sie übergibt den Kontrollfluß direkt an die nächste Iteration der Schleife und überspringt dabei alles, was eventuell noch folgt. Denken Sie auch an `$_`, das wir in Beispiel 5-5 im Kontext einer `foreach`-Schleife erläutert haben.

Beispiel 6-4: Ein Programm mit ein oder zwei Fehlern

```
#!/usr/bin/perl
# Ein Programm mit ein oder zwei Fehlern
#
# Eine aus zwei Basen bestehende Subsequenz bildet ein optionales Argument,
#  an dem mit der Ausgabe begonnen werden soll.
#
# Von dieser Subsequenz aus alles bis zum Ende der DNA ausgeben
# (ab TA, wenn keine Subsequenz als Argument übergeben wurde).

# Deklaration und Initialisierung von Variablen
my $dna = 'CGACGTCTTCTAAGGCGA';
my @dna;
my $receivingcommittment;
my $previousbase = ';

my$subsequence = ';

if (@ARGV) {
    my$subsequence = $ARGV[0];
}else{
    $subsequence = 'TA';
}
```

Beispiel 6-4: Ein Programm mit ein oder zwei Fehlern (Fortsetzung)

```
my $base1 = substr($subsequence, 0, 1);
my $base2 = substr($subsequence, 1, 1);

# DNA zerlegen
@dna = split ( ', $dna );

######### Pseudocode der folgenden Schleife:
#
# Haben wir eine Bestätigung erhalten, Base ausgeben und weitermachen. Andernfalls:
#
# War die vorherige Base $base1 und ist diese Base $base2, dann ausgeben.
#   Wir haben nun die Bestätigung erhalten, daß wir den Rest des Strings ausgeben können.
#
# Bei jedem Schleifendurchgang sichern wir die vorangegangene Base.

foreach (@dna) {
    if ($receivingcommittment) {
        print;
        next;
    } elsif ($previousbase eq $base1) {
        if ( /$base2/ ) {
            print $base1, $base2;
            $recievingcommitment = 1;
        }
    }
    $previousbase = $_;
}

print "\n";

exit;
```

Hier die Ausgabe zweier Probeläufe von Beispiel 6-1:

```
$ perl example 6-4 AA

$ perl example 6-4
TA
```

Huch? Es hätte `AAGGCGA` für das Argument `AA` ausgegeben werden müssen und `TAAGGCGA` beim Aufruf ohne Argumente. Es muß also einen Fehler in diesem Programm geben. Einen offensichtlichen Fehler kann man aber auf den ersten Blick nicht erkennen. Es wird Zeit, den Debugger anzuwerfen. Nun folgt eine echte Debugging-Session für Beispiel 6-4, die mit Kommentaren versehen wurde, um zu erläutern, was passiert und warum es passiert.

Wie startet und beendet man den Debugger?

Der Debugger wird interaktiv ausgeführt, und Sie kontrollieren ihn über die Tastatur.[6] Die am weitesten verbreitete Methode zum Start des Debuggers besteht darin, Perl mit dem Switch *-d* über die Kommandozeile zu starten. Wir verwenden das fehlerhafte Beispiel 6-4 zur Demonstration des Debuggers und würden das Programm wie folgt starten:

```
perl -d example6-4
```

Alternativ hätten wir das Flag *-d* in der Interpreterzeile hinzufügen können:

```
#!/usr/bin/perl -d
```

Bei Systemen wie Unix und Linux, wo die Befehlsinterpretation funktioniert, startet dies den Debugger automatisch.

Um den Debugger zu beenden, geben Sie einfach `q` ein.

Debugger-Befehlsübersicht

Lassen Sie uns zuerst versuchen, den Fehler in Beispiel 6-4 beim Aufruf ohne Argumente zu ermitteln:

```
$ perl -d example6-4
Default die handler restored.

Loading DB routines from perl5db.pl version 1.07
Editor support available.

Enter h or 'h h' for help, or 'man perldebug' for more help.

main::(example6-4:11):      my $dna = 'CGACGTCTTCTAAGGCGA';
  DB<1>
```

Lassen Sie uns gleich hier anhalten und einige Dinge betrachten. Nach irgendwelchen Meldungen, die für uns im Moment nicht viel aussagen, erhalten Sie die Information, daß die Befehle `h` und `h h` weitere Hilfen bieten. Probieren wir `h h` aus:

```
  DB<1> h h
List/search source lines:                Control script execution:
  l [ln|sub]  List source code             T            Stack trace
  - or .      List previous/current line   s [expr]     Single step [in expr]
  w [line]    List around line             n [expr]     Next, steps over subs
  f filename  View source in file          <CR/Enter>   Repeat last n or s
  /pattern/ ?patt?   Search forw/backw     r            Return from subroutine
  v          Show versions of modules      c [ln|sub]   Continue until position
Debugger controls:                         L            List break/watch/actions
```

6 Sie können ihn auch automatisch laufen lassen, um einen Trace des Programms in einer Datei festzuhalten.

```
  O [...]       Set debugger options        t [expr]    Toggle trace [trace expr]
  <[<]|{[{]|>[>] [cmd] Do pre/post-prompt b [ln|event|sub] [cnd] Set breakpoint
  ! [N|pat]     Redo a previous command     d [ln] or D Delete a/all breakpoints
  H [-num]      Display last num commands   a [ln] cmd  Do cmd before line
  = [a val]     Define/list an alias        W expr      Add a watch expression
  h [db_cmd]    Get help on command         A or W      Delete all actions/watch
  |[|]db_cmd    Send output to pager        ![!] syscmd Run cmd in a subprocess
  q or ^D       Quit                        R           Attempt a restart
Data Examination:       expr     Execute perl code, also see: s,n,t expr
  x|m expr        Evals expr in list context, dumps the result or lists methods.
  p expr          Print expression (uses script's current package).
  S [[!]pat]      List subroutine names [not] matching pattern
  V [Pk [Vars]] List Variables in Package.  Vars can be ~pattern or !pattern.
  X [Vars]        Same as "V current_package [Vars]".
For more help, type h cmd_letter, or run man perldebug for all docs.
  DB<2>
```

Es ist ein wenig schwer zu lesen, aber Sie sehen eine umfassende (englischsprachige) Zusammenfassung der Debugger-Befehle. Sie können auch den Befehl h verwenden, der Ihnen mehrere Seiten mit Informationen liefert. Der Befehl | h gibt diese Seiten eine nach der anderen aus. Das |-Zeichen (»Pipe«) zu Beginn eines Debugger-Befehls leitet die Ausgabe durch einen »Pager«. Dieser gibt jeweils eine Seite auf dem Bildschirm aus und macht mit der nächsten weiter, wenn Sie auf der Tastatur die Leertaste drücken. Probieren Sie es aus. Wir wollen uns hier allerdings auf einige der wichtigsten Befehle beschränken. Die Eingabe von h *befehl* liefert Ihnen Hilfe zum jeweiligen Befehl.

Anweisungen im Debugger schrittweise durchgehen

Zurück zum unmittelbaren Problem. Als Sie den Debugger gestartet haben, hat dieser an der ersten Zeile echten Perl-Codes angehalten:

```
main::(example6-4:11):     my $dna = 'CGACGTCTTCTAAGGCGA';
```

Es gibt einen wichtigen Punkt beim Debugger, den Sie direkt verstehen müssen. Er zeigt die Zeile an, die er ausführen möchte, nicht die gerade ausgeführte Zeile.

In Wirklichkeit hat Beispiel 6-4 bisher also noch nichts getan. Aus der Befehlsübersicht können Sie ersehen, daß p den Debugger anweist, Werte auszugeben. Wenn Sie also nach dem Wert von $dna fragen, sehen Sie folgendes:

```
  DB<2> p $dna

  DB<3>
```

Der Debugger sieht nichts, weil es nichts zu sehen gibt. Bisher hat er noch nicht einmal die Variable $dna gesehen. Sie sollten die Anweisung also ausführen. Sie können zwei Befehle verwenden: n oder s führen beide die ausgegebene Anweisung aus. (Der Unterschied besteht darin, daß n oder »next« nicht in eine Subroutine verzweigt, sondern sie als einzelne Anweisung betrachtet. s oder »single step« (Einzelschritt) verzweigt hingegen in die Subroutine und geht auch diesen Code Schritt für Schritt durch.) Nachdem Sie einmal einen dieser Befehle eingegeben haben, können Sie einfach die Enter-Taste drücken, um den gleichen Befehl zu wiederholen.

Weil es keine Subroutinen gibt, müssen Sie sich um den Unterschied zwischen n und s keine Gedanken machen. Lassen Sie uns also mit n arbeiten:

```
  DB<3> n
main::(example6-4:12):     my @dna;
  DB<3>
```

Nun erscheint die nächste Zeile (Sie sehen die Zeilennummern des Perl-Programms am Ende des Prompts). Wenn Sie weitere Zeilen sehen wollen, hilft der Befehl w oder »window« weiter:

```
  DB<3> w
9
10 # Deklaration und Initialisierung von Variablen
11:my $dna = 'CGACGTCTTCTAAGGCGA';
12==>my @dna;
13:my $receivingcommittment;
14:my $previousbase = ';
15
16:my $subsequence = ';
17
18:if (@ARGV) {
  DB<3>
```

Die aktuelle Zeile (die als nächstes auszuführende Zeile) ist mit einem Pfeil (==>) markiert.

Das w scheint eine nützliche Sache zu sein. Lassen Sie uns dazu zusätzliche Informationen mit dem Hilfebefehl h w ausgeben:

```
  DB<3> h w
w [line]        List window around line.
  DB<4>
```

Der Befehl gibt also einen Ausschnitt – ein Fenster – um die Zeile herum aus. Tatsächlich ist da noch etwas mehr: Die wiederholte Eingabe von w zeigt einen größeren Ausschnitt des Programms. Ein Minuszeichen bringt Sie eine Seite zurück, doch genug davon.

Nachdem nun $dna deklariert und initialisiert wurde, sehen wir uns an, ob das Programm – wie wir es erwarten – in der ersten Anweisung fehlerhaft ist:

```
  DB<4> p $dna
CGACGTCTTCTAAGGCGA
  DB<5>
```

Das entspricht genau unseren Erwartungen. Es gibt keinen Fehler, weshalb wir mit der Untersuchung weiterer Zeilen fortfahren und hier und da Werte ausgeben:

```
  DB<5> n
main::(example6-4:13):my $receivingcommittment;
  DB<5> n
main::(example6-4:14):my $previousbase = ';
  DB<5> n
main::(example6-4:16):my $subsequence = ';
  DB<5> n
main::(example6-4:18):if (@ARGV) {
  DB<5> p @ARGV

  DB<6> w
15
16:my $subsequence = ';
17
18==>if (@ARGV) {
19:     my $subsequence = $ARGV[0];
20 }else{
21:     $subsequence = 'TA';
22 }
23
24:my $base1 = substr($subsequence, 0, 1);
  DB<6> n
main::(example6-4:21):     $subsequence = 'TA';
  DB<6> n
main::(example6-4:24):my $base1 = substr($subsequence, 0, 1);
  DB<6> p $subsequence
TA
  DB<7> n
main::(example6-4:25):my $base2 = substr($subsequence, 1, 1);
  DB<7> n
main::(example6-4:28):@dna = split ( ', $dna );
  DB<7> p $base1
T
  DB<8> p $base2
A
  DB<9>
```

Bisher funktioniert alles wie erwartet. Die Standard-Subsequenz `TA` wird verwendet, und die Variablen `$base1` und `$base2` sind auf `T` und `A` gesetzt, d.h., sie enthalten die erste bzw. zweite Base der Subsequenz. Also weiter:

```
  DB<9> n
main::(example6-4:39):     foreach (@dna) {
  DB<9> p @dna
CGACGTCTTCTAAGGCGA
  DB<10> p "@dna"
C G A C G T C T T C T A A G G C G A
  DB<11>
```

Dies zeigt einen Perl-Trick bei der Ausgabe von Arrays: Normalerweise werden die Elemente ohne Zwischenräume ausgegeben, steht ein Array in einer `print`-Anweisung in doppelten Anführungszeichen, werden Leerzeichen zwischen den einzelnen Elementen ausgegeben.

Wieder scheint alles in Ordnung zu sein, und wir stehen vor dem Eintritt in eine Schleife. Lassen Sie uns zuerst die gesamte Schleife betrachten:

```
  DB<11> w
36 #
37 # Bei jedem Schleifendurchgang sichern wir die vorangegangene Base.
38
39==>foreach (@dna) {
40:     if ($receivingcommittment) {
41:         print;
42:         next;
43      } elsif ($previousbase eq $base1) {
44:         if ( /$base2/ ) {
45:             print $base1, $base2;
  DB<11> w
43      } elsif ($previousbase eq $base1) {
44:         if ( /$base2/ ) {
45:             print $base1, $base2;
46:             $recievingcommitment = 1;
47          }
48      }
49:     $previousbase = $_;
50 }
51
52:print "\n";
  DB<11>
```

Abgesehen von einigen wiederholt vorkommenden Zeilen, die sich aus dem `w`-Befehl ergeben, können Sie die gesamte Schleife erkennen. Nun wissen Sie aber, daß innerhalb dieser Schleife etwas schiefläuft. Als Sie das Programm, wie wir es jetzt auch prüfen, ohne Argument ausführten, wurde das Standardargument `TA` verwendet, und bis dahin scheint auch alles in Ordnung zu sein. Bei der Programmausführung wurde dann aber nur `TA` ausgegeben, während eigentlich ab dem ersten Vorkommen von `TA` alles bis zum Ende ausgegeben werden sollte. Was läuft falsch?

Breakpunkte setzen

Um herauszufinden, was falsch läuft, können Sie in Ihrem Code einen Breakpunkt (breakpoint) setzen. Ein *Breakpunkt* ist eine Stelle in Ihrem Programm, an der der Debugger anhalten soll, damit Sie sich umsehen können. Der Perl-Debugger ermöglicht das Setzen von Breakpunkten auf unterschiedliche Arten. Auf diese Weise können Sie ein Programm ausführen, und es wird erst angehalten, wenn dieser Breakpunkt erreicht wird. So müssen Sie nicht jede Zeile Ihres Codes durchgehen. (Bei 5.000 Codezeilen und einem Fehler, der erst auftritt, wenn eine Zeile nach 12.000 Eingabezeilen erstmals verwendet wird, werden Sie dieses Feature zu schätzen wissen.)

Beachten Sie, daß der Teil der Schleife, der den Rest des Strings ausgibt, sobald die beiden Startbasen gefunden wurden, im `if`-Block ab Zeile 40 zu finden ist:

```
if ($receivingcommittment) {
    print;
    next;
}
```

Sehen wir uns diese `$receivingcommittment`-Variable an.

Hier ist ein möglicher Weg. Lassen Sie uns einen Breakpunkt an Zeile 40 setzen. Geben Sie `b 40` und dann `c` (continue) ein, um fortzufahren, und das Programm läuft, bis Zeile 40 erreicht wird:

```
  DB<11> b 40
  DB<12> c
main::(example6-4:40):    if ($receivingcommittment) {
  DB<12> p
C
  DB<12>
```

Der letzte Befehl, `p`, gibt das Element des `@dna`-Arrays aus, das Sie in der `foreach`-Schleife erreicht haben. Weil Sie für die Schleife keine Variable angegeben haben, wird die Standardvariable `$_` verwendet. Viele Perl-Befehle wie `print` oder das Pattern Matching greifen auf die Standardvariable `$_` zurück, wenn keine andere Variable angegeben wurde. (Es handelt sich dabei um einen Verwandten des Standardarrays `@_`, das Subroutinen zur Aufnahme ihrer Parameter nutzen.) Der Debugger-Befehl `p` zeigt also an, daß Sie im `@dna`-Array mit C, dem ersten Zeichen, arbeiten.

Alles schön und gut. Aber es wäre schön, wenn das Programm anhalten würde, sobald die Variable `$receivingcommittment` ihren Wert ändert, und an dieser Stelle im Einzelschritt-Modus weitermacht, damit wir uns ansehen können, warum das Programm den Rest des Strings nicht ausgibt. Denken Sie daran, daß diese Variable ein Flag darstellt, dessen Änderung das Programm anweist, den Rest des Strings auszugeben. Zuerst wollen wir alle anderen Breakpunkte löschen:

```
  DB<12> D
Deleting all breakpoints...
```

Sie können die Variable mit dem Befehl `W` »beobachten« (watch):

```
  DB<12> W $receivingcommittment
  DB<13> c
TA
Debugged program terminated.  Use q to quit or R to restart,
  use O inhibit_exit to avoid stopping after program termination,
  h q, h R or h O to get additional info.
  DB<13>
```

Moment mal! Der W-Befehl sollte doch angeben, wenn $receivingcommittment den Wert ändert. Wenn wir das Programm aber mit dem Befehl c fortsetzen und bis ans Ende kommen, bedeutet das, daß $receivingcommittment ihren Wert nie geändert hat. Lassen Sie uns das Programm also noch einmal ausführen und den Breakpunkt in die Zeile legen, die diesen Wert ändert:

```
  DB<13> R
Warning: some settings and command-line options may be lost!
Default die handler restored.

Loading DB routines from perl5db.pl version 1.07
Editor support available.

Enter h or 'h h' for help, or 'man perldebug' for more help.

main::(example6-4:11):my $dna = 'CGACGTCTTCTAAGGCGA';
  DB<13> w 45
42:         next;
43      } elsif ($previousbase eq $base1) {
44:         if ( /$base2/ ) {
45:             print $base1, $base2;
46:             $recievingcommitment = 1;
47          }
48      }
49:     $previousbase = $_;
50 }
51
  DB<14> b 46
  DB<15> c
TAmain::(example6-4:46):            $recievingcommitment = 1;
  DB<15> n
main::(example6-4:49):     $previousbase = $_;
  DB<15> p $receivingcommittment

  DB<16>
```

Wie? Der Code sagt, er weist der Variablen den Wert 1 zu, aber nachdem Sie den Code mit n ausführen und versuchen, den Wert auszugeben, erscheint nichts.

Wenn Sie sich die entsprechende Zeile genauer ansehen, erkennen Sie, daß in Zeile 66 $receivingcommittment versehentlich als $recievingcommitment geschrieben wurde. Das erklärt alles. Korrigieren Sie das, und führen Sie das Programm erneut aus:

```
$ perl example6-4
TAAGGCGA
```

Das war's!

Einen weiteren Fehler beheben

Korrigiert das nun den anderen Fehler, der auftritt, wenn wir Beispiel 6-4 mit einem Argument ausführen?

```
$ perl example6-4 AA
GACGTCTTCTAAGGCGA
```

Hä? Sie erwarteten AAGGCGA. Gibt es einen weiteren Fehler im Programm? Versuchen wir es erneut mit dem Debugger:

```
$ perl -d example6-4 AA
Default die handler restored.

Loading DB routines from perl5db.pl version 1.07
Editor support available.

Enter h or 'h h' for help, or 'man perldebug' for more help.

main::(example6-4:11):my $dna = 'CGACGTCTTCTAAGGCGA';
  DB<1> n
main::(example6-4:12):my @dna;
  DB<1> n
main::(example6-4:13):my $receivingcommittment;
  DB<1> n
main::(example6-4:14):my $previousbase = ';
  DB<1> n
main::(example6-4:16):my $subsequence = ';
  DB<1> n
main::(example6-4:18):if (@ARGV) {
  DB<1> n
main::(example6-4:19):    my $subsequence = $ARGV[0];
  DB<1> n
main::(example6-4:24):my $base1 = substr($subsequence, 0, 1);
  DB<1> n
main::(example6-4:25):my $base2 = substr($subsequence, 1, 1);
  DB<1> n
main::(example6-4:28):@dna = split ( ', $dna );
  DB<1> p $subsequence

  DB<2> p $base1

  DB<3> p $base2

  DB<4>
```

Okay, aus irgendeinem Grund wird $subsequence, und daher die Variablen $base1 und $base2, nicht richtig gesetzt. Wie kommt's?

Sehen Sie sich Zeile 19 an, wo Sie eine neue my-Variable für den Block der if-Anweisung mit dem gleichen Namen, $subsequence, angelegt haben. Diese Variable wird gesetzt, verschwindet aber wieder, sobald die if-Anweisung abgearbeitet wurde. Da es sich um eine my-Variable handelt, erstreckt sich ihr Geltungsbereich nur auf den Block der if-Anweisung.

Sie können dieses Problem also beheben, indem Sie die my-Deklaration in Zeile 19 entfernen und statt dessen die Zuweisung `$subsequence = $ARGV[0];` verwenden. Wenn Sie das Programm nun ausführen

```
$ perl example6-4
TAAGGCGA
$ perl example6-4 AA
AAGGCGA
```

sind Sie schließlich am Ziel.

use warnings; und use strict;

Beispiel 6-4 ist etwas konstruiert. Die Probleme wären gemeldet worden, wenn mit Warnungen gearbeitet worden wäre. Lassen Sie uns also ein echtes Beispiel für die Vorteile von `use strict;` und `use warnings;` betrachten.

Wenn Sie ins ursprüngliche Beispiel 6-4 zurückkehren und die Direktive `use warnings;` einfügen, erhalten Sie die folgende Ausgabe:

```
$ perl example6-4
Name "main::recievingcommitment" used only once: possible typo at example6-4 line 47.
TA
```

Wie Sie sehen, hat der Warnungsmodus den ersten Fehler sofort erkannt. Es wurde bemerkt, daß eine Variable nur einmal verwendet wurde, üblicherweise ein Zeichen für eine falsch geschriebene Variable. (Ich schreibe »receiving« oder »commitment« nie richtig.) Korrigieren Sie also den Schreibfehler in Zeile 66, und führen Sie das Programm erneut aus:

```
$ perl example6-4
TAAGGCGA
$ perl example6-4 AA
substr outside of string at example6-4 line 26.
Use of uninitialized value in regexp compilation at example6-4 line 45.
Use of uninitialized value in print at example6-4 line 46.
GACGTCTTCTAAGGCGA
```

Der erste Fehler ist also behoben. Der zweite Fehler ist noch da und liefert uns einige vielleicht etwas schwer zu verstehende Fehlermeldungen. Doch konzentrieren wir uns auf die erste Fehlermeldung, und sehen wir uns an, worüber man sich da in Zeile 26 beschwert:

```
my $base2 = substr($subsequence, 1, 1);
```

Irgend etwas mit `$subsequence` ist also falsch. Häufig liegen die Zeilennummern in Fehlermeldungen um eins daneben, d.h., der Fehler kann durchaus in der vorherigen Zeile liegen, wo `$subsequence` erstmals von `substr` verarbeitet wird. Das ist hier aber nicht der Fall.

Trotzdem deuten die Warnungen direkt auf das Problem hin. In diesem Fall müssen Sie allerdings etwas Initiative ergreifen. Schauen Sie weiter zurück auf die `$subsequence`-Variable, und vielleicht bemerken Sie die zusätzliche `my`-Deklaration innerhalb des `if`-Blocks in Zeile 20, die verhindert, daß die Variable korrekt initialisiert wird. Nun ist es nicht notwendigerweise immer ein Fehler, eine Variable zu deklarieren, die nur innerhalb eines Blocks gilt und damit eine Variable gleichen Namens überschreibt, die außerhalb dieses Blocks liegt. Tatsächlich ist das absolut legal, weshalb die Entwickler dieser Warnungen das auch nicht als offensichtlichen Fehler kennzeichnen. In unserem Fall hat es aber zu einem echten Problem geführt!

Ein letzter Punkt: Wenn Sie sich das ursprüngliche, fehlerhafte Programm ansehen, werden Sie erkennen, daß kein `use strict;` vorkommt. Wenn Sie es hinzufügen und das Programm ohne Argumente noch einmal ausführen, erhalten Sie die folgende Meldung:

```
$ perl example6-4
Global symbol "$recievingcommitment" requires explicit package name at example6-4 line
47.
Execution of example6-4 aborted due to compilation errors.
```

Die Korrektur der falsch geschriebenen Variable und die Ausführung des Programms mit einem Argument führt zu:

```
$ perl example6-4 AA
GACGTCTTCTAAGGCGA
```

Sie sehen, daß `use strict;` bei dem anderen Fehler nicht helfen konnte. Denken Sie also daran: Es ist am besten, sowohl `use strict;` als auch `use warnings;` zu verwenden.

Übungen

Übung 6.1
Schreiben Sie eine Subroutine zur Verkettung zweier DNA-Strings.

Übung 6.2
Schreiben Sie eine Subroutine, die den prozentualen Anteil jedes Nukleotids in einer DNA berechnet. Sie kennen bereits den Plus-Operator `+`. Sie werden auch den Divisions-Operator `/` und den Multiplikations-Operator `*` verwenden müssen. Zählen Sie die Anzahl der jeweiligen Nukleotide, dividieren Sie das Ergebnis durch die Gesamtlänge der DNA, und multiplizieren Sie dann dieses Ergebnis mit 100, um den prozentualen Anteil zu bestimmen. Ihre Argumente sollten die DNA und die zu berücksichtigenden Nukleotide sein. Die `int`-Funktion kann verwendet werden, um Nachkommastellen bei Bedarf abzuschneiden.

Übung 6.3

Schreiben Sie eine Subroutine, die dem Benutzer eine Meldung ausgibt und dann eine Antwort einliest. Das Argument für die Subroutine sollte die Meldung sein, und der Rückgabewert sollte aus der (einzeiligen) Antwort bestehen.

Übung 6.4

Schreiben Sie eine Subroutine, die nach Kommandozeilenargumenten wie `-help`, `-h` und `--help` sucht. Denken Sie daran, daß Kommandozeilenargumente im Array `@ARGV` stehen. Rufen Sie Ihre Subroutine aus dem Hauptprogramm auf. Übergeben Sie dem Programm eines der genannten Kommandozeilenargumente, sollte die Subroutine einen Wahr-Wert zurückgeben. Ist das der Fall, lassen Sie das Programm einen Hilfetext aus einer `$USAGE`-Variable ausgeben und sich beenden.

Übung 6.5

Schreiben Sie eine Subroutine, die überprüft, ob eine Datei existiert, eine reguläre Datei ist und eine Größe ungleich null besitzt. Verwenden Sie die Dateitest-Operatoren (siehe Anhang B).

Übung 6.6

Nutzen Sie Übung 6.3 in einer Subroutine, die vom Benutzer immer wieder eine gültige Datei anfordert. Beschränken Sie die Wiederholung dieser Abfrage aber auf maximal fünf Versuche.

Übung 6.7

Schreiben Sie ein Modul, das Subroutinen mit verschiedenen statistischen Auswertungen für DNA-Sequenzen enthält, wie etwa Länge, GC-Gehalt, Vorhandensein oder Fehlen von Poly(T)-Bereichen (lange Abschnitte am (linken) 5'-Ende vieler `$DNA`-Sequenzen hauptsächlich aus Ts) oder andere interessante Werte.

Übung 6.8

Schreiben Sie eine Subroutine, die etwas macht, was ein Biologe normalerweise macht. (Hier haben Sie die Möglichkeit, sich im Labor umzusehen und ein nützliches Programm zu schreiben!)

Übung 6.9

Lesen Sie die Dokumentation zum Debugger, und machen Sie sich mit ihm vertraut, indem Sie ihn bei der Programmierung anwenden.

Übung 6.10

Schreiben Sie eine Subroutine, die ein aus den Zeilen einer Datei bestehendes Array verändert. Übergeben Sie der Subroutine eine Referenz auf das Array, einen regulären Ausdruck und einen String, der den regulären Ausdruck ersetzt. Alle Zeilen des Arrays sollen verändert werden, indem die durch den regulären Ausdruck erkannten Treffer durch den Ersetzungstext ersetzt werden.

KAPITEL 7

Mutationen und Zufall

Wie jeder Biologe weiß, ist die Mutation ein fundamentales Thema der Biologie. Mutationen der DNA treten in den Zellen die ganze Zeit über auf. Die meisten haben keine Auswirkungen auf die Proteine und sind gutartig. Einige wirken sich hingegen auf die Proteine aus und können Krankheiten wie etwa Krebs verursachen. Mutationen können auch zu nicht-lebensfähigen Nachkommen führen, die während ihrer Entwicklung sterben, manchmal können Mutationen zu einer evolutionären Veränderung führen. Viele Zellen besitzen sehr komplexe Mechanismen zur Reparatur von Mutationen.

Mutationen können in der DNA durch Strahlung, chemische Agenten, Replikationsfehler oder andere Ursachen ausgelöst werden. Wir modellieren Mutationen als zufällige Ereignisse und nutzen dabei den Zufallszahlengenerator von Perl.

Zufallszahlen sind eine Computertechnik, die regelmäßig in ganz alltäglichen Programmen auftaucht, hauptsächlich in der Kryptographie, etwa zur Generierung schwer zu erratender Paßwörter. Sie bilden aber auch einen wichtigen Algorithmenzweig: Viele der schnellsten Algorithmen verwenden auf Zufallszahlen basierende Techniken.

Mit Zufallszahlen ist es möglich, die Mechanismen der Mutation in der DNA und deren Auswirkungen auf die biologische Aktivität der zugehörigen Proteine zu simulieren und zu untersuchen. Die Simulation ist ein mächtiges Werkzeug für das Studium von Systemen und zur Vorhersage dessen, was sie machen werden. Zufallszahlen erlauben eine bessere Simulation des »geordneten Chaos« eines biologischen Systems. Die Fähigkeit zur Simulation von Mutationen mit Computerprogrammen kann beim Studium der Evolution, von Krankheiten und grundlegender zellulärer Prozesse (etwa Division und DNA-Reparaturmechanismen) helfen. Computermodelle für Zellentwicklung und -funktion, nun gerade im Anfangsstadium, werden in einigen Jahren wesentlich genauer und nützlicher sein. Die Mutation ist dabei der grundlegende biologische Mechanismus, den diese Modelle enthalten werden.

Vom Standpunkt der Programmiertechniken, aber auch vom Standpunkt der Modellierung von Evolution, Mutation und Krankheit sind Zufallszahlen eine mächtige – und für uns glücklicherweise einfach zu nutzende – Technik.

Hier eine Übersicht dessen, was wir in diesem Kapitel erreichen wollen:

- Zufällige Wahl eines Index in einem Array und einer Position in einem String. Das sind die grundlegenden Werkzeuge zur Auswahl zufälliger Positionen in DNA (oder anderen Daten).
- Modellierung der Mutation über Zufallszahlen. Sie lernen, wie man ein Nukleotid in einer DNA zufällig wählt und zu einem anderen (zufälligen) Nukleotid mutiert.
- Verwendung von Zufallszahlen zur Generierung von Datensätzen mit DNA-Sequenzen. Diese können verwendet werden, um den Zufallsgrad der Information in realen Genomen zu untersuchen.
- Wiederholte Mutation von DNA. Auf diese Weise kann der Effekt der sich im Verlauf der Evolution ansammelnden Mutationen studiert werden.

Zufallszahlengeneratoren

Ein *Zufallszahlengenerator* (random number generator) ist eine Subroutine, die Sie aufrufen können. In den meisten Fällen müssen Sie sich nicht darum kümmern, was im Inneren dieser Subroutine passiert. Die Werte der Zufallszahlen, die Sie von einem Computer erhalten, unterscheiden sich etwas von den Werten, die bei realen zufälligen Ereignissen gemessen werden, etwa bei nuklearen Zerfallsprozessen. Bei einigen Computern sind tatsächlich solche Geräte wie Geigerzähler angeschlossen, um eine Quelle für wirklich zufällige Ereignisse zu besitzen. Ich möchte allerdings wetten, daß das bei Ihrem Computer nicht der Fall ist. Was Sie anstelle eines Geigerzählers besitzen, ist ein als Zufallszahlengenerator bezeichneter Algorithmus.

Die von einem Zufallszahlengenerator gelieferten Zahlen sind nicht wirklich zufällig. Sie werden daher auch als *Pseudo-Zufallszahlen* bezeichnet. Ein auf einem Algorithmus basierender Zufallszahlengenerator ist vorhersagbar. Ein Zufallszahlengenerator benötigt eine als *Seed* (»Samen«) bzw. *Startwert* bezeichnete Eingabe, die Sie verändern können, um eine andere Folge von (Pseudo-)Zufallszahlen zu erhalten.

Der Zufallszahlengenerator liefert die Werte in einer gleichmäßigen Verteilung zurück. Das ist eine der wichtigsten Charakteristiken der Zufälligkeit und rechtfertigt größtenteils die Verwendung dieser Algorithmen, wenn ein gewisses Maß an zufälligem Verhalten gewünscht wird.

Der andere wesentliche Aspekt bei Zufallszahlengeneratoren besteht darin, daß der Startwert selbst zufällig gewählt sein sollte. Wenn Sie immer mit dem gleichen Wert beginnen, erhalten Sie auch immer die gleiche Folge von »Zufallszahlen« (was nicht besonders zufällig ist). Versuchen Sie, einen Startwert zu wählen, der eine gewisse Zufälligkeit aufweist, wie zum Beispiel eine Zahl, die auf einem sich mit der Zeit ändernden Ereignis im Computer basiert.[1]

In den folgenden Beispiel verwende ich eine einfache Methode zur Wahl des Startwertes, die für die meisten Zwecke ausreichend ist. Wenn Sie Zufallszahlen zur Verschlüsselung von datenschutzrechtlich relevanten Daten nutzen (etwa Patientendaten), sollten Sie in der Perl-Dokumentation die verschiedenen fortgeschritteneren Optionen nachlesen, die Perl für die Generierung von Zufallszahlen bereithält. In diesem Buch verwende ich eine Perl-Methode, die für die meisten Zwecke ausreichen sollte.

Ein mit Zufallszahlen arbeitendes Programm

Beispiel 7-1 führt Zufallszahlen im Kontext eines einfachen Programms ein. Es kombiniert zufällig verschiedene Satzteile, um eine Geschichte zu konstruieren. Dies ist kein Bioinformatik-Programm, aber ich habe die Erfahrung gemacht, daß es die Grundlagen von Zufallszahlen sehr anschaulich vermittelt. Sie werden lernen, wie man zufällig Arrayelemente auswählt, und diese Technik werden Sie in zukünftigen Beispielen anwenden, um DNA zu mutieren.

Das Beispiel deklariert einige Arrays mit Teilen von Sätzen und setzt diese dann zufällig zu vollständigen Sätzen zusammen. Es ist eigentlich trivial, verdeutlicht aber verschiedene Programmieraspekte.

Beispiel 7-1: Ein kleines Spiel mit Zufallszahlen

```
#!/usr/bin/perl
# Ein einfaches, primitive künstliche Intelligenz demonstrierendes "Spiel",
# das einen Zufallszahlengenerator zur zufälligen Wahl von Satzteilen verwendet.

use strict;
use warnings;

# Deklaration der Variablen
my $zähler;
my $eingabe;
```

1 Selbst dann sind Sie bei kritischen Anwendungen noch nicht auf der sicheren Seite. Wenn Sie die Startwerte nicht sorgfältig wählen, können Hacker herauskriegen, wie Sie diese Werte wählen, und selbst dieses Schema nutzen, um Ihre Zufallszahlen zu knacken und damit auch Ihre Paßwörter. Die in diesem Kapitel verwendete Methode zur Generierung von Startwerten kann von guten Hackern geknackt werden. Eine bessere Wahl ist `time() ^ ($$+<<15))`. Wenn die Sicherheit eines Programms von Bedeutung ist, sollten Sie sich die Perl-Dokumentation sowie die CPAN-Module *Math::Random* und *Math::TrulyRandom* ansehen.

Beispiel 7-1: Ein kleines Spiel mit Zufallszahlen (Fortsetzung)

```
my $zahl;
my $satz;
my $geschichte;

# Hier die Arrays mit den Satzteilen:
my @substantive = (
'Vater',
'TV',
'Mutter',
'Groucho',
'Rebecca',
'Harpo',
'Robin Hood',
'Paul',
);

my @verben = (
'lief zu',
'kicherte mit',
'kippte Ketchup in den Orangensaft von',
'explodierte',
'verschwand',
'sang alberne Lieder mit',
'hüpfte mit',
);

my @präpositionen = (
'am Geschäft',
'über den Regenbogen',
'nur so zum Spaß',
'am Strand',
'vor dem Abendessen',
'in New York City',
'im Traum',
'um die Welt',
);

# Zufallszahlengenerator initialisieren.
# time|$$ kombiniert die aktuelle Zeit mit der aktuellen Prozeß-ID
# in dem etwas schwachen Bemühen, einen zufälligen Startwert zu erzeugen.
srand(time|$$);

# Diese do-until-Schleife erzeugt aus 6 Sätzen bestehende "Geschichten",
#  bis der Benutzer "quit" eingibt.
do {
    # $geschichte bei jedem Durchlauf auf den Leerstring (zurück)setzen
    $geschichte = ';
```

Beispiel 7-1: Ein kleines Spiel mit Zufallszahlen (Fortsetzung)

```
    # 6 Sätze für jede Geschichte
    for ($zähler = 0; $zähler < 6; $zähler++) {

        #  Hinweise zu den folgenden Anweisungen:
        #  1) scalar @array gibt die Anzahl der Elemente im Array zurück.
        #  2) rand gibt eine Zufallszahl größer 0, aber
        #     kleiner als scalar(@array) zurück.
        #  3) int entfernt die Nachkommastellen einer Zahl.
        #  4) . verkettet zwei Strings.
        $satz   = $substantive[int(rand(scalar @substantive))]
                . " "
                . $verben[int(rand(scalar @verben))]
                . " "
                . $substantive[int(rand(scalar @substantive))]
                . " "
                . $präpositionen[int(rand(scalar @präpositionen))]
                . '. ';

        $geschichte .= $satz;
    }

    # Geschichte ausgeben
    print "\n",$geschichte,"\n";

    # Benutzereingabe einlesen
    print "\nBeenden mit \"quit\", weiter mit Enter: ";

    $input = <STDIN>;

    # Schleife auf Anforderung des Benutzers beenden
} until($input =~ /^\s*q/i);

exit;
```

Hier eine typische Ausgabe von Beispiel 7-1:

```
Paul hüpfte mit Rebecca in New York City. Rebecca explodierte Groucho
in einem Traum. Mama rannte zu Harpo über den Regenbogen. TV kicherte mit Peter und Paul
über den Regenbogen. Harpo explodierte Paul am Strand. Robin Hood kicherte mit Harpo am
Strand.

Beenden mit "quit", weiter mit Enter:

Harpo kippte Ketchup in den Orangensaft von TV vor dem Abendessen. Vater lief zu Groucho
in einem Traum. Paul kippte Ketchup in den Orangensaft von TV in New York City. Paul
kicherte mit Paul über den Regenbogen. TV kippte Ketchup in den Orangensaft von Mutter
einfach nur zum Spaß. Robin Hood lief zu Robin Hood am Strand.

Beenden mit "quit", weiter mit Enter: quit
```

Die Struktur des Beispiels ist sehr einfach. Nach der Deklaration der Variablen und der Aktivierung von Warnungen mit

```
use strict;
use warnings;
```

werden die Variablen deklariert und die Arrays initialisiert.

Initialisierung des Zufallszahlengenerators

Als nächstes wird der Zufallszahlengenerator initialisiert, was über den Aufruf der fest eingebauten Funktion `srand` geschieht. Diese verlangt als Argument den vorhin erläuterten Startwert für den Zufallszahlengenerator. Probieren Sie aus, was passiert, wenn Sie diese Anweisung in etwas wie

```
srand(100);
```

ändern und das Programm dann mehrmals ausführen. Sie erhalten jedesmal das gleiche Ergebnis.[2] Der von uns verwendete Startwert

```
time|$$
```

stellt eine Kalkulation dar, die jedesmal einen anderen Startwert liefert.

`time` liefert eine die Zeit repräsentierende Zahl zurück, `$$` eine Zahl, die der ID des laufenden Perl-Programms entspricht (und sich üblicherweise bei jeder Ausführung des Programms ändert). `|` steht für ein bitweises ODER und kombiniert die Bits der beiden Zahlen (Details finden Sie in der Perl-Dokumentation). Es gibt andere Möglichkeiten, einen Startwert zu wählen, aber wir halten uns an die populäre Variante.

Kontrollfluß

Die Hauptschleife des Programms bildet eine `do-until`-Schleife (erstmals in Beispiel 5-3 gezeigt). Diese Schleifen sind praktisch, wenn Sie bei jedem Schleifendurchlauf etwas erledigen wollen (etwa die Ausgabe einer kurzen Geschichte), bevor weitere Aktionen ausgeführt werden (etwa die Frage, ob der Benutzer fortfahren möchte). Die `do-until`-Schleife führt zuerst die Anweisungen im Block aus und nimmt erst dann eine Prüfung vor, ob die Anweisungen im Block wiederholt werden sollen. Das steht im Gegensatz zu den Arten von Schleifen, die Sie bisher kennengelernt haben, bei denen zuerst geprüft und dann der Block ausgeführt wurde.

2 Die neuesten Zufallszahlengeneratoren ändern die Folge automatisch. Wenn dieses Experiment also nicht funktioniert, verwenden Sie wahrscheinlich einen sehr neuen Zufallszahlengenerator. Dennoch möchten Sie eine solche Folge manchmal wiederholen. Beachten Sie, daß neuere Perl-Versionen automatisch einen guten Startwert liefern, wenn man einfach `srand;` aufruft.

Weil an die `$geschichte`-Variable immer etwas angehängt wird, muß diese zu Beginn der Schleife immer geleert werden. Es ist durchaus üblich, daß man vergißt, solche fortlaufend erweiterten Variablen an der richtigen Stelle wieder zurückzusetzen. Achten Sie bei Ihren Programmen also darauf. Einen Hinweis liefern immer länger werdende Strings und immer größere Zahlen.

Die `for`-Schleife erledigt die Hauptarbeit des Programms. Wie Sie bereits früher gesehen haben, initialisiert diese Schleife einen Zähler, führt einen Test durch und inkrementiert den Zähler dann am Ende des Blocks.

Einen Satz bilden

Beachten Sie in Beispiel 7-1, daß sich die Anweisung, die einen Satz bildet, über mehrere Codezeilen hinweg erstreckt. Die Sache ist etwas komplizierter und übernimmt die eigentliche Arbeit des Programms. Entsprechende Kommentare erleichtern daher das Lesen. Wie Sie sehen, wurde die Anweisung sorgfältig formatiert, um eine übersichtliche Darstellung über die gesamten acht Zeilen zu gewährleisten. Die Variablennamen wurden ebenfalls sorgfältig gewählt, so daß deutlich wird, daß wir einen Satz aus einem Substantiv, einem Verb, einem Substantiv und einer Präpositionalphrase zusammensetzen.

Trotz all dieser Vorkehrungen gibt es recht tief verschachtelte Ausdrücke innerhalb der eckigen Klammern, die die Arraypositionen festlegen. Sie müssen schon etwas genauer hinsehen, um den Code lesen und verstehen zu können. Wie Sie sehen, bauen Sie den String aus den einzelnen Satzteilen zusammen, die jeweils durch Leerzeichen getrennt und mit einem Punkt und einem Leerzeichen abgeschlossen werden. Der String wird durch wiederholte Anwendung des String-Verkettungsoperators `.` (dem Punkt) zusammengesetzt. Diese wurden an den Anfang jeder Zeile plaziert, um die allgemeine Struktur der Anweisung zu verdeutlichen.

Zufällige Auswahl eines Arrayelements

Sehen wir uns einen der Satzteil-Selektoren genauer an:

```
$verben[int(rand(scalar @verben))]
```

Diese Art der verschachtelten Klammerung muß von innen nach außen gelesen und evaluiert werden. Der am tiefsten verschachtelte Ausdruck lautet:

```
scalar @verben
```

Wie Sie den vor der Anweisung stehenden Kommentaren entnehmen können, liefert die in Perl fest eingebaute Funktion `scalar` die Anzahl der Elemente in einem Array zurück. Das fragliche Array `@verben` enthält sieben Elemente, dieser Ausdruck liefert also den Wert 7 zurück.

Nun haben wir also folgendes:

```
$verben[int(rand(7))]
```

Der am tiefsten verschachtelte Ausdruck lautet nun:

```
rand(7)
```

Der hilfreiche Kommentar im Code vor der Anweisung erinnert Sie daran, daß diese Anweisung eine (Pseudo-)Zufallszahl größer oder gleich 0 und kleiner 7 zurückgibt. Die zurückgegebene Zahl ist eine *Fließkommazahl* (eine Dezimalzahl mit Nachkommastellen). Denken Sie daran, daß die Elemente eines aus sieben Elementen bestehenden Arrays von 0 bis 6 numeriert sind.

Wir haben nun so etwas wie:

```
$verben[int(3.47429)]
```

und wollen nun den Ausdruck

```
int(3.47429)
```

evaluieren. Die `int`-Funktion schneidet die Nachkommastellen einer Fließkommazahl ab und liefert nur den ganzzahligen Teil, in diesem Fall 3, zurück.

Sie sind nun am letzten Schritt angekommen:

```
$verben[3]
```

liefert Ihnen das vierte Element des Arrays `@verben` zurück. Anhand der Kommentare konnte das gut nachvollzogen werden.

Formatierung

Um zufällig ein Verb auszuwählen, rufen Sie verschiedene Funktionen auf:

`scalar`
: Bestimmt die Größe des Arrays

`rand`
: Wählt eine Zufallszahl aus, deren Wertebereich durch die Größe des Arrays bestimmt wird

`int`
: Wandelt die von `rand` zurückgegebene Fließkommazahl in eine ganze Zahl um, die Sie als Index auf ein Arrayelement benötigen

Diese Funktionen werden mit Hilfe verschachtelter Klammern zu einer Zeile kombiniert. Das führt manchmal zu schwer lesbarem Code, und der geneigte Leser könnte ob der gewissenhaften Handarbeit des Autors heftig seinen Kopf schütteln. Sie könnten diese Zeilen neu schreiben und mit zusätzlichen temporären Variablen arbeiten. Zum Beispiel könnten Sie folgendes schreiben:

```
$größe_des_verben_arrays = scalar @verben;
$fließkomma_zufallszahl = rand ( $größe_des_verben_arrays );
$integer_zufallszahl = int $fließkomma_zufallszahl;
$verben = $verben[$integer_zufallszahl];
```

und das auch für die anderen Teile anwenden, um einen Satz schließlich mit einer Anweisung wie der folgenden zusammenzusetzen:

```
$satz = "$subjekt $verb $objekt $präpositionalphrase. ";
```

Das ist alles eine Frage des Stils. Sie werden beim Programmieren laufend solche Entscheidungen treffen müssen. Bei der Wahl des Layouts für Beispiel 7-1 mußte zwischen dem Wunsch, die gesamte Aufgabe übersichtlich und klar darzustellen (dieser Wunsch hat gesiegt), und der Schwierigkeit beim Lesen verschachtelter Funktionsaufrufe (leider verloren) abgewogen werden. Ein weiterer Grund für die Wahl dieses Layouts besteht darin, daß bei den noch folgenden Programmen mit einer gewissen Regelmäßigkeit Elemente zufällig gewählt werden müssen, d.h., Sie werden sich an ebendiese Form der Verschachtelung von Aufrufen gewöhnen. Vielleicht sollten Sie sogar eine kleine Subroutine aus dieser Art Aufruf machen, wenn Sie die gleiche Aufgabe wiederholt durchführen müssen?

Die Lesbarkeit ist, wie bei fast jedem Code, die allerwichtigste Sache. Sie müssen in der Lage sein, Code zu lesen und zu verstehen, Ihren eigenen ebenso wie anderen, und das ist normalerweise wichtiger als andere lobenswerte Ziele wie schnellstmögliche Geschwindigkeit, geringer Speicherverbrauch oder ein kompaktes Programm. Es ist nicht immer wichtig, aber üblicherweise ist es am besten, wenn man bei der Entwicklung zuerst die Lesbarkeit in den Vordergrund stellt und erst dann bei Bedarf zurückgeht und an der Geschwindigkeit (oder an was auch immer) feilt. Sie können den besser zu lesenden Code als Kommentar erhalten, damit wer auch immer den Code noch lesen muß eine klare Vorstellung vom Programm bekommt und nachvollziehen kann, wie Sie die Geschwindigkeit (oder was auch immer) verbessert haben.

Eine andere Möglichkeit zur Berechnung der zufälligen Position

Perl besitzt häufig mehrere Möglichkeiten, um eine Aufgabe zu lösen. Nachfolgend sehen Sie eine Alternative, um die benötigte zufällige Auswahl zu treffen. Sie verwendet die gleichen Funktionsaufrufe, aber ohne Klammern:

```
$verben[int rand scalar @verben]
```

Diese Aneinanderreihung von Funktionen, von denen jede ein Argument verlangt, ist bei Perl weit verbreitet. Zur Evaluierung des Ausdrucks verwendet Perl zuerst `@verben` als

Argument für `scalar`, das die Größe des Arrays zurückliefert. Dieser Wert wird dann als Argument an `rand` übergeben, was eine Fließkommazahl zwischen 0 und eins unter der Arraygröße ergibt. Diese Fließkommazahl wird dann als Argument an `int` übergeben, was die zur Fließkommazahl nächstkleinere ganze Zahl zurückgibt. Mit anderen Worten wird also die gleiche Zahl berechnet, die als Index auf das Array `@verben` verwendet wird.

Warum erlaubt Perl das? Weil solche Berechnungen häufig vorkommen und der Perl-Erfinder Larry Wall im Geiste von »Laß den Computer die Arbeit machen« entschieden hat, Ihnen (und sich selbst) die Eingabe all dieser Klammern zu ersparen.

Nachdem Larry so weit gegangen war, entschied er, noch eins draufzupacken. Sie können auch die Funktionsaufrufe von `scalar` und `int` weglassen und folgendes verwenden:

```
$verben[rand @verben]
```

Was geht hier vor? Weil `rand` bereits einen skalaren Wert erwartet, wird `@verben` in einem skalaren Kontext interpretiert, was einfach die Länge des Arrays zurückliefert. Larry hat Arrayindizes (die natürlich immer Integerwerte sind) klugerweise so entworfen, daß sie automatisch immer mit dem ganzzahligen Teil eines Fließkommawertes arbeiten, wenn dieser als Index verwendet wird; also weg mit dem `int`.

Ein Programm zur Simulation von DNA-Mutation

Beispiel 7-1 hat Sie mit den Werkzeugen versorgt, die Sie zur Mutation von DNA benötigen. In den folgenden Beispielen stellen Sie DNA in der üblichen Form als String dar, der aus den Zeichen A, C, G und T besteht. Sie werden dann zufällig Positionen im String auswählen und dann die `substr`-Funktion verwenden, um die DNA zu verändern.

Diesmal wollen wir die Dinge etwas anders angehen und zuerst einige nützliche Subroutinen entwickeln, bevor wir Ihnen das ganze Programm zeigen.

Pseudocode-Design

Mit einfachem Pseudocode beginnend, finden Sie nachfolgend den Entwurf einer Subroutine, die eine zufällig gewählte Position in einer DNA zu einem zufällig gewählten Nukleotid mutiert:

1. Wahl einer zufälligen Position in einem DNA-String.
2. Wahl eines zufälligen Nukleotids.
3. Substitution des zufällig gewählten Nukleotids an der zufällig gewählten DNA-Position.

Das sieht doch recht kurz und kompakt aus. Sie entscheiden sich daher, aus jedem der ersten beiden Sätze eine Subroutine zu machen.

Zufällige Wahl einer Position im String

Wie kann man zufällig eine Position in einem String auswählen? Denken Sie daran, daß die fest eingebaute Funktion `length` die Länge eines Strings zurückliefert. Denken Sie auch daran, daß die Positionen in Strings von 0 bis `length-1` durchnumeriert sind, genau wie die Positionen in Arrays. Sie können also generell die gleiche Idee wie in Beispiel 7-1 nutzen und eine Subroutine entwickeln:

```
# randomposition
#
# Eine Subroutine zur zufälligen Wahl einer Position in einem String.
#
# WARNUNG: Gehen Sie sicher, daß srand zur Initialisierung des Zufalls-
# zahlengenerators aufgerufen wird, bevor die Funktion genutzt wird.

sub randomposition {

    my($string) = @_;

    # Dieser Ausdruck gibt eine Zufallszahl zwischen 0 und length-1 zurück,
    # was bei Perl der Numerierung der Positionen in einem String entspricht.

    return int(rand(length($string)));
}
```

`randomposition` ist eine sehr kurze Funktion, wenn Sie die Kommentare ausblenden. Sie ist eine Subroutine zur Auswahl einer Stringposition, ähnlich der Idee, die wir in Beispiel 7-1 für die zufällige Auswahl eines Arrayelements verwendet haben.

Wenn Sie Subroutinen schreiben, sollten Sie regelmäßig einen kleinen Test machen, um zu sehen, ob Ihre Subroutine wie beabsichtigt funktioniert:

```
#!/usr/bin/perl -w
# Test der Subroutine randomposition

my $dna = 'AACCGTTAATGGGCATCGATGCTATGCGAGCT';

srand(time|$$);

for (my $i=0 ; $i < 20 ; ++$i ) {
    print randomposition($dna), " ";
}

print "\n";

exit;

sub randomposition {
    my($string) = @_;
    return int rand length $string;
}
```

Hier eine repräsentative Ausgabe unseres Tests (Ihre Ergebnisse sollten variieren):

```
28 26 20 1 29 7 1 27 2 24 8 1 23 7 13 14 2 12 13 27
```

Beachten Sie das neue Aussehen der `for`-Schleife:

```
for (my $i=0 ; $i < 20 ; ++$i ) {
```

Das zeigt die Beschränkung von Zählervariablen (in diesem Fall `$i`) auf die Schleife, indem man sie innerhalb der `for`-Schleife mit `my` initialisiert.

Zufällige Wahl eines Nukleotids

Lassen Sie uns nun eine Subroutine entwickeln, die zufällig eins der vier Nukleotide auswählt:

```
# randomnucleotide
#
# Eine Subroutine zur zufälligen Wahl eines Nukleotids
#
# WARNUNG: Gehen Sie sicher, daß srand zur Initialisierung des Zufalls-
# zahlengenerators aufgerufen wird, bevor die Funktion genutzt wird.

sub randomnucleotide {

  my(@nucs) = @_;

  # scalar gibt die Größe des Arrays zurück.
  # Die Elemente des Arrays sind von 0 bis Größe-1 durchnumeriert.
  return $nucs[rand @nucs];
}
```

Auch diese Subroutine ist sehr kurz und kompakt. (Das gilt für die meisten Subroutinen, auch wenn die Entwicklung einer kurzen Subroutine nicht ihren Nutzen garantiert. Tatsächlich werden Sie gleich sehen, wie Sie diese hier verbessern können.)

Lassen Sie uns auch diese Subroutine prüfen:

```
#!/usr/bin/perl -w
# Test der Subroutine randomnucleotide

my @nucleotides = ('A', 'C', 'G', 'T');

srand(time|$$);

for (my $i=0 ; $i < 20 ; ++$i ) {
    print randomnucleotide(@nucleotides), " ";
}

print "\n";

exit;
```

```
sub randomnucleotide {
    my(@nucs) = @_;

    return $nucs[rand @nucs];
}
```

Hier eine typische Ausgabe (die natürlich zufällig ist, weshalb die Ausgabe bei Ihnen sehr wahrscheinlich anders aussehen wird):

```
C A A A A T T T T T A C A C T A A G G G
```

Ein zufällig gewähltes Nukleotid an einer zufällig gewählten Position plazieren

Nun zur dritten und letzten Subroutine, die die eigentliche Mutation vornimmt. Hier der Code:

```
# mutate
#
# Eine Subroutine zur Mutation eines DNA-Strings
#

sub mutate {

    my($dna) = @_;
    my(@nucleotides) = ('A', 'C', 'G', 'T');

    # Position in der DNA zufällig auswählen
    my($position) = randomposition($dna);

    # Nukleotid zufällig auswählen
    my($newbase) = randomnucleotide(@nucleotides);

    # Zufällig gewähltes Nukleotid an zufällig gewählter DNA-Position
    # einfügen. Die substr-Argumente bedeuten folgendes:
    #  Im String $dna an Position $position genau 1 Zeichen
    #  durch den String in $newbase ersetzen
    substr($dna,$position,1,$newbase);

    return $dna;
}
```

Dies ist erneut eine kurze Subroutine. Wenn Sie sie sich ansehen, werden Sie bemerken, daß sie relativ einfach zu lesen und zu verstehen ist. Die Mutation erfolgt durch die zufällige Wahl einer Position, der zufälligen Wahl eines Nukleotids und dann der Substitution des Nukleotids an ebendieser Position im String. (Falls Sie vergessen haben, wie `substr` funktioniert, schauen Sie in Anhang B oder in der Perl-Dokumentation nach. Wenn Sie so veranlagt sind wie ich, werden Sie häufig etwas nachschlagen müssen, insbesondere um die richtige Reihenfolge der Argumente zu treffen.)

Hier wird ein leicht veränderter Stil zur Deklaration der Variablen verwendet. Während Sie die Variablen bisher zu Beginn des Programms deklariert haben, erfolgt die Deklaration hier bei der ersten Verwendung der jeweiligen Variable. Jeder Programmierstil hat so seine Vor- und Nachteile. Alle Variablen zu Beginn des Programms vorzuhalten sorgt für eine gute Organisation und erleichtert das Lesen. Die Deklaration bei Bedarf ist möglicherweise die natürlichere Form des Schreibens. Die Entscheidung treffen Sie.

Beachten Sie auch, wie diese Subroutine größtenteils aus anderen Subroutinen aufgebaut wurde und nur wenig zusätzlichen Code benötigt. Das hat sehr viel mit Lesbarkeit zu tun. An dieser Stelle glauben Sie vielleicht, daß Sie das Problem recht gut untergliedert haben und daß die Einzelteile recht einfach aufzubauen sind und am Ende auch gut zusammenpassen. Aber ist das wirklich so?

Das Design verbessern

Nun wollen Sie sich gerade selbst auf die Schulter klopfen, weil Sie das Programm so schnell geschrieben haben, aber es fällt Ihnen etwas auf. Sie müssen ständig dieses lästige `@nucleotides`-Array deklarieren und an die Subroutine `randomnucleotide` übergeben. Aber die einzige Stelle, an der Sie das Array benötigen, ist innerhalb der Subroutine `randomnucleotide`. Warum ändern wir also unseren Entwurf nicht ein wenig? Hier ein neuer Versuch:

```
# randomnucleotide
#
# Eine Subroutine zur zufälligen Wahl eines Nukleotids
#
# WARNUNG: Gehen Sie sicher, daß srand zur Initialisierung des Zufalls-
# zahlengenerators aufgerufen wird, bevor die Funktion genutzt wird.

sub randomnucleotide {
    my(@nucs) = ('A', 'C', 'G', 'T');

    # scalar gibt die Größe des Arrays zurück.
    # Die Elemente des Arrays sind von 0 bis Größe-1 durchnumeriert.
    return $nucs[rand @nucs];
}
```

Beachten Sie, daß die Funktion nun keine Argumente mehr besitzt. Sie wird wie folgt aufgerufen:

```
$randomnucleotide = randomnucleotide( );
```

Dies liefert aus einer sehr spezifischen Menge ein zufälliges Element zurück. Nun denken Sie weiter und sagen sich: »Es wäre praktisch, eine Subroutine zu besitzen, die aus einem beliebigen Array zufällig ein Element auswählt. Ich benötige sie nicht sofort, aber ich wette, ich werde sie sehr bald benötigen!« Daher definieren Sie zwei Subroutinen statt einer:

```
# randomnucleotide
#
# Eine Subroutine zur zufälligen Wahl eines Nukleotids
```

```
#
# WARNUNG: Gehen Sie sicher, daß srand zur Initialisierung des Zufalls-
# zahlengenerators aufgerufen wird, bevor die Funktion genutzt wird.

sub randomnucleotide {
    my(@nucleotides) = ('A', 'C', 'G', 'T');

    # scalar gibt die Größe des Arrays zurück.
    # Die Elemente des Arrays sind von 0 bis Größe-1 durchnumeriert.
    return randomelement(@nucleotides);
}

# randomelement
#
# Eine Subroutine zur zufälligen Wahl eines Elements aus einem Array.
#
# WARNUNG: Gehen Sie sicher, daß srand zur Initialisierung des Zufalls-
# zahlengenerators aufgerufen wird, bevor die Funktion genutzt wird.
#
sub randomelement {

    my(@array) = @_;

    return $array[rand @array];
}
```

Wenn Sie nun zurückblicken, werden Sie bemerken, daß die Subroutine `mutate` nicht geändert werden mußte. Nur die interne Funktionsweise von `randomnucleotide` hat sich geändert, nicht ihr Verhalten.

Kombination der Subroutinen zur Simulation der Mutation

Nachdem nun soweit alles vorbereitet ist, können Sie das Hauptprogramm wie in Beispiel 7-2 entwickeln und sehen, ob Ihre neue Subroutine funktioniert.

Beispiel 7-2: DNA mutieren

```
#!/usr/bin/perl
# DNA mutieren
#  Wir verwenden einen Zufallszahlengenerator für die zufällige Auswahl der
#  zu mutierenden Basen

use strict;
use warnings;

# Deklaration der Variablen

# Die DNA wurde so gewählt, um die Mutationen einfach erkennen zu können:
my $DNA = 'AAAAAAAAAAAAAAAAAAAAAAAAAAAAAA';
```

Beispiel 7-2: DNA mutieren (Fortsetzung)

```
# $i ist ein gängiger Name für Zählervariablen und eine Abkürzung für
# "integer"
my $i;

my $mutant;

# Zufallszahlengenerator initialisieren.
# time|$$ kombiniert die aktuelle Zeit mit der aktuellen Prozeß-ID
srand(time|$$);

# Probieren wir es aus...
$mutant = mutate($DNA);

print "\nDNA mutieren\n\n";

print "\nHier die ursprüngliche DNA:\n\n";
print "$DNA\n";

print "\nHier die mutierte DNA:\n\n";
print "$mutant\n";

# Wir nutzen eine Schleife und sehen uns an, wie sich die Mutationen
# akkumulieren:
print "\nHier 10 weitere Mutationen:\n\n";

for ($i=0 ; $i < 10 ; ++$i) {
    $mutant = mutate($mutant);
    print "$mutant\n";
}

exit;
################################################################################
# Subroutinen für Beispiel 7-2
################################################################################

#  Da wir nun recht viele Subroutinen besitzen,
#  führen wir sie alphabetisch auf.

# Eine Subroutine zur Mutation eines DNA-Strings
#
# WARNUNG: Gehen Sie sicher, daß srand zur Initialisierung des Zufalls-
# zahlengenerators aufgerufen wird, bevor die Funktion genutzt wird.

sub mutate {

    my($dna) = @_;

    my(@nucleotides) = ('A', 'C', 'G', 'T');
```

Beispiel 7-2: DNA mutieren (Fortsetzung)

```
    # Position in der DNA zufällig auswählen
    my($position) = randomposition($dna);

    # Nukleotid zufällig auswählen
    my($newbase) = randomnucleotide(@nucleotides);

    # Zufällig gewähltes Nukleotid an der zufällig gewählten DNA-Position
    # einfügen. Die substr-Argumente bedeuten folgendes:
    #  Im String $dna an Position $position genau 1 Zeichen
    #  durch den String in $newbase ersetzen
    substr($dna,$position,1,$newbase);

    return $dna;
}

# Eine Subroutine zur zufälligen Wahl eines Elements aus einem Array
#
# WARNUNG: Gehen Sie sicher, daß srand zur Initialisierung des Zufalls-
# zahlengenerators aufgerufen wird, bevor die Funktion genutzt wird.

sub randomelement {

    my(@array) = @_;

    return $array[rand @array];
}

# randomnucleotide
#
# Eine Subroutine zur zufälligen Wahl eines von vier Nukleotiden
#
# WARNUNG: Gehen Sie sicher, daß srand zur Initialisierung des Zufalls-
# zahlengenerators aufgerufen wird, bevor die Funktion genutzt wird.

sub randomnucleotide {

    my(@nucleotides) = ('A', 'C', 'G', 'T');

    # scalar gibt die Größe des Arrays zurück.
    # Die Elemente des Arrays sind von 0 bis Größe-1 durchnumeriert.
    return randomelement(@nucleotides);
}

# randomposition
#
# Eine Subroutine zur zufälligen Wahl einer Position in einem String
#
```

Beispiel 7-2: DNA mutieren (Fortsetzung)

```
# WARNUNG: Gehen Sie sicher, daß srand zur Initialisierung des Zufalls-
# zahlengenerators aufgerufen wird, bevor die Funktion genutzt wird.

sub randomposition {

    my($string) = @_;

    # Beachten Sie die "verschachtelten" Argumente:
    #
    # $string ist das Argument für length
    # length($string) ist das Argument für rand
    # rand(length($string))) ist das Argument für int
    # int(rand(length($string))) ist das zurückzugebende Argument
    # Da es uns erlaubt ist, verwenden wir aber keine Klammern.
    #
    # rand gibt eine Dezimalzahl zwischen 0 und seinem Argument zurück.
    # int gibt den Integerteil einer Dezimalzahl zurück.
    #
    # Der gesamte Ausdruck gibt eine Zufallszahl zwischen 0 und length-1
    # zurück, was bei Perl der Numerierung der Positionen in einem String
    # entspricht.
    #

    return int rand length $string;
}
```

Hier eine typische Ausgabe von Beispiel 7-2:

```
DNA mutieren

Hier die ursprüngliche DNA:

AAAAAAAAAAAAAAAAAAAAAAAAAAAAAA

Hier die mutierte DNA:

AAAAAAAAAAAAAAAAAAAAGAAAAAAAAA

Hier 10 weitere Mutationen:

AAAAAAAAAAAAAAAAAAAAGACAAAAAAA
AAAAAAAAAAAAAAAAAAAAGACAAAAAAA
AAAAAAAAAAAAAAAAAAAAGACAAAAAAA
AAAAAAAAAAAAAACAAAAAGACAAAAAAA
AAAAAAAAAAAAAACAACAAGACAAAAAAA
AAAAAAAAAAAAAACAACAAGACAAAAAAA
AAAAAAAAAGAAAACAACAAGACAAAAAAA
AAAAAATAAGAAAACAACAAGACAAAAAAA
AAAAAATAAGAAAACAACAAGACAAAAAAA
AAAAAATTAGAAAACAACAAGACAAAAAAA
```

Beispiel 7-2 war schon eine kleine programmiertechnische Herausforderung, aber am Ende haben Sie die Genugtuung, die DNA mutieren zu sehen. Wie wäre es mit einer graphischen Ausgabe, d.h., für jede mutierte Base erscheint eine kleine Explosion auf dem Bildschirm, und die Farbe der Base ändert sich, so daß Sie das Geschehen in Echtzeit verfolgen können?

Bevor Sie spotten, sollten Sie wissen, wie wichtig gute graphische Darstellungen für den Erfolg der meisten Programme sind. Unser Beispiel klingt vielleicht nach einer trivialen Grafik, aber wenn Sie auf diese Weise zum Beispiel die gängigsten Mutationen der BRCA-Brustkrebsgene darstellen können, könnte es doch nützlich sein.

Ein Fehler in Ihrem Programm?

Zurück zu unserem Programm. Ihnen ist vielleicht etwas aufgefallen, wenn Sie die Ausgabe von Beispiel 7-2 überflogen haben. Sehen Sie sich die ersten beiden Zeilen der »10 weiteren Mutationen« an. Sie sind identisch! Könnte es sein, daß wir einen Fehler entdeckt haben, nachdem wir uns gerade noch für unsere gute Arbeit auf die Schulter geklopft haben?

Wie können wir das feststellen? Sie könnten das Programm unter der Aufsicht des Perl-Debuggers ausführen, wie wir das in Kapitel 6 erläutert haben. Diesmal halten Sie aber ein und denken statt dessen über das Design nach. Sie ersetzen die Basen an zufälligen Positionen durch zufällig gewählte Basen. Aha! Manchmal sind die Basen an den zufällig gewählten Positionen mit den zufällig gewählten Basen identisch, die an ihrer Stelle eingefügt werden sollen! Gelegentlich ersetzen Sie also eine Base durch sich selbst![3]

Nehmen wir an, Sie entscheiden, daß dieses Verhalten nicht sinnvoll ist. Bei jeder Mutation muß sich eine Base ändern. Wie können Sie den Code ändern, um das sicherzustellen? Beginnen wir mit dem Pseudocode für die `mutate`-Subroutine:

```
Zufällige Position in einem DNA-String wählen

Wiederholen:

    Nukleotid zufällig wählen

Bis: Zufällig gewähltes Nukleotid unterscheidet sich vom Nukleotid an zufällig gewählter
Position

Zufällig gewähltes Nukleotid an zufällig gewählter Position in der DNA einfügen
```

3 Wie häufig? Bei einer DNA, die nur eine Base enthält, geschieht das 1/4 der Zeit. Ist die DNA gleichmäßig mit allen vier Basen gefüllt, geschieht das ... 1/4 der Zeit!

Dieser Ansatz sollte funktionieren. Sie passen also die Subroutine mutate an und nennen sie diesmal mutate_better:

```
# mutate_better
#
# Subroutine zur Mutation in einem DNA-String der Version 2.
# Bei jedem Aufruf wird garantiert eine Base verändert.
#
# WARNUNG: Gehen Sie sicher, daß srand zur Initialisierung des Zufalls-
# zahlengenerators aufgerufen wird, bevor die Funktion genutzt wird.

sub mutate_better {

    my($dna) = @_;
    my(@nucleotides) = ('A', 'C', 'G', 'T');

    # Position in der DNA zufällig auswählen
    my($position) = randomposition($dna);

    # Nukleotid zufällig wählen
    my($newbase);

    do {
        $newbase = randomnucleotide(@nucleotides);

    # Sicherstellen, daß es sich vom zu mutierenden Nukleotid
    # unterscheidet.
    }until ( $newbase ne substr($dna, $position,1) );

    # Zufällig gewähltes Nukleotid an zufällig gewählter DNA-Position
    # einfügen. Die substr-Argumente bedeuten folgendes:
    #  Im String $dna an Position $position genau 1 Zeichen
    #  durch den String in $newbase ersetzen
    substr($dna,$position,1,$newbase);

    return $dna;
}
```

Wenn Sie diese Subroutine anstelle von mutate verwenden und den Code ausführen, erhalten Sie die folgende Ausgabe:

```
DNA mutieren

Hier die ursprüngliche DNA:

AAAAAAAAAAAAAAAAAAAAAAAAAAAAAA

Hier die mutierte DNA:

AAAAAAAAAAAAAATAAAAAAAAAAAAAAA

Hier 10 weitere Mutationen:

AAAAAAAAAAAAAATAAAAAAAACAAAAAA
AAAAATAAAAAAAATAAAAAAAACAAAAAA
```

```
AAATATAAAAAAATAAAAAAAACAAAAAAA
AAATATAAAAAAATAAAAAAAACAACAAAA
AATTATAAAAAAATAAAAAAAACAACAAAA
AATTATTAAAAAATAAAAAAAACAACAAAA
AATTATTAAAAAATAAAAAAAACAACACAA
AATTATTAAAAAGTAAAAAAAACAACACAA
AATTATTAAAAAGTGAAAAAAACAACACAA
AATTATTAAAAAGTGATAAAAACAACACAA
```

Nun scheint bei jeder Iteration tatsächlich eine Änderung zu erfolgen.

Noch etwas zur Deklaration von Variablen. Hätten Sie bei `mutate_better` die Variable `$newbase` innerhalb der Schleife deklariert, wäre diese Variable außerhalb dieser Schleife, die ja einen Block bildet, nicht sichtbar gewesen. Insbesondere wäre sie für den `substr`-Aufruf unsichtbar, der für die Mutation den eigentlichen Austausch der Basen vornimmt. Bei `mutate_better` müssen Sie diese Variable also außerhalb der Schleife deklarieren.

Dieses Verhalten sorgt bei solchen Programmierern häufig für Verwirrung, die es gewohnt sind, Variablen so nebenbei (»on the fly«) zu erzeugen. Hier haben Sie auch ein starkes Argument dafür, es sich anzugewöhnen, Variablendefinitionen am Anfang des Programms zusammenzufassen.

Dennoch gibt es häufig Fälle, in denen Sie eine Variable innerhalb eines Blocks verstekken wollen, weil das der einzige Ort ist, an dem Sie sie verwenden werden. Dann erfolgt die Deklaration auch im Block. (Vielleicht am Anfang des Blocks?)

Zufalls-DNA generieren

Es ist häufig nützlich, zu Testzwecken zufällige Daten zu generieren. Zufällig gewählte DNA kann auch verwendet werden, um die Organisation realer DNA eines Organismus zu studieren. In diesem Abschnitt schreiben wir einige Programme zur Generierung zufälliger DNA-Sequenzen.

Solche zufällig gewählten DNA-Sequenzen haben sich auf unterschiedlichen Arten als nützlich erwiesen. Beispielsweise ist das populäre BLAST-Programm (siehe Kapitel 12) von den Eigenschaften zufällig gewählter DNA abhängig, wenn es um die analytischen und empirischen Ergebnisse geht, die die Sequenzähnlichkeits-Scores untermauern. Diese Scores werden verwendet, um die »Hits« zu sortieren, die BLAST an den Benutzer zurückgibt.

Lassen Sie uns annehmen, daß wir einen Satz zufälliger DNA-Fragmente variierender Länge benötigen. Ihr Programm muß die minimale und die maximale Länge sowie die Anzahl der zu generierenden Fragmente angeben.

Bottom-up oder Top-down

In Beispiel 7-2 haben Sie die grundlegenden Subroutinen entwickelt, dann eine Subroutine, die diese elementaren Subroutinen aufruft, und zum Schluß das Hauptprogramm. Wenn Sie den Pseudocode ignorieren, haben Sie es hier mit einem sogenannten *Bottom-up-Design* zu tun. Sie beginnen mit den elementaren Blöcken und setzen diese dann zu einer größeren Struktur zusammen.

Nun wollen wir mit der Entwicklung des Hauptprogramms beginnen. Die Subroutinen schreiben wir, sobald ein Bedarf für sie besteht. Dieses Vorgehen nennt man *Top-down-Design*.

Subroutinen zur Generierung eines Satzes zufälliger DNA

Für unser Ziel, zufällige DNA zu generieren, benötigen wir wohl eine Subroutine, die Daten erzeugt:

```
@random_DNA = make_random_DNA_set( $minimum_length, $maximum_length, $size_of_set );
```

Das sieht gut aus, aber natürlich stellt sich die Frage, wie die Aufgabe tatsächlich zu lösen ist. (Für Sie also ein Top-down-Design!) Sie müssen also etwas weiter hinabsteigen und den Pseudocode für die Subroutine `make_random_DNA_set` entwickeln:

```
Wiederhole $size_of_set mal:

    $length = Zufallszahl zwischen minimaler und maximaler Länge

    $dna = make_random_DNA ( $length );

    $dna in @set aufnehmen
}

return @set
```

Wir fahren mit dem Top-down-Design fort und benötigen nun den Pseudocode für die Subroutine `make_random_DNA`:

```
von 1 bis $size

    $base = randomnucleotide

    $dna .= $base
}

return $dna
```

Weiter müssen Sie nicht gehen: Sie besitzen bereits eine *randomnucleotide*-Subroutine aus Beispiel 7-2.

(Ärgern Sie sich über das Fehlen zusammengehöriger geschweifter Klammern im Pseudocode? Hier verlassen Sie sich auf die Einrückung und Ausrichtung für die Darstellung der Blöcke. Weil es sich um Pseudocode handelt, ist alles erlaubt, solange es für Sie funktioniert.)

Den Entwurf in Code festhalten

Nachdem Sie nun ein Top-down-Design besitzen, stellt sich die Frage, wie man mit der Codierung weitermacht. Lassen Sie uns dem Top-down-Design folgen, nur um zu sehen, wie es funktioniert.

Beispiel 7-3 beginnt mit dem Hauptprogramm, gefolgt von den Subroutinen in der Reihenfolge des Top-down-Designs, die Sie im Pseudocode vorgegeben haben.

Beispiel 7-3: Generierung zufälliger DNA

```
#!/usr/bin/perl
# Generierung zufälliger DNA
#  mit Hilfe eines Zufallszahlengenerators für die zufällige Auswahl von Basen

use strict;
use warnings;

# Variablen deklarieren und initialisieren
my $size_of_set = 12;
my $maximum_length = 30;
my $minimum_length = 15;

# Ein mit der leeren Liste initialisiertes Array zur Aufnahme der DNA
my @random_DNA = ( );

# Zufallszahlengenerator initialisieren
# time|$$ kombiniert die aktuelle Zeit mit der aktuellen Prozeß-ID
srand(time|$$);

# Hier der Subroutinenaufruf, der die eigentliche Arbeit erledigt
@random_DNA = make_random_DNA_set( $minimum_length, $maximum_length, $size_of_set );

# Ergebnisse Zeile für Zeile ausgeben
print "Hier ein Array mit $size_of_set zufällig generierten DNA-Sequenzen\n";
print "  mit einer Länge zwischen $minimum_length und $maximum_length Nukleotiden:\n\n";

foreach my $dna (@random_DNA) {
    print "$dna\n";
}

print "\n";

exit;
```

Beispiel 7-3: Generierung zufälliger DNA (Fortsetzung)

```
################################################################################
# Subroutinen
################################################################################

# make_random_DNA_set
#
# Satz zufälliger DNA erzeugen
#
#   Erwartet als Parameter die maximale und minimale Länge
#     eines DNA-Strings sowie die Anzahl der zu generierenden DNA-Strings
#
# WARNUNG: Gehen Sie sicher, daß srand zur Initialisierung des Zufalls-
# zahlengenerators aufgerufen wird, bevor die Funktion genutzt wird.

sub make_random_DNA_set {

    # Argumente verarbeiten und Variablen deklarieren
    my($minimum_length, $maximum_length, $size_of_set) = @_;

    # Länge der jeweiligen DNA-Sequenzen
    my $length;

    # DNA-Fragment
    my $dna;

    # Menge der DNA-Fragmente
    my @set;

    # Satz zufälliger DNA erzeugen
    for (my $i = 0; $i < $size_of_set ; ++$i) {

        # Zufällige Länge zwischen Minimum und Maximum bestimmen
        $length = randomlength ($minimum_length, $maximum_length);

        # Ein zufälliges DNA-Fragment erzeugen
        $dna = make_random_DNA ( $length );

        # $dna-Fragment zu @set hinzufügen
        push( @set, $dna );
    }

    return @set;
}
```

Beispiel 7-3: Generierung zufälliger DNA (Fortsetzung)

```
# Sie haben gerade entdeckt, daß Sie eine neue Subroutine benötigen.
# randomlength soll eine Zufallszahl zwischen (oder einschließlich)
# der minimalen und maximalen Werte zurückgeben. Wir wollen zuerst
# diese Routine entwickeln und danach make_random_DNA.

# randomlength
#
# Eine Subroutine, die eine Zufallszahl zwischen
# $minlength und $maxlength (inklusive) zurückgibt.
#
# WARNUNG: Gehen Sie sicher, daß srand zur Initialisierung des Zufalls-
# zahlengenerators aufgerufen wird, bevor die Funktion genutzt wird.

sub randomlength {

    # Argumente verarbeiten und Variablen deklarieren
    my($minlength, $maxlength) = @_;

    # Berechne eine Zufallszahl im gewünschten Wertebereich.
    # Beachten Sie, daß wir zuerst 1 hinzuaddieren müssen, um die
    # Endpunkte zu berücksichtigen. Wir subtrahieren $minlength
    #  zuerst und addieren es dann wieder, um eine
    #  Zufallszahl im richtigen Intervall zu erhalten.
    return ( int(rand($maxlength - $minlength + 1)) + $minlength );
}

# make_random_DNA
#
# Zufälligen DNA-String der angegebenen Länge definieren.
#
# WARNUNG: Gehen Sie sicher, daß srand zur Initialisierung des Zufalls-
# zahlengenerators aufgerufen wird, bevor die Funktion genutzt wird.

sub make_random_DNA {

    # Argumente verarbeiten und Variablen deklarieren
    my($length) = @_;

    my $dna;

    for (my $i=0 ; $i < $length ; ++$i) {

        $dna .= randomnucleotide( );
    }

    return $dna;
}
```

Beispiel 7-3: Generierung zufälliger DNA (Fortsetzung)

```
# Wir müssen auch noch die schon entwickelte Subroutine
# randomnucleotide aufnehmen.
# Hier ist sie also der Vollständigkeit halber noch einmal.

# randomnucleotide
#
# Eines von vier Nukleotiden zufällig auswählen
#
# WARNUNG: Gehen Sie sicher, daß srand zur Initialisierung des Zufalls-
# zahlengenerators aufgerufen wird, bevor die Funktion genutzt wird.

sub randomnucleotide {

    my(@nucleotides) = ('A', 'C', 'G', 'T');

    # scalar gibt die Größe eines Arrays zurück.
    # Die Elemente des Arrays sind von 0 bis Größe-1 durchnumeriert
    return randomelement(@nucleotides);
}

# randomelement
#
# Element aus einem Array zufällig auswählen
#
# WARNUNG: Gehen Sie sicher, daß srand zur Initialisierung des Zufalls-
# zahlengenerators aufgerufen wird, bevor die Funktion genutzt wird.

sub randomelement {

    my(@array) = @_;

    return $array[rand @array];
}
```

Hier die Ausgabe von Beispiel 7-3:

```
Hier ein Array mit 12 zufällig generierten DNA-Sequenzen
  mit einer Länge zwischen 15 und 30 Nukleotiden:

TACGCTTGTGTTTTCGGGGGAC
GGGGTGTGGTAAGGCTGTCTCAGATGTGC
TGAACGACAACCTCCTGGACTTTACT
ATCTATGCTTTGCCATGCTAGT
CCGCTCATTCCTCTTCCTCGGC
TGTACCCCTAATACACTTTAGCCGAATTTA
ATAGGTCGGGGCGACAGCGCCGG
GATTGACCTCTGTAA
AAAATCTCTAGGATCGAGC
GTATGTGCTTGGGTAAAT
ATGGAGTTGCGAGGAAGTAGCTGAGT
GGCCCATGACCAGCATCCAGACAGCA
```

DNA analysieren

In diesem letzten mit Zufallszahlen arbeitenden Beispiel werden Sie einige Statistiken zur DNA sammeln, um die Frage zu beantworten, wie hoch der prozentuale Anteil der Basen ist, die in den beiden zufällig gewählten DNA-Sequenzen gleich sind. Auch wenn ein wenig einfache Mathematik diese Frage beantworten kann, ist der wesentliche Grund für dieses Programm doch der, Ihnen zu zeigen, daß Sie nun die Programmierfähigkeiten besitzen, um Fragen über Ihre DNA zu stellen und zu beantworten. (Wenn Sie reale DNA verwenden würden, etwa aus einem bestimmten Gen, wie es in verschiedenen Organismen in leicht veränderter Form vorkommt, wäre die Antwort vielleicht etwas interessanter. Vielleicht wollen Sie das später mal versuchen.)

Lassen Sie uns also einen Satz zufälliger DNA erzeugen, alle mit der gleichen Länge, um dann die folgende Frage zu beantworten: Wie hoch ist durchschnittlich der Prozentsatz der Positionen, die zwischen den Paaren der DNA-Sequenzen in diesem Satz identisch sind?

Wie üblich, wollen wir die Idee des Programms in Form von Pseudocode formulieren:

```
Einen Satz zufälliger DNA-Sequenzen gleicher Länge generieren

Für jedes Paar DNA-Sequenzen

    Wie viele Positionen der beiden Sequenzen sind für sich gesehen
    identisch?

}

Den Durchschnitt der vorangegangenen Berechnung in Prozent ausgeben
```

Natürlich können Sie, um diesen Code zu schreiben, zumindest einen Teil der Arbeit wiederverwenden, die Sie bisher geleistet haben. Natürlich wissen Sie, wie man einen Satz zufälliger DNA-Sequenzen erzeugt. Auch wenn Sie noch keine Subroutine besitzen, die die Basen zweier Sequenzen Position für Position vergleicht, so wissen Sie doch, wie man sich die einzelnen Positionen in DNA-Strings ansieht. Diese Subroutine zu entwickeln sollte also nicht allzu schwierig sein. Lassen Sie uns doch gleich den Pseudocode entwickeln, der jedes Nukleotid einer Sequenz mit den Nukleotiden an den gleichen Positionen in einer anderen Sequenz vergleicht.

```
Annahme: DNA1 hat die gleiche Länge wie DNA2

für jede Position von 1 bis length(DNA)

    falls das Zeichen an dieser Position in DNA_1 und DNA_2 gleich ist

        ++$zähler
    }
}

zähler/länge zurückgeben
```

Das ganze Problem scheint nun durchaus lösbar. Sie müssen auch den Code entwikkeln, der jedes Sequenzpaar auswählt, die Ergebnisse sammelt und schließlich den Durchschnitt bildet und diesen in Prozent ausgibt. Das kann alles im Hauptprogramm erfolgen. Beispiel 7-4 versucht das alles in einem Aufguß.

Beispiel 7-4: Berechne die durchschnittliche prozentuale Übereinstimmung zwischen Paaren zufälliger DNA-Sequenzen

```
#!/usr/bin/perl
# Berechne den durchschnittlichen Prozensatz der Positionen, die zwischen zwei
# zufälligen DNA-Sequenzen (bei einer Menge von 10 Sequenzen) gleich sind.

use strict;
use warnings;

# Variablen deklarieren und initialisieren
my $percent;
my @percentages;
my $result;

# Ein Array, initialisiert mit der leeren Liste, zur Speicherung der DNA
my @random_DNA = ( );

# Zufallszahlengenerator initialisieren
# time|$$ kombiniert die aktuelle Zeit mit der aktuellen Prozeß-ID
srand(time|$$);

#  Den Satz mit den 10 DNA-Sequenzen erzeugen
@random_DNA = make_random_DNA_set( 10, 10, 10 );

# Alle Sequenzpaare durchgehen
for (my $k = 0 ; $k < scalar @random_DNA - 1 ; ++$k) {
    for (my $i = ($k + 1) ; $i < scalar @random_DNA ; ++$i) {

        # Entsprechende Prozentanteile berechnen und sichern
        $percent = matching_percentage($random_DNA[$k], $random_DNA[$i]);
        push(@percentages, $percent);
    }
}

# Schließlich das Durchschnittsergebnis:
$result = 0;

foreach $percent (@percentages) {
  $result += $percent;
}

$result = $result / scalar(@percentages);
# Ergebnis in einen echten Prozentwert umwandeln
$result = int ($result * 100);
```

Beispiel 7-4: Berechne die durchschnittliche prozentuale Übereinstimmung zwischen Paaren zufälliger DNA-Sequenzen (Fortsetzung)

```
print "Bei diesem Durchlauf lag der durchschnittliche \n";
print "Prozentsatz übereinstimmender Positionen bei $result%\n\n";

exit;

################################################################################
# Subroutinen
################################################################################

# matching_percentage
#
# Subroutine zur Berechnung des Prozentsatzes identischer Basen in zwei
# gleich langen DNA-Sequenzen

sub matching_percentage {

    my($string1, $string2) = @_;

    # Wir setzen voraus, daß die Strings die gleiche Länge besitzen
    my($length) = length($string1);
    my($position);
    my($count) = 0;

    for ($position=0; $position < $length ; ++$position) {
        if(substr($string1,$position,1) eq substr($string2,$position,1)) {
            ++$count;
        }
    }

    return $count / $length;
}

# make_random_DNA_set
#
# Subroutine zur Generierung eines Satzes zufälliger DNA
#
#   Erwartete Parameter sind die minimale und maximale Länge
#     der DNA-Strings sowie die Anzahl der zu generierenden Strings
#
# WARNUNG: Gehen Sie sicher, daß srand zur Initialisierung des Zufalls-
# zahlengenerators aufgerufen wird, bevor die Funktion genutzt wird.

sub make_random_DNA_set {

    # Argumente verarbeiten, Variablen deklarieren
    my($minimum_length, $maximum_length, $size_of_set) = @_;

    # Länge eines jeden DNA-Fragments
    my $length;
```

Beispiel 7-4: Berechne die durchschnittliche prozentuale Übereinstimmung zwischen Paaren zufälliger DNA-Sequenzen (Fortsetzung)

```
    # DNA-Fragment
    my $dna;

    # Menge der DNA-Fragmente
    my @set;

    # Menge zufällig gewählter DNA erzeugen
    for (my $i = 0; $i < $size_of_set ; ++$i) {

        # Zufällige Länge zwischen Min und Max finden
        $length = randomlength ($minimum_length, $maximum_length);

        # Ein zufälliges DNA-Fragment erzeugen
        $dna = make_random_DNA ( $length );

        # $dna-Fragment zu @set hinzufügen
        push( @set, $dna );
    }

    return @set;
}

# randomlength
#
# Eine Subroutine, die eine Zufallszahl zwischen
# $minlength und $maxlength (inklusive) auswählt.
#
# WARNUNG: Gehen Sie sicher, daß srand zur Initialisierung des Zufalls-
# zahlengenerators aufgerufen wird, bevor die Funktion genutzt wird.

sub randomlength {

    # Argumente verarbeiten, Variablen deklarieren
    my($minlength, $maxlength) = @_;

    # Berechne eine Zufallszahl im gewünschten Wertebereich.
    # Beachten Sie, daß wir zuerst 1 hinzuaddieren müssen, um die
    # Endpunkte zu berücksichtigen. Wir subtrahieren $minlength
    # zuerst und addieren es dann wieder, um eine
    # Zufallszahl im richtigen Intervall zu erhalten.
    return ( int(rand($maxlength - $minlength + 1)) + $minlength );
}

# make_random_DNA
#
# Zufälligen DNA-String mit einer bestimmten Länge festlegen.
```

Beispiel 7-4: Berechne die durchschnittliche prozentuale Übereinstimmung zwischen Paaren zufälliger DNA-Sequenzen (Fortsetzung)

```
#
# WARNUNG: Gehen Sie sicher, daß srand zur Initialisierung des Zufalls-
# zahlengenerators aufgerufen wird, bevor die Funktion genutzt wird.

sub make_random_DNA {

    # Argumente verarbeiten, Variablen deklarieren
    my($length) = @_;

    my $dna;

    for (my $i=0 ; $i < $length ; ++$i) {
        $dna .= randomnucleotide( );
    }

    return $dna;
}

# randomnucleotide
#
# Eines von vier Nukleotiden zufällig wählen
#
# WARNUNG: Gehen Sie sicher, daß srand zur Initialisierung des Zufalls-
# zahlengenerators aufgerufen wird, bevor die Funktion genutzt wird.

sub randomnucleotide {

    my(@nucleotides) = ('A', 'C', 'G', 'T');

    # scalar gibt die Größe eines Arrays zurück.
    # Die Elemente des Arrays sind von 0 bis Größe-1 durchnumeriert
    return randomelement(@nucleotides);
}

# randomelement
#
# Zufällig ein Element in einem Array auswählen
#
# WARNUNG: Gehen Sie sicher, daß srand zur Initialisierung des Zufalls-
# zahlengenerators aufgerufen wird, bevor die Funktion genutzt wird.

sub randomelement {

    my(@array) = @_;

    return $array[rand @array];
}
```

Wenn Ihnen der Code in Beispiel 7-4 so vorkommt, als würde er größtenteils den Code aus den vorherigen Beispielen wiederholen, dann haben Sie recht. Im Interesse der Präsentation habe ich den Subroutinencode im Programm aufgenommen. (Sie werden in Kapitel 8 mit der Verwendung von Modulen beginnen, um diese Wiederholungen zu vermeiden.)

Hier die Ausgabe von Beispiel 7-4:

```
Bei diesem Durchlauf lag der durchschnittliche
Prozentsatz übereinstimmender Positionen bei 0,24%
```

Nun, das sieht vernünftig aus. Sie könnten sagen, das ist offensichtlich: Ein viertel der Positionen stimmt überein, und es gibt insgesamt vier Basen. Es geht hier aber nicht um die Verifizierung grundlegender Wahrscheinlichkeitsrechnungen, sondern wir wollten Ihnen zeigen, daß Sie mittlerweile genug von der Programmierung verstehen, um solche Programme zu schreiben, die Fragen zu DNA-Sequenzen stellen und beantworten können.

Einige Hinweise zum Code

Beachten Sie, daß Sie im Hauptprogramm beim Aufruf von

```
@random_DNA = make_random_DNA_set( 10, 10, 10 );
```

keine Variablen wie `$minimum_length` deklarieren und initialisieren müssen. Sie geben beim Aufruf der Subroutine einfach nur die gewünschten Werte an. (Häufig ist es aber eine gute Idee, solche Werte in Variablen unterzubringen, die am Anfang des Programms deklariert wurden, wo man sie einfach finden und ändern kann.) In unserem Beispiel legen Sie die minimale und maximale Länge mit 10 fest und fragen nach 10 Sequenzen.

Fassen wir noch einmal das Problem zusammen, das Sie gerade gelöst haben. Sie mußten alle DNA-Paare vergleichen und bei jedem Paar den Prozentsatz der Positionen berechnen, bei dem die gleichen Nukleotide vorliegen. Danach müssen Sie den Durchschnitt dieser Prozentsätze berechnen.

Hier der Code, der das im Hauptprogramm von Beispiel 7-4 erledigt:

```
# Alle Sequenzpaare durchgehen
for (my $k = 0 ; $k < scalar @random_DNA - 1 ; ++$k) {
    for (my $i = ($k + 1) ; $i < scalar @random_DNA ; ++$i) {

        # Entsprechende Prozentanteile berechnen und sichern
        $percent = matching_percentage($random_DNA[$k], $random_DNA[$i]);
        push(@percentages, $percent);
    }
}
```

Um sich jedes Paar anzusehen, verwenden Sie eine verschachtelte Schleife. Eine *verschachtelte Schleife* besteht einfach aus einer Schleife innerhalb einer anderen Schleife. Solche Konstruktionen sind in der Programmierung durchaus üblich, müssen aber mit Vorsicht behandelt werden. Sie können recht komplex wirken, lassen Sie sich also Zeit, und schauen Sie sich genau an, wie verschachtelte Schleifen funktionieren. Schließlich ist es eine weitverbreitete Aufgabe, alle Kombinationen zweier (oder mehr) Elemente eines Satzes zu wählen.

Die verschachtelte Schleife sieht sich (n * (n-1)) / 2 Sequenzpaare an, was dem Quadrat der Größe des Datensatzes entspricht. Das kann sehr viel Arbeit bedeuten! Versuchen Sie, die Größe des Datensatzes schrittweise zu erhöhen und das Programm erneut auszuführen. Sie werden sehen, daß sich die Rechenzeit ebenfalls erhöht, und zwar deutlich.

Erkennen Sie, wie die Schleife funktioniert? Zuerst wird Sequenz 0 (indiziert durch `$K`) nacheinander mit den Sequenzen 1,2,3,...,9 (indiziert durch `$i`) gepaart. Dann wird Sequenz 1 mit 2,3,...,9 gepaart und so weiter. Schließlich wird 8 mit 9 gepaart. (Denken Sie daran, daß Arrayelemente bei null beginnend numeriert werden, d.h., das letzte Element eines aus 10 Elementen bestehenden Arrays trägt die Nummer 9. Denken Sie auch daran, daß `@random_DNA` die Anzahl der Elemente im Array zurückgibt.)

Es könnte eine durchaus sinnvolle Übung sein, die Sequenzzahl auf einen kleinen Wert (etwa 3 oder 4) zu verringern und einmal (mit Papier und Bleistift) durchzugehen, wie die verschachtelten Schleifen und die Variablen `$k` und `$i` sich während des Programmlaufs entwickeln. Sie können aber auch den Perl-Debugger nutzen, um zu sehen, was genau passiert.

Übungen

Übung 7.1
: Schreiben Sie ein Programm, das Sie nach einer Aminosäure fragt und dann versucht herauszufinden, welche Aminosäure Sie gewählt haben.

Übung 7.2
: Schreiben Sie ein Programm, das sich eines der vier Nukleotide auswählt und Sie so lange danach fragt, bis Sie die richtige Antwort wissen.

Übung 7.3
: Schreiben Sie eine Subroutine, die die Elemente eines Arrays zufällig mischt. Die Subroutine soll ein Array als Argument übernehmen und ein Array mit den gleichen Elementen in einer zufälligen, neuen Anordnung zurückliefern. Jedes Element des ursprünglichen Arrays soll genau einmal im neuen Array auftauchen, genau wie beim Mischen eines Kartenspiels.

Übung 7.4

Schreiben Sie ein Programm zur Mutation einer Proteinsequenz. Das Programm ähnelt dem die DNA mutierenden Code aus Beispiel 7-2.

Übung 7.5

Schreiben Sie eine Subroutine, die für ein gegebenes *Codon* (ein DNA-Fragment der Länge 3) eine zufällige Mutation des Codons zurückgibt.

Übung 7.6

Einige Perl-Versionen initialisieren den Zufallszahlengenerator automatisch. Auf diese Weise wird die Initialisierung durch `srand` vor der Nutzung von `rand` überflüssig. Versuchen Sie herauszufinden, ob Ihre Implementierung von `rand` `srand` automatisch aufruft oder ob Sie `srand` explizit aufrufen müssen, wie wir das in den Codebeispielen dieses Kapitels getan haben.

Übung 7.7

Manchmal sollen bei einer zufälligen Wahl nicht alle Möglichkeiten mit derselben Wahrscheinlichkeit berücksichtigt werden. Schreiben Sie eine Subroutine, die zufällig ein Nukleotid zurückliefert, bei der die Wahrscheinlichkeit jedes Nukleotids festgelegt werden kann. Übergeben Sie der Subroutine vier Zahlen als Argumente, die die Wahrscheinlichkeit für jedes Nukleotid festlegen. Liegt beispielsweise jeder Wahrscheinlichkeitswert bei 0,25, soll die Subroutine jedes Nukleotid mit der gleichen Wahrscheinlichkeit zurückliefern. Zur Fehlerprüfung soll die Subroutine sicherstellen, daß die Summe der vier Wahrscheinlichkeiten bei 1 liegt.

Tip: Eine mögliche Lösung besteht darin, den Bereich von 0 bis 1 in vier Intervalle zu unterteilen, deren Längen der Wahrscheinlichkeit der jeweiligen Nukleotide entsprechen. Dann wählen Sie einfach eine Zufallszahl zwischen 0 und 1, ordnen sie dem entsprechenden Intervall zu und geben das dazugehörige Nukleotid zurück.

Übung 7.8

Diese Übung ist etwas schwieriger. Die Perl-Funktion `study` kann die Suche nach Motiven in DNA- oder Proteinsequenzen beschleunigen. Lesen Sie die Perl-Dokumentation zu dieser Funktion. Ihre Verwendung ist einfach: Bei Sequenzdaten in der Variable `$sequenz` geben Sie

```
study $sequenz;
```

vor der Suche an. Glauben Sie, nach dem, was Sie in der Dokumentation gelesen haben, daß `study` die Suchgeschwindigkeit in DNA- oder Proteinsequenzen erhöhen wird?

Für viele Extrapunkte! Lesen Sie nun die Dokumentation zum Perl-Standardmodul Benchmark. (Geben Sie `perldoc Benchmark` ein, oder besuchen Sie die Perl-Homepage unter *http://www.perl.com.*) Prüfen Sie, ob Ihre Überlegungen richtig waren, indem Sie ein Programm entwickeln, das die Motivsuche bei DNA- und Proteinsequenzen mit und ohne `study` einem Benchmark unterzieht.

KAPITEL 8

Der genetische Code

Bis zu dieser Stelle haben wir Perl verwendet, um nach Motiven zu suchen, DNA-Mutationen zu simulieren, zufällige Sequenzen zu generieren und DNA nach RNA zu transkribieren. All diese Aktivitäten sind wichtig und bieten eine gute Einführung in die Computertechniken, die zum Studium biologischer Systeme verwendet werden können.

In diesem Kapitel werden wir Perl-Programme schreiben, die simulieren, wie der genetische Code die Umwandlung von DNA in Proteine lenkt. Wir beginnen mit der Einführung des Hash-Datentyps. Dann, nach einer kurzen Erläuterung, wie unterschiedliche Datenstrukturen (wie Hashes und Arrays) und Datenbanksysteme experimentelle Informationen speichern und abrufen können, werden wir ein Programm entwickeln, das DNA in Protein umwandelt. Wir werden auch unser Wissen über reguläre Ausdrücke weiter vertiefen und Code entwickeln, der FASTA-Dateien verarbeiten kann.

Hashes

Perl besitzt drei Haupt-Datentypen, von denen Sie zwei bereits kennen: skalare Variablen und Arrays. Nun wollen wir auch den dritten einsetzen: *Hashes* (auch assoziative Arrays genannt).

Ein Hash ermöglicht das sehr schnelle Auffinden (»Lookup«) eines Wertes, der mit einem bestimmten Schlüssel (»key«) verknüpft ist. Nehmen wir zum Beispiel an, Sie besitzen einen Hash namens `%english_dictionary`. (Ja, Hashes beginnen mit einem Prozentzeichen.) Wenn Sie nun die Definition des englischen Wortes »recreant« (Feigling) nachschlagen wollen, geben Sie folgendes ein:

```
$definition = $english_dictionary{'recreant'};
```

Der skalare Wert `'recreant'` bildet den Hashschlüssel, und das dem Skalar `definition` zugewiesene Ergebnis ist der Hashwert. Wie Sie in diesem Beispiel sehen können, wird bei Hashes (genau wie bei Arrays) aus dem ersten Zeichen ein Dollarzeichen, wenn Sie auf ein einzelnes Element zugreifen, weil der bei einem Hash-Lookup zurückgegebene Wert ein skalarer Wert ist. Sie können einen Hash-Lookup von einem Arrayindex durch die Art der verwendeten Klammern unterscheiden: Arrays verwenden eckige Klammern [], während Hashes mit geschweiften Klammern {} arbeiten.

Wollen Sie einem Schlüssel einen Wert zuweisen, ist die Anweisung ähnlich einfach:

```
$english_dictionary{'recreant'} = "Einer, der die Kapitulation erklärt.";
```

Wollen Sie einen Hash mit einigen Schlüssel/Wert-Paaren initialisieren, gehen Sie wie bei der Initialisierung von Arrays vor, zwei Elemente werden aber zu einem Schlüssel/Wert-Paar:

```
%klassifikation = (
    'Hund',          'Säugetier',
    'Rotkehlchen',   'Vogel',
    'Natter',        'Reptil',
);
```

Der Schlüssel `'Hund'` wird also mit dem Wert `'Säugetier'` initialisiert und so weiter. Sie können das auch noch auf andere Weise schreiben, die es deutlicher macht, was da passiert. Der folgende Code ist mit dem vorangegangenen identisch, stellt die Schlüssel/Wert-Beziehung aber klarer heraus:

```
%klassifikation = (
    'Hund'        => 'Säugetier',
    'Rotkehlchen' => 'Vogel',
    'Natter',     => 'Reptil',
);
```

Sie können ein Array aller Schlüssel eines Hashs erzeugen:

```
@schlüssel  = keys %my_hash;
```

Sie können auch ein Array aller Werte des Hashs generieren:

```
@werte  = values %my_hash;
```

Sie können Hashes in einer Vielzahl unterschiedlicher Situationen nutzen, insbesondere wenn Ihre Daten in Form von Schlüssel/Wert-Paaren vorliegen oder wenn Sie den Wert eines Schlüssels sehr schnell benötigen. Zum Beispiel werden wir im Verlauf dieses Kapitels Programme entwickeln, die Hashes nutzen, um Informationen über ein Gen abzufragen. Der Name des Gens bildet den Schlüssel, und die Information zu diesem Gen bildet den Wert des Schlüssels.

Der Name »Hash« stammt von der sogenannten Hashfunktion ab, die in praktisch jedem Buch über Algorithmen definiert wird (falls es Sie interessiert). Mathematisch repräsentiert ein Perl-Hash immer eine finite Funktion. Wir lassen die Details der Funktionsweise aber einfach unter den Tisch fallen und konzentrieren uns auf ihr Verhalten.

Datenstrukturen und Algorithmen für die Biologie

Biologen untersuchen biologische Daten und versuchen herauszufinden, wie die Dinge, basierend auf der in lebenden Systemen existierenden Struktur, funktionieren. Die Bioinformatik wird häufig verwendet, um diese existierende Struktur so realitätsnah wie möglich abzubilden. (Haben Sie Nachsicht mit mir, ich spreche ganz allgemein.)

Die Bioinformatik kann auch einen etwas anderen Ansatz verfolgen. Sie denkt darüber nach, was mit den Daten passieren soll, und versucht dann herauszufinden, wie man sie organisiert, um das Ziel zu erreichen. Mit anderen Worten wird also versucht, einen Algorithmus zu produzieren, indem man die Daten in einer geeigneten Datenstruktur darstellt.

Nachdem wir nun die drei Perl-Datentypen kennen – Skalare, Arrays und Hashes –, wird es Zeit, sich die zusammenhängenden Themenbereiche der Algorithmen und Datenstrukturen anzusehen. Über Algorithmen haben wir bereits in Kapitel 3 gesprochen. Die nun folgende Erläuterung hebt die Bedeutung der Organisation der Daten für die Algorithmen hervor, mit anderen Worten also die Datenstrukturen für den Algorithmus.

Der wichtigste Punkt ist dabei, daß unterschiedliche Algorithmen häufig unterschiedliche Datenstrukturen benötigen.

Eine Genexpressionsdatenbank

Betrachten wir ein typisches Problem. Nehmen wir an, Sie studieren einen Organismus mit insgesamt etwa 30.000 Genen. (Ja, Sie haben recht, es ist der Mensch.) Nehmen wir weiterhin an, es gibt einen Zellentyp, der unter bestimmten, durchaus interessanten Umgebungsbedingungen noch nicht besonders gut charakterisiert wurde. Sie wollen nun bestimmen, welche Gene darin exprimiert[1] werden. Glücklicherweise besitzen Sie eine nette Microarray-Einheit, die Ihnen die Expressionsinformationen für diese Zelle geliefert hat. Jetzt geht es darum, für jedes Gen nachzuschlagen, ob es in der Zelle exprimiert wird. Sie müssen diese Lookup-Fähigkeit in Ihre Website integrieren, damit Besu-

1 Für den Nicht-Biologen: Ein Gen wird exprimiert, wenn es in RNA transkribiert wird, so daß ein entsprechendes Protein hergestellt werden kann.

cher, die die Ergebnisse Ihrer Untersuchung lesen, auch die Expressionsdaten der Gene finden.

Sie können auf unterschiedliche Art verfahren. Sehen wir uns einige Alternativen an, und nutzen wir diese als kurze und einfache Einführung in die Kunst und die Wissenschaft von den Algorithmen und Datenstrukturen.

Wie sehen Ihre Daten aus? Der Einfachheit halber wollen wir annehmen, daß Sie die Namen aller Gene im Organismus besitzen und jedem Gen noch eine Zahl zuweisen. Diese Zahl gibt den Grad der Expression an, den das Gen in Ihren Experimenten aufwies. Nicht-expressiven Genen wird der Wert 0 zugewiesen.

Genexpressionsdaten mit ungeordneten Arrays

Nehmen wir nun an, Sie wollen wissen, welche Gene exprimiert werden, nicht aber den Expressionsgrad, und Sie wollen dieses Problem mit Arrays lösen. Schließlich sind Sie mittlerweile mit Arrays ja etwas vertraut. Wie würden Sie vorgehen?

Sie könnten in dem Array nur die Namen der exprimierten Gene festhalten und die anderen Gene verwerfen. Nehmen wir an, es liegen 8.000 exprimierte Gene vor. Um eine Anfrage beantworten zu können, muß also das Array durchgegangen werden, und jedes Gen im Array muß mit der Anfrage verglichen werden, bis das gewünschte Gen gefunden wurde. Im schlimmsten Fall wird also das gesamte Array durchforstet, ohne am Ende das gewünschte Element zu finden.

Das funktioniert, es gibt aber Probleme. Vor allem ist das Ganze ziemlich langsam. Das ist nicht weiter tragisch, wenn Sie das nur hier und da mal benötigen, wenn aber viele Leute Ihre Website besuchen und Fragen über die neuen Expressionsdaten stellen, kann das zu einem Problem werden. Im Schnitt verlangt das Lookup eines exprimierten Gens die Verarbeitung von 4.000 Gen-Namen. Das Lookup eines nicht exprimierten Gens verlangt 8.000 Vergleichsoperationen.

Auch können Sie, wenn nun jemand nach einem in der Studie fehlenden Gen fragt, keine informative Antwort geben, weil die Namen der nicht exprimierten Gene aussortiert wurden. Die Abfrage führt zu einer negativen Antwort und nicht zu einer Fehlermeldung, die darauf hinweist, daß das gesuchte Gen nicht Teil des Experiments ist. Das könnte sogar eine falsche Antwort sein, wenn das abgefragte Gen, das nicht Teil Ihrer Studie ist, tatsächlich in der Zelle exprimiert wird, Sie es aber übersehen haben. Sie würden es daher wohl lieber sehen, wenn Ihr Programm dem Benutzer melden würde, daß kein Gen dieses Namens untersucht wurde.

Sie entscheiden sich daher, alle 30.000 Gene im Array vorzuhalten. (Natürlich ist die Suche jetzt noch langsamer.) Wie unterscheidet man nun aber exprimierte von nicht exprimierten Genen? Sie könnten den Namen jedes Gens in das Array aufnehmen und dann den jeweiligen Expressionsgrad einfach anhängen. Dann wissen Sie definitiv, ob bei Ihrem Experiment ein Gen fehlt.

Allerdings ist das Programm immer noch etwas langsam. Sie müssen immer noch das gesamte Array durchsuchen, um das gesuchte Gen zu finden bzw. zu erkennen, daß es nicht untersucht wurde. Sie könnten es direkt finden, wenn es das erste Element des Arrays ist, oder Sie müßten warten, wenn es das letzte Element ist. Im Schnitt werden Sie die Hälfte des Arrays durchsuchen müssen. Darüber hinaus müssen Sie nacheinander den Namen des gesuchten Gens mit den Namen im Array vergleichen. Im Durchschnitt sind das 15.000 Vergleiche je Abfrage, d.h., die Sache ist langsam. (Bei einem modernen Computer eigentlich nicht furchtbar langsam, aber so wollen wir nicht argumentieren. Solche Dinge können sich leicht zu einem sehr langsamen Programm summieren.)

Ein weiteres Problem besteht darin, daß Sie zwei Werte in einem Skalar vorhalten: den Gen-Namen und den Expressionsgrad. Um irgend etwas mit diesen Daten anstellen zu können, müssen Sie den Gen-Namen vom Expressionsgrad trennen.

Trotz ihrer Nachteile wird diese Methode funktionieren. Nun, lassen Sie uns über Alternativen nachdenken.

Genexpressionsdaten mit geordneten Arrays und binärer Suche

Sie könnten alle Gen-Namen alphabetisch sortiert im Array speichern und dann die folgende Suchtechnik verwenden. (Sie können die Größe des Arrays – wie gesehen – mit dem Ausdruck `scalar @array` bestimmen.) Wenn der Gen-Name alphabetisch vor dem mittleren Element des Arrays liegt, ignorieren Sie die zweite Hälfte des Arrays und wählen das mittlere Element der übriggebliebenen Hälfte des Arrays. Sie nähern sich auf diese Weise weiter an, d.h., bei jedem Schritt halbieren Sie die Anzahl der Elemente, bis Sie das gewünschte Element gefunden haben bzw. bis Sie entdecken, daß es dieses Element nicht gibt. Hier ein möglicher Pseudocode:

```
Gegeben sind ein sortiertes Array und ein Element:

Bis das Element gefunden oder Nichtvorhandensein festgestellt wird

    Mittelpunkt des Arrays mit $array[scalar(@array)/2] wählen

    Vergleiche das Element mit dem Element am Mittelpunkt

    Bei Übereinstimmung sind Sie fertig.

    Andernfalls ignorieren Sie die Hälfte des Arrays, in der Ihr
    Element nicht liegt
}
```

Um bei Perl zwei Strings alphabetisch zu vergleichen, verwenden Sie den Operator cmp. Dieser gibt 0 zurück, wenn die beiden Strings gleich sind, -1, wenn sie in alphabetischer Reihenfolge, und 1, wenn sie in umgekehrter alphabetischer Reihenfolge angeordnet sind. So gibt das folgende Beispiel 0 zurück:

```
'ZZZ' cmp 'ZZZ';
```

Hier wird -1 zurückgegeben:

```
'AAA' cmp 'ZZZ';
```

Und schließlich wird hier 1 zurückgegeben:

```
'ZZZ' cmp 'AAA';
```

Dieser Algorithmus wird als *binäre Suche* bezeichnet und beschleunigt den Suchvorgang in einem Array erheblich. Um beispielsweise die 30.000 Gene zu durchsuchen, muß die Schleife höchstens 15mal durchlaufen werden. (Verglichen mit den durchschnittlich 15.000 Vergleichen im nicht sortierten Array, ein beachtlicher Fortschritt.) Natürlich müssen Sie die Liste auch noch sortieren, was ebenfalls eine gewisse Zeit dauern kann. Wenn Sie weitere Elemente hinzufügen müssen, müssen Sie diese also entweder direkt an der richtigen Stelle einsortieren oder sie anhängen und dann das gesamte Array neu sortieren. Dieses ganze Einfügen oder Sortieren verlangsamt die Dinge erheblich. Wenn Sie aber nur einmal etwas sortieren und dann viele Lookups vornehmen müssen, könnte eine binäre Suche sinnvoll sein.

Wo wir gerade dabei sind, wollen wir uns ansehen, wie man ein Array sortiert. Ein Array aus Strings sortiert man alphabetisch wie folgt:

```
@array = sort @array;
```

Ein aus Zahlen bestehendes Array sortiert man wie folgt in aufsteigender Reihenfolge:

```
@array = sort { $a <=> $b } @array;
```

Viele andere Arten der Sortierung sind möglich, aber das sind die gängigsten. Weitere Details finden Sie in der Perl-Dokumentation zur sort-Funktion.

Genexpressionsdaten und Hashes

Sie können auch Hashes verwenden, um ein Gen in Ihren Daten zu finden. Zu diesem Zweck initialisieren Sie den Hash in der Form, daß die Gen-Namen die Schlüssel bilden und die Expressionsgrade die entsprechenden Werte. Ein einziger Aufruf des Hashs, mit dem Namen des gesuchten Gens als Schlüssel, liefert Ihnen dann die Ergebnisse dieses Experiments für dieses Gen zurück, und Sie haben Ihre Antwort. Dieser Prozeß ist auch klarer als die Speicherung von Gen-Namen und Expressionsergebnis in einem einzigen Skalar. Hier ist der Schlüssel ein Skalar und der Wert ein separater Skalar.

Darüber hinaus erhalten Sie Ihre Antwort aufgrund der Funktionsweise der Hashes sehr schnell, weil vernünftige Hashes nicht lange zu suchen brauchen, um den Wert eines Schlüssels zu ermitteln. Die Verwendung von Hashes ist üblicherweise schneller als die binäre Suche. Gleichzeitig können Sie nun auch bestimmen, ob ein gesuchtes Gen in den Daten vorliegt, weil Sie explizit fragen können, ob ein Hashwert definiert ist. Hierzu können Sie das folgende Konstrukt verwenden:

```
if( defined $myhash{'meinschlüssel'} ) { ... }
```

Wenn Sie die Warnungen aktiviert haben, erhalten Sie darüber hinaus auch eine Fehlermeldung, wenn Sie auf einen undefinierten Wert verweisen.

Ein weiterer Vorteil von Hashes gegenüber der binären Suche besteht darin, daß Sie Elemente in Hashes aufnehmen und löschen können, ohne das gesamte Array neu sortieren zu müssen.

Schließlich sind Hashes einfach zu verwenden, weil sie bei Perl einen grundlegenden Datentyp darstellen. Sie müssen daher nicht viel programmieren, um Ihr Ziel zu erreichen. Es ist meist wichtiger, Zeit bei der Entwicklung eines Programms einzusparen, nicht bei der Ausführung. Ich habe das in Kapitel 3 erwähnt, möchte es hier aber noch einmal hervorheben. Für Programmierer ist der Weg der Faulheit häufig der effizienteste Weg: Lassen Sie die Maschine die Arbeit machen!

Kommen Sie nun aber nicht auf die Idee, daß Hashes immer der richtige Weg sind. Zum Beispiel werden die Elemente in einem Hash nicht sortiert, d.h., wenn Sie die Daten in dieser Form benötigen, müssen Sie sie explizit sortieren:

```
@sortierte_schlüssel = sort keys %mein_hash;
```

Das ist machbar, kann bei einem großen Array aber etwas langsam sein. (Sie können natürlich auch die Werte sortieren.)

Um die Erläuterung von Datenstrukturen für unser Beispiel mit den Expressionsdaten abzuschließen, hier noch eine informelle Untersuchung der Eigenschaften verschiedener Perl-Datenstrukturen in bezug auf das Suchen, Einfügen, Löschen und Sortieren einer Menge von Gen-Namen:

- Verwenden Sie einen Hash, wenn Sie wissen müssen, ob etwas in der Menge enthalten ist, und diese Menge nicht in einer bestimmten Reihenfolge ausgeben müssen.
- Ein sortiertes Array in Verbindung mit dem Algorithmus zur binären Suche kann verwendet werden, wenn Sie eine sortierte Liste und ein recht schnelles Lookup benötigen, gleichzeitig aber nicht allzu häufig Elemente hinzufügen oder löschen müssen.
- Ein Array in Verbindung mit den Perl-Funktionen `push` und `pop` funktioniert gut, wenn Sie die Elemente nicht sortieren, sondern nur auf die jüngst hinzugefügten Elemente zugreifen müssen.

- Ein Perl-Array in Verbindung mit den Funktionen `push` und `shift` funktioniert, wenn Sie die Elemente nicht sortieren, aber häufig hinzufügen müssen. Diese Variante ist besonders nützlich, wenn Sie immer das »älteste« Element (d.h. das Element, das am längsten im Array enthalten ist) entfernen wollen.

Weitere Informationen finden Sie in Anhang A und insbesondere in *Algorithmen mit Perl* (O'Reilly).

Relationale Datenbanken

Datenbanken sind Programme, die die Speicherung und das Abrufen großer Datenmengen ermöglichen. Sie stellen die gängigsten Datentypen für den Einsatz in Algorithmen zur Verfügung. Es gibt verschiedene populäre Datenbanken, einige gute stehen kostenlos zur Verfügung (die besten sind sehr teuer), und Perl ermöglicht den Zugriff auf die am weitesten verbreiteten Datenbanken. So ermöglichen zum Beispiel die Perl/DBI-Module einen bequemen Zugriff auf relationale Datenbanken aus einem Perl-Programm heraus.

Die meisten Datenbanken werden als *relational* bezeichnet. Dieser Begriff beschreibt, wie diese Datenbanken die Daten speichern. Die Bezeichnung für diese Art von Datenbanken lautet *Relational Database Management Systems* oder kurz RDMS.

Relationale Datenbanken speichern Daten in Form von Tabellen ab. Die Daten werden üblicherweise über eine Query-Sprache namens *Structured Query Language*, kurz SQL, eingegeben und abgefragt. SQL ist eine recht einfache Sprache für den Zugriff auf die Daten in diesen Tabellen und zur Verfolgung von Verbindungen zwischen diesen Tabellen.

Relationale Datenbanken sind die am weitesten verbreitete Methode zur Speicherung und Wiedergewinnung großer Datenmengen, verlangen aber einen gewissen Lernaufwand. Die Programmierung relationaler Datenbanken geht über den Rahmen dieses Buches hinaus. Wenn Sie allerdings viel mit Perl programmieren, werden Sie grundlegende Kenntnisse zur Nutzung von Datenbanken als sehr nützlich zu schätzen wissen. Beachten Sie hierzu unsere Erläuterung in Kapitel 13.

Es ist besonders vernünftig, Ihre Genexpressionsdaten in einer relationalen Datenbank abzulegen und diese in Ihrem Programm zu nutzen, um auf Queries zu antworten, die von Ihrer Website eingehen.

DBM

Perl besitzt eine einfache, fest eingebaute Möglichkeit zur Speicherung von Hashdaten namens *Database Management* (DBM). Die Verwendung ist einfach: Nach dem Start wird ein Hash an eine Datei auf der Festplatte gebunden (engl. »tie«). Auf diese Weise können Sie den Hash sichern und später wiederverwenden. Es handelt sich dabei also eigentlich um eine einfache (aber sehr nützliche) Datenbank. Abgesehen von der Initialisierung, können Sie sie verwenden wie jeden anderen Hash auch. Sie können Ihre Gene und Expressionsdaten in einer DBM-Datei ablegen und diese dann wie einen Hash nutzen. Mehr zu DBM erfahren Sie in Kapitel 10.

Der genetische Code

Der genetische Code gibt an, wie die Informationen in den *codierenden Bereichen* der DNA in die richtige Abfolge von Aminosäuren für die Proteinherstellung in der Zelle umgesetzt werden.

Hintergrund

Hier eine kurze Einführung für den Nicht-Biologen:

Wie bereits erwähnt, codiert die DNA die primäre Struktur (d.h. die Aminosäuresequenz) von Proteinen. DNA besteht aus vier Nukleotiden, und Proteine haben 20 Aminosäuren. Die Codierung erfolgt, indem man Gruppen aus drei Nukleotiden aus der DNA nimmt und sie in Aminosäuren oder ein Stop-Signal »übersetzt«. Eine solche aus drei Nukleotiden bestehende Gruppe wird *Codon* genannt. Wir werden uns detailliert ansehen, wie diese Codierung und Übersetzung funktioniert.

Tatsächlich verwendet die *Transkription* zuerst die DNA, um RNA herzustellen. Danach verwendet die *Translation* diese RNA, um Proteine zu erzeugen. Das wird als *zentrales Dogma* der Molekularbiologie bezeichnet. In diesem Buch werde ich das allerdings etwas abkürzen und den gesamten Prozeß von DNA zum Protein ungenauerweise als »Übersetzung« bezeichnen. (Anm.d.Ü.: Im Original verwendet der Autor »translation« also sowohl für die Translation der RNA, als auch für den Gesamtprozeß von Transkription und Translation. In der deutschen Ausgabe wurde eine leichte Unterscheidung vorgenommen: *Translation* bezeichnet die Translation der RNA und *Übersetzung* wird verwendet, wenn der Gesamtprozeß gemeint ist.)

Der Grund für diese nicht ganz korrekte Unterscheidung ist, daß die ganze Sache wesentlich einfacher mit dem Computer zu simulieren ist, wenn man Strings zur Darstellung von DNA, RNA und Proteinen verwendet. Tatsächlich ist, wie in Kapitel 4 gezeigt, die Transkription von DNA nach RNA sehr einfach. Bei Ihren Computersimulationen können Sie diesen Schritt überspringen, weil einfach ein Buchstabe durch einen anderen ausgetauscht wird. (Der Prozeß innerhalb der Zelle ist natürlich wesentlich komplexer.)

Bei vier Basen könnte jede aus drei Basen bestehende Gruppe also 4 × 4 × 4 = 64 Aminosäuren repräsentieren. Weil es nur 20 Aminosäuren und ein Stop-Signal gibt, besitzt der genetische Code eine gewisse Redundanz, so daß einige Aminosäuren durch mehr als ein Codon repräsentiert werden. Alle drei möglichen DNA-Basen – jedes Codon – repräsentieren irgendeine Aminosäure (abgesehen von den drei Codons, die ein Stop-Signal repräsentieren).

Abbildung 8-1 zeigt jedes Codon und die jeweils zugehörige Aminosäure: der *genetische Code*. Es gibt viele interessante Dinge zum genetischen Code zu sagen. Für unsere Zwecke ist das Wichtigste die Redundanz – die Art und Weise, in der mehr als ein Codon zu ein und derselben Aminosäure wird. Wir werden das, wie Sie gleich sehen werden, mit Hilfe von Zeichenklassen und regulären Ausdrücken programmieren.[2]

	zweite Position								
erste Position	U		C		A		G		dritte Position
U	UUU	Phe	UCU	Ser	UAU	Tyr	UGU	Cys	U
	UUC		UCC		UAC		UGC		C
	UUA	Leu	UCA		UAA	Stop	UGA	Stop	A
	UUG		UCG		UAG	Stop	UGG	Trp	G
C	CUU	Leu	CCU	Pro	CAU	His	CGU	Arg	U
	CUC		CCC		CAC		CGC		C
	CUA		CCA		CAA	Gln	CGA		A
	CUG		CCG		CAG		CGG		G
A	AUU	Ile	ACU	Thr	AAU	Asn	AGU	Ser	U
	AUC		ACC		AAC		AGC		C
	AUA		ACA		AAA	Lys	AGA	Arg	A
	AUG	Met (start)	ACG		AAG		AGG		G
G	GUU	Val	GCU	Ala	GAU	Asp	GGU	Gly	U
	GUC		GCC		GAC		GGC		C
	GUA		GCA		GAA	Glu	GGA		A
	GUG		GCG		GAG		GGG		G

Abbildung 8-1: Der genetische Code

2 Beachten Sie auch, daß der genetische Code in Abbildung 8-1: korrekterweise auf RNA basiert, wo Uracil anstelle von Thymin erscheint. In unseren Programmen werden wir von der DNA direkt zu den Aminosäuren gehen, so daß unsere Codons Thymin statt Uracil verwenden.

Die Maschinerie der Zelle beginnt tatsächlich an einem Punkt entlang der RNA, »liest« die Sequenzen Codon für Codon ein und hängt die resultierenden Aminosäuren an das Ende der wachsenden Proteinsequenz an. Beispiel 8-1 simuliert dies, indem es aus einem DNA-String jeweils drei Basen liest und das Symbol der aus diesen Basen resultierenden Aminosäure an das Ende des wachsenden Proteinstrings anhängt. Innerhalb der Zelle endet dieser Prozeß, wenn eines der drei Stopcodons entdeckt wird.

Codons in Aminosäuren umwandeln

Die erste Aufgabe besteht darin, die folgenden Programme zu befähigen, die Umwandlung der aus drei Nukleotiden bestehenden Codons in Aminosäuren durchzuführen. Das ist der wichtigste Schritt bei der Implementierung des genetischen Codes (also der Codierung für Aminosäuren durch aus drei Nukleotiden bestehende Codons).

Hier eine Subroutine, die eine Aminosäure zurückgibt (repräsentiert durch ihre aus einem Buchstaben bestehende Kurzform), wenn man ihr ein aus drei Buchstaben bestehendes DNA-Codon übergibt:

```
# codon2aa
#
# Eine Subroutine zur Übersetzung eines aus 3 Zeichen
# bestehenden DNA-Codons in eine Aminosäure

sub codon2aa {
    my($codon) = @_;

       if ( $codon =~ /TCA/i )    { return 'S' }    # Serin
    elsif ( $codon =~ /TCC/i )    { return 'S' }    # Serin
    elsif ( $codon =~ /TCG/i )    { return 'S' }    # Serin
    elsif ( $codon =~ /TCT/i )    { return 'S' }    # Serin
    elsif ( $codon =~ /TTC/i )    { return 'F' }    # Phenylalanin
    elsif ( $codon =~ /TTT/i )    { return 'F' }    # Phenylalanin
    elsif ( $codon =~ /TTA/i )    { return 'L' }    # Leucin
    elsif ( $codon =~ /TTG/i )    { return 'L' }    # Leucin
    elsif ( $codon =~ /TAC/i )    { return 'Y' }    # Tyrosin
    elsif ( $codon =~ /TAT/i )    { return 'Y' }    # Tyrosin
    elsif ( $codon =~ /TAA/i )    { return '_' }    # Stop
    elsif ( $codon =~ /TAG/i )    { return '_' }    # Stop
    elsif ( $codon =~ /TGC/i )    { return 'C' }    # Cystein
    elsif ( $codon =~ /TGT/i )    { return 'C' }    # Cystein
    elsif ( $codon =~ /TGA/i )    { return '_' }    # Stop
    elsif ( $codon =~ /TGG/i )    { return 'W' }    # Tryptophan
    elsif ( $codon =~ /CTA/i )    { return 'L' }    # Leucin
    elsif ( $codon =~ /CTC/i )    { return 'L' }    # Leucin
    elsif ( $codon =~ /CTG/i )    { return 'L' }    # Leucin
    elsif ( $codon =~ /CTT/i )    { return 'L' }    # Leucin
    elsif ( $codon =~ /CCA/i )    { return 'P' }    # Prolin
    elsif ( $codon =~ /CCC/i )    { return 'P' }    # Prolin
    elsif ( $codon =~ /CCG/i )    { return 'P' }    # Prolin
    elsif ( $codon =~ /CCT/i )    { return 'P' }    # Prolin
    elsif ( $codon =~ /CAC/i )    { return 'H' }    # Histidin
```

```
    elsif ( $codon =~ /CAT/i )    { return 'H' }    # Histidin
    elsif ( $codon =~ /CAA/i )    { return 'Q' }    # Glutamin
    elsif ( $codon =~ /CAG/i )    { return 'Q' }    # Glutamin
    elsif ( $codon =~ /CGA/i )    { return 'R' }    # Arginin
    elsif ( $codon =~ /CGC/i )    { return 'R' }    # Arginin
    elsif ( $codon =~ /CGG/i )    { return 'R' }    # Arginin
    elsif ( $codon =~ /CGT/i )    { return 'R' }    # Arginin
    elsif ( $codon =~ /ATA/i )    { return 'I' }    # Isoleucin
    elsif ( $codon =~ /ATC/i )    { return 'I' }    # Isoleucin
    elsif ( $codon =~ /ATT/i )    { return 'I' }    # Isoleucin
    elsif ( $codon =~ /ATG/i )    { return 'M' }    # Methionin
    elsif ( $codon =~ /ACA/i )    { return 'T' }    # Threonin
    elsif ( $codon =~ /ACC/i )    { return 'T' }    # Threonin
    elsif ( $codon =~ /ACG/i )    { return 'T' }    # Threonin
    elsif ( $codon =~ /ACT/i )    { return 'T' }    # Threonin
    elsif ( $codon =~ /AAC/i )    { return 'N' }    # Asparagin
    elsif ( $codon =~ /AAT/i )    { return 'N' }    # Asparagin
    elsif ( $codon =~ /AAA/i )    { return 'K' }    # Lysin
    elsif ( $codon =~ /AAG/i )    { return 'K' }    # Lysin
    elsif ( $codon =~ /AGC/i )    { return 'S' }    # Serin
    elsif ( $codon =~ /AGT/i )    { return 'S' }    # Serin
    elsif ( $codon =~ /AGA/i )    { return 'R' }    # Arginin
    elsif ( $codon =~ /AGG/i )    { return 'R' }    # Arginin
    elsif ( $codon =~ /GTA/i )    { return 'V' }    # Valin
    elsif ( $codon =~ /GTC/i )    { return 'V' }    # Valin
    elsif ( $codon =~ /GTG/i )    { return 'V' }    # Valin
    elsif ( $codon =~ /GTT/i )    { return 'V' }    # Valin
    elsif ( $codon =~ /GCA/i )    { return 'A' }    # Alanin
    elsif ( $codon =~ /GCC/i )    { return 'A' }    # Alanin
    elsif ( $codon =~ /GCG/i )    { return 'A' }    # Alanin
    elsif ( $codon =~ /GCT/i )    { return 'A' }    # Alanin
    elsif ( $codon =~ /GAC/i )    { return 'D' }    # Aspartinsäure
    elsif ( $codon =~ /GAT/i )    { return 'D' }    # Aspartinsäure
    elsif ( $codon =~ /GAA/i )    { return 'E' }    # Glutaminsäure
    elsif ( $codon =~ /GAG/i )    { return 'E' }    # Glutaminsäure
    elsif ( $codon =~ /GGA/i )    { return 'G' }    # Glycin
    elsif ( $codon =~ /GGC/i )    { return 'G' }    # Glycin
    elsif ( $codon =~ /GGG/i )    { return 'G' }    # Glycin
    elsif ( $codon =~ /GGT/i )    { return 'G' }    # Glycin
    else {
        print STDERR "Falsches Codon \"$codon\"!!\n";
        exit;
    }
}
```

Dieser Code ist klar und einfach, und das Layout macht deutlich, was passiert. Allerdings kann die Ausführung eine Weile dauern. So muß für das Codon GGT (für Glyzin) jeder Test ausgeführt werden, bis der letzte schließlich erfolgreich ist. Das sind sehr viele Stringvergleiche. Dennoch erfüllt der Code seinen Zweck.

Die Fehlermeldung im Code bietet etwas Neues. Erinnern Sie sich an die Dateihandles aus Kapitel 4 und daran, wie sie auf Daten in Dateien zugreifen. Denken Sie an das spezielle Dateihandle STDIN aus Kapitel 5, das Benutzereingaben über die Tastatur einliest. STDOUT und STDERR sind ebenfalls spezielle Dateihandles, die in allen Perl-Programmen zur Verfügung stehen. STDOUT leitet die Ausgabe (üblicherweise) auf den Bildschirm oder einen anderen (Standard-)Ort um. Fehlt bei einer `print`-Anweisung das Dateihandle, wird stillschweigend STDOUT angenommen. Die `print`-Anweisung akzeptiert ein Dateihandle als optionales Argument (wie in Beispiel 5-7), standardmäßig gibt sie aber auf STDOUT aus. Im obigen Code werden Fehlermeldungen an STDERR weitergeleitet. Meist erfolgt die Ausgabe dann auf dem Bildschirm, bei vielen Computersystemen kann die Ausgabe aber auch in eine spezielle Fehlerdatei oder an eine andere Stelle umgeleitet werden. Alternativ möchte man manchmal STDOUT in eine Datei oder sonstwohin leiten, während STDERR-Fehlermeldungen auf dem Bildschirm erscheinen sollen. Ich erwähne diese Möglichkeiten, weil Sie ihnen in Perl-Code sehr wahrscheinlich begegnen werden. In diesem Buch nutzen wir sie nicht häufig. (Weitere Informationen finden Sie in Anhang B.)

Die Redundanz des genetischen Codes

Ich habe die Redundanz des genetischen Codes bereits erwähnt, und offensichtlich bildet die Subroutine `codon2aa` mehrere Codons auf dieselbe Aminosäure ab. Wir können diese Redundanz auf eine andere Weise darstellen. Beachten Sie, daß bei Gruppen redundanter Codons fast immer die ersten und zweiten Basen identisch sind, während die dritten variieren. Sie haben Zeichenklassen in regulären Ausdrücken verwendet, um ein beliebiges Zeichen in einer Menge von Zeichen zu erkennen. Nun wollen wir die Subroutine `codon2aa` so umschreiben, daß nur ein Test für jede redundante Gruppe von Codons durchgeführt wird:

```
# codon2aa
#
# Eine Subroutine zur Übersetzung eines aus 3 Zeichen
# bestehenden DNA-Codons in eine Aminosäure. Version 2

sub codon2aa {
    my($codon) = @_;

       if ( $codon =~ /GC./i)        { return 'A' }    # Alanin
    elsif ( $codon =~ /TG[TC]/i)     { return 'C' }    # Cystein
    elsif ( $codon =~ /GA[TC]/i)     { return 'D' }    # Aspartinsäure
    elsif ( $codon =~ /GA[AG]/i)     { return 'E' }    # Glutaminsäure
    elsif ( $codon =~ /TT[TC]/i)     { return 'F' }    # Phenylalanin
    elsif ( $codon =~ /GG./i)        { return 'G' }    # Glycin
    elsif ( $codon =~ /CA[TC]/i)     { return 'H' }    # Histidin
    elsif ( $codon =~ /AT[TCA]/i)    { return 'I' }    # Isoleucin
    elsif ( $codon =~ /AA[AG]/i)     { return 'K' }    # Lysin
    elsif ( $codon =~ /TT[AG]|CT./i) { return 'L' }    # Leucin
    elsif ( $codon =~ /ATG/i)        { return 'M' }    # Methionin
    elsif ( $codon =~ /AA[TC]/i)     { return 'N' }    # Asparagin
    elsif ( $codon =~ /CC./i)        { return 'P' }    # Prolin
```

```
        elsif ( $codon =~ /CA[AG]/i)     { return 'Q' }    # Glutamin
        elsif ( $codon =~ /CG.|AG[AG]/i) { return 'R' }    # Arginin
        elsif ( $codon =~ /TC.|AG[TC]/i) { return 'S' }    # Serin
        elsif ( $codon =~ /AC./i)        { return 'T' }    # Threonin
        elsif ( $codon =~ /GT./i)        { return 'V' }    # Valin
        elsif ( $codon =~ /TGG/i)        { return 'W' }    # Tryptophan
        elsif ( $codon =~ /TA[TC]/i)     { return 'Y' }    # Tyrosin
        elsif ( $codon =~ /TA[AG]|TGA/i) { return '_' }    # Stop
        else {
            print STDERR "Falsches Codon \"$codon\"!!\n";
            exit;
        }
    }
```

Mit Hilfe von Zeichenklassen und regulären Ausdrücken zeigt dieser Code eindeutig die Redundanz des genetischen Codes. Beachten Sie auch, daß die Ein-Zeichen-Codes für die Aminosäuren nun in alphabetischer Reihenfolge vorliegen.

Eine Zeichenklasse wie `[TC]` erkennt ein einzelnes Zeichen, also entweder T oder C. Der Punkt (`.`) ist der reguläre Ausdruck, der jedes Zeichen außer dem Newline erkennt. Der Ausdruck `/GT./i` für Valin erkennt GTA, GTC, GTG und GTT, alles Codons für Valin. (Natürlich erkennt der Punkt auch jedes andere Zeichen, aber wir setzen ja voraus, daß `$codon` nur die Zeichen A,C,G und T enthält.) Das i hinter dem regulären Ausdruck bedeutet die Erkennung von Groß- und Kleinbuchstaben. So erkennt `/T/i` beispielsweise T oder t.

Das neue Element bei diesen regulären Ausdrücken ist die Verwendung des vertikalen Strichs, der sogenannten Pipe (|), zur Trennung zweier Wahlmöglichkeiten. Serin, `/TC.|AG[TC]/`, wird also durch `/TC./` oder `/AG[TC]/` erkannt. In diesem Programm benötigen Sie im regulären Ausdruck nur zwei Wahlmöglichkeiten, aber Sie können so viele Pipes benutzen, wie Sie wollen.

Sie können Teile regulärer Ausdrücke auch in runden Klammern gruppieren und in diesen mit Pipes arbeiten. Beispielsweise erkennt `/mach mal (Pause|Essen)/` entweder »mach mal Pause« oder »mach mal Essen«.

Verwendung von Hashes für den genetischen Code

Wenn Sie über die Verwendung eines Hashs für diese Übersetzung nachdenken, werden Sie sehen, daß das eine natürliche Vorgehensweise darstellt. Für jeden Codon-Schlüssel wird der Aminosäurewert zurückgegeben. Hier der Code:

```
#
# codon2aa
#
# Eine Subroutine zur Übersetzung eines aus 3 Zeichen
# bestehenden DNA-Codons in eine Aminosäure.
# Version 3 mit Hash-Lookup
```

```
sub codon2aa {
    my($codon) = @_;

    $codon = uc $codon;

    my(%genetic_code) = (

    'TCA' => 'S',    # Serin
    'TCC' => 'S',    # Serin
    'TCG' => 'S',    # Serin
    'TCT' => 'S',    # Serin
    'TTC' => 'F',    # Phenylalanin
    'TTT' => 'F',    # Phenylalanin
    'TTA' => 'L',    # Leucin
    'TTG' => 'L',    # Leucin
    'TAC' => 'Y',    # Tyrosin
    'TAT' => 'Y',    # Tyrosin
    'TAA' => '_',    # Stop
    'TAG' => '_',    # Stop
    'TGC' => 'C',    # Cystein
    'TGT' => 'C',    # Cystein
    'TGA' => '_',    # Stop
    'TGG' => 'W',    # Tryptophan
    'CTA' => 'L',    # Leucin
    'CTC' => 'L',    # Leucin
    'CTG' => 'L',    # Leucin
    'CTT' => 'L',    # Leucin
    'CCA' => 'P',    # Prolin
    'CCC' => 'P',    # Prolin
    'CCG' => 'P',    # Prolin
    'CCT' => 'P',    # Prolin
    'CAC' => 'H',    # Histidin
    'CAT' => 'H',    # Histidin
    'CAA' => 'Q',    # Glutamin
    'CAG' => 'Q',    # Glutamin
    'CGA' => 'R',    # Arginin
    'CGC' => 'R',    # Arginin
    'CGG' => 'R',    # Arginin
    'CGT' => 'R',    # Arginin
    'ATA' => 'I',    # Isoleucin
    'ATC' => 'I',    # Isoleucin
    'ATT' => 'I',    # Isoleucin
    'ATG' => 'M',    # Methionin
    'ACA' => 'T',    # Threonin
    'ACC' => 'T',    # Threonin
    'ACG' => 'T',    # Threonin
    'ACT' => 'T',    # Threonin
    'AAC' => 'N',    # Asparagin
    'AAT' => 'N',    # Asparagin
    'AAA' => 'K',    # Lysin
    'AAG' => 'K',    # Lysin
    'AGC' => 'S',    # Serin
    'AGT' => 'S',    # Serin
    'AGA' => 'R',    # Arginin
```

```
    'AGG' => 'R',      # Arginin
    'GTA' => 'V',      # Valin
    'GTC' => 'V',      # Valin
    'GTG' => 'V',      # Valin
    'GTT' => 'V',      # Valin
    'GCA' => 'A',      # Alanin
    'GCC' => 'A',      # Alanin
    'GCG' => 'A',      # Alanin
    'GCT' => 'A',      # Alanin
    'GAC' => 'D',      # Aspartinsäure
    'GAT' => 'D',      # Aspartinsäure
    'GAA' => 'E',      # Glutaminsäure
    'GAG' => 'E',      # Glutaminsäure
    'GGA' => 'G',      # Glycin
    'GGC' => 'G',      # Glycin
    'GGG' => 'G',      # Glycin
    'GGT' => 'G',      # Glycin
    );

    if(exists $genetic_code{$codon}) {
        return $genetic_code{$codon};
    }else{

            print STDERR "Falsches Codon \"$codon\"!!\n";
            exit;
    }
}
```

Diese Subroutine ist einfach: Sie initialisiert einen Hash und führt mit dem einzigen Argument einen einzelnen Lookup im Hash durch. Der Hash besitzt 64 Schlüssel, einen für jedes Codon.

Beachten Sie die Funktion `exists`, die wahr zurückgibt, wenn der Schlüssel `$codon` im Hash vorhanden ist. Diese Funktion übernimmt die Aufgabe der `else`-Anweisung aus den beiden vorherigen Versionen unserer `codon2aa`-Subroutine.[3]

Beachten Sie auch, daß diese Subroutine mit kleingeschriebener DNA ebenso umgehen kann wie mit großgeschriebener. Sie wandeln das eingehende Argument in Großbuchstaben um, damit diese mit den Daten im `%genetic_code`-Hash übereinstimmen. Sie können einem Hash keinen regulären Ausdruck als Schlüssel übergeben. Es muß sich um einen einfachen skalaren Wert, einen String oder eine Zahl handeln, weshalb die Umwandlung in Großbuchstaben zuerst erfolgen muß. (Alternativ können Sie den Hash doppelt so groß machen.) Auch Zeichenklassen können nicht als Schlüssel für Hashes verwendet werden, d.h., Sie müssen jedes der 64 Codons einzeln angeben.

3 Ein Schlüssel kann in einem Hash vorhanden, dessen Wert aber undefiniert sein. Die `defined`-Funktion prüft, ob ein Wert definiert ist. Auch 0 oder der leere String sind als Werte möglich, weshalb ein Test wie `if ($hash{$key})` fehlschlägt, selbst wenn ein Schlüssel existiert und ein Wert definiert ist, da der Wert in einer Konditionalprüfung zu `falsch` evaluiert.

Sie fragen sich vielleicht, warum man sich überhaupt die Mühe macht, dieses bißchen Code in eine Subroutine zu packen. Warum nicht einfach den Hash deklarieren und initialisieren und die Lookups dann direkt über den Hash vornehmen, statt über die Subroutine zu gehen? Nun, die Subroutine übernimmt auch noch eine Fehlerprüfung für nicht existierende Schlüssel, d.h., Sie müssen diese nicht bei jeder Nutzung des Hashs vornehmen.

Darüber hinaus stellt die Unterbringung des Codes in einer Subroutine so eine Art Lebensversicherung für die Zukunft dar. Wenn der gesamte von Ihnen entwickelte Code die Codon-Übersetzung über diese Subroutine vornimmt, wäre es ein leichtes, die Art und Weise zu verändern, in der diese Übersetzung erfolgt. Vielleicht wird Perl irgendwann um einen neuen Datentyp erweitert, oder vielleicht wollen Sie Ihre Lookups über eine Datenbank oder eine DBM-Datei abwickeln. In einem solchen Fall müssen Sie nur die Interna der Subroutine ändern. Solange sich die Schnittstelle auf diese Subroutine nicht ändert – solange also nur ein Codon als Argument übergeben und der Ein-Zeichen-Code für die Aminosäure zurückgegeben wird –, müssen Sie sich vom Standpunkt des eigentlichen Programms keine Gedanken darüber machen, wie die Übersetzung erfolgt. Unsere Subroutine wird zu einer *Black Box*. Das ist ein wesentlicher Vorteil der Modularisierung und der Organisation von Programmen in Subroutinen.

Es gibt einen weiteren guten Grund, einen biologischen, warum Sie eine Subroutine für den genetischen Code verwenden sollten. Tatsächlich gibt es mehr als einen genetischen Code, da es bei der Umwandlung von DNA in Aminosäuren Unterschiede zwischen Säugetieren, Pflanzen, Insekten und Hefe gibt – insbesondere in den Mitochondrien. Wenn Sie den genetischen Code also modularisiert haben, können Sie Ihr Programm so modifizieren, daß es mit einer Reihe von Organismen funktioniert.

Einer der Vorteile von Hashes ist die Geschwindigkeit. Unglücklicherweise deklariert unsere Subroutine den gesamten Hash beim Aufruf der Subroutine (selbst bei nur einem Aufruf). Das ist nicht effizient, tatsächlich ist das sogar langsam. Es gibt andere, wesentlich schnellere Möglichkeiten, den `genetic_code`-Hash nur einmal in einer globalen Variable zu deklarieren. Das würde an dieser Stelle aber zu weit führen. Unsere aktuelle Version hat den Vorteil, leicht gelesen werden zu können. Lassen Sie uns also einfach mit unserer Hashversion von `codon2aa` zufrieden sein und diese in unser Modul *BeginPerlBioinfo.pm* aufnehmen (siehe Kapitel 6).

Nachdem wir nun eine befriedigende Möglichkeit besitzen, Codons in Aminosäuren umzuwandeln, wollen wir im nächsten Abschnitt und in den Beispielen anfangen, sie zu nutzen.

DNA in Proteine übersetzen

Beispiel 8-1 zeigt, wie die neue Subroutine codon2aa verwendet werden kann, um eine vollständige DNA-Sequenz in Protein umzuwandeln.

Beispiel 8-1: DNA in Protein umwandeln

```
#!/usr/bin/perl
# DNA in Protein umwandeln

use strict;
use warnings;
use BeginPerlBioinfo;     # Mehr zu diesem Modul in Kapitel 6


# Variablen initialisieren
my $dna = 'CGACGTCTTCGTACGGGACTAGCTCGTGTCGGTCGC';
my $protein = ';
my $codon;

# Codon in Aminosäure umwandeln und an Protein anhängen
for(my $i=0; $i < (length($dna) - 2) ; $i += 3) {
    $codon = substr($dna,$i,3);
    $protein .= codon2aa($codon);
}

print "Die DNA\n\n$dna\n\n  umgewandelt in das Protein\n\n$protein\n\n";

exit;
```

Um das zum Laufen zu bringen, benötigen Sie das Modul *BeginPerlBioinfo.pm* für die Subroutinen in einer separaten Datei, die, wie in Kapitel 6 erläutert, vom Programm auch gefunden werden kann. Auch die Subroutine codon2aa muß in diesem Modul enthalten sein. Alternativ können Sie den Code für codon2aa direkt in Beispiel 8-1 einfügen und die Referenz auf *BeginPerlBioinfo.pm* entfernen.

Hier die Ausgabe von Beispiel 8-1:

```
Die DNA

CGACGTCTTCGTACGGGACTAGCTCGTGTCGGTCGC

  umgewandelt in das Protein

RRLRTGLARVGR
```

Sie kennen bereits alle Elemente aus Beispiel 8-1. Nur die Art und Weise, wie die DNA verarbeitet wird, ist neu:

```
for(my $i=0; $i < (length($dna) - 2) ; $i += 3) {
```

Denken Sie daran, daß eine for-Schleife aus drei Teilen besteht, die jeweils durch Semikola voneinander getrennt werden. Der erste Teil initialisiert den Zähler: my $i=0 sorgt für ein statisches Scoping, so daß die Variable $i nur innerhalb dieses Blocks sichtbar ist. Jedes andere $i sonstwo im Code (nun, in diesem Fall gibt es keins, aber es kann passieren) ist innerhalb dieses Blocks unsichtbar. Der dritte Teil der for-Schleife inkrementiert den Zähler, nachdem alle Anweisungen des Blocks ausgeführt sind, aber bevor zum Anfang der Schleife zurückgesprungen wird:

```
$i += 3
```

Weil Sie die DNA immer drei Basen auf einmal durchgehen wollen, inkrementieren Sie jeweils um drei.

Der zweite, mittlere Teil der for-Schleife prüft, ob die Schleife weiter durchlaufen werden muß:

```
$i < (length($dna) - 2)
```

Ist keine, eine oder sind zwei Basen übrig, müssen Sie aufhören, weil für ein Codon ja drei Basen benötigt werden. Nun sind die Positionen im DNA-String einer bestimmten Länge von 0 bis length-1 numeriert. Wenn der Positionszähler $i die Länge length-2 erreicht hat, sind nur noch zwei Basen (an den Positionen length-2 und length-1) vorhanden, und Sie müssen aufhören. Nur wenn der Positionszähler $i kleiner als length-2 ist, sind immer noch mindestens drei Basen übrig, also genug für ein Codon. Der Test ist also nur erfolgreich, wenn:

```
$i < (length($dna) -2)
```

(Beachten Sie, daß der gesamte Ausdruck rechts neben dem Kleiner-als-Zeichen in runde Klammern eingeschlossen ist. Den Grund hierfür erläutern wir in Kapitel 9 im Abschnitt »Vorrang der Operationen und Klammern«.)

Die Codezeile

```
$codon = substr ($dna, $i, 3);
```

zieht das aus drei Basen bestehende Codon aus der DNA. Der Aufruf der substr-Funktion spezifiziert einen Substring von $dna an Position $i mit der Länge 3 und speichert diesen in der Variable $codon.

Wenn Sie diese Übersetzung von DNA in Protein häufig durchführen müssen, können Sie aus Beispiel 8-1 eine Subroutine machen. Wann immer Sie eine Subroutine schreiben wollen, müssen Sie sich überlegen, welche Argumente Sie übergeben wollen. So könnte es einen Zeitpunkt geben, zu dem Sie eine lange DNA-Sequenz besitzen, aber nur einen Teil davon übersetzen wollen. Sollen Sie der Subroutine nun zwei zusätzliche Argumente für die gewünschten Anfangs- und Endpunkte übergeben? Sie könnten, entscheiden sich aber dagegen. Diese Entscheidung ist eine Frage Ihres Urteils – Teil der

Kunst, einen Code in sinnvolle Fragmente zu unterteilen. Möglicherweise ist es besser, eine Subroutine zu besitzen, die einfach nur die Übersetzung übernimmt. Diese können Sie dann bei Bedarf zu einem Teil einer größeren Subroutine machen, die auch Anfangs- und Endpunkte einer Sequenz festhält. Die Überlegung ist, daß man normalerweise einfach die ganze Sache übersetzt. Jedesmal den Startpunkt und `length($dna)-1` übergeben zu müssen, wäre lästig. Natürlich hängt letztendlich alles davon ab, was Sie machen, d.h., unsere Entscheidung verdeutlicht nur unsere Denkweise bei der Entwicklung des jeweiligen Codes.

Sie sollten auch die rein informative `print`-Anweisung am Ende entfernen, weil diese eher für ein Hauptprogramm als für eine Subroutine geeignet ist.

Wie auch immer, Sie haben das Design durchdacht und wollen eine Subroutine mit nur einem Argument, der DNA, die die entsprechende Peptid-Übersetzung zurückgibt:

```
# dna2peptide
#
# Eine Subroutine, die eine DNA-Sequenz in ein Peptid umwandelt

sub dna2peptide {

    my($dna) = @_;

    use strict;
    use warnings;
    use BeginPerlBioinfo;     # Mehr zu diesem Modul in Kapitel 6

    # Variablen initialisieren
    my $protein = ';

    # Codon in Aminosäure umwandeln und an Protein anhängen
    for(my $i=0; $i < (length($dna) - 2) ; $i += 3) {
        $protein .= codon2aa( substr($dna,$i,3) );
    }

    return $protein;
}
```

Fügen Sie die Subroutine `dna2peptide` nun in das Modul *BeginPerlBioinfo.pm* ein.

Beachten Sie, daß wir eine der Variablen eliminiert haben, während wir diese Subroutine aus Beispiel 8-1 abgeleitet haben: die Variable `$codon`. Warum?

Nun, ein Grund ist, daß es einfach möglich ist. In Beispiel 8-1 haben wir `substr` verwendet, um das Codon aus `$dna` herauszunehmen. Dieses Codon haben wir dann in der Variable `$codon` festgehalten und an die Subroutine `codon2aa` übergeben. Unser neuer Ansatz eliminiert diesen Mittelsmann. Wir fügen den Aufruf von `substr` so ein, daß er das Argument für die Subroutine `codon2aa` wie vorhin übergibt, ohne den Wert zuerst in der Variable `$codon` abzulegen.

Auf diese Weise erhöhen wir die Effizienz und die Geschwindigkeit ein wenig. Weil das Kopieren von Strings eines der Dinge ist, die in Computerprogrammen etwas langsamer vonstatten gehen, ist die Eliminierung solcher Kopiervorgänge eine einfache und effektive Möglichkeit, die Geschwindigkeit eines Programms zu erhöhen.

Ist das Programm nun aber weniger gut zu lesen? Entscheiden Sie selbst. Ich denke, es ist etwas weniger gut zu lesen, aber der Kommentar direkt vor der Schleife macht die Dinge deutlich, zumindest für mich. Gut lesbarer Code ist wichtig, d.h., wenn Sie die Geschwindigkeit einer Subroutine also wirklich erhöhen müssen, der Code dadurch aber schwerer lesbar wird, sollten Sie ausreichend Kommentare vorsehen, damit der Leser verstehen kann, was vor sich geht.

Zum ersten Mal sind die Aufrufe der use-Funktion in einer Subroutine und nicht im Hauptprogramm aufgeführt:

```
use strict;
use warnings;
use BeginPerlBioinfo;
```

Das kann wegen der Aufrufe im Hauptprogramm überflüssig sein, richtet aber keinen Schaden an, weil Perl die Module überwacht und nur einmal einliest. Wird die Routine von einem Modul aus aufgerufen, das diese Module noch nicht geladen hat, sind wir letztendlich aber auf der sicheren Seite.

Nun wollen wir uns dem Umgang mit DNA in Dateien widmen.

DNA aus Dateien im FASTA-Format einlesen

In der recht kurzen Geschichte der Bioinformatik haben verschiedene Biologen und Programmierer unterschiedliche Formate eingeführt, in denen Sequenzdaten in Computerdateien festgehalten werden. Bioinformatiker müssen daher mit diesen unterschiedlichen Formaten umgehen können. Wir müssen die Sequenzdaten und die Kommentare aus diesen Dateien extrahieren können, müssen also Code entwickeln, der mit diesen unterschiedlichen Formaten umgehen kann.

Es gibt viele dieser Formate. Allein für DNA sind vielleicht 20 im regelmäßigen Einsatz. Allein die Menge dieser Formate kann ein Ärgernis sein, wenn Sie eine Sequenz im Labor untersuchen. Sie müssen ein Format in andere Formate übersetzen, um es in den verschiedenen, von Ihnen genutzten Programmen verwenden zu können. Im folgenden einige der bekanntesten Formate.

FASTA

Die Programme FASTA und Basic Local Alignment Search Technique (BLAST) sind sehr populär. Beide verwenden das FASTA-Format. Aufgrund seiner Einfachheit ist das FASTA-Format das vielleicht am häufigsten genutzte Format neben GenBank.

Genetic Sequence Data Bank (GenBank)

GenBank ist eine Sammlung aller veröffentlichten genetischen Daten. Es enthält neben der DNA-Sequenz eine Vielzahl zusätzlicher Informationen. Dieses Format ist sehr wichtig, und wir sehen uns GenBank-Dateien in Kapitel 10 genauer an.

European Molecular Biology Laboratory (EMBL)

Die EMBL-Datenbank enthält grundsätzlich die gleichen Daten wie GenBank und die DDBJ (DNA Data Bank of Japan), das Format ist aber etwas anders.

Einfache Daten bzw. ABI-Sequenzierer-Daten

Diese DNA-Sequenzdaten besitzen überhaupt keine Formatierung, sondern bestehen nur aus den die Basen repräsentierenden Zeichen. Es sind typische Ausgaben der Sequenziergeräte von Applied Biosystems (ABI) sowie anderer Maschinen und Programme.

Protein Identification Resource (PIR)

PIR ist eine sehr gut gepflegte Sammlung von Protein-Sequenzdaten.

Genetics Computer Group (GCG)

Das GCG-Programm (d.h. das GCG Wisconsin-Paket) von Accelrys wird von großen Forschungseinrichtungen verwendet. Daten müssen im GCG-Format vorliegen, um von diesen Programmen genutzt werden zu können.

Von diesen sechs Formaten sind GenBank und FASTA die mit Abstand am weitesten verbreiteten. Die nächsten Abschnitte zeigen, wie man FASTA-Daten liest und bearbeitet.

Das FASTA-Format

Lassen Sie uns eine Subroutine entwickeln, die Daten im FASTA-Format verarbeiten kann. Das ist für sich genommen schon nützlich und ein wunderbarer Einstieg in die noch folgenden Kapitel zu GenBank, PDB und BLAST.

Das FASTA-Format besteht grundsätzlich einfach aus einzelnen Zeilen mit Sequenzdaten, die am Ende jeweils durch Newline-Zeichen abgeschlossen werden, damit sie auf Papier oder einem Bildschirm ausgegeben werden können. Die Länge der Zeilen ist nicht festgelegt, aber aus Gründen der Kompatibilität ist es am besten, sie auf maximal 80 Zeichen zu begrenzen. Es gibt auch *Header-Informationen*, d.h. eine oder mehrere Zeilen zu Beginn der Datei, die mit dem Größer-als-Zeichen > beginnen. Diese Header können jeden beliebigen Text (auch keinen) enthalten. Normalerweise enthält eine Header-Zeile den Namen der DNA oder des Gens, aus der bzw. dem sie stammt. Durch einen vertikalen Strich getrennt, sind häufig noch weitere Informationen zur Sequenz, zum sie liefernden Experiment oder andere Nicht-Sequenzdaten dieser Art enthalten.

Ein großer Teil der FASTA-fähigen Software geht davon aus, daß es nur eine Header-Zeile gibt. Andere Pakete erlauben mehrere Zeilen. Unsere Subroutine erlaubt eine oder mehrere Header-Zeilen sowie durch # eingeleitete Kommentare.

Nachfolgend sehen Sie eine typische FASTA-Datei. Wir nennen sie *sample.dna* und verwenden sie in verschiedenen Programmen. Sie sollten diese Datei kopieren, sie von der Website zu diesem Buch herunterladen oder eine Datei mit eigenen Daten anlegen.

```
> sample dna | (This is a typical fasta header.)
agatggcggcgctgaggggtcttgggggctctaggccggccacctactgg
tttgcagcggagacgacgcatggggcctgcgcaataggagtacgctgcct
gggaggcgtgactagaagcggaagtagttgtgggcgcctttgcaaccgcc
tgggacgccgccgagtggtctgtgcaggttcgcgggtcgctggcgggggt
cgtgagggagtgcgccgggagcggagatatggagggagatggttcagacc
cagagcctccagatgccggggaggacagcaagtccgagaatggggagaat
gcgcccatctactgcatctgccgcaaaccggacatcaactgcttcatgat
cgggtgtgacaactgcaatgagtggttccatggggactgcatccggatca
ctgagaagatggccaaggccatccgggagtggtactgtcgggagtgcaga
gagaaagaccccaagctagagattcgctatcggcacaagaagtcacggga
gcgggatggcaatgagcgggacagcagtgagccccgggatgagggtggag
ggcgcaagaggcctgtccctgatccagacctgcagcgccgggcagggtca
gggacaggggttggggccatgcttgctcggggctctgcttcgccccacaa
atcctctccgcagcccttggtggccacacccagccagcatcaccagcagc
agcagcagcagatcaaacggtcagcccgcatgtgtggtgagtgtgaggca
tgtcggcgcactgaggactgtggtcactgtgatttctgtcgggacatgaa
gaagttcgggggccccaacaagatccggcagaagtgccggctgcgccagt
gccagctgcgggcccgggaatcgtacaagtacttcccttcctcgctctca
ccagtgacgccctcagagtccctgccaaggccccgccggccactgcccac
ccaacagcagccacagccatcacagaagttagggcgcatccgtgaagatg
agggggcagtggcgtcatcaacagtcaaggagcctcctgaggctacagcc
acacctgagccactctcagatgaggaccta
```

Ein Entwurf zum Lesen von FASTA-Dateien

In Kapitel 4 haben Sie gelernt, wie man Sequenzdaten einliest. Hier müssen Sie diese Methode so erweitern, daß auch die Header-Zeilen verarbeitet werden. Sie werden auch lernen, wie man Leerzeilen und mit dem #-Zeichen beginnende Zeilen, d.h. Kommentare in Perl und anderen Programmiersprachen und Dateiformaten, verwirft. (In der gerade vorgestellten FASTA-Datei *sample.dna* kommen diese nicht vor.)

Sie haben zwei Möglichkeiten, die Daten einzulesen. Sie können aus der offenen Datei eine Zeile nach der anderen einlesen und bei der Verarbeitung die entsprechenden Entscheidungen treffen. Sie können aber auch die gesamte Datei in ein Array einlesen und dann mit diesem Array arbeiten. Bei sehr großen Dateien ist die zeilenorientierte Verarbeitung manchmal besser, insbesondere wenn Sie nur einen kleinen Teil der Informationen benötigen. (Das liegt daran, daß das Einlesen großer Dateien in ein Array sehr viel Arbeitsspeicher verlangt. Ist Ihr System nicht robust genug, kann es zu einem Absturz kommen.)

Bei kleineren Dateien normaler Größe besteht der Vorteil des Einlesens aller Daten in ein Array darin, daß Sie die Daten dann einfach durchgehen und verarbeiten können. Bei unserer Subroutine werden wir auch auf diese Weise vorgehen, aber denken Sie daran, daß dieser Ansatz bei größeren Dateien zu Speicherproblemen führen kann und daß es andere Wege der Verarbeitung gibt.

Lassen Sie uns eine Subroutine schreiben, die als Argument den Namen einer Datei mit Daten im FASTA-Format verlangt und die Sequenzdaten zurückliefert.

Bevor Sie loslegen, sollten Sie darüber nachdenken, ob Sie einfach nur eine Subroutine wünschen oder vielleicht doch eine Subroutine, die eine Datei öffnet und einliest, die dann von einer anderen Subroutine aufgerufen wird, die die Sequenzdaten extrahiert. Wir wollen mit zwei Subroutinen arbeiten, weil wir die Subroutine, die mit beliebigen Dateien arbeitet, immer wieder verwenden können, wenn wir ein solches Programm für ein anderes Format benötigen.

Lassen Sie uns mit dem Pseudocode beginnen:

```
Subroutine "Lies Daten aus einer Datei"

    Argument = Dateiname

    Datei öffnen
        bei Fehler Meldung ausgeben und Programm verlassen

    Daten einlesen und

    @data zurückgeben
}

Subroutine "Extrahiere Sequenzdaten aus FASTA-Datei"

    argument = array mit Daten im FASTA-Format

       Alle Header-Zeilen entfernen
       (und Leerzeilen und Kommentare)
       Ist das erste Zeichen der ersten Zeile ein >, dann löschen

    Rest der Datei einlesen, in Skalar verketten und
        Nicht-Sequenzdaten herausfiltern

    Sequenz zurückgeben
}
```

In der ersten Subroutine, die die Daten aus einer Datei einliest, stellt sich die Frage, wie man am besten vorgeht, wenn die Datei nicht gelesen werden kann. Wir verwenden hier einen drastischen Ansatz: Wir beschweren uns und brechen das Programm ab. Nun wollen Sie ein Programm aber nicht notwendigerweise einfach beenden, nur weil es eine Datei nicht öffnen kann. Vielleicht fragen Sie den Dateinamen vom Benutzer über die Tastatur oder eine Webseite ab und möchten ihm drei Versuche geben, den richtigen Dateinamen einzugeben. Oder vielleicht wollen Sie auch eine Standarddatei verwenden, wenn die angegebene Datei nicht geöffnet werden kann.

Vielleicht können Sie einen `falsch`-Wert wie etwa ein leeres Array zurückliefern, wenn die Datei nicht geöffnet werden kann. Ein diese Subroutine nutzendes Programm kann das Programm dann beenden, es erneut versuchen oder was auch immer. Was aber, wenn die Datei erfolgreich geöffnet werden konnte, diese aber absolut leer war? Eigentlich war die Operation erfolgreich, und es wurde ein leeres Array zurückgegeben. Fälschlicherweise glaubt aber das diese Subroutine aufrufende Programm, daß die Datei nicht geöffnet werden konnte, d. h., es würde nicht funktionieren.

Es gibt andere Möglichkeiten, etwa die Rückgabe des speziellen »undefinierten« Wertes. Belassen wir es dabei, aber denken Sie daran, daß die Behandlung von Fehlern wichtig und manchmal schwierig sein kann. Das ist Teil der Entwicklung *robusten Codes*, der sich auch in ungewöhnlichen Situationen sauber verhält.

Die zweite Subroutine nimmt einfach das Array mit der FASTA-formatierten Sequenz und gibt die unformatierte Sequenz in einem String zurück.

Eine Subroutine zum Lesen von FASTA-Dateien

Nachdem Sie das Problem nun analysiert, Pseudocode entwickelt, alternative Möglichkeiten des Designs von Subroutinen überdacht und die Kosten und Vorteile abgewogen haben, sind Sie bereit für den Code:

```
# get_file_data
#
# Eine Subroutine, um Daten aus einer Datei einzulesen,
# deren Dateiname als Parameter übergeben wird

sub get_file_data {

    my($filename) = @_;

    use strict;
    use warnings;

    # Variablen initialisieren
    my @filedata = ( );

    unless( open(GET_FILE_DATA, $filename) ) {
        print STDERR "Kann Datei \"$filename\" nicht öffnen.\n\n";
        exit;
    }
```

```
    @filedata = <GET_FILE_DATA>;

    close GET_FILE_DATA;

    return @filedata;
}

# extract_sequence_from_fasta_data
#
# Eine Subroutine, die FASTA-Daten aus einem Array extrahiert

sub extract_sequence_from_fasta_data {

    my(@fasta_file_data) = @_;

    use strict;
    use warnings;

    # Variablen deklarieren und initialisieren
    my $sequence = '';

    foreach my $line (@fasta_file_data) {

        # Leerzeile entfernen
        if ($line =~ /^\s*$/) {
            next;

        # Kommentarzeile entfernen
        } elsif($line =~ /^\s*#/) {
            next;

        # FASTA-Header-Zeile entfernen
        } elsif($line =~ /^>/) {
            next;

        # Normale Zeile an Sequenzstring anhängen
        } else {
            $sequence .= $line;
        }
    }

    # Nicht-Sequenzdaten (in diesem Fall Whitespace) aus $sequence-String
    # entfernen
    $sequence =~ s/\s//g;

    return $sequence;
}
```

Beachten Sie, daß Sie im Code für `extract_sequence_from_fasta_data` an keiner Stelle prüfen, was in der Datei steht: Handelt es sich wirklich um DNA- oder Protein-Sequenzdaten im FASTA-Format? Natürlich können Sie eine Subroutine entwickeln – nennen wir sie `is_fasta` –, die prüft, ob die Daten das sind, was wir erwarten. Diese Aufgabe sparen wir uns aber für die Übungen auf.

Einige Kommentare über die Subroutine extract_sequence_from_fasta_data sollten wir aber doch machen. Die folgende Zeile enthält eine Variablendeklaration, die nur innerhalb der Schleife verwendet wird:

```
foreach my $line (@fasta_file_data) {
```

Sie kennen das bereits aus for-Schleifen. Es ist oft praktisch, die »Indexvariable« einer Schleife (wie $line) als eine my-Variable zu deklarieren, direkt an Ort und Stelle in der Schleife, weil solche Namen sich üblicherweise ähneln und nicht außerhalb der Schleifen genutzt werden.

Einige der regulären Ausdrücke verlangen einen kurzen Kommentar. In der Zeile

```
if ($line =~ /^\s*$/) {
```

erkennt das \s die Whitespace-Zeichen, d.h. Leerzeichen, Tabulator, Seitenvorschub, Carriage Return oder Newline. \s* erkennt eine beliebige Anzahl an Whitespace (auch keinen). Das ^ »matcht« am Anfang und das $ am Ende einer Zeile. Insgesamt erkennt dieser reguläre Ausdruck also Leerzeilen, die nur Whitespace enthalten.

Der folgende reguläre Ausdruck erkennt ebenfalls nur Whitespace-Zeichen vom Anfang der Zeile bis zu einem #-Zeichen:

```
} elsif($line =~ /^\s*#/) {
```

Dieser Ausdruck erkennt ein Größer-als-Zeichen zu Beginn einer Zeile:

```
} elsif($line =~ /^>/) {
```

Die folgende Anweisung entfernt schließlich alle Whitespaces, einschließlich Newline:

```
$sequence =~ s/\s//g;
```

Wir haben diese beiden neuen Subroutinen in unser *BeginPerlBioinfo.pm*-Modul aufgenommen. Lassen Sie uns ein Hauptprogramm für diese Subroutinen schreiben und uns die Ausgabe ansehen. Zuerst müssen wir aber noch eine weitere Subroutine schreiben, die die Ausgabe langer Sequenzen übernimmt.

Sequenzdaten formatiert ausgeben

Wenn Sie versuchen, »rohe« Sequenzdaten einfach auszugeben, kann das zu einem Problem werden, wenn die Daten wesentlich länger sind, als die Seite breit ist. In der Praxis ist eine Länge von 80 Zeichen in etwa die maximale Länge, die Sie für eine Seite vorsehen sollten. Lassen Sie uns eine print_sequence-Subroutine schreiben, die als Argumente eine Sequenz und eine Länge akzeptiert. Die Subroutine soll dann die Sequenz ausgeben und die Zeilen auf die angegebene Länge umbrechen. Die Subroutine weist eine starke Ähnlichkeit mit der dna2peptide-Subroutine auf. Hier ist sie:

```
# print_sequence
#
# Eine Subroutine zur Formatierung und Ausgabe von Sequenzdaten

sub print_sequence {

    my($sequence, $length) = @_;

    use strict;
    use warnings;

    # Sequenz in Zeilen der Länge $length ausgeben
    for ( my $pos = 0 ; $pos < length($sequence) ; $pos += $length ) {
        print substr($sequence, $pos, $length), "\n";
    }
}
```

Der Code nutzt das Verhalten von `substr`, das den partiellen Substring am Ende des Strings zurückliefert, auch wenn dieser weniger als die gewünschte Länge aufweist. Sie können sehen, daß eine neue `print_sequence`-Subroutine im *BeginPerlBioinfo.pm*-Modul (siehe Kapitel 6) enthalten ist. Wir haben die Anweisung `1;` immer noch als letzte Zeile des Moduls beibehalten. Beispiel 8-2 zeigt das Hauptprogramm.

Beispiel 8-2: FASTA-Datei einlesen und Sequenzdaten extrahieren

```
#!/usr/bin/perl
# FASTA-Datei einlesen und Sequenzdaten extrahieren

use strict;
use warnings;
use BeginPerlBioinfo;     # Mehr zu diesem Modul in Kapitel 6


# Variablen deklarieren und initialisieren
my @file_data = ( );
my $dna = ';

# Inhalt der Datei "sample.dna" einlesen
@file_data = get_file_data("sample.dna");

# Sequenzdaten aus dem Inhalt der Datei "sample.dna" extrahieren
$dna = extract_sequence_from_fasta_data(@file_data);

# Sequenz in Zeilen von jeweils 25 Zeichen ausgeben
print_sequence($dna, 25);

exit;
```

Hier die Ausgabe von Beispiel 8-2:

```
agatggcggcgctgaggggtcttgg
gggctctaggccggccacctactgg
tttgcagcggagacgacgcatgggg
cctgcgcaataggagtacgctgcct
gggaggcgtgactagaagcggaagt
agttgtgggcgcctttgcaaccgcc
tgggacgccgccgagtggtctgtgc
aggttcgcgggtcgctggcgggggt
cgtgagggagtgcgccgggagcgga
gatatggagggagatggttcagacc
cagagcctccagatgccggggagga
cagcaagtccgagaatggggagaat
gcgcccatctactgcatctgccgca
aaccggacatcaactgcttcatgat
cgggtgtgacaactgcaatgagtgg
ttccatggggactgcatccggatca
ctgagaagatggccaaggccatccg
ggagtggtactgtcgggagtgcaga
gagaaagaccccaagctagagattc
gctatcggcacaagaagtcacggga
gcgggatggcaatgagcgggacagc
agtgagccccgggatgagggtggag
ggcgcaagaggcctgtccctgatcc
agacctgcagcgccgggcagggtca
gggacaggggttggggccatgcttg
ctcggggctctgcttcgccccacaa
atcctctccgcagcccttggtggcc
acacccagccagcatcaccagcagc
agcagcagcagatcaaacggtcagc
ccgcatgtgtggtgagtgtgaggca
tgtcggcgcactgaggactgtggtc
actgtgatttctgtcgggacatgaa
gaagttcgggggccccaacaagatc
cggcagaagtgccggctgcgccagt
gccagctgcgggcccgggaatcgta
caagtacttcccttcctcgctctca
ccagtgacgccctcagagtccctgc
caaggccccgccggccactgcccac
ccaacagcagccacagccatcacag
aagttagggcgcatccgtgaagatg
agggggcagtggcgtcatcaacagt
caaggagcctcctgaggctacagcc
acacctgagccactctcagatgagg
accta
```

Ein Hauptprogramm, das DNA liest und Protein schreibt

Jetzt noch das letzte Programm dieses Abschnitts. Lassen Sie uns das vorherige Programm um die Übersetzung von DNA in Protein erweitern und das Protein ausgeben. Beachten Sie, wie kurz Beispiel 8-3 ist! Je mehr nützliche Subroutinen Sie in Module aufnehmen, desto einfacher wird es, Programme zu schreiben.

Beispiel 8-3: DNA-FASTA-Datei einlesen, in Protein übersetzen und formatiert ausgeben

```
#!/usr/bin/perl
# FASTA-Datei einlesen und die DNA-Sequenzdaten extrahieren.
# In Protein übersetzen und in Zeilen von jeweils 25 Zeichen Länge ausgeben.

use strict;
use warnings;
use BeginPerlBioinfo;     # Mehr zu diesem Modul in Kapitel 6

# Variablen initialisieren
my @file_data = ( );
my $dna = ';
my $protein = ';

# Inhalt der Datei "sample.dna" einlesen
@file_data = get_file_data("sample.dna");

# Sequenzdaten aus dem Inhalt der Datei "sample.dna" extrahieren
$dna = extract_sequence_from_fasta_data(@file_data);

# DNA in Protein übersetzen
$protein = dna2peptide($dna);

# Sequenz in Zeilen mit jeweils 25 Zeichen Länge ausgeben
print_sequence($protein, 25);

exit;
```

Hier die Ausgabe von Beispiel 8-3:

```
RWRR_GVLGALGRPPTGLQRRRRMG
PAQ_EYAAWEA_LEAEVVVGAFATA
WDAAEWSVQVRGSLAGVVRECAGSG
DMEGDGSDPEPPDAGEDSKSENGEN
APIYCICRKPDINCFMIGCDNCNEW
FHGDCIRITEKMAKAIREWYCRECR
EKDPKLEIRYRHKKSRERDGNERDS
SEPRDEGGGRKRPVPDPDLQRRAGS
GTGVGAMLARGSASPHKSSPQPLVA
TPSQHHQQQQQQIKRSARMCGECEA
CRRTEDCGHCDFCRDMKKFGGPNKI
RQKCRLRQCQLRARESYKYFPSSLS
PVTPSESLPRPRRPLPTQQQPQPSQ
KLGRIREDEGAVASSTVKEPPEATA
TPEPLSDEDL
```

Leseraster

Der Biologe weiß, daß es für jede gegebene DNA-Sequenz notwendig ist, alle sechs möglichen *Leseraster* (Reading Frames) der DNA zu untersuchen, um die codierenden Bereiche zu finden, die die Zelle zur Herstellung von Proteinen nutzt.

Was sind Leseraster?

Sehr häufig weiß man nicht, wo in der untersuchten DNA die Zelle mit der Übersetzung in Protein beginnt. Nur etwa 1–1,5% der menschlichen DNA sind Gene, also die Teile der DNA, die Proteine codieren. Darüber hinaus kommen Gene häufig in Teilen vor, die während der Transkription/Translation zusammengefügt werden.

Wenn Sie nicht wissen, wo die Übersetzung beginnt, müssen Sie die sechs möglichen Leseraster betrachten. Weil Codons drei Basen lang sind, gibt es für das Ablesen drei mögliche Anfangspositionen (Raster): Beginnend mit der ersten, zweiten oder auch dritten Base. (Die vierte wäre dann wieder mit der ersten identisch.) Jeder Ausgangspunkt liefert eine andere Folge von Codons und damit auch eine andere Folge von Aminosäuren.

Auch kann die Transkription und die Translation in jedem DNA-Strang erfolgen, d.h., sowohl die DNA-Sequenz als auch das Komplement kann DNA-Code enthalten, der dann tatsächlich verwendet wird. Das Komplement kann auch in jedem der drei Raster gelesen werden. Daher müssen insgesamt sechs Leseraster beachtet werden, wenn Sie *codierende Regionen* suchen, also die Teile der DNA, die Proteine codieren.

Es ist deswegen durchaus üblich, alle sechs Leseraster einer DNA-Sequenz zu untersuchen und die resultierenden Protein-Übersetzungen nach langen Strängen von Aminosäuren abzusuchen, die keine Stopcodons aufweisen.

Die *Stopcodons* sind eindeutige Unterbrechungen im DNA→Protein-Übersetzungsprozeß. Wird während der Translation ein Stopcodon erreicht, endet die Translation, und die Peptidkette wächst nicht weiter an.

Lange DNA-Stränge, die kein Stopcodon enthalten, werden *offene Leseraster* (Open Reading Frames, ORFs) genannt und sind wichtige Hinweise auf die Präsenz eines Gens in der untersuchten DNA. Daher müssen Gen-Suchprogramme die Art der Leseraster-Analyse durchführen, die wir in diesem Kapitel erläutern.

Übersetzung der Leseraster

Basierend auf den gerade erwähnten Tatsachen, wollen wir Code entwickeln, der die DNA in allen sechs Leserastern zu Proteinen übersetzt.

Im richtigen Leben würden Sie sich nach Subroutinen umsehen, die für diesen Zweck bereits entwickelt wurden. Aufgrund der elementaren Natur dieser Aufgabe – wer DNA untersucht, braucht so etwas – werden Sie sehr wahrscheinlich etwas finden. Nun ist das hier aber nicht das richtige Leben, sondern eine Einführung, also weiter im Text.

Das Problem klingt nicht allzu beängstigend. Ziehen wir also Bilanz, was die vorhandenen Subroutinen angeht, und denken dann darüber nach, wo wir stehen und wie wir das Ziel erreichen können.

Vielleicht denken Sie bei den von uns entwickelten Subroutinen an dna2peptide zurück. Vielleicht erinnern Sie sich noch, daß wir die Routine um Argumente für die Start- und Endpunkte erweitern wollten. Genau das wollen wir nun tun.

Erinnern Sie sich auch daran, daß wir in Kapitel 4 zwar Komplemente berechnet, daraus aber nie eine Subroutine gemacht haben. Fangen wir also damit an:

```
# revcom
#
# Eine Subroutine zur Berechnung des Komplements einer DNA-Sequenz

sub revcom {

    my($dna) = @_;

    # Zuerst kehren wir die Sequenz um
    my $revcom = reverse $dna;

    # Dann komplementieren wir die Sequenz und berücksichtigen die
    # Groß-/Kleinschreibung
    # A->T, T->A, C->G, G->C
    $revcom =~ tr/ACGTacgt/TGCAtgca/;

    return $revcom;
}
```

Nun folgt etwas Pseudocode, der die Idee einer Subroutine deutlich macht, die festgelegte DNA-Bereiche übersetzt:

```
Gegebene DNA-Sequenz

Subroutine translate_frame ( DNA, start, ende)

    return dna2peptide( substr( DNA, start, ende - start + 1 ) )

}
```

Das ging ja gut! Glücklicherweise macht es die in Perl fest eingebaute Funktion substr einfach, die gewünschten Start- und Endpunkte festzulegen, während wir die DNA an die bereits vorhandene Subroutine dna2peptide übergeben.

Achten Sie auf unsere Berechnung der Sequenzlänge mit `ende-start+1`. Hierzu ein kleines Beispiel: Liegt die Startposition bei 3 und die Endposition bei 5, erhalten Sie die Basen an den Positionen 3, 4 und 5 (insgesamt also drei Basen), was genau mit 5 – 3 + 1 übereinstimmt.

Der Umgang mit Indizes wie diesen muß sorgfältig erfolgen, weil der Code sonst nicht funktioniert. Das ist das schlimmste an Mathematik, was viele Programme erfordern.

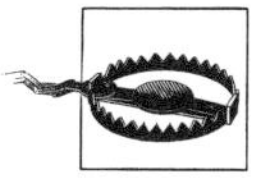

Achten Sie auf die Indizes!

Sie müssen entscheiden, ob Sie die Numerierung der Positionen von 0 aus beibehalten wollen (was bei Perl Standard ist) oder ob das erste Zeichen der Sequenz an Position 1 liegt (wie Biologen es gewöhnt sind). Wir wollen uns an den Biologen orientieren. Die Positionen werden bei der Übergabe an die Perl-Funktion `substr` um eins verringert, was wiederum Perl entgegenkommt.

Der korrigierte Pseudocode sieht wie folgt aus:

```
Gegebene DNA-Sequenz

Subroutine translate_frame ( DNA, start, end)

    # Anfang und Ende geben die Sequenz von 1 bis zur Gesamtlänge (length) an

    return dna2peptide( substr( DNA, start - 1, ende - start + 1 ) )
}
```

Die Länge der gewünschten Sequenz ändert sich durch die Änderung der Indizes nicht, weil (wie wir aus der Mathematik wissen):

```
(ende - 1) - (start - 1) + 1 = ende - start + 1
```

Lassen Sie uns also diese Subroutine schreiben:

```
# translate_frame
#
# Eine Subroutine zur Übersetzung eines DNA-Leserasters

sub translate_frame {

    my($seq, $start, $end) = @_;

    my $protein;

    # Um die Nutzung der Subroutine zu vereinfachen, müssen Sie den
    #  Endpunkt nicht unbedingt angeben - standardmäßig wird dann
    #  einfach das Ende der Sequenz verwendet.
```

```
        unless($end) {
            $end = length($seq);
        }

        # Schließlich berechnen wir die Übersetzung und geben sie zurück.
            return dna2peptide ( substr ( $seq, $start - 1, $end -$start + 1) );
    }
```

Beispiel 8-4: übersetzt die DNA in allen sechs Leserastern.

Beispiel 8-4: : Übersetzung einer DNA-Sequenz in allen sechs Leserastern

```
#!/usr/bin/perl
# Übersetzung einer DNA-Sequenz in allen sechs Leserastern

use strict;
use warnings;
use BeginPerlBioinfo;     # Mehr zu diesem Modul in Kapitel 6

# Variablen initialisieren
my @file_data = ( );
my $dna = ';
my $revcom = ';
my $protein = ';

# Inhalt der Datei "sample.dna" einlesen
@file_data = get_file_data("sample.dna");

# Sequenzdaten aus dem Inhalt der Datei "sample.dna" extrahieren
$dna = extract_sequence_from_fasta_data(@file_data);

# Übersetzung der DNA in Protein in sechs Leserastern
#   und Ausgabe des Proteins in 70 Zeichen langen Zeilen
print "\n -------Leseraster 1--------\n\n";
$protein = translate_frame($dna, 1);
print_sequence($protein, 70);

print "\n -------Leseraster 2--------\n\n";
$protein = translate_frame($dna, 2);
print_sequence($protein, 70);

print "\n -------Leseraster 3--------\n\n";
$protein = translate_frame($dna, 3);
print_sequence($protein, 70);

# Komplement berechnen
$revcom = revcom($dna);

print "\n -------Leseraster 4--------\n\n";
$protein = translate_frame($revcom, 1);
print_sequence($protein, 70);
```

Beispiel 8-4: : Übersetzung einer DNA-Sequenz in allen sechs Leserastern (Fortsetzung)

```
print "\n -------Leseraster 5--------\n\n";
$protein = translate_frame($revcom, 2);
print_sequence($protein, 70);

print "\n -------Leseraster 6--------\n\n";
$protein = translate_frame($revcom, 3);
print_sequence($protein, 70);

exit;
```

Hier die Ausgabe von Beispiel 8-4:

```
 -------Leseraster 1--------

RWRR_GVLGALGRPPTGLQRRRRMGPAQ_EYAAWEA_LEAEVVVGAFATAWDAAEWSVQVRGSLAGVVRE
CAGSGDMEGDGSDPEPPDAGEDSKSENGENAPIYCICRKPDINCFMIGCDNCNEWFHGDCIRITEKMAKA
IREWYCRECREKDPKLEIRYRHKKSRERDGNERDSSEPRDEGGGRKRPVPDPDLQRRAGSGTGVGAMLAR
GSASPHKSSPQPLVATPSQHHQQQQQIKRSARMCGECEACRRTEDCGHCDFCRDMKKFGGPNKIRQKCR
LRQCQLRARESYKYFPSSLSPVTPSESLPRPRRPLPTQQQPQPSQKLGRIREDEGAVASSTVKEPPEATA
TPEPLSDEDL

 -------Leseraster 2--------

DGGAEGSWGL_AGHLLVCSGDDAWGLRNRSTLPGRRD_KRK_LWAPLQPPGTPPSGLCRFAGRWRGS_GS
APGAEIWREMVQTQSLQMPGRTASPRMGRMRPSTASAANRTSTAS_SGVTTAMSGSMGTASGSLRRWPRP
SGSGTVGSAERKTPS_RFAIGTRSHGSGMAMSGTAVSPGMRVEGARGLSLIQTCSAGQGQGQGLGPCLLG
ALLRPTNPLRSPWWPHPASITSSSSSRSNGQPACVVSVRHVGALRTVVTVISVGT_RSSGAPTRSGRSAG
CASASCGPGNRTSTSLPRSHQ_RPQSPCQGPAGHCPPNSSHSHHRS_GASVKMRGQWRHQQSRSLLRLQP
HLSHSQMRT

 -------Leseraster 3--------

MAALRGLGGSRPATYWFAAETTHGACAIGVRCLGGVTRSGSSCGRLCNRLGRRRVVCAGSRVAGGGREGV
RRERRYGGRWFRPRASRCRGGQQVREWGECAHLLHLPQTGHQLLHDRV_QLQ_VVPWGLHPDH_EDGQGH
PGVVLSGVQRERPQARDSLSAQEVTGAGWQ_AGQQ_APG_GWRAQEACP_SRPAAPGRVRDRGWGHACSG
LCFAPQILSAALGGHTQPASPAAAAADQTVSPHVW_V_GMSAH_GLWSL_FLSGHEEVRGPQQDPAEVPA
APVPAAGPGIVQVLPFLALTSDALRVPAKAPPATAHPTAATAITEVRAHP_R_GGSGVINSQGAS_GYSH
T_ATLR_GP

 -------Leseraster 4--------

_VLI_EWLRCGCSLRRLLDC__RHCPLIFTDAP_LL_WLWLLLGGQWPAGPWQGL_GRHW_ERGREVLVR
FPGPQLALAQPALLPDLVGAPELLHVPTEITVTTVLSAPTCLTLTTHAG_PFDLLLLLLVMLAGCGHQGL
RRGFVGRSRAPSKHGPNPCP_PCPALQVWIRDRPLAPSTLIPGLTAVPLIAIPLP_LLVPIANL_LGVFL
SALPTVPLPDGLGHLLSDPDAVPMEPLIAVVTPDHEAVDVRFAADAVDGRILPILGLAVLPGIWRLWV_T
ISLHISAPGALPHDPRQRPANLHRPLGGVPGGCKGAHNYFRF_SRLPGSVLLLRRPHASSPLQTSRWPA_
SPQDPSAPPS
```

```
 -------Leseraster 5--------

RSSSESGSGVAVASGGSLTVDDATAPSSSRMRPNFCDGCGCCWVGSGRRGLGRDSEGVTGESEEGKYLYD
SRARSWHWRSRHFCRILLGPPNFFMSRQKSQ_PQSSVRRHASHSPHMRADRLICCCCCW_CWLGVATKGC
GEDLWGEAEPRASMAPTPVPDPARRCRSGSGTGLLRPPPSSRGSLLSRSLPSRSRDFLCR_RISSLGSFS
LHSRQYHSRMALAIFSVIRMQSPWNHSLQLSHPIMKQLMSGLRQMQ_MGAFSPFSDLLSSPASGGSGSEP
SPSISPLPAHSLTTPASDPRTCTDHSAASQAVAKAPTTTSASSHASQAAYSYCAGPMRRLRCKPVGGRPR
APKTPQRRH

 -------Leseraster 6--------

GPHLRVAQVWL_PQEAP_LLMTPLPPHLHGCALTSVMAVAAVGWAVAGGALAGTLRASLVRARKGSTCTI
PGPAAGTGAAGTSAGSCWGPRTSSCPDRNHSDHSPQCADMPHTHHTCGLTV_SAAAAAGDAGWVWPPRAA
ERICGAKQSPEQAWPQPLSLTLPGAAGLDQGQASCALHPHPGAHCCPAHCHPAPVTSCADSESLAWGLSL
CTPDSTTPGWPWPSSQ_SGCSPHGTTHCSCHTRS_SS_CPVCGRCSRWAHSPHSRTCCPPRHLEALGLNH
LPPYLRSRRTPSRPPPATREPAQTTRRRPRRLQRRPQLLPLLVTPPRQRTPIAQAPCVVSAANQ_VAGLE
PPRPLSAAI
```

Übungen

Übung 8.1

Schreiben Sie eine Subroutine, die einen String überprüft und `wahr` zurückgibt, wenn eine DNA-Sequenz vorliegt. Schreiben Sie eine weitere Subroutine, die auf Protein-Sequenzdaten prüft.

Übung 8.2

Schreiben Sie ein Programm, das ein Gen anhand des Namens in einem ungeordneten Array sucht.

Übung 8.3

Schreiben Sie ein Programm, das ein Gen anhand des Namens in einem geordneten Array sucht. Verwenden Sie die Perl-Funktion `sort`, um das Array zu sortieren. Zusatzaufgabe: Schreiben Sie eine Subroutine, die die Suchoperation mit Hilfe der binären Suche durchführt.

Übung 8.4

Schreiben Sie eine Subroutine, die ein Element in ein sortiertes Array einfügt. Hinweis: Verwenden Sie die Perl-Funktion `splice` (vorgestellt in Kapitel 4), um das Element einzufügen.

Übung 8.5

Schreiben Sie ein Programm, das ein Gen anhand des Namens in einem Hash sucht. Übernehmen Sie die Gene aus Ihrer eigenen Arbeit, oder versuchen Sie, eine Liste aller Gene eines Organismus über *www.ncbi.nlm.nih.gov* oder eine der in Anhang A aufgeführten Websites herunterzuladen. Generieren Sie einen Hash aller Gene (Schlüssel=Name, Wert=Gen-ID oder Sequenz). Hinweis: Sie müssen möglicherweise ein kurzes Perl-Programm schreiben, das die Ausgangsliste der Gene so umformatiert, daß die Population des Perl-Hashs vereinfacht wird.

Übung 8.6

Schreiben Sie eine Subroutine, die ein Datenarray untersucht und `wahr` zurückgibt, wenn die Daten im FASTA-Format vorliegen. Beachten Sie, daß FASTA die IUB/IUPAC-Standardcodes für Amino- und Nukleinsäuren verlangt. Ein Bindestrich (-) steht für eine Lücke unbekannter Länge. Das Sternchen (Asterisk, *) steht für ein Stopcodon für Aminosäuren. Seien Sie mit der Verwendung des Sternchens in regulären Ausdrücken vorsichtig. Verwenden Sie *, um die Bedeutung des Sternchens in regulären Ausdrücken aufzuheben und tatsächlich ein Sternchen erkennen zu können.

Die restlichen Übungen befassen sich mit den Auswirkungen von Mutationen auf die DNA und die sie erzeugenden Proteine. Sie kombinieren das Thema Zufall und Mutation aus Kapitel 7 mit dem in diesem Kapitel erläuterten genetischen Code.

Übung 8.7

Machen Sie sich für jedes Codon Notizen, welchen Einfluß einzelne Nukleotidmutationen auf das Codon haben: Ergibt sich die gleiche Aminosäure, oder führt das Codon nun zu einer anderen Aminosäure? Zu welcher? Schreiben Sie eine Subroutine, die für ein gegebenes Codon eine Liste aller Aminosäuren zurückgibt, die aus einer einzigen Mutation im Codon resultieren.

Übung 8.8

Schreiben Sie eine Subroutine, die eine gegebene Aminosäure zufällig durch eine der Aminosäuren ersetzt, die wir in Übung 8.7 berechnet haben.

Übung 8.9

Schreiben Sie ein Programm, das die Aminosäuren in einem Protein zufällig mutiert. Diese Mutation soll sich aber im Rahmen dessen bewegen, was durch eine einzelne Mutation im Original-Codon möglich ist (siehe die Übungen 8.7 und 8.8).

Übung 8.10

Einige Aminosäuren kommen in zufälliger DNA häufiger codiert vor als andere. Zum Beispiel stehen 6 der 64 möglichen Codons für die Aminosäure Serin, aber nur 2 für Phenylalanin. Schreiben Sie eine Subroutine, die für eine gegebene Aminosäure die Wahrscheinlichkeit zurückliefert, mit der sie von einem zufällig generierten Codon codiert wird (siehe Kapitel 7).

Übung 8.11

Schreiben Sie eine Subroutine, die als Argumente eine Aminosäure, eine Position (1, 2 oder 3) und ein Nukleotid verlangt. Die Subroutine nimmt dann jedes Codon, das die angegebene Aminosäure codiert (was ein bis sechs Codons ergeben kann), und mutiert es an der angegebenen Position zu dem angegebenen Nukleotid. Schließlich gibt die Subroutine die Menge der Aminosäuren zurück, die durch die mutierten Codons codiert werden.

Übung 8.12

Schreiben Sie ein Programm, das für zwei gegebene Aminosäuren die Wahrscheinlichkeit zurückliefert, mit der eine einzelne Mutation der zugrundeliegenden (aber nicht spezifizierten) Codons in einem Codon resultiert, bei dem eine Aminosäure zu dem Codon der anderen Aminosäure mutiert.

Restriktionskarten und Reguläre Ausdrücke

In diesem Kapitel erhalten Sie eine Übersicht über die regulären Ausdrücke und Operatoren von Perl. Es handelt sich dabei um zwei grundlegende Features der Sprache, die wir schon die ganze Zeit über nutzen. Wir werden auch die Programmierung einer fundamentalen Standardtechnik der Molekularbiologie untersuchen: die Bestimmung einer Restriktionskarte für eine Sequenz. Restriktionsverdaue waren einer der ursprünglichen Wege zum »Fingerprinting« von DNA und können nun mit Hilfe des Computers simuliert werden.

Die Berechnung von Restriktionskarten und sich ergebenden Restriktionsprodukten ist eine gängige Aufgabe in einem Labor und kann mit verschiedenen Softwarepaketen durchgeführt werden. Dies sind grundlegende Werkzeuge für die Planung von Klonierungsexperimenten. Sie können zum Beispiel verwendet werden, um ein gewünschtes DNA-Fragment in einen Klonierungsvektor einzufügen. Restriktionskarten werden auch in Sequenzierungsprojekten angewandt, etwa bei der Shotgun- oder der gezielten Sequenzierung.

Reguläre Ausdrücke

Wir arbeiten schon eine ganze Weile mit regulären Ausdrücken. Dieser Abschnitt liefert einiges an Hintergrundwissen und fügt die bisher etwas verstreut behandelten Aspekte regulärer Ausdrücke ein wenig zusammen.

Reguläre Ausdrücke sind interessant, wichtig und reich an Fähigkeiten. Jeffrey Friedls Buch *Reguläre Ausdrücke* (O'Reilly) befaßt sich ausschließlich mit ihnen. Perl nutzt reguläre Ausdrücke besonders gut, und die Perl-Dokumentation erläutert sie sehr gut. Reguläre Ausdrücke sind nützlich, wenn Sie mit biologischen Daten wie Sequenzen oder GenBank-, PDB- und BLAST-Dateien arbeiten.

Reguläre Ausdrücke ermöglichen es, viele verschiedene Strings mit nur einem String zu repräsentieren – und nach ihnen zu suchen. Auch wenn der Vergleich ein wenig hinkt, können Sie sich reguläre Ausdrücke als eine Art hochentwickelter Wildcards vorstellen. Die in regulären Ausdrücken verwendeten Sonderzeichen werden als Metazeichen bezeichnet.

Die meisten Menschen sind mit Wildcards vertraut, die bei Suchmaschinen ebenso vorkommen wie beim Poker. Zum Beispiel finden Sie jedes mit `biolog` beginnende Wort, wenn Sie `biolog*` eingeben. Oder Sie besitzen plötzlich fünf Asse. (Verschiedene Situationen verlangen unterschiedliche Wildcards. Bei Perl verwenden reguläre Ausdrücke das *, um »0 oder mehr des vorstehenden Elements« auszudrücken, es steht nicht für »gefolgt von beliebigen Zeichen« wie in unserem vorherigen Beispiel.)

In der Informatik haben diese Arten von Wildcards oder Metazeichen eine wichtige Geschichte, und zwar sowohl praktisch als auch theoretisch. Insbesondere das Sternchen wird, nach dem berühmten Logiker, der es erfunden hat, auch als Kleene-Stern (bzw. Kleene-Closure) bezeichnet. Wo wir gerade bei der Theorie sind, möchte ich noch erwähnen, das es ein einfaches Modell eines Computers gibt, das weniger leistungsfähig als die Turing-Maschine ist, das aber mit genau den gleichen Arten von Sprachen umgehen kann, die durch reguläre Ausdrücke beschrieben werden können. Dieses Maschinenmodell wird als *finiter Automat* (engl. finite state automaton) bezeichnet. Nun aber erst einmal genug der Theorie.

Wir haben bereits viele Beispiele gesehen, in denen reguläre Ausdrücke verwendet werden, um bestimmte Dinge in einer DNA- oder Proteinsequenz zu finden. Nun wollen wir die grundlegenden Ideen behandeln, die hinter regulären Ausdrücken stehen, und so einiges an Terminologie einführen. Eine nützliche Zusammenfassung der Features regulärer Ausdrücke finden Sie in Anhang B. Abschließend werden Sie noch sehen, wie Sie in der Perl-Dokumentation mehr über sie lernen können.

Lassen Sie uns also mit einem praktischen Beispiel beginnen, das allen vertraut sein sollte, die das Buch von Anfang an gelesen haben: die Verwendung einer Zeichenklasse zur Suche in DNA. Nehmen wir an, Sie besitzen ein kleines, aus sechs Basenpaaren bestehendes Motiv, das Sie in Ihrer DNA-Bibliothek finden wollen: CT, gefolgt von C oder G oder T, gefolgt von ACG. Das dritte Nukleotid in diesem Motiv ist niemals ein A, kann aber C, G oder T lauten. Sie können einen regulären Ausdruck bilden, indem Sie die Zeichenklasse [CGT] für die variable Position stehen lassen. Das Motiv kann dann durch einen regulären Ausdruck repräsentiert werden, der etwa so aussieht: CT[CGT]ACG. Dieses Motiv ist sechs Basenpaare lang und enthält C,G oder T an der dritten Position. Liegt Ihre DNA in der skalaren Variable `$dna` vor, können Sie die Präsenz des Motivs prüfen, indem Sie den regulären Ausdruck wie folgt als Konditionaltest in einer Pattern-Matching-Anweisung verwenden:

```
if( $dna =~ /CT[CGT]ACG/ ) {
    print "Motiv gefunden!!\n";
}
```

Reguläre Ausdrücke basieren auf drei grundlegenden Ideen:

Wiederholung (Repetition oder Closure)
: Das Sternchen (*), auch Kleene-Closure oder Asterisk genannt, steht für 0 oder mehr Wiederholungen des direkt davor stehenden Zeichens. Beispielsweise erkennt `abc*` jeden der folgenden Strings: `ab`, `abc`, `abcc`, `abccc`, `abcccc` und so weiter. Dieser reguläre Ausdruck erkennt eine unendliche Anzahl von Strings.

Alternierung (Alternation)
: Bei Perl erkennt das Muster `(a|b)` (gelesen `a oder b`) den String `a` oder den String `b`.

Verkettung (Concatenation)
: Das ist wirklich offensichtlich. Bei Perl steht der String `ab` für das Zeichen `a`, gefolgt von (verkettet mit) Zeichen `b`.

Die Verwendung runder Klammern zur Gruppierung ist wichtig: Diese Klammern sind ebenfalls Metazeichen. So erkennt der String `(abc|def)z*x` beispielsweise solche Strings wie `abcx`, `abczx`, `abczzx`, `defx`, `defzx`, `defzzzzzx` und so weiter. Auf gut deutsch erkennt er entweder `abc` oder `def`, gefolgt von null oder mehr zs und dann einem `x`. Dieses Beispiel faßt die Ideen der Gruppierung, Alternierung, Wiederholung und Verkettung zusammen. Die eigentliche Leistungsfähigkeit regulärer Ausdrücke ist in dieser Kombination der drei grundlegenden Ideen zu sehen.

Perl besitzt viele Features für reguläre Ausdrücke. Grundsätzlich bilden sie Kurzformen der drei gerade vorgestellten fundamentalen Ideen – Wiederholung, Alternierung und Verkettung. Zum Beispiel kann die vorhin verwendete Zeichenklasse als Alternierung mit `(C|G|T)` formuliert werden. Ein weiteres gängiges Feature ist der Punkt, der für jedes beliebige Zeichen außer dem Newline steht. `ACG.*GCA` steht also für eine beliebige DNA, die mit `ACG` beginnt und mit `GCA` endet. Auf deutsch liest sich das wie folgt: `ACG`, gefolgt von 0 oder mehr Zeichen, gefolgt von `GCA`.

Bei Perl werden reguläre Ausdrücke üblicherweise von Schrägstrichen umschlossen und als Pattern-Matching-Bezeichner verwendet. Schauen Sie sich in der Dokumentation (oder in Anhang B) `m//` an, das einige Optionen enthält, die das Verhalten regulärer Ausdrücke beeinflussen. Wie Sie noch sehen werden, werden reguläre Ausdrücke auch bei vielen der in Perl fest eingebauten Befehle verwendet.

Die Perl-Dokumentation ist unumgänglich: Beginnen Sie mit dem Abschnitt *perlre* der Perl-Dokumentation (*http://www.perl.com/pub/doc/manual/html/pod/perlre.html#Regular_Expressions*).

Restriktionskarten und Restriktionsenzyme

Eine der großen Entdeckungen der Molekularbiologie, die den Weg für das goldene Zeitalter der biologischen Forschung geebnet hat, war die Entdeckung von Restriktionsenzymen. Für den Nicht-Biologen, und um das folgende Programmiermaterial ein wenig vorzubereiten, folgt hier eine kleine Übersicht.

Hintergrund

Restriktionsenzyme sind Proteine, die DNA an kurzen, spezifischen Sequenzen (»Erkennungssequenzen«, »Restriktionsschnittstellen«) zerschneiden. Zum Beispiel sind die Restriktionsenzyme EcoRI und HindIII im Labor weit verbreitet. EcoRI schneidet, sobald es die Erkennungssequenz `GAATTC` entdeckt, zwischen dem `G` und dem `A`. Tatsächlich werden beide DNA-Stränge geschnitten und zwar so, daß an jeder Seite ein Überhang entsteht. Diese wenige Basen langen, überstehenden (»sticky«) Enden machen es den Fragmenten möglich, sich neu zu formieren, und ermöglichen so beispielsweise das Einfügen von DNA in Vektoren zum Klonen und zur Sequenzierung. HindIII schneidet an `AAGCTT`, und zwar zwischen den beiden `A`s. Einige Restriktionsenzyme schneiden in der Mitte und führen zu einem glatten Schnitt mit »stumpfen Enden« (engl. »blunt ends«) ohne Überhang. Etwa 1000 Restriktionsenzyme sind bekannt.

Wenn Sie sich das Komplement der Erkennungssequenz von EcoRI ansehen, erkennen Sie `GAATTC`, also die gleiche Sequenz. Das ist die biologische Variante eines Palindroms, eines Wortes, das auch in umgekehrter Richtung gelesen gleich bleibt. Viele Restriktionsschnittstellen sind solche Palindrome.

Die Berechnung von Restriktionskarten gehört zum Alltag der Bioinformatik-Praxis im Labor. Restriktionskarten werden zur Planung von Experimenten berechnet, um die beste Möglichkeit zu finden, die DNA zu schneiden, um ein Gen einzufügen, um eine schnittstellenspezifische Mutation vorzunehmen und für verschiedene andere Anwendungen rekombinanter DNA-Techniken. Indem er den Computer zuerst rechnen läßt, erspart sich der Wissenschaftler viele »Trial-and-Error«-Versuche im Labor. Weitere Informationen zu Restriktionsenzymen finden Sie unter *http://www.neb.com/rebase/rebase.html.*

Wir wollen nun ein Programm entwickeln, das im Labor etwas Nützliches macht: Es sucht in einer gegebenen DNA-Sequenz nach möglichen Erkennungssequenzen und gibt eine Restriktionskarte zurück, die angibt, wo genau die Restriktionsschnittstellen in dieser vorkommen.

Das Programm planen

In Kapitel 5 haben Sie gesehen, wie man in einem Text nach regulären Ausdrücken sucht. Sie besitzen also eine Vorstellung davon, wie man mit Perl Motive in Sequenzen findet. Lassen Sie uns nun darüber nachdenken, wie man diese Techniken nutzen kann, um Restriktionskarten zu erzeugen. Hier einige Fragen, die wir uns stellen müssen:

Wo finde ich Daten zu Restriktionsenzymen?
: Daten zu Restriktionsenzymen finden Sie in der Restriction Enzyme Database (REBASE), die im Web unter *http://www.neb.com/rebase/rebase.html* zu finden ist.

Wie stelle ich Restriktionsenzyme in regulären Ausdrücken dar?
: Wenn Sie die obengenannte Site untersuchen, werden Sie herausfinden, daß Restriktionsenzyme in einer eigenen Sprache dargestellt werden. Wir werden versuchen, diese Sprache in die Sprache regulärer Ausdrücke zu übersetzen.

Wie speichert man Daten zu Restriktionsenzymen ab?
: Es gibt etwa 1000 Restriktionsenzyme mit Namen und Definitionen. Das macht sie zu Kandidaten für den schnellen Schlüssel/Wert-Lookup, wie Hashes ihn bieten. Wenn Sie eine reale Anwendung entwickeln, etwa für das Web, ist es eine gute Idee, eine DBM-Datei anzulegen, in der diese Informationen gespeichert und dann direkt genutzt werden können, wenn ein Programm sie benötigt. DBM-Dateien werden in Kapitel 10 behandelt; hier wird nur das Prinzip demonstriert. Wir werden nur einige wenige Definitionen für Restriktionsenzyme im Programm vorhalten.

In welcher Form akzeptiere ich Anfragen vom Benutzer?
: Sie fragen nach dem Namen eines Restriktionsenzyms, oder Sie erlauben dem Benutzer die direkte Eingabe eines regulären Ausdrucks. Wir nutzen die erste Variante. Sie wollen dem Benutzer auch die Möglichkeit geben, die zu verwendende Sequenz festzulegen. Um die Dinge zu vereinfachen, lesen wir die Daten erneut aus einer DNA-Beispieldatei ein.

In welcher Form gibt man die Restriktionskarte an den Benutzer zurück?
: Das ist eine wichtige Frage. Die einfachste Lösung besteht darin, eine Liste der Positionen mit den an dieser Stelle entdeckten Restriktionsschnittstellen zu erzeugen. Das ist für die Weiterverarbeitung nützlich und stellt die Informationen auf sehr einfache Weise dar.

: Was ist aber, wenn die Daten nicht weiter verarbeitet werden sollen? Sie wollen einfach nur die Restriktionskarte an den Benutzer zurückliefern. Dann ist es möglicherweise sinnvoller, eine grafische Ausgabe zu liefern. Vielleicht gibt man dann die Sequenz aus und darüber eine Zeile, die die Wirkstellen der Enzyme markiert.

: Nun, es gibt eine Vielzahl von Möglichkeiten, aber wir wollen den einfachen Weg gehen und nur eine Liste ausgeben.

Der Plan sieht also vor, ein Programm zu entwickeln, das die Daten der Restriktionsenzyme, übersetzt in reguläre Ausdrücke, enthält. Diese bilden dabei die Werte für die als Schlüssel genutzten Namen der Restriktionsenzyme. DNA-Sequenzdaten werden aus einer Datei gelesen, und der Benutzer wird nach den Namen der Restriktionsenzyme gefragt. Der entsprechende reguläre Ausdruck wird aus dem Hash bestimmt, und wir suchen nach allen Instanzen dieses regulären Ausdrucks sowie deren Positionen. Abschließend geben wir eine Liste aller gefundenen Positionen zurück.

Restriktionsenzym-Daten

Die Daten zu Restriktionsenzymen sind in einer Vielzahl von Formaten verfügbar, wie ein Besuch der REBASE-Website zeigt. Nachdem Sie sich ein wenig umgesehen haben, entscheiden Sie, die Informationen aus der *bionet*-Datei zu verwenden, die ein recht einfaches Layout aufweist. Hier der Header und die ersten paar Restriktionsenzyme aus dieser Datei:

```
REBASE version 104                                       bionet.104

    =-=-=-=-=-=-=-=-=-=-=-=-=-=-=-=-=-=-=-=-=-=-=-=-=-=-=-=-=-=-=-=-=-=-=
    REBASE, The Restriction Enzyme Database   http://rebase.neb.com
    Copyright (c)  Dr. Richard J. Roberts, 2001.   All rights reserved.
    =-=-=-=-=-=-=-=-=-=-=-=-=-=-=-=-=-=-=-=-=-=-=-=-=-=-=-=-=-=-=-=-=-=-=

Rich Roberts                                             Mar 30 2001

AaaI (XmaIII)                 C^GGCCG
AacI (BamHI)                  GGATCC
AaeI (BamHI)                  GGATCC
AagI (ClaI)                   AT^CGAT
AaqI (ApaLI)                  GTGCAC
AarI                          CACCTGCNNNN^
AarI                          ^NNNNNNNNGCAGGTG
AatI (StuI)                   AGG^CCT
AatII                         GACGT^C
AauI (Bsp1407I)               T^GTACA
AbaI (BclI)                   T^GATCA
AbeI (BbvCI)                  CC^TCAGC
AbeI (BbvCI)                  GC^TGAGG
AbrI (XhoI)                   C^TCGAG
AcaI (AsuII)                  TTCGAA
AcaII (BamHI)                 GGATCC
AcaIII (MstI)                 TGCGCA
AcaIV (HaeIII)                GGCC
AccI                          GT^MKAC
AccII (FnuDII)                CG^CG
AccIII (BspMII)               T^CCGGA
Acc16I (MstI)                 TGC^GCA
Acc36I (BspMI)                ACCTGCNNNN^
Acc36I (BspMI)                ^NNNNNNNNGCAGGT
Acc38I (EcoRII)               CCWGG
```

```
Acc65I (KpnI)            G^GTACC
Acc113I (ScaI)           AGT^ACT
AccB1I (HgiCI)           G^GYRCC
AccB2I (HaeII)           RGCGC^Y
AccB7I (PflMI)           CCANNNN^NTGG
AccBSI (BsrBI)           CCG^CTC
AccBSI (BsrBI)           GAG^CGG
AccEBI (BamHI)           G^GATCC
AceI (TseI)              G^CWGC
AceII (NheI)             GCTAG^C
AceIII                   CAGCTCNNNNNNN^
AceIII                   ^NNNNNNNNNNNGAGCTG
AciI                     C^CGC
AciI                     G^CGG
AclI                     AA^CGTT
AclNI (SpeI)             A^CTAGT
AclWI (BinI)             GGATCNNNN^
```

Ihre erste Aufgabe besteht nun darin, diese Datei einzulesen und die Namen und die Erkennungssequenz (bzw. Restriktionsschnittstelle) für jedes Enzym zu ermitteln. Um die Dinge einfacher zu machen, entfernen wir einfach die in Klammern stehenden Enzymnamen.

Wie können diese Daten eingelesen werden?

```
Header-Zeilen entfernen

Für jede Datenzeile:

    In Klammern stehende Namen entfernen (der Einfachheit halber)

    Namen und Erkennungssequenzen einlesen und speichern

    Erkennungssequenzen in reguläre Ausdrücke übersetzen
        --Die Sequenzen aber zur Ausgabe der Ergebnisse merken
}

Namen, Erkennungssequenzen und reguläre Ausdrücke zurückgeben
```

Dieser Pseudocode ist auf einer hohen Ebene angesiedelt und noch recht abstrakt. Lassen Sie ihn uns daher etwas verfeinern und erweitern. (Beachten Sie, daß es kein Gegenstück zur geschweiften Klammer gibt. Das ist auch okay, weil es für Pseudocode keine Syntaxregeln gibt. Verwenden Sie, was für Sie funktioniert!) Hier ein wenig Pseudocode, um die Header-Zeilen zu entfernen:

```
für jede Zeile

    wenn /Rich Roberts/

        Schleife beenden

}
```

Das basiert auf dem Format der Datei, wo der gesuchte String die letzte Zeile vor den eigentlichen Datenzeilen darstellt. (Natürlich funktioniert das nicht mehr, sobald sich das Format der Datei ändert.)

Lassen Sie uns den Pseudocode nun erweitern und dabei über die Dinge nachdenken, die es zu erledigen gilt:

```
# Header-Zeilen entfernen
# Zeilen einlesen, bis eine Zeile "Rich Roberts" enthält
foreach line
    if /Rich Roberts/
        foreach-Schleife verlassen
}

Für jede Datenzeile:

    # Die zwei oder drei (bei Namen in Klammern) Felder zerlegen
    @fields = split( " ", $_);

    # Namen und Erkennungssequenzen ermitteln und speichern
    $name = shift @fields;

    $site = pop @fields;

    # Erkennungssequenzen in reguläre Ausdrücke übersetzen
        ----Die Sequenzen aber zur Ausgabe der Ergebnisse merken
}

Namen, Erkennungssequenzen und reguläre Ausdrücke zurückgeben
```

Das ist nicht die Übersetzung, aber lassen Sie uns genauer betrachten, was wir getan haben.

Zuerst wollen Sie den Namen und die Erkennungssequenz aus einem String extrahieren. Die typische Art und Weise, mit Perl Wörter in einer Zeile zu trennen (insbesondere, wenn der String nett aufbereitet ist), besteht in der Verwendung der in Perl integrierten Funktion `split`.

Wir haben pro Zeile zwei oder drei Wörter, die voneinander durch Whitespace getrennt sind. Sie können mit dem folgenden einfachen Aufruf von `split` in ein Array übernommen werden (wobei die fragliche Zeile per Default in der Spezialvariable `$_` liegt):

```
@fields = split(" ");
```

Das Array `@fields` kann zwei oder drei Elemente enthalten, je nachdem, ob ein geklammertes Enzym angegeben wurde oder nicht. Aber Sie wollen immer das erste und das letzte Element:

```
$name = shift @fields;
$site = pop @fields;
```

Sie stehen nun vor der Aufgabe, die Erkennungssequenz in einen regulären Ausdruck übersetzen zu müssen.

Wenn Sie sich die Erkennungssequenzen angesehen und die Dokumentation auf der REBASE-Website gelesen haben, dann wissen Sie, daß der Schnittpunkt durch das Caret-Zeichen (^) repräsentiert wird. Das hilft Ihnen nicht dabei, einen regulären Ausdruck zu erzeugen, der diese Stelle in einer Sequenz findet, weshalb Sie das Zeichen entfernen sollten (siehe Übung 9.6).

Beachten Sie auch, daß die Basen in den Erkennungssequenzen nicht nur die Basenzeichen A, C, G und T enthalten, sondern das etwas umfangreichere Alphabet aus Tabelle 4-1 verwenden. Dieses erweiterte Alphabet enthält einen Buchstaben für jede mögliche Gruppe von zwei, drei oder vier Basen. So gesehen, sind sie also tatsächlich so etwas wie Kurzformen für Zeichenklassen. Aha! Lassen Sie uns eine Subroutine entwickeln, die Zeichenklassen für diese Codes zurückliefert, und dann haben wir unseren regulären Ausdruck.

REBASE verwendet diese IUB-Codes, weil ein gegebenes Restriktionsenzym durchaus an mehrere DNA-Muster, die sich in einer oder mehreren Basen unterscheiden, binden kann.

Beispiel 9-1 zeigt eine Subroutine, die die IUB-Codes in einem gegebenen String durch Zeichenklassen ersetzt.

Beispiel 9-1: IUB-Gruppencodes in reguläre Ausdrücke umwandeln

```
# IUB_to_regexp
#
# Eine Subroutine, die für eine Sequenz mit IUB-Gruppencodes eine Ausgabe zurückliefert,
# bei der die IUB-Codes in reguläre Ausdrücke umgewandelt wurden
#
# Hier die IUB-Gruppencodes
# (Eur. J. Biochem. 150: 1-5, 1985):
# R = G oder A
# Y = C oder T
# M = A oder C
# K = G oder T
# S = G oder C
# W = A oder T
# B = nicht A (C oder G oder T)
# D = nicht C (A oder G oder T)
# H = nicht G (A oder C oder T)
# V = nicht T (A oder C oder G)
# N = A oder C oder G oder T

sub IUB_to_regexp {

    my($iub) = @_;
```

```
    my $regular_expression = '';

    my %iub2character_class = (

        A => 'A',
        C => 'C',
        G => 'G',
        T => 'T',
        R => '[GA]',
        Y => '[CT]',
        M => '[AC]',
        K => '[GT]',
        S => '[GC]',
        W => '[AT]',
        B => '[CGT]',
        D => '[AGT]',
        H => '[ACT]',
        V => '[ACG]',
        N => '[ACGT]',
    );

    # Die ^-Zeichen aus den Erkennungssequenzen entfernen
    $iub =~ s/\^//g;

    # Jedes Zeichen der iub-Sequenz übersetzen
    for ( my $i = 0 ; $i < length($iub) ; ++$i ) {
        $regular_expression
          .= $iub2character_class{substr($iub, $i, 1)};
    }

    return $regular_expression;
}
```

Es sieht so aus, als wären wir nun soweit, eine Subroutine zu entwickeln, die Daten aus einer REBASE-Datei einlesen kann. Einen wichtigen Punkt haben wir aber noch nicht angesprochen: Welche Daten sollen genau zurückgeliefert werden?

Sie planen, aus jeder Zeile der ursprünglichen REBASE-Datei jeweils drei Elemente zurückzugeben: den Enzymnamen, die Erkennungssequenz und den regulären Ausdruck. Das paßt nicht so ohne weiteres in einen Hash. Sie können ein Array zurückgeben, bei dem diese Daten in drei aufeinanderfolgenden Plätzen abgelegt sind. Das könnte funktionieren: Um die Daten zu lesen, müßten Sie Gruppen von drei Elementen aus dem Array lesen. Das ist machbar, macht aber den Lookup etwas schwierig. Wenn Sie etwas mehr von Perl verstehen, werden Sie sehen, daß Sie Ihre eigenen komplexen Datenstrukturen aufbauen können.

Da Sie split bereits kennen, könnten Sie vielleicht einen Hash verwenden, bei dem der Enzymname den Schlüssel bildet, während der Wert aus der Erkennungssequenz und dem regulären Ausdruck, getrennt durch Whitespace, besteht. Auf diese Weise ist ein schneller Lookup der Daten möglich, und die gewünschten Werte extrahieren Sie einfach mit split. Beispiel 9-2 zeigt diese Methode.

Beispiel 9-2: Subroutine zum Parsen einer REBASE-Datei

```
# parseREBASE - Parsing der REBASE-bionet-Datei
#
# Die Subroutine gibt einen Hash zurück, bei dem
#    Schlüssel = Name des Restriktionsenzyms
#    Wert      = Erkennungssequenz und regulärer Ausdruck, getrennt durch Whitespace

sub parseREBASE {

    my($rebasefile) = @_;

    use strict;
    use warnings;
    use BeginPerlBioinfo;     # siehe Kapitel 6

    # Variablen deklarieren
    my @rebasefile = ( );
    my %rebase_hash = ( );
    my $name;
    my $site;
    my $regexp;

    # REBASE-Datei einlesen
    my $rebase_filehandle = open_file($rebasefile);

    while(<$rebase_filehandle>) {

        # Header-Zeilen entfernen
        ( 1 .. /Rich Roberts/ ) and next;

        # Leerzeilen entfernen
        /^\s*$/ and next;

        # Die zwei (oder drei) Felder zerlegen
        my @fields = split( " ", $_);

        # Namen und Erkennungssequenz ermitteln und merken

        # Geklammerte Namen der Einfachheit halber entfernen,
        # und mittleres Feld (falls vorhanden) nicht speichern,
        # nur erstes und letztes Feld festhalten.
        $name = shift @fields;
```

Beispiel 9-2: Subroutine zum Parsen einer REBASE-Datei (Fortsetzung)

```
        $site = pop @fields;

        # Erkennungssequenzen in reguläre Ausdrücke umwandeln
        $regexp = IUB_to_regexp($site);

        # Daten im Hash speichern
        $rebase_hash{$name} = "$site $regexp";
    }

    # Hash mit den aufbereiteten REBASE-Daten zurückliefern
    return %rebase_hash;
}
```

Diese `parseREBASE`-Subroutine leistet so einiges. Andererseits, wenn vielleicht zu viel Funktionalität in einer Subroutine enthalten ist, sollte man sie neu aufteilen? Das ist eine gute Frage, die Sie sich bei der Entwicklung selbst stellen sollten. In diesem Fall wollen wir es lassen, wie es ist. Außerdem macht diese Subroutine nicht nur viele Dinge, sondern erledigt diese auch mit einigen neuen Mitteln, die wir uns jetzt genauer ansehen wollen.

Logische Operatoren und Bereichsoperatoren

Sie verwenden eine `while`-Schleife, um die Zeilen der *bionet*-Datei zu verarbeiten, die mittels des `$rebase_filehandle`-Dateihandles aus der Datei eingelesen werden.

Innerhalb dieser Schleife verwenden Sie ein neues Perl-Feature, um die Header-Zeilen zu überspringen. Dieses Feature wird als *Bereichsoperator* (..) bezeichnet und wie folgt benutzt:

```
( 1 .. /Rich Roberts/ ) and next;
```

Mit dieser Anweisung überspringen Sie alles von der ersten Zeile bis einschließlich der Zeile mit »Rich Roberts«, mit anderen Worten: die Header-Zeilen. (Bereichsoperatoren müssen mindestens einen ihrer Endpunkte als Zahl angeben, damit das so funktionieren kann.)

Die Funktion `and` ist ein *logischer Operator*. Logische Operatoren sind in den meisten Programmiersprachen verfügbar. Bei Perl sind sie weit verbreitet, d.h., auch wenn wir sie in diesem Buch nicht oft verwendet haben, werden Sie häufig Code sehen, bei dem das der Fall ist. Tatsächlich werden Sie im Verlauf des Buches noch einige Beispiele sehen.

Logische Operatoren können überprüfen, ob zwei Bedingungen wahr sind. Hier ein Beispiel:

```
if( $string eq 'kinase'  and   $num == 3) {
  ...
}
```

Nur wenn beide Bedingungen wahr sind, ist die gesamte Anweisung wahr.

Auf ähnliche Weise können Sie prüfen, ob zumindest eine der Bedingungen wahr ist, indem Sie den Operator or einsetzen:

```
if( $string eq 'kinase'  or   $num == 3) {
  ...
}
```

In diesem Fall ist die if-Anweisung wahr, wenn eine oder beide Bedingungen wahr sind.

Es gibt auch den logischen Operator not. Dabei handelt es sich um einen Negationsoperator, mit dem Sie prüfen können, ob etwas falsch ist:

```
if( not  6 == 9 ) {
  ...
}
```

6 == 9 gibt falsch zurück, was durch den not-Operator negiert wird, wodurch die gesamte Bedingung wahr zurückgibt.

Es gibt noch die sehr eng verwandten Operatoren && für and, || für or und ! für not. Diese weisen allerdings ein etwas anderes Verhalten auf (insbesondere einen anderen Vorrang). Ein Großteil des Perl-Codes verwendet die von mir benutzten Versionen, aber beide Varianten sind geläufig.

Wenn Sie sich mit dem Vorrang nicht ganz sicher sind, können Sie immer geklammerte Ausdrücke verwenden, damit Ihre Anweisung das ausdrückt, was Sie auszudrücken wünschen. (Beachten Sie den Abschnitt »Vorrang der Operationen und Klammern« später in diesem Kapitel.)

Logische Operatoren besitzen auch eine Reihenfolge der Evaluierung, was sie zur Kontrolle des Programmflusses nützlich macht. Lassen Sie uns einen Blick darauf werfen, wie der and-Operator seine beiden Argumente evaluiert. Zuerst wird das linke Argument evaluiert, und wenn dieser Teil wahr zurückgibt, wird der rechte Teil evaluiert und zurückgegeben. Evaluiert das linke Argument zu falsch, wird das rechte Argument nicht angerührt. Der and-Operator kann daher wie eine kleine if-Anweisung verwendet werden. So sind etwa die beiden folgenden Beispiele gleich:

```
if( $verbose ) {
    print $helpful_but_verbose_message;
}

$verbose and print $helpful_but_verbose_message;
```

Natürlich ist die `if`-Anweisung flexibler, weil der Block auf einfache Weise um zusätzliche Anweisungen, aber auch um zusätzliche `elsif`- und `else`-Blöcke erweitert werden kann. Bei einfachen Fällen funktioniert der `and`-Operator aber sehr gut.[1]

Der logische Operator `or` evaluiert das linke Argument und gibt es zurück, wenn es `wahr` ist. Evaluiert das linke Argument nicht zu `wahr`, evaluiert der `or`-Operator das rechte Argument und gibt `wahr` oder `falsch` zurück. Das führt zu einem weiteren Einzeiler, den Sie häufig in Perl-Programmen sehen werden:

```
open(MEINEDATEI, $datei) or die "Kann Datei $file nicht öffnen: $!";
```

Das entspricht grundsätzlich dem häufig von uns verwendeten:

```
unless(open(MEINEDATEI, $datei)) {
    print "Kann Datei $file nicht öffnen\n";
    exit;
}
```

Lassen Sie uns zu unserer `parseREBASE`-Subroutine zurückkehren und noch einmal die folgende Zeile betrachten:

```
( 1 .. /Rich Roberts/ ) and next;
```

Das linke Argument bildet der Bereich `1 .. /Rich Roberts/`. Solange Sie sich innerhalb dieses Bereichs von Zeilen befinden, gibt der Bereichsoperator den Wert `wahr` zurück. Weil `wahr` zurückgegeben wird, macht der Boolesche Operator `and` weiter und prüft, ob auch die andere Seite `wahr` ist. Dort steht die `next`-Funktion, die zu `wahr` evaluiert, auch wenn man auf diese Weise zur »nächsten« Iteration der umschließenden `foreach`-Schleife springt. Solange Sie sich also zwischen der ersten Zeile und der Zeile mit `Rich Roberts` befinden, überspringen Sie den Rest des Blocks und kehren an den Beginn der Schleife zurück.

In gleicher Weise bringt Sie die Zeile

```
/^\s*$/ and next;
```

zurück zur nächsten Iteration der `foreach`-Schleife, wenn das linke Argument, das eine Leerzeile erkennt, `wahr` ist.

Die anderen Teile unserer `parseREBASE`-Subroutine wurden bereits während der Entwurfsphase erläutert.

1 Sie können logische Operatoren sogar einen nach dem anderen aneinanderreihen, um auf diese Weise kompliziertere Ausdrücke aufzubauen. Mit Hilfe von Klammern können Sie sie dann nach Belieben gruppieren. Ich persönlich mag diesen Stil nicht besonders, aber bei Perl führen eben mehrere Wege zum Ziel!

Die Restriktionsschnittstellen bestimmen

Nun ist es also an der Zeit, ein Hauptprogramm zu entwickeln und unseren Code in Aktion zu sehen. Lassen Sie uns mit etwas Pseudocode beginnen, um zu sehen, was wir noch so benötigen:

```
#
# DNA einlesen
#
get_file_data

extract_sequence_from_fasta_data

#
# REBASE-Daten aus Datei "bionet" in Hash einlesen
#
parseREBASE('bionet');

für jede Benutzeranfrage

        wenn Abfrage im Hash definiert ist,
         Positionen der Abfrage in DNA bestimmen

    Bericht über Positionen (falls vorhanden)

}
```

Sie müssen eine Subroutine schreiben, die die Positionen der Abfrage in der DNA ermittelt. Denken Sie an den Trick mit der globalen Suche in einer `while`-Schleife aus Beispiel 5-7, und fassen Sie sich ein Herz:

```
Gegebene Argumente sind $query und $dna

while ( $dna =~ /$query/ig ) {
    Position des Treffers festhalten
}

Rückgabe der @positionen
```

Als wir diesen Trick schon einmal verwendet haben, haben wir einfach nur die Anzahl der Treffer festgehalten, nicht die Positionen, an denen sie aufgetreten sind. Lassen Sie uns in der Dokumentation nach Hinweisen suchen, insbesondere in der Liste der fest eingebauten Funktionen. Allem Anschein nach löst die pos-Funktion unser Problem. Sie gibt die Position des letzten Treffers einer Variable in einer `m//g`-Suche zurück. Beispiel 9-3 zeigt das Hauptprogramm und die benötigte Subroutine. Die Subroutine ist einfach, solange man solche Perl-Funktionen wie `pos` besitzt, die die Sache einfach machen.

Beispiel 9-3: Restriktionskarte aus Benutzeranfragen erzeugen

```
#!/usr/bin/perl
# Restriktionskarte aus vom Benutzer eingegebenen Namen von Restriktionsenzymen erstellen

use strict;
use warnings;
use BeginPerlBioinfo;     # siehe Kapitel 6

# Variablen deklarieren und initialisieren
my %rebase_hash = ( );
my @file_data = ( );
my $query = ';
my $dna = ';
my $recognition_site = ';
my $regexp = ';
my @locations = ( );

# Datei "sample.dna" einlesen
@file_data = get_file_data("sample.dna");

# DNA-Sequenzdaten aus "sample.dna" extrahieren
$dna = extract_sequence_from_fasta_data(@file_data);

# REBASE-Daten aus der Datei "bionet" in einen Hash einlesen
%rebase_hash = parseREBASE('bionet');

# Benutzer nach den Namen der Restriktionsenzyme fragen und Restriktionskarte erzeugen
do {
    print "Restriktionskarte für welches Enzym (oder quit)?: ";

    $query = <STDIN>;

    chomp $query;

    # Bei leerer Abfrage beenden
    if ($query =~ /^\s*$/ ) {

        exit;
    }

    # Suche in DNA-Sequenz vornehmen
    if ( exists $rebase_hash{$query} ) {

        ($recognition_site, $regexp) = split ( " ", $rebase_hash{$query});

        # Restriktionskarte erzeugen
        @locations = match_positions($regexp, $dna);
```

Beispiel 9-3: Restriktionskarte aus Benutzeranfragen erzeugen (Fortsetzung)

```
        # Restriktionskarte an den Benutzer zurückgeben
        if (@locations) {
            print "Suche nach $query $recognition_site $regexp\n";
            print "Schnittstelle für $query an den Positionen:\n";
            print join(" ", @locations), "\n";
        } else {
          print "Schnittstelle für $query ist in der DNA nicht vorhanden:\n";
        }
    }
    print "\n";
} until ( $query =~ /quit/ );

exit;

################################################################################
#
# Subroutine
#
# Positionen des Treffers eines regulären Ausdrucks in einem String bestimmen
#
# Array der Positionen zurückgeben, an denen der
#  reguläre Ausdruck im String erscheint.

sub match_positions {

    my($regexp, $sequence) = @_;

    use strict;

    use BeginPerlBioinfo;     # siehe Kapitel 6

    #
    # Variablen deklarieren
    #

    my @positions = ( );

    #
    # Positionen der Treffer des regulären Ausdrucks bestimmen
    #

    while ( $sequence =~ /$regexp/ig ) {

        push ( @positions, pos($sequence) - length($&) + 1);
    }

    return @positions;
}
```

Hier eine Beispielausgabe von Beispiel 9-3:

```
Restriktionskarte für welches Enzym (oder quit)?: AceI
Suche nach AceI G^CWGC GC[AT]GC
Schnittstelle für AceI an den Positionen:
54 94 582 660 696 702 840 855 957

Restriktionskarte für welches Enzym (oder quit)?: AccII
Suche nach AccII CG^CG CGCG
Schnittstelle für AccII an den Positionen:
181

Restriktionskarte für welches Enzym (oder quit)?: AaeI
Schnittstelle für AaeI ist in der DNA nicht vorhanden:

Restriktionskarte für welches Enzym (oder quit)?: quit
```

Beachten Sie das `length($&)` in der Subroutine `match_positions`. Das `$&` ist eine Spezialvariable, die immer nach der erfolgreichen Erkennung eines regulären Ausdrucks gesetzt wird. Sie enthält die Sequenz, die von diesem regulären Ausdruck erkannt wurde. Weil pos die Position der ersten Base zurückgibt, die diesem Treffer *folgt*, müssen Sie die Länge der gefundenen Sequenzen plus eins (damit die Basen an der Position 1 und nicht an Position 0 anfangen) abziehen, um die Anfangsposition des Treffers zu bestimmen. Eine weitere Spezialvariable ist `` $` ``, die den Teil des Strings vor dem Treffer enthält, sowie `$´`, die den Teil des Strings enthält, der auf den erfolgreichen Treffer folgt. So werden zum Beispiel bei `'123456' =~ /34/` diese Spezialvariablen wie folgt gesetzt: `` $`= '12' ``, `$& = '34'` und `$´ = '56'`.

Unser Ansatz ist sehr einfach, aber er funktioniert. Die Übungen am Ende dieses Kapitels zeigen Wege auf, diesen Code zu erweitern.

Perl-Operationen

Wir haben es in dieser Einführung in die Programmierung recht weit gebracht, ohne über die grundlegenden arithmetischen Operationen zu sprechen, weil wir bislang kaum mehr brauchten als eine Addition zur Inkrementierung von Zählern.

Dennoch, ein wichtiger Teil jeder Programmiersprache, einschließlich Perl, besteht in der Fähigkeit, mathematische Berechnungen durchzuführen. In Anhang B finden Sie die bei Perl verfügbaren grundlegenden Operationen.

Vorrang der Operationen und Klammern

Operationen besitzen Vorrangsregeln. Auf diese Weise kann eine Sprache entscheiden, welche Operationen zuerst ausgeführt werden sollen, wenn mehrere aufeinanderfolgen.

Die Reihenfolge der Operationen kann das Ergebnis ändern, wie das folgende Beispiel demonstriert:

Nehmen wir einmal den Code `8 + 4 / 2`. Führen Sie die Division zuerst aus, erhalten Sie `8 + 2` oder `10`. Führen Sie hingegen die Addition zuerst aus, erhalten Sie `12 / 2` oder `6`.

Nun weisen Programmiersprachen den Operationen einen bestimmten Vorrang zu. Wenn Sie diesen kennen, können Sie Ausdrücke wie `8 + 4 / 2` verwenden und wissen, was Sie erwartet. Aber das ist so eine Sache.

Zum einen könnten Sie ja falschliegen. Oder es könnte jemand den Code lesen müssen, der nicht über das gleiche Wissen verfügt wie Sie. Oder Sie kennen die Vorrangsregeln einer Sprache, während Perl das anders regelt. (Verschiedene Sprachen besitzen natürlich unterschiedliche Vorrangsregeln.)

Es gibt eine Lösung, und die heißt *Klammern verwenden*. Wenn Sie in Beispiel 9-3 einfach Klammern hinzufügen: `(8 + ( 4 / 2 ))`, ist für Sie, andere Leser und das Perl-Programm klar, daß Sie die Division zuerst ausführen wollen. Beachten Sie, daß die »inneren« Klammern, die innerhalb der anderen Klammern liegen, zuerst evaluiert werden.

Denken Sie daran, bei komplizierten Ausdrücken mit Klammern zu arbeiten, um die Reihenfolge der Operationen festzulegen. Neben anderen Dingen werden Sie sich auf diese Weise einige Debugging-Sessions ersparen!

Übungen

Übung 9.1
: Modifizieren Sie Beispiel 9-3 so, daß es DNA von der Kommandozeile akzeptiert. Wird sie dort nicht mit übergeben, fragen Sie den Benutzer nach dem Namen einer FASTA-Datei und lesen Sie die DNA-Sequenzdaten aus dieser Datei ein.

Übung 9.2
: Modifizieren Sie Übung 9.1 so, daß sie die gesamten REBASE-Restriktionsenzym-Daten aus der *bionet*-Datei einliest und in einen Hash übernimmt.

Übung 9.3
: Modifizieren Sie Übung 9.2 so, daß der erzeugte REBASE-Hash in einer DBM-Datei abgelegt wird, wenn diese noch nicht existiert. Ist die DBM-Datei schon vorhanden, soll sie auch verwendet werden. (Zusätzliche Informationen zu DBM finden Sie in Kapitel 10.)

Übung 9.4
: Modifizieren Sie Beispiel 5-3 so, daß es die Positionen der gefundenen Motive meldet, auch wenn ein Motiv mehrfach in den Sequenzdaten vorkommt.

Übung 9.5

Nehmen Sie eine grafische Ausgabe der Schnittstellen auf der Restriktionskarte vor, indem Sie die Sequenz ausgeben und die Restriktionsschnittstellen mit dem Enzymnamen kennzeichnen. Können Sie eine Karte für mehrere Restriktionsenzyme erzeugen? Wie können Sie überlappende Restriktionsschnittstellen behandeln?

Übung 9.6

Schreiben Sie eine Subroutine, die Restriktionsprodukte zurückgibt, d.h. die DNA-Fragmente, die nach einer Restriktionsreaktion übrigbleiben. Denken Sie daran, die Position des Schnittpunkts einzubeziehen. (Das verlangt von Ihnen, die REBASE-Datei *bionet* in anderer Form zu verarbeiten. Auf Wunsch können Sie Restriktionsenzyme ignorieren, bei denen kein ^ enthalten ist, das einen Schnittpunkt anzeigt.)

Übung 9.7

Erweitern Sie die Restriktionskarten-Software so, daß sie bei nicht palindromischen Erkennungssequenzen auch den anderen Strang berücksichtigt.

Übung 9.8

Für einen gegebenen arithmetischen Ausdruck ohne Klammern entwickeln Sie eine Subroutine, die die passenden Klammern entsprechend den Perl-Vorrangsregeln einbindet. (Warnung: Diese Übung ist wirklich schwer, und Sie sollten sie überspringen, wenn Sie nicht wirklich viel Zeit übrig haben. Die Vorrangsregeln finden Sie in der Perl-Dokumentation.)

KAPITEL 10

GenBank

GenBank (Genetic Sequence Data Bank) ist eine schnell wachsende, internationale Sammlung bekannter genetischer Sequenzen einer Vielzahl von Organismen. Ihre Verwendung ist in der modernen Biologie und Bioinformatik von zentraler Bedeutung.

Dieses Kapitel zeigt, wie man Perl-Programme entwickelt, die Informationen aus GenBank-Dateien und -Bibliotheken extrahieren. Die Übungen umfassen die Suche nach Mustern, die Erzeugung spezieller Bibliotheken und das Parsen des textorientierten Formats zur Extrahierung von DNA, Kommentaren und Features. Sie werden lernen, wie man eigene DBM-Datenbanken anlegt, um einen schnellen Zugriff auf ausgewählte Daten einer GenBank-Bibliothek zu erhalten.

Perl ist ein großartiges Werkzeug für den Umgang mit GenBank-Dateien. Es ermöglicht Ihnen die Nutzung jeglicher detaillierter Daten in der Sequenz und in den Kommentaren ebenso wie in der FEATURES-Tabelle oder sonstwo. Als ich begann, Perl zu nutzen, schrieb ich ein Programm, das GenBank nach allen Sequenz-Records durchsuchte, die laut Annotation im menschlichen Chromosom 22 entdeckt wurden. Ich habe viele Gene entdeckt, wo die Information so tief innerhalb der Kommentare verborgen war, daß die Haupt-Gendatenbank, die Genome Database (GDB), sie nicht in ihren Chromosom-Karten enthielt. Ich denke, Sie werden das gleiche Gefühl der Stärke empfinden, wenn Sie damit beginnen, Perl auf GenBank-Dateien anzuwenden.

Die meisten Biologen sind mit GenBank vertraut. Forscher können Suchanfragen vornehmen, etwa eine BLAST-Suche nach irgendeiner Sequenz, und erhalten als Ergebnis eine Reihe von GenBank-Dateien mit verwandten Sequenzen. Weil die GenBank-Datensätze (Records) von den jeweiligen Wissenschaftlern gepflegt werden, die die Sequenzen entdeckt haben, können auch Sie in GenBank veröffentlichen, wenn Sie eine neue interessante Sequenz entdeckt haben.

GenBank-Daten enthalten neben den eigentlichen Sequenzdaten eine Vielzahl von Informationen. Dazu zählen beispielsweise Identifier wie Accession Numbers und Gennamen, die phylogenetische Klassifizierung und Referenzen auf veröffentlichte Literatur. Eine GenBank-Datei kann auch eine detaillierte FEATURES-Tabelle enthalten, die die bekannten Fakten zu einer Sequenz zusammenfaßt, etwa die Lage der regulatorischen Bereiche, die Protein-Übersetzung, Exons und Introns.

GenBank wird manchmal auch als *Datenspeicher* bezeichnet, was nicht ganz dasselbe ist wie eine *Datenbank*. Datenbanken zwingen den Daten üblicherweise eine relationale Struktur auf, einschließlich dazugehöriger Indizes und Verknüpfungen sowie einer Abfragesprache. Im Gegensatz dazu ist GenBank eine *reine Textdatei* (»Flatfile«), d.h., sie besteht aus ASCII-Text, der für den Menschen einfach zu lesen ist.[1]

Seit den bescheidenen Anfängen ist GenBank schnell gewachsen, und das Dateiformat ist während dieses Wachstums so manches Mal auf die Probe gestellt worden. Bei einem schnell anwachsenden Wissen, insbesondere einem, das so schnell wächst wie genetische Daten, ist es für das Datenbank-Design schwierig, auf dem aktuellen Stand zu bleiben. Mehrere Änderungen wurden an GenBank vorgenommen, aber das rein textorientierte Format – in all seiner frustrierenden Herrlichkeit – ist geblieben.

Aufgrund einer gewissen Flexibilität des Inhalts einiger Abschnitte eines GenBank-Records kann die Extrahierung der gesuchten Information etwas schwierig sein. Diese Flexibilität ist gut, weil sie es erlaubt, alles, was Ihnen wichtig erscheint, in den Daten unterzubringen. Gleichzeitig ist sie aber auch nicht gut, weil sie es erschwert, Programme zu entwickeln, die die gewünschten Kommentare finden und extrahieren. Als Folge zeichnet sich ein Trend ab, etwas mehr Struktur in die Kommentare zu bringen.

Weil die Datenstrukturen von Perl und dessen Verwendung regulärer Ausdrücke es zu einem guten Werkzeug für die Bearbeitung reiner Textdateien machen, ist Perl für den Umgang mit GenBank-Daten besonders gut geeignet. Diese Perl-Features nutzend und auf dem Wissen aufbauend, das Sie sich in den vorangegangenen Kapiteln angeeignet haben, können Sie Programme entwickeln, die auf das gesammelte genetische Wissen in GenBank zugreifen.

Weil es sich hier um ein Einsteiger-Buch handelt, das keinerlei Programmiererfahrung voraussetzt, sollten Sie nicht erwarten, hier die ausgereifteste und für alle Zwecke geeignete Software zu finden. Statt dessen finden Sie eine solide Einführung zum Parsen von GenBank-Dateien und dem Aufbau schneller Lookup-Tabellen. Falls Sie es noch nicht getan haben, empfehle ich Ihnen wärmstens einen Besuch des National Center for Biotechnology Information (NCBI) an den National Institutes of Health (NIH) (*http://www.*

1 GenBank wird auch im ASN.1-Format vertrieben, für das Sie spezielle Tools benötigen, die vom NCBI bereitgestellt werden.

ncbi.nlm.nih.gov). Wenn Sie schon einmal dabei sind, sollten Sie auch am European Bioinformatics Institute (EBI) unter *http://www.ebi.ac.uk* und beim Bioinformatik-Zweig des European Molecular Biology Laboratory (EMBL) unter *http://www.embl-heidelberg.de/* vorbeischauen. Dies sind große, staatlich stark geförderte Bioinformatik-Institutionen, die über eine umfangreiche Sammlung aktueller Bioinformatik-Software verfügen (und diese auch zur Verfügung stellen).

GenBank-Dateien

Die primären Quellen für genetische Informationen sind die NCBI GenBank, EMBL in Europa und die DNA Data Bank of Japan (DDBJ). Alle enthalten aufgrund internationaler Vereinbarungen nahezu identische Informationen. Jeder Eintrag, d. h. jedes Record in GenBank oder dessen Mirror-Sites, kann aus identifizierenden, beschreibenden oder genetischen Informationen in Dateien im ASCII-Format bestehen. Jedes Record ist in einem spezifischen Standardformat geschrieben, das so aufgebaut ist, daß es sowohl Menschen als auch Computerprogrammen relativ leichtfällt, die gewünschten Informationen zu extrahieren.

Lassen Sie uns ein relativ kurzes GenBank-Record und die darin definierten Felder betrachten, bevor wir mit der Entwicklung von Code beginnen. Wir speichern diese Informationen in einer Datei namens *record.gb* ab, um sie in den folgenden Programmen nutzen zu können.

```
LOCUS       AB031069     2487 bp    mRNA            PRI       27-MAY-2000
DEFINITION  Homo sapiens PCCX1 mRNA for protein containing CXXC domain 1,
            complete cds.
ACCESSION   AB031069
VERSION     AB031069.1  GI:8100074
KEYWORDS    .
SOURCE      Homo sapiens embryo male lung fibroblast cell_line:HuS-L12 cDNA to
            mRNA.
  ORGANISM  Homo sapiens
            Eukaryota; Metazoa; Chordata; Craniata; Vertebrata; Euteleostomi;
            Mammalia; Eutheria; Primates; Catarrhini; Hominidae; Homo.
REFERENCE   1  (sites)
  AUTHORS   Fujino,T., Hasegawa,M., Shibata,S., Kishimoto,T., Imai,Si. and
            Takano,T.
  TITLE     PCCX1, a novel DNA-binding protein with PHD finger and CXXC domain,
            is regulated by proteolysis
  JOURNAL   Biochem. Biophys. Res. Commun. 271 (2), 305-310 (2000)
  MEDLINE   20261256
REFERENCE   2  (bases 1 to 2487)
  AUTHORS   Fujino,T., Hasegawa,M., Shibata,S., Kishimoto,T., Imai,S. and
            Takano,T.
  TITLE     Direct Submission
  JOURNAL   Submitted (15-AUG-1999) to the DDBJ/EMBL/GenBank databases.
            Tadahiro Fujino, Keio University School of Medicine, Department of
```

```
            Microbiology; Shinanomachi 35, Shinjuku-ku, Tokyo 160-8582, Japan
            (E-mail:fujino@microb.med.keio.ac.jp,
            Tel:+81-3-3353-1211(ex.62692), Fax:+81-3-5360-1508)
FEATURES             Location/Qualifiers
     source          1..2487
                     /organism="Homo sapiens"
                     /db_xref="taxon:9606"
                     /sex="male"
                     /cell_line="HuS-L12"
                     /cell_type="lung fibroblast"
                     /dev_stage="embryo"
     gene            229..2199
                     /gene="PCCX1"
     CDS             229..2199
                     /gene="PCCX1"
                     /note="a nuclear protein carrying a PHD finger and a CXXC
                     domain"
                     /codon_start=1
                     /product="protein containing CXXC domain 1"
                     /protein_id="BAA96307.1"
                     /db_xref="GI:8100075"
                     /translation="MEGDGSDPEPPDAGEDSKSENGENAPIYCICRKPDINCFMIGCD
                     NCNEWFHGDCIRITEKMAKAIREWYCRECREKDPKLEIRYRHKKSRERDGNERDSSEP
                     RDEGGGRKRPVPDPDLQRRAGSGTGVGAMLARGSASPHKSSPQPLVATPSQHHQQQQQ
                     QIKRSARMCGECEACRRTEDCGHCDFCRDMKKFGGPNKIRQKCRLRQCQLRARESYKY
                     FPSSLSPVTPSESLPRPRRPLPTQQQPQPSQKLGRIREDEGAVASSTVKEPPEATATP
                     EPLSDEDLPLDPDLYQDFCAGAFDDHGLPWMSDTEESPFLDPALRKRAVKVKHVKRRE
                     KKSEKKKEERYKRHRQKQKHKDKWKHPERADAKDPASLPQCLGPGCVRPAQPSSKYCS
                     DDCGMKLAANRIYEILPQRIQQWQQSPCIAEEHGKKLLERIRREQQSARTRLQEMERR
                     FHELEAIILRAKQQAVREDEESNEGDSDDTDLQIFCVSCGHPINPRVALRHMERCYAK
                     YESQTSFGSMYPTRIEGATRLFCDVYNPQSKTYCKRLQVLCPEHSRDPKVPADEVCGC
                     PLVRDVFELTGDFCRLPKRQCNRHYCWEKLRRAEVDLERVRVWYKLDELFEQERNVRT
                     AMTNRAGLLALMLHQTIQHDPLTTDLRSSADR"
BASE COUNT      564 a    715 c    768 g    440 t
ORIGIN
        1 agatggcggc gctgaggggt cttgggggct ctaggccggc cacctactgg tttgcagcgg
       61 agacgacgca tggggcctgc gcaataggag tacgctgcct gggaggcgtg actagaagcg
      121 gaagtagttg tgggcgcctt tgcaaccgcc tgggacgccg ccgagtggtc tgtgcaggtt
      181 cgcgggtcgc tggcgggggt cgtgagggag tgcgccggga gcggagatat ggagggagat
      241 ggttcagacc cagagcctcc agatgccggg gaggacagca agtccgagaa tggggagaat
      301 gcgcccatct actgcatctg ccgcaaaccg gacatcaact gcttcatgat cgggtgtgac
      361 aactgcaatg agtggttcca tggggactgc atccggatca ctgagaagat ggccaaggcc
      421 atccgggagt ggtactgtcg ggagtgcaga gagaaagacc ccaagctaga gattcgctat
      481 cggcacaaga agtcacggga gcgggatggc aatgagcggg acagcagtga gccccgggat
      541 gagggtggag ggcgcaagag gcctgtccct gatccagacc tgcagcgccg ggcagggtca
      601 gggacagggg ttggggccat gcttgctcgg ggctctgctt cgccccacaa atcctctccg
      661 cagcccttgg tggccacacc cagccagcat caccagcagc agcagcagca gatcaaacgg
      721 tcagcccgca tgtgtggtga gtgtgaggca tgtcggcgca ctgaggactg tggtcactgt
      781 gatttctgtc gggacatgaa gaagttcggg ggccccaaca agatccggca gaagtgccgg
      841 ctgcgccagt gccagctgcg ggcccgggaa tcgtacaagt acttcccttc ctcgctctca
      901 ccagtgacgc cctcagagtc cctgccaagg ccccgccggc cactgcccac ccaacagcag
      961 ccacagccat cacagaagtt agggcgcatc cgtgaagatg agggggcagt ggcgtcatca
     1021 acagtcaagg agcctcctga ggctacagcc acacctgagc cactctcaga tgaggaccta
     1081 cctctggatc ctgacctgta tcaggacttc tgtgcagggg cctttgatga ccatggcctg
     1141 ccctggatga gcgacacaga agagtcccca ttcctggacc ccgcgctgcg gaagagggca
```

```
     1201 gtgaaagtga agcatgtgaa gcgtcgggag aagaagtctg agaagaagaa ggaggagcga
     1261 tacaagcggc atcggcagaa gcagaagcac aaggataaat ggaaacaccc agagagggct
     1321 gatgccaagg accctgcgtc actgccccag tgcctggggc ccggctgtgt gcgccccgcc
     1381 cagcccagct ccaagtattg ctcagatgac tgtggcatga agctggcagc caaccgcatc
     1441 tacgagatcc tcccccagcg catccagcag tggcagcaga gcccttgcat tgctgaagag
     1501 cacggcaaga agctgctcga acgcattcgc cgagagcagc agagtgcccg cactcgcctt
     1561 caggaaatgg aacgccgatt ccatgagctt gaggccatca ttctacgtgc caagcagcag
     1621 gctgtgcgcg aggatgagga gagcaacgag ggtgacagtg atgacacaga cctgcagatc
     1681 ttctgtgttt cctgtgggca ccccatcaac ccacgtgttg ccttgcgcca catggagcgc
     1741 tgctacgcca agtatgagag ccagacgtcc tttgggtcca tgtaccccac acgcattgaa
     1801 ggggccacac gactcttctg tgatgtgtat aatcctcaga gcaaaacata ctgtaagcgg
     1861 ctccaggtgc tgtgccccga gcactcacgg gaccccaaag tgccagctga cgaggtatgc
     1921 gggtgccccc ttgtacgtga tgtctttgag ctcacgggtg acttctgccg cctgcccaag
     1981 cgccagtgca atcgccatta ctgctgggag aagctgcggc gtgcggaagt ggacttggag
     2041 cgcgtgcgtg tgtggtacaa gctggacgag ctgtttgagc aggagcgcaa tgtgcgcaca
     2101 gccatgacaa accgcgcggg attgctggcc ctgatgctgc accagacgat ccagcacgat
     2161 cccctcacta ccgacctgcg ctccagtgcc gaccgctgag cctcctggcc cggacccctt
     2221 acaccctgca ttccagatgg gggagccgcc cggtgcccgt gtgtccgttc ctccactcat
     2281 ctgtttctcc ggttctccct gtgcccatcc accggttgac cgcccatctg cctttatcag
     2341 agggactgtc cccgtcgaca tgttcagtgc ctggtggggc tgcggagtcc actcatcctt
     2401 gcctcctctc cctgggtttt gttaataaaa ttttgaagaa accaaaaaaa aaaaaaaaaa
     2461 aaaaaaaaaa aaaaaaaaaa aaaaaaa
//
```

Selbst wenn Sie den Anblick von GenBank-Dateien gewohnt sind, lohnt es, sich die Zeit zu nehmen, sie genauer zu betrachten und zu überlegen, wie man ein Programm schreiben könnte, das die verschiedenen Teile der Daten extrahiert. Wie würde man beispielsweise die Sequenzdaten extrahieren? Wie sieht das Format der FEATURES-Tabelle und ihrer verschiedenen Subfelder aus?

In einen typischen GenBank-Eintrag sind sehr viele Informationen gepackt, und es ist wichtig, daß Sie in der Lage sind, die verschiedenen Teile zu trennen. Wenn Sie zum Beispiel die Sequenz extrahieren können, sind Sie in der Lage, nach Motiven zu suchen, Sequenzstatistiken zu berechnen, nach Ähnlichkeiten mit anderen Sequenzen zu suchen und so weiter. Auf ähnliche Weise werden Sie die verschiedenen Teile der Kommentare separieren – oder »parsen« – wollen. Bei GenBank umfaßt dies ID-Nummern, Gen-Namen, Genus und Spezies, Publikationen usw. Der Teil der Kommentare mit der FEATURES-Tabelle kann spezifische Informationen über die DNA enthalten, etwa die Lage der Exons, regulativer Bereiche, wichtiger Mutationen und so weiter.

Die Formatspezifikation von GenBank-Dateien und sehr viele weiterführende Informationen zu GenBank finden Sie in den GenBank-Release-Notes (*gbrel.txt*) auf der GenBank-Website unter *ftp://ncbi.nlm.nih.gov/genbank/gbrel.txt*.

gbrel.txt enthält alle Details zur Struktur von GenBank-Dateien, um den Programmierer bei seiner Arbeit zu unterstützen. Sie sollten sich dieses Dokument also genau ansehen, wenn Ihre Suchoperationen komplexer werden. Als Perl-Programmierer benötigen Sie nicht die ganzen Details, weil Sie das Parsen der Daten mit Hilfe regulärer Ausdrücke oder der `split`-Funktion erledigen können. Sie müssen diese Daten herausfiltern und

Ihren Programmen zur Verfügung stellen. Der zu diesem Ziel führende Code ist recht einfach, wie Sie in diesem Kapitel sehen werden.

GenBank-Bibliotheken

GenBank wird in Form einer Reihe von Bibliotheken (Libraries) verteilt – Textdateien, in denen viele Records aufeinanderfolgen.[2] Die GenBank-Release 125.0 vom August 2001 besteht aus 243 Dateien, von denen die meisten über 200 MB groß sind. Insgesamt enthält GenBank 13.543.364.296 Basen aus 12.813.516 gemeldeten Sequenzen. Die Bibliotheken werden üblicherweise komprimiert verteilt, d.h., Sie können etwas kleinere Dateien herunterladen, die dann aber dekomprimiert werden müssen. Unkomprimiert summiert sich das auf über 50 GB an Daten. Seit 1982 hat sich die Anzahl der Sequenzen in GenBank alle 14 Monate verdoppelt.

GenBank-Bibliotheken sind weiter in Zweige unterteilt, die die Sequenzen klassifizieren (phylogenetisch oder nach Sequenzierungstechnik). Hier die Auflistung verschiedener Zweige:

- PRI: Primaten
- ROD: Nagetiere
- MAM: andere Säugetiere
- VRT: andere Vertebraten (Wirbeltiere)
- INV: Invertebraten
- PLN: Pflanzen, Pilze und Algen
- BCT: Bakterien
- VRL: Viren
- PHG: Bakteriophagen
- SYN: synthetische und chimärische Sequenzen
- UNA: nicht-annotierte Sequenzen
- EST: EST-Sequenzen (»expressed sequence tags«)
- PAT: Sequenzen aus Patent-Texten
- STS: STS-Sequenzen (»sequence tagged sites«)
- GSS: GSS-Sequenzen (»genome survey sequences«)
- HTG: HTGS-Sequenzen (»high throughput genomic sequencing data«)
- HTC: HTC-Sequenzen (»high throughput cDNA sequencing data«)

2 Die Daten stehen auch im ASN.1-Format zur Verfügung.

Einige Zweige sind sehr groß. Der größte, EST (»expressed sequence tag«), besteht aus 123 Bibliotheksdateien! Ein Teil der menschlichen DNA ist im PRI-Zweig gespeichert, der (während dies geschrieben wird) aus 13 Bibliotheksdateien mit insgesamt etwa 3,5 GB an Daten besteht. Menschliche Daten sind auch in den STS-, GSS-, HTGS- und HTC-Zweigen gespeichert. Allein menschliche Daten machen bei GenBank 5 Millionen Records mit über 8 Milliarden Basen aus.

Die öffentlichen Datenbank-Server wie Entrez oder BLAST (*http://www.ncbi.nlm.nih.gov/*) ermöglichen Ihnen den Zugriff auf ständig gepflegte und aktualisierte Sequenzdaten und Programme, aber viele Forscher erkennen, daß sie eigene Programme zur Verarbeitung und Analyse der Daten entwickeln müssen. Das Problem besteht darin, daß die Daten so umfangreich sind. Für viele Aufgaben können Sie einen ausgewählten Satz von Records vom NCBI oder anderen Quellen herunterladen, aber manchmal benötigen Sie auch den vollständigen Satz.

Es ist möglich, eine Desktop-Workstation (Windows, Mac, Unix oder Linux) einzurichten, auf der GenBank vollständig enthalten ist. Stellen Sie nur sicher, daß Sie eine sehr große Festplatte besitzen! Alle Daten auf Ihre Festplatte zu schaffen ist allerdings etwas schwerer. Ein Perl-Programm namens *mirror.pl* hilft bei der Lösung dieses Problems. Das Herunterladen kann, selbst bei den an Universitäten üblichen Highspeed-Internetzugängen, recht lange dauern. Das Herunterladen der gesamten Daten über ein Modem ist eher eine Übung in Frustration. Die beste Lösung besteht darin, nur die benötigten Dateien in komprimierter Form herunterzuladen. Die EST-Daten bilden zum Beispiel etwa die Hälfte der gesamten Datenbank. Laden Sie sie nicht herunter, solange Sie sie nicht wirklich benötigen. Wenn Sie GenBank herunterladen müssen, empfehle ich Ihnen, sich mit dem NCBI-Helpdesk in Verbindung zu setzen. Dort kann man Ihnen helfen, die aktuellsten Informationen zu bekommen.

Weil Sie das Programmieren erlernen, erscheint es sinnvoller, mit einer kleinen, aus fünf Records bestehenden Bibliotheksdatei zu arbeiten. Die hier entwickelten Programme funktionieren aber auch mit realen Dateien.

Sequenz und Annotation trennen

In den vorangegangenen Kapiteln haben Sie gesehen, wie man die Zeilen einer Datei mit Hilfe der in Perl integrierten Array-Operationen untersucht. Üblicherweise speichern Sie dabei die Daten in einem Array, so daß jede Zeile der Datei ein einzelnes Element des Arrays darstellt.

Wir wollen zwei Methoden beschreiben, mit denen Sie die Kommentare und die DNA aus einer GenBank-Datei extrahieren können. Bei der ersten Methode lesen Sie die Datei in ein Array ein und gehen dann, wie in den vorangegangenen Programmen, die einzelnen Zeilen durch. Bei der zweiten Methode speichern Sie das vollständige GenBank-Record in einer skalaren Variable ab und verwenden reguläre Ausdrücke zum Parsen der gewünschten Informationen. Ist ein Ansatz besser als der andere? Nicht unbedingt; letztendlich hängt das von den Daten ab. Beide Methoden besitzen Vor- und Nachteile, aber beide erledigen ihren Job.

Ich habe fünf GenBank-Records in einer Datei namens *library.gb* untergebracht. Auch diese Datei können Sie von der Website zu diesem Buch herunterladen. Ich nutze *library.gb* und die Datei *record.gb*, die genau ein GenBank-Record enthält, in den nächsten Beispielen.

Anwendung von Arrays

Beispiel 10-1 zeigt die erste Methode, die mit einem Array arbeitet, das die Zeilen des GenBank-Records enthält. Auf das Hauptprogramm folgt eine Subroutine, die die eigentliche Arbeit übernimmt.

Beispiel 10-1: Annotation und Sequenz aus einer GenBank-Datei extrahieren

```
#!/usr/bin/perl
# Annotation und Sequenz aus einer GenBank-Datei extrahieren

use strict;
use warnings;
use BeginPerlBioinfo;     # siehe Kapitel 6

# Variablen deklarieren und initialisieren
my @annotation = ( );
my $sequence = '';
my $filename = 'record.gb';

parse1(\@annotation, \$sequence, $filename);

# Annotation ausgeben und dann die DNA in neuem Format ausgeben,
#  nur um zu sehen, ob wir alles richtig machen.
print @annotation;

print_sequence($sequence, 50);

exit;

################################################################################
# Subroutine
################################################################################

# parse1
#
# -Parsen von Annotation und Sequenz aus GenBank-Record
```

Beispiel 10-1: Annotation und Sequenz aus einer GenBank-Datei extrahieren (Fortsetzung)

```
sub parse1 {

    my($annotation, $dna, $filename) = @_;

    # $annotation - Referenz auf Array
    # $dna        - Referenz auf Skalar
    # $filename   - Skalar

    # Variablen deklarieren und initialisieren
    my $in_sequence = 0;
    my @GenBankFile = ( );

    # GenBank-Daten aus Datei in ein Array übernehmen
    @GenBankFile = get_file_data($filename);

    # Alle Sequenzzeilen extrahieren
    foreach my $line (@GenBankFile) {

       if( $line =~ /^\/\/\n/ ) {      # Wenn $line das Ende des Records (//\n) enthält,
           last;                       # foreach-Schleife verlassen.
       } elsif( $in_sequence) {        # Wenn wir innerhalb einer Sequenz sind,
           $$dna .= $line;             # aktuelle Zeile zu $$dna hinzufügen.
       } elsif ( $line =~ /^ORIGIN/ ) { # Wenn $line eine Sequenz beginnt,
           $in_sequence = 1;           # setzen wir das $in_sequence-Flag.
       } else{                         # Andernfalls
           push( @$annotation, $line); # aktuelle Zeile in @annotation aufnehmen.
       }
    }

    # Whitespace und Zeilennummern aus DNA-Sequenz entfernen
    $$dna =~ s/[\s0-9]//g;
}
```

Hier sind Anfang und Ende der Sequenzdaten-Ausgabe von Beispiel 10-1:

```
agatggcggcgctgaggggtcttgggggctctaggccggccacctactgg
tttgcagcggagacgacgcatggggcctgcgcaataggagtacgctgcct
gggaggcgtgactagaagcggaagtagttgtgggcgcctttgcaaccgcc
tgggacgccgccgagtggtctgtgcaggttcgcgggtcgctggcgggggt
cgtgagggagtgcgccgggagcggagatatggagggagatggttcagacc
...
cggtgcccgtgtgtccgttcctccactcatctgtttctccggttctccct
gtgcccatccaccggttgaccgcccatctgcctttatcagagggactgtc
cccgtcgacatgttcagtgcctggtggggctgcggagtccactcatcctt
gcctcctctccctgggttttgttaataaaattttgaagaaaccaaaaaaa
aaaaaaaaaaaaaaaaaaaaaaaaaaaaaaaaaaa
```

Die foreach-Schleife in der Subroutine parse1 in Beispiel 10-1 geht die Zeilen der im Array @GenBankFile abgelegten GenBank-Datei eine nach der anderen durch. Sie nutzt die Struktur der GenBank-Datei, die mit den Annotationen beginnt und so lange weiterläuft, bis die Zeile

```
ORIGIN
```

gefunden wird. Daraufhin folgt die Sequenz, bis die Record-Ende-Zeile // erreicht wird. Die Schleife verwendet eine Flag-Variable namens $in_sequence, um sich zu merken, daß die ORIGIN-Zeile erkannt wurde und man nun die Sequenzzeilen einliest.

Die foreach-Schleife nutzt ein neues Feature: die fest in Perl eingebaute Funktion last, die aus der nächstliegenden inneren Schleife ausbricht. Sie wird durch die Record-Ende-Zeile // angestoßen, die erreicht wird, wenn das gesamte Record verarbeitet wurde.

Um die Record-Ende-Zeile zu finden, wird ein regulärer Ausdruck verwendet. Um die Schrägstriche richtig erkennen zu können, müssen Sie ihnen einen Backslash voranstellen, damit Perl sie nicht als die üblichen /-Trennzeichen interpretiert. Der reguläre Ausdruck ist mit dem Zeilenanfang verankert (^), endet mit einem Newline (\n) und steht zwischen den Trennzeichen: /^\/\/\n/. Wenn Sie viele Schrägstriche in einem regulären Ausdruck einsetzen müssen, möchten Sie vielleicht vermeiden, die als Trennzeichen fungierenden Schrägstriche durch Backslashes schützen zu müssen. Sie können hierfür das /-Trennzeichen durch ein anderes Zeichen (wie z.B. !) ersetzen und diesem ein m voranstellen: m!^//\n! (wobei der Ausdruck jetzt ^//\n ist).

Ein interessanter Punkt von parse1 ist die Reihenfolge der Tests in der foreach-Schleife, die die Zeilen des GenBank-Records durchgeht. Während Sie die Zeilen des Records durchgehen, wollen Sie zuerst die Annotationszeilen verarbeiten, ein Flag setzen, wenn die ORIGIN-Zeile erkannt wird, und dann die Sequenzdaten sammeln, bis die Record-Ende-Zeile // erkannt wird.

Beachten Sie, daß die Tests in genau der entgegengesetzten Reihenfolge vorgenommen werden. Zuerst testen Sie auf die Record-Ende-Zeile, sammeln die Sequenz ein, wenn das Flag $in_sequence gesetzt ist, und testen dann auf die ORIGIN-Zeile. Zum Schluß sammeln Sie die Annotation ein.

Diese Technik, Zeilen nacheinander einzulesen und Flag-Variablen zur Markierung von Abschnitten innerhalb der Datei zu verwenden, ist eine weitverbreitete Programmiertechnik. Denken Sie also einen Moment darüber nach, wie die Schleife sich verhalten würde, wenn Sie die Reihenfolge der Tests ändern würden. Wenn Sie die Sequenzzeilen verarbeiten würden, bevor Sie auf das Record-Ende hin prüfen, würden Sie nie zum Record-Ende-Test kommen!

Andere Methoden zur Sammlung von Annotation und Sequenzzeilen sind möglich, insbesondere wenn Sie das Array mehr als einmal durchgehen. Wenn Sie zuerst die Zeilennummern festzuhalten, in denen die Sequenz beginnt und das Record endet, können Sie das Extrahieren mit einem *Array-Slice* erledigen, in dem Sie die gewünschten Elemente auflisten oder sie durch eine Bereichsangabe kennzeichnen. Zum Beispiel: `@arrayslice = @array[0,3,5]` oder `@arrayslice = @array[3..8]`.

```
# Zeilennummern für ORIGIN und // im GenBank-Record bestimmen

$linenumber = 0;
foreach my $line (@GenBankFile) {
     if ( $line =~ m!^//\n! ) {  # Record-Ende-Zeile //
         $end = $linenumber;
         last;
     } elsif ( $line =~ /^ORIGIN/ ) { # Annotation endet, Sequenz beginnt
         $origin = $linenumber;
     }
     $linenumber++;
}

# Annotation und Sequenz mittels "Array-Slice" extrahieren

@annotation = @GenBankFile[0..($origin-1)];
@sequence   = @GenBankFile[($origin+1)..($end-1)];
```

Anwendung von Skalaren

Ein zweiter Weg zur Trennung von Annotation und Sequenz in GenBank-Records besteht darin, das gesamte Record in eine skalare Variable einzulesen und diese dann mit regulären Ausdrücken zu verarbeiten. Bei bestimmten Daten kann das die bequemere Art sein, die Eingabe zu verarbeiten (verglichen mit dem Durchgehen des Arrays wie in Beispiel 10-1).

Üblicherweise werden Stringdaten Zeile für Zeile mit Newlines (falls vorhanden) in separaten skalaren Variablen abgelegt. Manchmal speichert man aber auch mehrere zu einem String verkettete Zeilen in einer einzelnen skalaren Variable. Solche mehrzeiligen Strings sind nicht ungewöhnlich; Sie haben sie bereits in den Beispielen 8-2 und 8-3 genutzt, um die Sequenzdaten aus FASTA-Dateien herauszufiltern. Reguläre Ausdrücke besitzen Muster-Modifikatoren (Modifier), die die Verwendung von mehrzeiligen Strings mit den in sie eingebetteten Newlines vereinfachen.

Muster-Modifikatoren

Die bisher von uns verwendeten Muster-Modifier waren `/g` für globales Matching und `/i` für ein die Groß-/Kleinschreibung ignorierendes Matching. Lassen Sie uns zwei weitere betrachten, die beeinflussen, wie reguläre Ausdrücke mit den Newlines in Skalaren umgehen.

Denken Sie daran, daß die vorherigen regulären Ausdrücke die Metazeichen Caret oder Hütchen (^), Punkt (.) und Dollarzeichen ($) verwendet haben. Das ^ verankert einen regulären Ausdruck standardmäßig mit dem Anfang des Strings, so daß /^DER ANFANG/ einen String erkennt, der mit »DER ANFANG« beginnt. In gleicher Weise verankert $ den Ausdruck mit dem Ende des Strings. Der Punkt (.) erkennt jedes Zeichen außer Newline.

Die folgenden Modifier beeinflussen diese drei Metazeichen:

- Der Modifier /s geht davon aus, daß der gesamte String als ein String betrachtet werden soll, auch wenn Newlines eingebettet sind, d.h., der Punkt erkennt alle Zeichen *inklusive* Newlines.
- Der Modifier /m geht davon aus, daß der gesamte String als mehrzeiliger String betrachtet werden soll, d.h., ^ und $ greifen auch nach bzw. vor einem im String eingebetteten Newline.

Beispiele für Muster-Modifier

Hier ein Beispiel für das Standardverhalten von Hütchen (^), Punkt (.) und Dollarzeichen:

```
use warnings;
"AAC\nGTT" =~ /^.*$/;
print $&, "\n";
```

Das zeigt das Standardverhalten ohne die Modifier /m oder /s und gibt die folgende Warnung aus:

```
Use of uninitialized value in print statement at line 3.
```

Die print-Anweisung versucht, $& auszugeben, eine Spezialvariable, die immer das zuletzt erkannte Muster enthält. In diesem Fall wurde, weil das Muster nicht zutrifft, die Variable $& nicht gesetzt, und Sie erhalten die Warnung, daß Sie versuchen, eine nicht initialisierte Variable auszugeben.

Warum wird das Muster nicht erkannt? Lassen Sie uns das Muster ^.*$ untersuchen. Es beginnt mit einem ^, was bedeutet, daß der Treffer am Anfang des Strings beginnen muß. Es endet mit $, was bedeutet, daß der Treffer auch mit dem Ende des Strings übereinstimmen muß. (Das Ende des Strings kann ein einzelnes Newline enthalten, aber weitere Newlines sind nicht erlaubt.) Das .* steht für null oder mehr (*) beliebige Zeichen (.) außer dem Newline. Mit anderen Worten: Das Muster ^.*$ erkennt jeden String, der keine Newlines außer einem einzelnen Newline als letztes Zeichen enthält. Weil aber der fragliche String "ACC\nGTT" ein eingebettetes Newline \n enthält, das nicht das letzte Zeichen ist, schlägt das Pattern Matching fehl.

In den nächsten Beispielen ändern die Muster-Modifier /m und /s das Standardverhalten der Metazeichen ^ und $ sowie das des Punktes:

```
"AAC\nGTT" =~ /^.*$/m;
print $&, "\n";
```

Dieses Fragment gibt AAC aus und demonstriert den Modifier /m. Das /m erweitert die Bedeutung von ^ und $ dahingehend, daß das Matching auch um eingebettete Newlines erfolgt. In diesem Fall trifft das Muster also vom Anfang der Zeile bis zum ersten eingebetteten Newline zu.

Das nächste Fragment demonstriert den Modifier /s:

```
"AAC\nGTT" =~ /^.*$/s;
print $&, "\n";
```

und erzeugt die folgende Ausgabe:

```
AAC
GTT
```

Der Modifier /s ändert die Bedeutung des Punktes dahingehend, daß er alle Zeichen inklusive des Newlines erkennt. Mit dem Modifier /s erkennt das Muster alles vom Anfang bis zum Ende des Strings, einschließlich des Newlines. Beachten Sie, daß bei der Ausgabe auch das eingebettete Newline ausgegeben wird.

Trennung von Annotation und Sequenz

Nachdem Sie nun die Pattern-Matching-Modifier und regulären Ausdrücke kennengelernt haben, die Ihre wichtigsten Werkzeuge für das Parsen einer GenBank-Datei in einem Skalar sein werden, wollen wir versuchen, die Annotation und die Sequenz zu trennen.

Der erste Schritt besteht darin, das GenBank-Record in einer skalaren Variable zu speichern. Denken Sie daran, daß ein GenBank-Record mit einer Zeile beginnt, die mit dem Wort »LOCUS« beginnt. Das Record endet mit einem Record-Ende-Separator: einer aus zwei Schrägstrichen bestehenden Zeile.

Zuerst wollen Sie ein GenBank-Record einlesen und in einer skalaren Variable ablegen. Es gibt eine als *Eingabe-Record-Separator* (input record separator) bezeichnete Einrichtung, die genau das macht. Sie wird über die Spezialvariable $/ angesprochen. Normalerweise ist dieser Eingabe-Record-Separator mit dem Newline voreingestellt, so daß jeder Aufruf, der einen Skalar aus einem Dateihandle anfordert, genau eine Zeile einliest. Setzen Sie ihn einfach wie folgt auf den Record-Ende-Separator:

```
$/ = "//\n";
```

Nachdem der Eingabe-Record-Separator auf "//\n" gesetzt worden ist, nimmt nun ein Aufruf, der einen Skalar aus einem Dateihandle liest, alle Daten bis zum GenBank-

Record-Ende-Separator auf. Die Zeile `$record = <GBFILE>` in Beispiel 10-2 speichert also das mehrzeilige GenBank-Record in der skalaren Variable `$record`. Sie werden später sehen, daß Sie diesen Aufruf wiederholen können, um aufeinanderfolgende GenBank-Records aus einer GenBank-Bibliotheksdatei einzulesen.

Nachdem Sie das Record eingelesen haben, erfolgt das Parsen der Annotation- und Sequenz-Teile mit Hilfe der Modifier `/s` und `/m`. Die Extrahierung von Annotation und Sequenz ist der einfache Teil. Das Parsen der Annotation wird den größten Teil des noch folgenden Kapitels einnehmen.

Beispiel 10-2: Annotation und Sequenz aus GenBank-Record extrahieren

```
#!/usr/bin/perl
# Annotation und Sequenz aus dem ersten Record
#   einer GenBank-Bibliothek extrahieren

use strict;
use warnings;
use BeginPerlBioinfo;     # siehe Kapitel 6

# Variablen deklarieren und initialisieren
my $annotation = ';
my $dna = ';
my $record = ';
my $filename = 'record.gb';
my $save_input_separator = $/;

# GenBank-Bibliotheksdatei öffnen
unless (open(GBFILE, $filename)) {
    print "Kann GenBank-Datei \"$filename\" nicht öffnen\n\n";
    exit;
}

# Eingabe-Separator auf "//\n" setzen und ein Record in Skalar einlesen
$/ = "//\n";

$record = <GBFILE>;

# Eingabe-Separator zurücksetzen
$/ = $save_input_separator;

# Nun trennen wir Annotation- und Sequenz-Daten
($annotation, $dna) = ($record =~ /^(LOCUS.*ORIGIN\s*\n)(.*)\/\/\n/s);

# Beide Teile ausgeben. Sie sollten die ursprünglichen GenBank-Daten
#  enthalten, nur daß das // am Ende fehlt
print $annotation, $dna;

exit;
```

Die Ausgabe des Programms entspricht der vorhin vorgestellten GenBank-Datei, nur daß die letzte Zeile fehlt, die den Record-Ende-Separator `//` enthält.

Wir wollen uns nun auf den regulären Ausdruck konzentrieren, der die Annotation und die Sequenz aus der Variable `$record` extrahiert. Das ist der bislang komplizierteste reguläre Ausdruck:

```
$record =~ /^(LOCUS.*ORIGIN\s*\n)(.*)\/\/\n/s.
```

Es gibt zwei Klammernpaare in diesem regulären Ausdruck: `(LOCUS.*ORIGIN\s*\n)` und `(.*)`. Diese Klammern sind Metazeichen, deren Aufgabe darin besteht, sich die Teile der Daten zu merken, die dem Muster innerhalb dieser Klammern entsprechen, also der Annotation und der Sequenz. Beachten Sie auch, daß das Pattern Matching ein Array zurückliefert, dessen Elemente aus den erkannten geklammerten Mustern bestehen. Nachdem die Annotation und die Sequenz innerhalb der Klammernpaare im regulären Ausdruck erkannt wurden, weisen Sie die erkannten Muster einfach den beiden Variablen `$annotation` und `$dna` zu:

```
($annotation, $dna) = ($record =~ /^(LOCUS.*ORIGIN\s*\n)(.*)\/\/\n/s);
```

Beachten Sie, daß wir am Ende des Musters den Modifier `/s` hinzugefügt haben, der es – wie vorhin erläutert – dem Punkt ermöglicht, jedes Zeichen einschließlich eingebetteter Newlines zu erkennen. (Und weil wir das gesamte GenBank-Record im Skalar `$record` abgelegt haben, sind eine ganze Reihe von Newlines eingebettet.)

Als nächstes sehen wir uns das erste Paar Klammern an:

```
(LOCUS.*ORIGIN\s*\n)
```

Der gesamte Ausdruck wird mit dem Anfang des Strings verknüpft, indem man ihm das Metazeichen ^ voranstellt. (`/s` ändert nicht die Bedeutung des ^-Zeichens innerhalb des regulären Ausdrucks.)

Innerhalb der Klammern beginnt das Matching mit dem String `LOCUS` (das zu Beginn des GenBank-Records erscheint), gefolgt von beliebig vielen Zeichen einschließlich Newline (`.*`), gefolgt vom String `ORIGIN`, möglicherweise gefolgt von einigen Whitespace-Zeichen (`\s*`), gefolgt von einem Newline `\n`. Dieser Ausdruck erkennt den Annotation-Teil des GenBank-Records.

Sehen wir uns nun das zweite Paar Klammern und den Rest an:

```
(.*)\/\/\n
```

Das ist einfacher. Das `.*` erkennt beliebige Zeichen inklusive Newlines, weil der Modifier `/s` verwendet wird. Den Klammern folgt die Record-Ende-Zeile `//` einschließlich des Newlines am Ende. Den Schrägstrichen werden Backslashes vorangestellt, um zu zeigen, daß Sie genau diese zwei Schrägstriche erkennen wollen. Sie bilden nicht die

Trennzeichen des Pattern-Matching-Operators. Das Endergebnis besteht aus dem Gen-Bank-Record und der Annotation sowie der Sequenz in separaten Variablen `$annotation` und `$sequence`. Auch wenn der verwendete reguläre Ausdruck einer Erklärung bedarf, ist dieser Ansatz doch attraktiv, weil er nur eine Zeile Perl-Code benötigt, um sowohl Annotation als auch Sequenz zu trennen.

Parsen von Annotationen

Nachdem Sie die Sequenz erfolgreich extrahiert haben, wollen wir uns mit dem Parsen der Annotation einer GenBank-Datei beschäftigen.

Wenn man sich ein GenBank-Record ansieht, stellt sich die interessante Frage, wie die nützliche Information zu extrahieren ist. Die FEATURES-Tabelle bildet dabei sicherlich den Schlüssel. Sie weist eine umfangreiche Struktur auf, doch was soll erhalten werden und was ist unnötig? Zum Beispiel möchte man manchmal einfach nur wissen, ob ein Wort wie »endonuclease« irgendwo innerhalb des Records vorkommt. Zu diesem Zweck benötigen Sie eine Subroutine, die innerhalb der Annotation nach einem beliebigen regulären Ausdruck sucht. Manchmal reicht das, aber auch wenn die Sache etwas detaillierter sein muß, stellt Perl die notwendigen Werkzeuge zur Verfügung, die diese Operation erfolgreich verlaufen lassen.

Anwendung von Arrays

Beispiel 10-3 zeigt das Parsen einiger Teilinformationen aus der Annotation einer Gen-Bank-Datei. Die Daten liegen dabei in Form eines Arrays vor.

Beispiel 10-3: Parsen von GenBank-Annotationen mittels Arrays

```
#!/usr/bin/perl
# Parsen von GenBank-Annotationen mittels Arrays

use strict;
use warnings;
use BeginPerlBioinfo;     # siehe Kapitel 6

# Variablen deklarieren und initialisieren
my @genbank = ( );
my $locus = '';
my $accession = '';
my $organism = '';

# GenBank-Daten aus Datei lesen
@genbank = get_file_data('record.gb');
```

Beispiel 10-3: Parsen von GenBank-Annotationen mittels Arrays (Fortsetzung)

```
# Lassen Sie uns mit etwas Einfachem beginnen. Wir wollen einige identifizierende
# Informationen ermitteln, etwa Locus und Accession Number (hier identisch)
# sowie den Organismus.

for my $line (@genbank) {
  if($line =~ /^LOCUS/) {
    $line =~ s/^LOCUS\s*//;
    $locus = $line;
  }elsif($line =~ /^ACCESSION/) {
    $line =~ s/^ACCESSION\s*//;
    $accession = $line;
  }elsif($line =~ /^  ORGANISM/) {
    $line =~ s/^\s*ORGANISM\s*//;
    $organism = $line;
  }
}

print "*** LOCUS ***\n";
print $locus;
print "*** ACCESSION ***\n";
print $accession;
print "*** ORGANISM ***\n";
print $organism;

exit;
```

Hier die Ausgabe von Beispiel 10-3:

```
*** LOCUS ***
AB031069     2487 bp    mRNA            PRI       27-MAY-2000
*** ACCESSION ***
AB031069
*** ORGANISM ***
Homo sapiens
```

Nun wollen wir das Programm leicht erweitern und auch das DEFINITION-Feld verarbeiten. Beachten Sie, daß sich das DEFINITION-Feld über mehr als eine Zeile erstrekken kann. Um dieses Feld einzulesen, verwenden wir einen Trick, den wir bereits in Beispiel 10-1 verwendet haben: Wir setzen ein Flag, wenn wir uns im »Zustand« des Einlesens einer Definition befinden. Die Flag-Variable wird, wenig überraschend, `$flag` genannt.

Beispiel 10-4: Parsen von GenBank-Annotationen mittels Arrays; 2. Versuch

```
#!/usr/bin/perl
# Parsen von GenBank-Annotationen mittels Arrays, 2. Versuch

use strict;
```

Beispiel 10-4: Parsen von GenBank-Annotationen mittels Arrays; 2. Versuch (Fortsetzung)

```
use warnings;
use BeginPerlBioinfo;     # siehe Kapitel 6

# Variablen deklarieren und initialisieren
my @genbank = ( );
my $locus = ';
my $accession = ';
my $organism = ';
my $definition = ';
my $flag = 0;

# GenBank-Daten aus Datei einlesen
@genbank = get_file_data('record.gb');

# Lassen Sie uns mit etwas Einfachem beginnen. Wir wollen einige identifizierende
# Informationen ermitteln, etwa Locus und Accession Number (hier identisch)
# sowie die Definition und den Organismus.

for my $line (@genbank) {
  if($line =~ /^LOCUS/) {
    $line =~ s/^LOCUS\s*//;
    $locus = $line;
  }elsif($line =~ /^DEFINITION/) {
    $line =~ s/^DEFINITION\s*//;
    $definition = $line;
    $flag = 1;
  }elsif($line =~ /^ACCESSION/) {
    $line =~ s/^ACCESSION\s*//;
    $accession = $line;
    $flag = 0;
  }elsif($flag) {
    chomp($definition);
    $definition .= $line;
  }elsif($line =~ /^  ORGANISM/) {
    $line =~ s/^\s*ORGANISM\s*//;
    $organism = $line;
  }
}

print "*** LOCUS ***\n";
print $locus;
print "*** DEFINITION ***\n";
print $definition;
print "*** ACCESSION ***\n";
print $accession;
print "*** ORGANISM ***\n";
print $organism;

exit;
```

Beispiel 10-4 gibt folgendes aus:

```
*** LOCUS ***
AB031069      2487 bp    mRNA            PRI       27-MAY-2000
*** DEFINITION ***
Homo sapiens PCCX1 mRNA for protein containing CXXC domain 1, complete cds.
*** ACCESSION ***
AB031069
*** ORGANISM ***
Homo sapiens
```

Die Verwendung eines Flags, um festzuhalten, in welchem Teil einer Datei man sich bei einer Iteration der Schleife zur nächsten befindet, ist eine übliche Technik bei der Extraktion von Informationen aus Dateien mit mehrzeiligen Abschnitten. Wenn die Dateien und ihre Felder komplexer werden, muß der Code viele Flags gleichzeitig verwalten, um sich zu merken, in welchem Teil der Datei er sich gerade befindet und welche Informationen gerade extrahiert werden sollen. Das funktioniert, aber wenn die Dateien komplexer werden, wird auch der Code komplizierter. Er wird schwer zu lesen und schwer zu ändern. Lassen Sie uns daher reguläre Ausdrücke als Mittel zum Parsen von Annotationen betrachten.

Wann man reguläre Ausdrücke verwendet

Wir haben zwei Methoden zum Parsen von GenBank-Dateien verwendet: reguläre Ausdrücke und das Setzen von Flags während des Durchlaufens eines Arrays. Wir haben beide Methoden im vorherigen Abschnitt genutzt, um die Annotation von der Sequenz zu trennen. Beide Methoden sind gleich gut geeignet, weil in GenBank-Dateien die Sequenz auf die Annotation folgt und beide durch eine `ORIGIN`-Zeile eindeutig getrennt sind: eine sehr einfache Struktur. Das Parsen von Annotationen scheint aber etwas komplizierter zu sein. Wir wollen daher versuchen, reguläre Ausdrücke zu verwenden, um diese Aufgabe zu lösen.

Zu Beginn wollen wir den Code, an dem wir bisher gearbeitet haben, in einige bequeme Subroutinen packen, um uns auf das Parsen von Annotationen konzentrieren zu können. Sie möchten GenBank-Records eines nach dem anderen aus einer Bibliothek (eine Datei mit einem oder mehreren GenBank-Records) einlesen, Annotation und Sequenz extrahieren und dann bei Bedarf das Parsen der Annotation vornehmen. Das wäre zum Beispiel nützlich, wenn Sie in einer GenBank-Bibliothek nach einem Motiv suchen. Sie könnten dann nach dem Motiv suchen und, wenn Sie es gefunden haben, ein Parsen der Annotation vornehmen, um zusätzliche Informationen über die Sequenz zu erhalten.

Wie vorhin erwähnt, werden wir die Datei *library.gb* verwenden, die Sie von der Website zu diesem Buch herunterladen können.

Weil der Umgang mit Annotationen etwas kompliziert ist, wollen wir uns Zeit nehmen und die Aufgaben in bequeme Subroutinen aufteilen. Hier der Pseudocode:

```
sub open_file
    gegeben ist der Dateiname, zurückgegeben wird das Dateihandle

sub get_next_record
    über das gegebene Dateihandle ein Record einlesen
    (wir erhalten den Offset, indem wir zuerst "tell" aufrufen)

sub get_annotation_and_dna
    ein übergebenes Record wird in die Annotation und die bereinigte Sequenz zerlegt

sub search_sequence
    übergeben werden eine Sequenz und ein regulärer Ausdruck,
      zurückgegeben wird ein Array mit den Positionen der Treffer

sub search_annotation
    übergeben werden eine GenBank-Annotation und ein regulärer Ausdruck,
      zurückgegeben wird ein Array mit den Positionen der Treffer

sub parse_annotation
    Felder der Annotation in ein praktischeres Format umwandeln

sub parse_features
    ein gegebenes FEATURES-Feld in die Komponenten zerlegen
```

Die Idee besteht darin, eine Subroutine für jede wichtige Aufgabe, die Sie durchführen wollen, zu entwickeln und diese dann zu nützlichen Programmen zu kombinieren. Einige von diesen Subroutinen können auch in anderen Subroutinen kombiniert werden. Beispielsweise könnten Sie in nur einem Subroutinen-Aufruf eine Datei öffnen und ein Record aus ihr lesen wollen.

Sie entwerfen diese Subroutinen so, daß sie mit Bibliotheksdateien arbeiten, d.h. Dateien mit mehreren GenBank-Records. Sie übergeben den Subroutinen das Dateihandle als Argument, damit die Subroutinen auf offene Bibliotheksdateien zugreifen können, die durch die Dateihandles repräsentiert werden. Auf diese Weise können Sie eine `get_next_record`-Funktion nutzen, die in einer Schleife sehr praktisch ist. Die Verwendung der Perl-Funktion `tell` erlaubt es Ihnen darüber hinaus, den Byte-Offset eines beliebigen Records festzuhalten. Zu einem späteren Zeitpunkt können Sie dann zu diesem Byte-Offset zurückkehren und das gewünschte Record sehr schnell extrahieren. (Ein *Byte-Offset* ist einfach die Anzahl der Zeichen vom Anfang der Datei bis zu der Stelle der Datei, an der die gesuchten Informationen liegen.) Das Betriebssystem unterstützt Perl dabei, Sie direkt zu einem beliebigen Offset springen zu lassen (selbst bei sehr großen Dateien). So umgehen Sie die übliche Vorgehensweise, die Datei erst zu öffnen und sie dann vom Anfang bis zur gewünschten Stelle einzulesen.

Die Verwendung eines Byte-Offsets ist wichtig, wenn Sie mit großen Dateien arbeiten. Perl stellt Ihnen fest eingebaute Funktionen wie seek zur Verfügung, die es Ihnen ermöglichen, in einer geöffneten Datei direkt an jede beliebige Stelle zu springen. Die Idee besteht darin, daß Sie, sobald Sie etwas gefunden haben, den Byte-Offset mit der Perl-Funktion `tell` festhalten können. Später, wenn Sie an diese Stelle zurückkehren wollen, rufen Sie einfach die Perl-Funktion seek mit dem Byte-Offset als Argument auf. Sie werden das später in diesem Kapitel noch sehen, wenn Sie eine DBM-Datei aufbauen, um Records anhand ihrer Accession Numbers herauszusuchen. Der wichtigste Punkt ist aber der, daß es bei einer 250-MB-Datei einfach zu lange dauert, etwas zu finden, indem man es vom Anfang der Datei aus sucht, und es gibt Wege, das zu umgehen.

Das Parsen der Daten erfolgt entsprechend unserem Entwurf in drei Schritten:

1. Sie trennen Annotation und Sequenz (die Sie gleichzeitig von Whitespace usw. befreien, um einen einfachen Sequenzstring vorliegen zu haben). Sogar bei diesem Schritt können Sie nach Motiven in der Sequenz und nach Text in der Annotation suchen.
2. Extrahieren der Felder.
3. Parsen der FEATURES-Tabelle.

Diese Schritte scheinen sinnvoll zu sein und erlauben Ihnen – je nachdem, was Sie machen wollen – ein Parsen in jeder benötigten Tiefe.

Hier ein Hauptprogramm in Pseudocode, das die Verwendung dieser Subroutinen zeigt:

```
open_file

while ( get_next_record )

    get_annotation_and_dna

    if ( search_sequence nach Motiv and
         search_annotation nach Chromosom 22 )

        parse_annotation

        mit parse_features Größe der Exons bestimmen und nach kleinen Größen suchen
    }
}

Accession Numbers der Records zurückgeben, die die Kriterien erfüllen
```

Dieses Beispiel zeigt die Verwendung der Subroutinen zur Beantwortung einer Frage wie: Welches sind die Gene in Chromosom 22, die ein gegebenes Motiv enthalten und kleine Exons besitzen?

Hauptprogramm

Lassen Sie uns diese Subroutinen mit Beispiel 10-5 testen, das einige Subroutinendefinitionen enthält, die wir in unser Modul *BeginPerlBioinfo.pm* aufnehmen wollen:

Beispiel 10-5: Subroutinen für das Arbeiten mit GenBank-Bibliotheken

```
#!/usr/bin/perl
#  - Testprogramm für Subroutinen auf GenBank-Bibliotheken

use strict;
use warnings;
# BeginPerlBioinfo nicht nötig,
# da alle Subroutinen in dieser Datei definiert sind
# use BeginPerlBioinfo;     # siehe Kapitel 6

# Variablen deklarieren und initialisieren
my $fh; # Variable für Dateihandle
my $record;
my $dna;
my $annotation;
my $offset;
my $library = 'library.gb';

# Einige Standardsubroutinen für Test aufrufen
$fh = open_file($library);

$offset = tell($fh);

while( $record = get_next_record($fh) ) {

    ($annotation, $dna) = get_annotation_and_dna($record);

    if( search_sequence($dna, 'AAA[CG].')) {
        print "Sequenz in Record gefunden an Offset $offset\n";
    }
    if( search_annotation($annotation, 'homo sapiens')) {
        print "Annotation in Record gefunden an Offset $offset\n";
    }

    $offset = tell($fh);
}

exit;

################################################################################
# Subroutinen
################################################################################
```

Beispiel 10-5: Subroutinen für das Arbeiten mit GenBank-Bibliotheken (Fortsetzung)

```
# open_file
#
#   - übergeben wird Dateiname, gesetzt wird Dateihandle

sub open_file {

    my($filename) = @_;
    my $fh;

    unless(open($fh, $filename)) {
        print "Kann Datei $filename nicht öffnen\n";
        exit;
    }
    return $fh;
}

# get_next_record
#
#   - übergeben wird Dateihandle für GenBank-Datei, ermittle GenBank-Record

sub get_next_record {

    my($fh) = @_;

    my($offset);
    my($record) = ';
    my($save_input_separator) = $/;

    $/ = "//\n";

    $record = <$fh>;

    $/ = $save_input_separator;

    return $record;
}

# get_annotation_and_dna
#
#   - übergeben wird GenBank-Record, ermittle Annotation und DNA

sub get_annotation_and_dna {

    my($record) = @_;

    my($annotation) = ';
    my($dna) = ';
```

Beispiel 10-5: Subroutinen für das Arbeiten mit GenBank-Bibliotheken (Fortsetzung)

```
    # Annotation von Sequenzdaten trennen
    ($annotation, $dna) = ($record =~ /^(LOCUS.*ORIGIN\s*\n)(.*)\/\/\n/s);

    # Sequenz um alle Whitespace- und /-Zeichen bereinigen
    #  (das / muß in der Zeichenklasse als \/ geschrieben werden, weil
    #  / ein Metazeichen ist und daher durch \ "geschützt" werden muß)
    $dna =~ s/[\s\/\d]//g;

    return($annotation, $dna)
}

# search_sequence
#
#   - Sequenz mit regulärem Ausdruck durchsuchen

sub search_sequence {

    my($sequence, $regularexpression) = @_;

    my(@locations) = ( );

    while( $sequence =~ /$regularexpression/ig ) {
        push( @locations, pos );
    }

    return (@locations);
}

# search_annotation
#
#   - Annotation mit regulärem Ausdruck durchsuchen

sub search_annotation {

    my($annotation, $regularexpression) = @_;

    my(@locations) = ( );

    # Beachten Sie den Modifier /s - . erkennt alle Zeichen inkl. Newline
    while( $annotation =~ /$regularexpression/isg ) {
        push( @locations, pos );
    }

    return (@locations);
}
```

Beispiel 10-5 erzeugt für unsere kleine GenBank-Bibliothek die folgende Ausgabe:

```
Sequenz in Record gefunden an Offset 0
Annotation in Record gefunden an Offset 0
Sequenz in Record gefunden an Offset 6256
Annotation in Record gefunden an Offset 6256
Sequenz in Record gefunden an Offset 12366
Annotation in Record gefunden an Offset 12366
Sequenz in Record gefunden an Offset 17730
Annotation in Record gefunden an Offset 17730
Sequenz in Record gefunden an Offset 22340
Annotation in Record gefunden an Offset 22340
```

Die `tell`-Funktion liefert den Byte-Offset der Datei für die Position, bis zu der die Datei bisher gelesen wurde. Sie müssen also zuerst `tell` aufrufen und dann das Record einlesen, um den Offset zu erhalten, der mit dem Anfang des Records verbunden ist.

Parsen von Annotationen auf oberster Ebene

Wir wollen uns nun dem Parsen der Annotation zuwenden.

Wir haben bereits das NCBI-Dokument erwähnt, das die Details der Struktur eines GenBank-Records erläutert. Dieses Dokument heißt *gbrel.txt* und ist Teil der GenBank-Release, die über die NCBI-Website und deren FTP-Site verfügbar ist. Diese Datei wird mit jeder Release aktualisiert (momentan alle zwei Monate) und enthält auch Hinweise zu Änderungen des Formats. Wenn Ihre Programme mit GenBank-Records arbeiten, sollten Sie dieses Dokument lesen und eine Kopie als Referenz griffbereit haben. Sie sollten regelmäßig prüfen, ob Änderungen im GenBank-Record-Format angekündigt sind.

Wenn Sie sich noch einmal das vollständige GenBank-Record zu Beginn dieses Kapitels ansehen, erkennen Sie, daß die Kommentare eine gewisse Struktur besitzen. Sie haben verschiedene Felder wie LOCUS, DEFINITION, ACCESSION, VERSION, KEYWORDS, SOURCE, REFERENCE, FEATURES und BASE COUNT, die immer am Zeilenanfang stehen. Einige dieser Felder besitzen Unterfelder. Das gilt insbesondere für das FEATURES-Feld, das eine recht komplexe Struktur aufweist.

Im Augenblick wollen wir aber nur die Felder auf der obersten Ebene extrahieren. Sie benötigen einen regulären Ausdruck, der alles nach einem Wort zu Beginn einer Zeile bis zu einem Newline erkennt, das einem weiteren Wort zu Beginn einer Zeile vorangeht.

Hier ein regulärer Ausdruck, der unsere Definition eines Feldes widerspiegelt:

```
/^[A-Z].*\n(^\s.*\n)*/m
```

Was drückt dieser reguläre Ausdruck aus? Zuerst verwendet er den Pattern-Matching-Modifier `/m`, was bedeutet, daß das Caret-Zeichen `^` (»Hütchen«) und das Dollarzeichen `$` auch bei eingebetteten Newlines greifen (und nicht – wie sonst üblich – nur am Anfang bzw. am Ende des gesamten Strings).

Der erste Teil des regulären Ausdrucks

```
^[A-Z].*\n
```

erkennt einen Großbuchstaben am Anfang der Zeile, gefolgt von einer beliebigen Anzahl von Zeichen (außer Newline), gefolgt von einem Newline. Das ist eine gute Beschreibung der ersten Zeilen der Felder, die wir erkennen wollen.

Der zweite Teil des regulären Ausdrucks

```
(^\s.*\n)*
```

erkennt ein Leerzeichen oder einen Tabulator (`\s`) am Anfang der Zeile, gefolgt von einer beliebigen Anzahl von Zeichen (außer Newline), gefolgt von einem Newline. Dieser Ausdruck steht in Klammern, und direkt dahinter steht ein *, was für null oder mehr solcher Zeilen steht. Damit erkennen wir die Folgezeilen eines Feldes, die mit einem Whitespace beginnen. Ein Feld muß keine solche zusätzliche Zeile besitzen, kann aber auch mehrere dieser Zeilen enthalten.

Die Kombination dieser beiden Teile des regulären Ausdrucks erkennt also die Felder mit ihren optionalen zusätzlichen Zeilen.

Beispiel 10-6 zeigt eine Subroutine, die für die in einer skalaren Variable abgelegten Annotationen eines GenBank-Records einen Hash zurückliefert, bei dem die Schlüssel den Namen der Top-Level-Felder entsprechen und die Werte den Inhalt dieser Felder enthalten.

Beispiel 10-6: Parsen von GenBank-Annotationen

```
#!/usr/bin/perl
#  - Testprogramm für die Subroutine parse_annotation

use strict;
use warnings;
use BeginPerlBioinfo;     # siehe Kapitel 6

# Variablen deklarieren und initialisieren
my $fh;
my $record;
my $dna;
my $annotation;
my %fields;
my $library = 'library.gb';
```

Beispiel 10-6: Parsen von GenBank-Annotationen (Fortsetzung)

```
# Bibliothek öffnen und ein Record einlesen
$fh = open_file($library);

$record = get_next_record($fh);

# Parsen von Sequenz und Annotation
($annotation, $dna) = get_annotation_and_dna($record);

# Felder der Annotation extrahieren
%fields = parse_annotation($annotation);

# Felder ausgeben
foreach my $key (keys %fields) {
    print "******** $key *********\n";
    print $fields{$key};
}

exit;

################################################################################
# Subroutine
################################################################################

# parse_annotation
#
#  für eine gegebene GenBank-Annotation wird ein Hash zurückgeliefert mit
#   Schlüssel: Feldnamen
#   Werte: Felder

sub parse_annotation {

    my($annotation) = @_;
    my(%results) = ( );

    while( $annotation =~ /^[A-Z].*\n(^\s.*\n)*/gm ) {
        my $value = $&;
        (my $key = $value) =~ s/^([A-Z]+).*/$1/s;
        $results{$key} = $value;
    }

    return %results;
}
```

Beachten Sie, wie in der Subroutine `parse_annotation` die Variablen `$key` und `$value` auf den `while`-Block beschränkt werden. Ein Vorteil dieses Ansatzes besteht darin, daß wir die Variablen innerhalb der Schleife nicht neu initialisieren müssen. Beachten Sie auch, daß der Schlüssel den Namen des Feldes enthält und der dazugehörige Wert das gesamte Feld.

Sie sollten sich die Zeit nehmen, den regulären Ausdruck zu verstehen, der die Feldnamen für den Schlüssel extrahiert:

```
(my $key = $value) =~ s/^([A-Z]+).*/$1/s;
```

Zuerst wird `$key` der Wert `$value` zugewiesen. Dann wird alles in `$key` durch `$1` ersetzt (beachten Sie den Modifier `/s` für eingebettete Newlines). Diese Spezialvariable enthält das erkannte Muster des ersten Klammernpaares (`[A-Z]+`). Dieses Muster besteht aus einem oder mehreren Großbuchstaben (zu Beginn des Strings, also z.B. dem Feldnamen), d.h., `$key` wird auf den Wert des ersten Wortes in dem Feldnamen gesetzt.

Beispiel 10-6 liefert die folgende Ausgabe (der Test liest nur das erste Record der GenBank-Bibliothek ein):

```
******** SOURCE *********
SOURCE      Homo sapiens embryo male lung fibroblast cell_line:HuS-L12 cDNA to
            mRNA.
  ORGANISM  Homo sapiens
            Eukaryota; Metazoa; Chordata; Craniata; Vertebrata; Euteleostomi;
            Mammalia; Eutheria; Primates; Catarrhini; Hominidae; Homo.
******** DEFINITION *********
DEFINITION  Homo sapiens PCCX1 mRNA for protein containing CXXC domain 1,
            complete cds.
******** KEYWORDS *********
KEYWORDS    .
******** VERSION *********
VERSION     AB031069.1  GI:8100074
******** FEATURES *********
FEATURES             Location/Qualifiers
     source          1..2487
                     /organism="Homo sapiens"
                     /db_xref="taxon:9606"
                     /sex="male"
                     /cell_line="HuS-L12"
                     /cell_type="lung fibroblast"
                     /dev_stage="embryo"
     gene            229..2199
                     /gene="PCCX1"
     CDS             229..2199
                     /gene="PCCX1"
                     /note="a nuclear protein carrying a PHD finger and a CXXC
                     domain"
                     /codon_start=1
                     /product="protein containing CXXC domain 1"
                     /protein_id="BAA96307.1"
                     /db_xref="GI:8100075"
                     /translation="MEGDGSDPEPPDAGEDSKSENGENAPIYCICRKPDINCFMIGCD
                     NCNEWFHGDCIRITEKMAKAIREWYCRECREKDPKLEIRYRHKKSRERDGNERDSSEP
                     RDEGGGRKRPVPDPDLQRRAGSGTGVGAMLARGSASPHKSSPQPLVATPSQHHQQQQQ
                     QIKRSARMCGECEACRRTEDCGHCDFCRDMKKFGGPNKIRQKCRLRQCQLRARESYKY
                     FPSSLSPVTPSESLPRPRRPLPTQQQPQPSQKLGRIREDEGAVASSTVKEPPEATATP
                     EPLSDEDLPLDPDLYQDFCAGAFDDHGLPWMSDTEESPFLDPALRKRAVKVKHVKRRE
                     KKSEKKKEERYKRHRQKQKHKDKWKHPERADAKDPASLPQCLGPGCVRPAQPSSKYCS
                     DDCGMKLAANRIYEILPQRIQQWQQSPCIAEEHGKKLLERIRREQQSARTRLQEMERR
```

```
                    FHELEAIILRAKQQAVREDEESNEGDSDDTDLQIFCVSCGHPINPRVALRHMERCYAK
                    YESQTSFGSMYPTRIEGATRLFCDVYNPQSKTYCKRLQVLCPEHSRDPKVPADEVCGC
                    PLVRDVFELTGDFCRLPKRQCNRHYCWEKLRRAEVDLERVRVWYKLDELFEQERNVRT
                    AMTNRAGLLALMLHQTIQHDPLTTDLRSSADR"
******** REFERENCE *********
REFERENCE   2  (bases 1 to 2487)
  AUTHORS   Fujino,T., Hasegawa,M., Shibata,S., Kishimoto,T., Imai,S. and
            Takano,T.
  TITLE     Direct Submission
  JOURNAL   Submitted (15-AUG-1999) to the DDBJ/EMBL/GenBank databases.
            Tadahiro Fujino, Keio University School of Medicine, Department of
            Microbiology; Shinanomachi 35, Shinjuku-ku, Tokyo 160-8582, Japan
            (E-mail:fujino@microb.med.keio.ac.jp,
            Tel:+81-3-3353-1211(ex.62692), Fax:+81-3-5360-1508)
******** ACCESSION *********
ACCESSION   AB031069
******** LOCUS *********
LOCUS       AB031069     2487 bp    mRNA            PRI       27-MAY-2000
******** ORIGIN *********
ORIGIN
******** BASE *********
BASE COUNT      564 a    715 c    768 g    440 t
```

Wie Sie sehen, funktioniert unsere Methode, und abgesehen von der Schwierigkeit, die regulären Ausdrücke zu lesen (was mit der Zeit einfacher wird), ist der Code sehr geradlinig, er besteht nur aus ein paar kurzen Subroutinen.

Parsen der FEATURES-Tabelle

Lassen Sie uns einen Schritt weitergehen und unser Parsen der Features-Tabelle auf die nächste Ebene ausdehnen, die mit den *Feature-Schlüsseln* `source`, `gene` und `CDS`. (Eine etwas vollständigere Liste dieser Feature-Schlüssel folgt gleich.) In den Übungen am Ende des Kapitels werden Sie noch tiefer in die FEATURES-Tabelle eindringen.

Zum Studium der FEATURES-Tabelle sollten Sie sich zuerst das bereits erwähnte NCBI-Dokument *gbrel.txt* ansehen. Danach sollten Sie sich die umfassendste Dokumentation zur FEATURES-Tabelle ansehen, die unter *http://www.ncbi.nlm.nih.gov/collab/FT/index.html zu finden ist.*

Features

Auch wenn unser GenBank-Eintrag recht einfach ist und nur drei Features enthält, gibt es doch eine ganze Reihe dieser Features. Beachten Sie, daß der das Parsen vornehmende Code sie alle findet, weil er nur die Struktur des Dokuments betrachtet, nicht bestimmte Features.

Nachfolgend finden Sie eine Liste der für GenBank-Records definierten Features. Sie ist zwar relativ lang, aber ich halte es für wichtig, eine Vorstellung davon zu bekommen, welche Bandbreite an Informationen in einem GenBank-Record enthalten sein kann.

allele
: Veraltet, siehe `variation`

attenuator
: DNA-Region, die die Beendigung der Transkription mitreguliert

C_region
: Konstante Region bei Ig/TCR (Immunglobulinketten/Ketten des T-Zell-Rezeptors)

CAAT_signal
: CAAT-Box im eukaryotischen Promotor

CDS
: Codierende Sequenz; entspricht der Aminosäurensequenz in dem Protein, beinhaltet Stopcodon

conflict
: Unabhängige Sequenzbestimmungen stimmen an dieser Stelle nicht überein

D-loop
: D-Loop, D-Schleife (»displacement loop«)

D_segment
: Diversity-Segment bei Ig/TCR

enhancer
: Cis-aktiver Enhancer, Verstärker der Promotorfunktion

exon
: Region des Genoms, die für einen Teil der gespleißten RNA codiert

gene
: Biologisch signifikante Region, die als Gen bezeichnet wird und einen Namen trägt. Enthält eventuell Upstream- (Promotor, Enhancer, usw.) und Downstream-Regulatoreinheiten.

GC_signal
: GC-Box im eukaryotischen Promotor

iDNA
: Intervenierende DNA, wird bei Rekombination eliminiert

intron
: Genomregion, die zwar transkribiert, aber beim RNA-Spleißen wieder entfernt wird

J_segment
: Join-Segment bei Ig/TCR

LTR
: Long-terminal-Repeat, lange Terminalwiederholung

mat_peptide
Ein für ein reifes Peptid codierender Abschnitt (Stopcodon nicht inklusive)

misc_binding
Bindungsstelle an einer Nukleinsäure, die nicht durch einen anderen Bindungsschlüssel beschrieben werden kann

misc_difference
Die Merkmalsequenz unterscheidet sich von der im Eintrag und kann nicht durch einen anderen Unterscheidungsschlüssel beschrieben werden

misc_feature
Biologisch signifikante Region, die nicht durch einen anderen Merkmalschlüssel beschrieben werden kann

misc_recomb
Stelle, an der ein Rekombinationsvorgang stattfindet und die nicht durch andere Rekombinationsschlüssel beschrieben werden kann

misc_RNA
Transkript oder RNA-Produkt, das nicht durch andere RNA-Schlüssel beschrieben werden kann

misc_signal
Region, die ein Signal enthält und nicht durch andere Signalschlüssel beschrieben werden kann

misc_structure
Struktur oder Konformation der DNA oder RNA, die nicht durch andere Strukturschlüssel beschrieben werden kann

modified_base
Das angegebene Nukleotid ist ein modifiziertes Nukleotid

mRNA
Messenger-RNA

mutation
Veraltet, siehe `variation`

N_region
Zusätzlich eingefügte Nukleotide bei Ig/TCR

old_sequence
Die vorliegende Sequenz ist eine geänderte Version der früher an dieser Stelle befindlichen Sequenz

polyA_signal
Erkennungsregion für die Endonuklease-Spaltung eines RNA-Transkripts mit anschließender Polyadenylierung

polyA_site
: Stelle auf einem RNA-Transkript, an der durch posttranskriptionale Polyadenylierung Adeninreste eingefügt werden

precursor_RNA
: noch nicht gereifte RNA-Spezies

prim_transcript
: Primäres (ursprüngliches, nicht prozessiertes) Transkript

primer_bind
: Nicht-kovalente Primer-Bindungsstelle

promoter
: Promotor: DNA-Region, die an der Bindung der RNA-Polymerase beteiligt ist, die die Transkription initiiert

protein_bind
: Nicht-kovalente Protein-Bindungsstelle auf DNA oder RNA

RBS
: Ribosomale Bindungsstelle

rep_origin
: Replikationsursprung

repeat_region
: Genomregion mit repetitiven Einheiten (sich wiederholenden Sequenzen)

repeat_unit
: Einzelne repetitive Einheit

rRNA
: Ribosomale RNA

S_region
: Switch-Region bei Ig

satellite
: Satelliten-DNA (DNA mit vielen Tandem-Repeats)

scRNA
: Kleine cytoplasmische RNA (»small cytoplasmic RNA«)

sig_peptide
: Für ein Signalpeptid codierende Sequenz

snRNA
: Kleine Kern-RNA (»small nuclear RNA«)

source
: Bezeichnet die biologische Herkunft des genannten Sequenzabschnitts; die Angabe dieses Schlüssels ist obligatorisch, mehrere Herkunftsschlüssel sind möglich. Bei

Organismen, die in der NCBI-Taxonomie-Datenbank verzeichnet sind, ist der Vermerk `/db_xref="taxon:NNNN"` vorhanden (wobei `NNNN` die numerische Kennung des Organismus innerhalb der NCBI-Taxonomie ist).

stem_loop
: Haarnadelschleifen-Struktur in der DNA oder RNA

STS
: Sequence Tagged Site: kurze, nur als Einzelkopie vorkommende DNA-Sequenz, die einen Kartierungspunkt auf dem Genom bezeichnet und durch PCR ermittelt werden kann

TATA_signal
: TATA-Box im eukaryotischen Promotor

terminator
: DNA-Sequenz, die die Beendigung der Transkription bewirkt

transit_peptide
: Für ein Transitpeptid codierende Sequenz

transposon
: Transponierbares Element

tRNA
: Transfer-RNA

unsure
: Die Sequenz in dieser Region ist den Autoren nicht genau bekannt

V_region
: Variable Region bei Ig/TCR

V_segment
: Variables Segment bei Ig/TCR

variation
: Ein verwandter Stamm enthält stabile Mutationen desselben Gens

- (Strich)
: Platzhalter

-10_signal
: Pribnow-Box im prokaryotischen Promotor

-35_signal
: -35-Box im prokaryotischen Promotor

3'clip
: 3'-äußerste Region eines Precursor-Transkripts, die bei der Prozessierung abgeschnitten wird

3'UTR
: 3'-nicht-translatierte Region (Trailer)

5'clip
: 5'-äußerste Region eines Precursor-Transkripts, die bei der Prozessierung abgeschnitten wird

5'UTR
: 5'-nicht-translatierte Region (Leader)

Diese Feature-Schlüssel können eigene zusätzliche Features besitzen, die Sie hier und in den Übungen sehen werden.

Parsen

Beispiel 10-7 findet alle vorhandenen Features und gibt ein Array zurück, in dem sie alle enthalten sind. Es sucht nicht nach der vollständigen Liste von Features, die im letzten Abschnitt vorgestellt wurde, sondern erkennt die Features, die tatsächlich im GenBank-Record vorhanden sind, und gibt diese zur weiteren Verwendung zurück.

Es kommt häufig vor, daß es in einem Record mehrere Instanzen des gleichen Features gibt. Beispielsweise können verschiedene Exons in der FEATURES-Tabelle eines GenBank-Records enthalten sein. Aus diesem Grund speichern wir die Features als Elemente in einem Array ab, statt einen Hash zu verwenden, der den Feature-Namen als Schlüssel verwendet (ein Hash würde Ihnen beispielsweise lediglich ermöglichen, nur einen Wert mit dem Schlüssel »Exon« zu speichern).

Beispiel 10-7: Test der Subroutine parse_features

```
#!/usr/bin/perl
#  - Hauptprogramm zum Test von parse_features

use strict;
use warnings;
use BeginPerlBioinfo;     # siehe Kapitel 6

# Variablen deklarieren und initialisieren
my $fh;
my $record;
my $dna;
my $annotation;
my %fields;
my @features;
my $library = 'library.gb';
```

Beispiel 10-7: Test der Subroutine parse_features (Fortsetzung)

```
# Felder des ersten GenBank-Records einer Bibliothek einlesen
$fh = open_file($library);

$record = get_next_record($fh);

($annotation, $dna) = get_annotation_and_dna($record);

%fields = parse_annotation($annotation);

# Features aus der FEATURES-Tabelle extrahieren
@features = parse_features($fields{'FEATURES'});

# Features ausgeben
foreach my $feature (@features) {

     # Namen des Features ("Feature-Schlüssel") extrahieren
     my($featurename) = ($feature =~ /^ {5}(\S+)/);

     print "******** $featurename *********\n";
     print $feature;
}

exit;

################################################################################
# Subroutine
################################################################################

# parse_features
#
#  Features aus dem FEATURES-Feld eines GenBank-Records extrahieren

sub parse_features {

     my($features) = @_;   # gesamtes FEATURES-Feld in einer skalaren Variable

     # Variablen deklarieren und initialisieren
     my(@features) = ();   # Speicher für die jeweiligen Features

     # Features extrahieren
     while( $features =~ /^ {5}\S.*\n(^ {21}\S.*\n)*/gm ) {
         my $feature = $&;
     push(@features, $feature);
     }

     return @features;
}
```

Beispiel 10-7 liefert folgende Ausgabe:

```
******** source *********
      source          1..2487
                      /organism="Homo sapiens"
                      /db_xref="taxon:9606"
                      /sex="male"
                      /cell_line="HuS-L12"
                      /cell_type="lung fibroblast"
                      /dev_stage="embryo"
******** gene *********
      gene            229..2199
                      /gene="PCCX1"
******** CDS *********
      CDS             229..2199
                      /gene="PCCX1"
                      /note="a nuclear protein carrying a PHD finger and a CXXC
                      domain"
                      /codon_start=1
                      /product="protein containing CXXC domain 1"
                      /protein_id="BAA96307.1"
                      /db_xref="GI:8100075"
                      /translation="MEGDGSDPEPPDAGEDSKSENGENAPIYCICRKPDINCFMIGCD
                      NCNEWFHGDCIRITEKMAKAIREWYCRECREKDPKLEIRYRHKKSRERDGNERDSSEP
                      RDEGGGRKRPVPDPDLQRRAGSGTGVGAMLARGSASPHKSSPQPLVATPSQHHQQQQQ
                      QIKRSARMCGECEACRRTEDCGHCDFCRDMKKFGGPNKIRQKCRLRQCQLRARESYKY
                      FPSSLSPVTPSESLPRPRRPLPTQQQPQPSQKLGRIREDEGAVASSTVKEPPEATATP
                      EPLSDEDLPLDPDLYQDFCAGAFDDHGLPWMSDTEESPFLDPALRKRAVKVKHVKRRE
                      KKSEKKKEERYKRHRQKQKHKDKWKHPERADAKDPASLPQCLGPGCVRPAQPSSKYCS
                      DDCGMKLAANRIYEILPQRIQQWQQSPCIAEEHGKKLLERIRREQQSARTRLQEMERR
                      FHELEAIILRAKQQAVREDEESNEGDSDDTDLQIFCVSCGHPINPRVALRHMERCYAK
                      YESQTSFGSMYPTRIEGATRLFCDVYNPQSKTYCKRLQVLCPEHSRDPKVPADEVCGC
                      PLVRDVFELTGDFCRLPKRQCNRHYCWEKLRRAEVDLERVRVWYKLDELFEQERNVRT
                      AMTNRAGLLALMLHQTIQHDPLTTDLRSSADR
```

In der Subroutine parse_features von Beispiel 10-7 ist der die Features extrahierende reguläre Ausdruck demjenigen recht ähnlich, den wir in Beispiel 10-6 verwendet haben, um das Parsen der Top-Level-Annotationen vorzunehmen. Lassen Sie uns den grundlegenden Parsing-Code von Beispiel 10-7 betrachten:

```
while( $features =~ /^ {5}\S.*\n(^ {21}\S.*\n)*/gm ) {
```

Kurz zusammengefaßt, findet dieser reguläre Ausdruck Features, deren erste Zeilen mit 5 Leerzeichen und deren optionale Fortsetzungszeilen mit 21 Leerzeichen beginnen.

Beachten Sie zuerst den Pattern-Modifier /m, der das Metazeichen ^ dazu bewegt, auch eingebettete Newlines zu erkennen. {5} und {21} sind Quantifier, die festlegen, daß genau 5 bzw. 21 der vorstehenden Elemente (hier in beiden Fällen Leerzeichen) vorhanden sein müssen.

Der reguläre Ausdruck besteht aus zwei Teilen, die der ersten Zeile und den optionalen Fortsetzungszeilen des Features entsprechen. Der erste Teil, `^ {5}\S.*\n`, bedeutet, daß der Anfang der Zeile (`^`) aus 5 Leerzeichen (`{5}`) bestehen muß, gefolgt von einem Nicht-Whitespace-Zeichen (`\S`), gefolgt von beliebig vielen Nicht-Newline-Zeichen (`.*`), gefolgt von einem Newline (`\n`). Der zweite Teil des regulären Ausdrucks, `(^ {21}\S.*\n)*`, bedeutet, daß der Anfang der Zeile (`^`) aus 21 Leerzeichen (`{21}`) bestehen muß, gefolgt von einem Nicht-Whitespace-Zeichen (`\S`), gefolgt von beliebig vielen Nicht-Newlines (`.*`), gefolgt von einem Newline (`\n`). Diese Zeilen können wiederum null oder mehrmals vorkommen, was durch das `()*` um den gesamten Ausdruck angedeutet wird.

Das Hauptprogramm verwendet ebenfalls einen kurzen regulären Ausdruck, um den Namen des Features, den sogenannten Feature-Schlüssel (feature key), aus dem Feature zu extrahieren.

Wir waren also wieder erfolgreich. Wir haben die FEATURES-Tabelle nun bis auf die Ebene einzelner Features herunter »geparst«, also zerlegt. Die nächste Stufe beim Parsen der FEATURES-Tabelle besteht darin, die detaillierten Informationen für jedes Feature zu extrahieren. Hierzu gehört die Lage (»location«, die in der gleichen Zeile steht wie der Feature-Name und eventuell in weiteren Zeilen). Hierzu gehören auch die Qualifier, die mit einem Schrägstrich beginnen, auf den der Name des Qualifiers folgt und, wenn sinnvoll, ein Gleichheitszeichen und zusätzliche Informationen unterschiedlichster Art. Diese Informationen können sich auch über mehrere optionale Zeilen hin erstrecken.

Dieser letzte Schritt bleibt den Übungen vorbehalten. Allerdings ist das eine ziemlich direkte Erweiterung des bislang von uns zum Parsen der Features verwendeten Ansatzes. Sie sollten sich die Dokumentation auf der NCBI-Website genau ansehen, damit Sie die Details der Struktur einer FEATURES-Tabelle kennen, bevor Sie versuchen, die Location- und Qualifier-Informationen aus einem Feature zu extrahieren.

Die hier zum Parsen der FEATURES-Tabelle verwendete Methode erhält die Struktur der Information aufrecht. Manchmal möchte man allerdings einfach nur wissen, ob im Record an irgendeiner Stelle ein Wort wie »endonuclease« vorkommt. Denken Sie in diesen Fällen daran, daß Sie in Beispiel 10-5 eine `search_annotation`-Subroutine entwikkelt haben, die die ganze Annotation nach einem beliebigen regulären Ausdruck absucht. Häufig reicht das völlig aus. Wenn Sie aber wirklich in der FEATURES-Tabelle suchen müssen, besitzt Perl – wie gesehen – seine eigenen Features, die den Job möglich und sogar recht einfach machen.

GenBank mit DBM indexieren

DBM steht für Database Management. Perl besitzt eine Reihe fest eingebauter Funktionen, die dem Perl-Programmierer den Zugriff auf DBM-Dateien ermöglichen.

DBM-Grundlagen

Wenn Sie eine DBM-Datei öffnen, können Sie auf deren Elemente wie auf einen Hash zugreifen: Sie übergeben Schlüssel und erhalten Werte zurück, und Sie können Schlüssel/Wert-Paare hinzufügen und löschen. Nützlich an DBM ist die Tatsache, daß die Schlüssel/Wert-Paare in einer Datei auf der Festplatte festgehalten werden. Auf diese Weise können Sie Informationen zwischen den einzelnen Programmläufen festhalten. Es ist so auch möglich, unterschiedliche Programme, die die gleichen Daten benötigen, mit den Informationen zu versorgen. Eine DBM-Datei kann sehr groß werden, ohne Ihren Hauptspeicher übermäßig zu belasten und Ihre Programme – und alles andere – auszubremsen.

Es gibt zwei Funktionen, `dbmopen` und `dbmclose`, die einen Hash an eine DBM-Datei binden (engl. »tie«). Danach verwenden Sie einfach den Hash. Wie Sie gesehen haben, sind Lookups bei einem Hash ebenso einfach wie Definitionen. Sie erhalten eine Liste aller Schlüssel eines Hashs namens `%my_hash`, indem Sie einfach `keys %my_hash` eingeben. Ebenso einfach erhalten Sie eine Liste aller Werte durch Eingabe von `values %my_hash`. Bei großen DBM-Dateien sollten Sie das allerdings nicht machen. Die Perl-Funktion `each` ermöglicht es Ihnen, ein Schlüssel/Wert-Paar nach dem anderen einzulesen und so den Speicher Ihres Programms zu schonen. Es gibt auch eine `delete`-Funktion zum Löschen der Schlüssel. Zum Beispiel entfernt

```
delete $my_hash{'DNA'}
```

diesen Schlüssel vollständig aus dem Hash.

DBM-Dateien sind sehr einfache Datenbanken. Sie besitzen nicht die Leistungsfähigkeit relationaler Datenbanken wie MySQL, Oracle oder PostgreSQL. Allerdings kommt es bemerkenswert häufig vor, daß eine einfache Datenbank völlig ausreicht, um ein Problem zu lösen. Wenn Ihre Daten in Schlüssel/Wert-Paaren vorliegen, sollten Sie DBM in Betracht ziehen. Es ist mit Perl sehr einfach zu nutzen.

Der größte Haken bei der Verwendung von DBM sind die verschiedenen DBM-Implementierungen – NDBM, GDBM, SDBM und Berkeley DB. Die Unterschiede sind zwar klein, aber existent. In den meisten Fällen sind die Implementierungen aber austauschbar. Neuere Perl-Versionen bieten Ihnen standardmäßig Berkeley DB an, das bei Bedarf einfach zu beschaffen und zu installieren ist. Wenn Sie nicht wirklich lange Schlüssel oder Werte verwenden, ist das kein Problem. Einige ältere DBMs verlangen das Anhängen von Nullbytes an Schlüssel und das Löschen dieser Nullbytes aus den Werten:

```
$value = $my_hash{"$key\0"};
chop $value;
```

Die Chancen stehen allerdings gut, daß Sie das nicht tun müssen. Berkeley DB kommt mit langen Strings gut zurecht (einige andere DBM-Implementierungen haben hier Grenzen), und weil Sie es in der Biologie mit potentiell sehr langen Strings zu tun haben, empfehle ich Ihnen, Berkeley DB zu installieren, falls Sie es nicht bereits haben.

Eine DBM-Datenbank für GenBank

Sie haben gesehen, wie man Informationen aus einem GenBank-Record oder einer Bibliothek von GenBank-Records extrahiert. Sie haben gesehen, wie DBM-Dateien Ihre Hashdaten zwischen einzelnen Programmläufen speichern können. Sie haben auch gesehen, wie man `tell` und `seek` verwendet, um schnell auf eine bestimmte Position in einer Datei zugreifen zu können.

Nun wollen wir diese Ideen kombinieren und DBM nutzen, um eine Datenbank mit Informationen über eine GenBank-Bibliothek aufzubauen. Wir machen es einfach: Sie werden die Accession Numbers extrahieren und als Schlüssel verwenden und die entsprechenden Byte-Offsets in der GenBank-Bibliothek als Werte speichern. Sie werden Code entwickeln, der, wenn man ihm eine Bibliothek und einen Offset übergibt, das Record an diesem Offset zurückliefert. Schließlich schreiben Sie ein Hauptprogramm, das es dem Benutzer ermöglicht, GenBank-Records interaktiv nach Accession Numbers abzufragen. Wenn wir fertig sind, sollte das Programm sehr schnell ein GenBank-Record für eine gegebene Accession Number zurückliefern.

Diese ganz allgemeine Idee wird in den Übungen am Ende des Kapitels beträchtlich erweitert. Sie können jetzt schon einen Blick nach vorn wagen, um sich eine Vorstellung davon zu verschaffen, wie leistungsfähig die vorgestellte Technik ist.

Hier nun ohne weitere Umstände ein Codefragment, das eine DBM-Datei öffnet (und bei Bedarf auch erzeugt):

```
unless(dbmopen(%my_hash, 'DBNAME', 0644)) {

    print "Kann DBM-Datei DBNAME im Modus 0644 nicht öffnen\n";
    exit;
}
```

`%my_hash` ist ein Hash wie jeder andere auch, wird mit dieser Anweisung aber an die DBM-Datei gebunden. `DBNAME` ist der gemeinsame Basisname der DBM-Dateien, die nun angelegt werden. Einige DBM-Versionen erzeugen eine Datei mit genau diesem Namen; andere erzeugen zwei Dateien mit den Endungen *.dir* und *.pag*.

Ein weiterer Parameter ist der sogenannte *Modus*. Unix- bzw. Linux-Benutzer werden mit Dateizugriffsrechten dieser Form vertraut sein. Es gibt viele Möglichkeiten, hier sind die gängigsten:

0644
: Sie können lesen und schreiben, andere können nur lesen.

0600
: Nur Sie können lesen oder schreiben.

0666
: Jeder kann lesen oder schreiben.

0444
: Jeder kann lesen (keiner kann schreiben).

0400
: Nur Sie können lesen (sonst kann niemand etwas tun).

Der `dbmopen`-Aufruf schlägt fehl, wenn Sie versuchen, eine DBM-Datei mit weiterreichenden Rechten zu öffnen, als ihr beim Anlegen zugestanden wurden. Üblicherweise wird der Modus 0644 vom Eigentümer deklariert, wenn nur der Eigentümer selbst etwas in die Datei schreiben darf, und 0444 wird verwendet, wenn die Daten nur gelesen werden sollen. Der Modus 0666 wird vom Eigentümer und anderen verwendet, wenn jeder die Datei lesen und schreiben darf.

Das war es eigentlich schon; DBM-Dateien sind eben so einfach. Beispiel 10-8 zeigt eine DBM-Datei, die Schlüssel/Wert-Paare von Accession Numbers von GenBank-Records als Schlüssel und Byte-Offsets der Records als Werte verwendet.

Beispiel 10-8: Ein DBM-Index einer GenBank-Bibliothek

```
#!/usr/bin/perl
#  - DBM-Index einer GenBank-Bibliothek anlegen und
#     interaktiv seine Verwendung demonstrieren

use strict;
use warnings;
use BeginPerlBioinfo;     # siehe Kapitel 6

# Variablen deklarieren und initialisieren
my $fh;
my $record;
my $dna;
my $annotation;
my %fields;
my %dbm;
my $answer;
my $offset;
my $library = 'library.gb';

# DBM-Datei öffnen, bei Bedarf anlegen
unless(dbmopen(%dbm, 'GB', 0644)) {
    print "Kann DBM-Datei GB im Modus 0644 nicht öffnen\n";
    exit;
}
```

Beispiel 10-8: Ein DBM-Index einer GenBank-Bibliothek (Fortsetzung)

```
# Parsen der GenBank-Bibliothek; Accession Number und Offset in DBM-Datei speichern
$fh = open_file($library);

$offset = tell($fh);

while ( $record = get_next_record($fh) ) {

    # Accession-Eintrag dieses Records ermitteln.
    ($annotation, $dna) = get_annotation_and_dna($record);

    %fields = parse_annotation($annotation);

    my $accession = $fields{'ACCESSION'};

    # Nur die Accession Number aus dem Eintrag extrahieren
    # - führende Leerzeichen entfernen
    $accession =~ s/^ACCESSION\s*//;

    $accession =~ s/\s*$//;

    # Accession Number/Offset als Schlüssel/Wert-Paar speichern
    $dbm{$accession} = $offset;

    # Offset des nächsten Records bestimmen
    $offset = tell($fh);
}

# Nun interaktiv die DBM-Datenbank nach Accession Numbers abfragen,
#  um die dazugehörigen Records zu sehen

print "Hier sind die verfügbaren Accession Numbers:\n";

print join ( "\n", keys %dbm ), "\n";

print "Accession Number eingeben (oder quit): ";

while( $answer = <STDIN> ) {
    chomp $answer;
    if($answer =~ /^\s*q/) {
        last;
    }
    $offset = $dbm{$answer};

    if (defined $offset) {
        seek($fh, $offset, 0);
        $record = get_next_record($fh);
        print $record;
```

Beispiel 10-8: Ein DBM-Index einer GenBank-Bibliothek (Fortsetzung)

```
    }else{
        print "Kein Eintrag für Accession Number $answer vorhanden\n";
    }

    print "\nAccession Number eingeben (oder quit): ";
}

dbmclose(%dbm);

close($fh);

exit;
```

Hier die (gekürzte) Ausgabe von Beispiel 10-8:

```
Hier sind die verfügbaren Accession Numbers:
XM_006271
NM_021964
XM_009873
AB031069
XM_006269
Accession Number eingeben (oder quit): NM_021964
LOCUS       NM_021964     3032 bp    mRNA            PRI       14-MAR-2001
DEFINITION  Homo sapiens zinc finger protein 148 (pHZ-52) (ZNF148), mRNA.
...
//

Accession Number eingeben (oder quit): q
```

Übungen

Übung 10.1
Besuchen Sie die NCBI-, EMBL- und EBI-Websites, und machen Sie sich mit deren Verwendung vertraut.

Übung 10.2
Lesen Sie die Dokumentation zum GenBank-Format (*gbrel.txt*).

Übung 10.3
Schreiben Sie eine Subroutine, die einen Hash als Wert erwartet (Pass-by-Value). Schreiben Sie die Subroutine dann so um, daß sie den Hash als Referenz erwartet (Pass-by-Reference).

Übung 10.4
Entwerfen Sie ein Modul mit Subroutinen, die die folgenden Daten verarbeiten können: eine reine Textdatei, die aus Records besteht, die den Gennamen in einer Zeile und zusätzliche Informationen beliebiger Form in nachfolgenden Zeilen enthalten. Abgeschlossen wird das Record durch eine Leerzeile. Ihre Subroutinen sollten in der

Lage sein, die Daten einzulesen, und ein schnelles Lookup der mit einem Gennamen verknüpften Informationen ermöglichen. Es sollte auch möglich sein, neue Records in die Datei aufzunehmen. Verwenden Sie dieses Modul nun, um ein Adreßbuch-Programm zu entwickeln.

Übung 10.5
Steigen Sie tiefer in die FEATURES-Tabelle hinab. Begeben Sie sich auf die nächste Ebene, und führen Sie ein Parsing der Feature-Namen, Locations und Qualifier durch. Definitionen der Struktur dieser Felder finden Sie im Dokument *gbrel.txt*.

Übung 10.6
Schreiben Sie ein Programm, das eine lange DNA-Sequenz als Eingabe akzeptiert und die Anzahl aller Vier-Basen-Teilsequenzen (insgesamt 256), sortiert nach Häufigkeit, zurückgibt. Eine Vier-Basen-Subsequenz beginnt an jeder Position 1, 2, 3 und so weiter. (Diese Art der Worthäufigkeitsanalyse ist in vielen Bereichen der Wissenschaft üblich, z.B. in der Linguistik, der Informatik und in der Musik.)

Übung 10.7
Erweitern Sie das Programm aus Übung 10.6 so, daß es alle Sequenzen in einer GenBank-Bibliothek zählt.

Übung 10.8
Finden Sie für eine gegebene Aminosäure die Häufigkeit des Vorkommens angrenzender Aminosäuren, die in einer DNA-Sequenz oder in einer GenBank-Bibliothek codiert sind.

Übung 10.9
Extrahieren Sie alle Wörter (außer »the« und andere unnötige Wörter) aus der Annotation einer Bibliothek von GenBank-Records. Für jedes gefundene Wort halten Sie den Offset des GenBank-Records in der Bibliothek in einer DBM-Datei fest. Das Wort bildet dabei den Schlüssel, und der Wert besteht aus einem String mit Offsets, die durch Leerzeichen voneinander getrennt sind. Mit anderen Worten: Ein Schlüssel besitzt also eine durch Leerzeichen getrennte Liste der Offsets für dieses Wort. Sie können dann mit einem einfachen Lookup schnell alle Records bestimmen, die ein Wort wie »fibroblast« enthalten. Diese Offsets können Sie dann extrahieren und sich mit seek an die entsprechenden Offsets in der Bibliothek bewegen. Wie groß ist Ihre DBM-Datei im Vergleich zur GenBank-Bibliothek? Was würde dazugehören, eine Suchmaschine für die Kommentare aller GenBank-Bibliotheken zu entwickeln?

Übung 10.10
Entwickeln Sie ein Programm, um eine eigene Bibliothek der Onkogene des GBPRI-Teils von GenBank aufzubauen.

KAPITEL 11

Protein Data Bank

Der Erfolg des Humangenom-Projekts bei der Entschlüsselung der DNA-Sequenz menschlicher Gene hat die Phantasie der Öffentlichkeit angeregt, während ein anderes Projekt eher unauffällig Fahrt aufgenommen hat, obwohl es ähnlich revolutionäre Ergebnisse verspricht. Dieses internationale Projekt ist bestrebt, die 3D-Struktur einer umfassenden Menge von Proteinen, flächendeckend für ganze Genome, mit Hilfe analytischer Hochdurchsatztechniken zu bestimmen.

Jüngste (und erwartete) Fortschritte in der Technologie versprechen eine Beschleunigung bei der Bestimmung von Proteinstrukturen. Das Sammelbecken für all diese Daten ist die *Protein Data Bank* (PDB). Sie finden die PDB im Web unter *http://www.rcsb.org/pdb/*.

Das Auffinden der Aminosäure oder Primärsequenz ist nur der Anfang beim Studium eines Proteins. Proteine falten sich lokal in sekundäre Strukturen wie alpha-Helices, beta-Stränge und Turns (Schleifen). Zwei oder drei benachbarte Sekundärstrukturen können sich lokal zu sogenannten »Motiven« oder »Super-Sekundärstrukturen« wie beta-Faltblättern oder alpha-alpha-Strukturen falten. Diese Bausteine werden dann in die 3D- oder Tertiärstruktur eines Proteins gefaltet. Schließlich können eine oder mehrere tertiäre Strukturen als Untereinheiten zu einer Quaternärstruktur wie einem Enzym oder einem Virus kombiniert werden.

Wenn Sie nicht wissen, wie die 3D-Struktur eines Proteins aussieht, um so unwahrscheinlicher wird es, daß Sie wissen, was ein Protein macht oder wie es das macht. Selbst wenn Sie wissen, daß das Protein etwas mit einer Krankheit zu tun hat, ist das Wissen um die Tertiärstruktur in der Regel notwendig, um eine mögliche Behandlungsmethode zu finden. Die genaue Kenntnis der tertiären Konformation des *aktiven Zentrums* (Active-Site) eines Proteins (das Aminosäuren einschließen kann, die in der Primärsequenz weit weg voneinader liegen, durch die Faltung des Proteins aber zusammengebracht werden) spielt eine entscheidende Rolle bei der Entwicklung der Targets (Wirkstoffziele) für neue Medikamente.

Nachdem nun die grundlegenden genetischen Informationen für eine Reihe von Organismen, einschließlich des Menschen, entschlüsselt sind, besteht die primäre Herausforderung für den Biologen darin, soviel wie möglich über die Proteine zu lernen, die von diesen Genen produziert werden, und wie diese zusammenspielen.

Tatsächlich ist nun eine der größten Fragen der modernen Biologie, wie die primäre Aminosäuresequenz eines Proteins ihre endgültige 3D-Form bestimmt. Wenn eine computergestützte Methode gefunden werden kann, die die Faltung eines Proteins aus seinen Aminosäuresequenzen zuverlässig vorhersagen kann, wird das sehr tiefgreifende Auswirkungen auf die Biologie und die Medizin haben.

In diesem Kapitel werden Sie die Grundlagen von PDB-Dateien kennenlernen. Sie werden auch lernen, wie das Parsen gewünschter Informationen aus diesen Dateien funktioniert. Sie werden interessante Perl-Techniken kennenlernen, mit deren Hilfe Sie viele Dateien finden und verarbeiten können. Wir werden Ihnen auch zeigen, wie Sie andere Bioinformatik-Programme aus Perl heraus kontrollieren können. Die Übungen am Ende des Kapitels erweitern das hier vorgestellte einführende Material so, daß Sie auf mehr PDB-Daten zugreifen können.

PDB im Überblick

PDB ist die wichtigste Informationsquelle über die 3D-Strukturen von Makromolekülen (einschließlich Proteinen, Peptiden, Viren, Protein/Nukleinsäure-Komplexen, Nukleinsäuren und Kohlehydraten), und ihr Dateiformat ist der De-facto-Standard für den Austausch struktureller Informationen. Die meisten dieser Strukturen wurden mittels Röntgen-Diffraktion oder durch NMR-(nuklearmagnetische Resonanz-)Untersuchungen experimentell bestimmt.

PDB begann 1971 mit sieben Proteinen und wird bald auf 20.000 Strukturen angewachsen sein. Solange die internationalen Anstrengungen in Sachen strukturelle Genomik steigen, darf man sich wohl sicher sein, daß auch die PDB weiterhin schnell wachsen wird. Innerhalb weniger Jahre wird die Anzahl der bekannten Strukturen bei ungefähr 100.000 liegen.

PDB-Dateien ähneln GenBank-Records in der Hinsicht, daß es sich ebenfalls um für uns Menschen lesbare, reine ASCII-Dateien handelt. Der enthaltene Text entspricht einem bestimmten Format, so daß man Computerprogramme entwickeln kann, die diese Informationen herausfiltern. PDB ist so organisiert, daß es eine Struktur pro Datei enthält, und unterscheidet sich hierin von GenBank, wo in einer »Bibliotheksdatei« viele Records enthalten sind.

Bioinformatiker, die sich ausgiebig mit PDB-Dateien beschäftigen, berichten, daß es ernsthafte Probleme mit der Konsistenz des PDB-Formats gibt. Als der Fortschritt auf dem Gebiet neue Anforderungen an die Wissensspeicherung stellte, änderte sich das Datenformat mit. Einige ältere Dateien waren plötzlich veraltet, Bestrebungen sind im Gange, die Einheitlichkeit von PDB-Daten wiederherzustellen. Bis diese Bestrebungen aber abgeschlossen sind und ein neues Datenformat entwickelt wird, stellen Inkonsistenzen im aktuellen Datenformat eine Herausforderung dar, der sich ein Programmierer stellen muß. Wenn Sie sehr viel mit PDB-Dateien arbeiten, werden Sie viele Inkonsistenzen und Fehler in den Daten finden, insbesondere in den älteren Dateien. Darüber hinaus haben Parsing-Werkzeuge, die mit neueren Dateien gut zurechtkommen, einige Schwierigkeiten mit älteren Dateien.

Je erfahrener Sie als Programmierer werden, desto wichtiger wird für Sie der eine oder andere Punkt, den PDB behandelt. Während beispielsweise PDB wächst, muß auch der von Ihnen entwickelte Code wachsen, der mit PDB interagiert. Während Sie Ihren Code pflegen, müssen Sie immer ein Auge darauf haben, wie sich der Rest der Welt verändert. Wenn Links zwischen Datenbanken besser unterstützt werden, sollte auch Ihr Code die Vorteile nutzen, die durch die neuen Möglichkeiten von Links zur Verfügung gestellt werden. Sobald sich neue Standards zur Speicherung von Daten etablieren, sollte auch Ihr Code diese Standards beherrschen.

Die PDB-Website enthält eine Vielzahl von Informationen darüber, wie man all diese Dateien herunterlädt. Praktischerweise werden diese Dateien auch auf CDs vertrieben – und zwar kostenlos –, was für all diejenigen ein großer Vorteil ist, die keine leistungsfähige Internetanbindung besitzen.

Dateien und Ordner

Die PDB wird in Form von Dateien vertrieben, die innerhalb bestimmter Verzeichnisse liegen. Jede Proteinstruktur besitzt ihre eigene Datei. Die PDB umfaßt eine riesige Datenmenge, was den Umgang mit ihr zu einer echten Herausforderung machen kann. In diesem Abschnitt lernen Sie daher den Umgang mit einer großen Anzahl von Dateien, die in Verzeichnissen und Unterverzeichnissen abgelegt sind.

Sie werden häufig vor der Notwendigkeit stehen, Programme zu entwickeln, die mit einer Vielzahl von Dateien arbeiten. So könnten Sie beispielsweise all Ihre Sequenzierungsläufe in einem Verzeichnis festhalten. Dieses Verzeichnis enthält mehrere Unterverzeichnisse, die das Datum des jeweiligen Sequenzierungslaufs tragen, und diese enthalten dann alle vom Sequenziergerät an diesem Tag erzeugten Daten. Nach einigen Jahren besitzen Sie möglicherweise eine ganze Reihe von Dateien.

Dann entdecken Sie eines Tages eine neue DNA-Sequenz, die bei der Zellteilung eine Rolle zu spielen scheint Sie nehmen eine BLAST-Suche vor (siehe Kapitel 12), finden aber keine signifikanten Treffer für Ihre neue DNA. An diesem Punkt wollen Sie wissen, ob diese DNA bei einem Ihrer vorangegangenen Läufe schon einmal vorkam.[1] Sie müssen also eine Vergleichssubroutine auf Hunderte oder Tausende von Dateien anwenden, die in den verschiedenen Sequenzierungslauf-Unterverzeichnissen abgespeichert wurden. Das würde aber mehrere Tage sich ständig wiederholende, langweilige Arbeit vor dem Computer bedeuten.

Sie können ein Programm in wesentlich weniger Zeit entwickeln! Sie müssen sich dann nur noch zurücklehnen und die Ergebnisse der von Ihrem Programm entdeckten signifikanten Treffer untersuchen. Um ein solches Programm schreiben zu können, müssen Sie aber wissen, wie man diese ganzen Dateien und Ordner mit Perl verarbeitet. Die folgenden Abschnitte zeigen Ihnen, wie das geht.

Verzeichnisse öffnen

Ein Dateisystem ist in einer *Baum*struktur organisiert. Diese Metapher ist sehr treffend. An einer beliebigen Stelle im Baum beginnend, können Sie sich die Äste »entlanghangeln« und alle Blätter erreichen, die von Ihrem Startpunkt abstammen. Wenn Sie an der Wurzel (Root) des Baums beginnen, können Sie alle Blätter erreichen. So ähnlich ist das auch bei einem Dateisystem. Wenn Sie in einem bestimmten Verzeichnis beginnen, können Sie alle Dateien in allen Unterverzeichnissen erreichen, die von Ihrem Startverzeichnis abstammen, und wenn Sie an der Wurzel des Dateisystems beginnen (die seltsamerweise auch als »oberste« Ebene bezeichnet wird), können Sie alle Dateien erreichen.

Sie haben mittlerweile viel Erfahrung mit dem Öffnen, Lesen, Schreiben und Schließen von Dateien. Ich zeige eine Methode, mit deren Hilfe Sie einen Ordner (auch Verzeichnis genannt) öffnen und die Dateinamen aller Dateien innerhalb dieses Ordners ermitteln können. Danach werden Sie sehen, wie man (von einem bestimmten Startpunkt ausgehend) die Namen aller Dateien in allen Verzeichnissen und Unterverzeichnissen bestimmt.

Lassen Sie uns sehen, wie Perl alle Dateien eines Ordners ausgibt. Wir beginnen mit etwas Pseudocode:

```
öffne Ordner

lies Inhalt des Ordners (Dateien und Unterordner)

gib die Namen aus
```

1 Sie können einen Vergleich durchführen, indem Sie Kopien Ihrer Sequenzierungsläufe in einer großen BLAST-Bibliothek vorhalten. Der Aufbau einer solchen BLAST-Bibliothek ist mit den in diesem Abschnitt vorgestellten Techniken möglich.

Beispiel 11-1 zeigt den eigentlichen Perl-Code.

Beispiel 11-1: Inhalt eines Ordners (Verzeichnisses) ausgeben

```
#!/usr/bin/perl
#   Dieses Beispiel zeigt, wie man einen Ordner öffnet und dessen Inhalt ausgibt

use strict;
use warnings;
use BeginPerlBioinfo;     # siehe Kapitel 6

my @files = ( );
my $folder = 'pdb';

# Ordner öffnen
unless(opendir(FOLDER, $folder)) {
    print "Kann Ordner $folder nicht öffnen!\n";
    exit;
}

# Inhalt des Ordners einlesen (d.h. Dateien und Unterordner)
@files = readdir(FOLDER);

# Ordner schließen
closedir(FOLDER);

# Alles Zeile für Zeile ausgeben
print join( "\n", @files), "\n";

exit;
```

Wenn Sie dieses Programm auf das kleine Beispielverzeichnis *pdb* anwenden, das Sie sich von der Webseite zu diesem Buch herunterladen können, sehen Sie folgende Ausgabe:

```
.
..
3c
44
pdb1a4o.ent
```

Wenn Sie die Dateien im aktuellen Verzeichnis sehen wollen, können Sie als Verzeichnisnamen den speziellen Namen . übergeben, der für das aktuelle Verzeichnis steht:

```
my $folder = '.';
```

Bei Unix- oder Linux-Systemen verweisen die Spezialdateinamen . und .. auf das aktuelle bzw. auf das direkt übergeordnete (Parent-)Verzeichnis. Es handelt sich dabei nicht um »echte« Dateien, zumindest nicht um solche, die Sie lesen wollen. Sie können deren Auflistung mit der wundervollen und erstaunlichen grep-Funktion unterdrücken. grep ermöglicht es Ihnen, Elemente aus einem Array basierend auf einem Test (etwa einem regulären Ausdruck) auszuwählen. Die Arrayeinträge . und .. können Sie zum Beispiel wie folgt aussortieren:

```
@files = grep( !/^\.\.?$/, @files);
```

grep wählt alle Zeilen aus, in denen der reguläre Ausdruck nicht enthalten ist, weil Sie den Negationsoperator (das Ausrufezeichen) verwendet haben. Der reguläre Ausdruck `/^\.\.?$/` sucht nach einer Zeile, die mit einem Punkt beginnt (`\.`, geschützt durch einen Backslash, weil der Punkt ein Metazeichen ist). Der Anfang der Zeile wird durch das Metazeichen ^ festgelegt. Auf dieses Element folgt kein oder ein Punkt (`\.?`, das ? erkennt kein oder ein vorstehendes Element) und weiter nichts (festgelegt durch das Metazeichen $ für das Stringende).

Tatsächlich wird das beim Lesen von Verzeichnissen so häufig verwendet, daß man es üblicherweise in einem Schritt zusammenfaßt:

```
@files = grep (!/^\.\.?$/, readdir(FOLDER));
```

Okay, nun sind alle Dateien vorhanden. Doch Moment, was tun, wenn einige dieser Dateien keine Dateien, sondern Unterverzeichnisse sind? Sie können den praktischen Dateitest-Operator verwenden, um jeden Dateinamen zu prüfen, und dann auch jeden Unterordner öffnen, um die darin enthaltenen Dateien aufzulisten. Zuerst etwas Pseudocode:

```
öffne Ordner

für jedes Element im Ordner

    wenn Element eine Datei ist
        Name ausgeben

    sonst, wenn Element ein Ordner ist
        öffne Ordner
        Namen im Ordner ausgeben
    }
}
```

Beispiel 11-2 zeigt das Programm.

Beispiel 11-2: Inhalt eines Ordners und seiner Unterordner ausgeben

```
#!/usr/bin/perl
#  Ordner öffnen und dessen Inhalt ausgeben
#   - unterscheidet zwischen Dateien und Unterordnern, die
#        wiederum selbst aufgelistet werden

use strict;
use warnings;
use BeginPerlBioinfo;     # siehe Kapitel 6
```

Beispiel 11-2: Inhalt eines Ordners und seiner Unterordner ausgeben (Fortsetzung)

```
my @files = ( );
my $folder = 'pdb';

# Ordner öffnen
unless(opendir(FOLDER, $folder)) {
    print "Kann Ordner $folder nicht öffnen!\n";
    exit;
}

# Ordner einlesen und dabei die Spezialeinträge "." und ".." ignorieren
@files = grep (!/^\.\.?$/, readdir(FOLDER));

closedir(FOLDER);

# Wenn Datei, Name ausgeben
# Wenn Ordner, dessen Name und Inhalt ausgeben
#
# Beachten Sie, daß wir den Namen des Ordners voranstellen müssen!
foreach my $file (@files) {

    # Wenn der Ordner-Eintrag eine reguläre Datei ist
    if (-f "$folder/$file") {
        print "$folder/$file\n";

    # Wenn der Ordner-Eintrag ein Unterordner ist
    }elsif( -d "$folder/$file") {

        my $folder = "$folder/$file";

        # Unterordner öffnen und dessen Inhalt ausgeben
        unless(opendir(FOLDER, "$folder")) {
            print "Kann Ordner $folder nicht öffnen!\n";
            exit;
        }

        my @files = grep (!/^\.\.?$/, readdir(FOLDER));

        closedir(FOLDER);

        foreach my $file (@files) {
            print "$folder/$file\n";
        }
    }
}

exit;
```

Hier die Ausgabe von Beispiel 11-2:

```
pdb/3c/pdb43c9.ent
pdb/3c/pdb43ca.ent
pdb/44/pdb144d.ent
pdb/44/pdb144l.ent
pdb/44/pdb244d.ent
pdb/44/pdb244l.ent
pdb/44/pdb344d.ent
pdb/44/pdb444d.ent
pdb/pdb1a4o.ent
```

Beachten Sie, wie die Variablennamen wie `$file` und `@files` bei diesem Code wiederverwendet wurden. Hierzu wurde in den inneren Blöcken mit `my` ein lexikalisches Scoping verwendet. Wenn die allgemeine Struktur des Programms nicht so kurz und einfach wäre, könnte das wirklich schwer zu lesen sein. Wenn im Programm `$file` steht, ist dann dieses `$file` oder jenes `$file` gemeint? Dieser Code ist ein Beispiel dafür, wie man sich in Schwierigkeiten bringen kann. Er funktioniert, ist aber trotz seiner Kürze nur schwer zu lesen.

Tatsächlich gibt es bei Beispiel 11-2 noch ein weitreichenderes Problem. Der Entwurf ist nicht gut. Durch die Erweiterung von Beispiel 11-1 kann es nun Unterverzeichnisse auflisten. Was aber tun, wenn es noch weitere Ebenen von Unterverzeichnissen gibt?

Rekursion

Wenn Sie eine Subroutine besitzen, die den Inhalt von Verzeichnissen ausgibt und sich selbst rekursiv aufruft, um den Inhalt aller gefundenen Unterverzeichnisse auszugeben, können Sie diese auf das oberste Verzeichnis anwenden und erhalten schließlich eine Liste aller Dateien.

Lassen Sie uns ein Programm schreiben, das genau das tut. Eine *rekursive* Subroutine wird einfach als Subroutine definiert, die sich selbst aufruft. Hier der Pseudocode und der Code (Beispiel 11-3). Danach folgt eine Erklärung zur Funktionsweise der Rekursion.

```
subroutine list_recursively

    öffne Ordner

    für jedes Element im Ordner

        wenn Element eine Datei ist
            Namen ausgeben

        sonst, wenn Element ein Ordner ist
            list_recursively
    }
}
```

Beispiel 11-3: Eine rekursive Subroutine zur Auflistung eines Dateisystems

```
#!/usr/bin/perl
#  Rekursive Subroutine zur Auflistung eines Subbaums eines Dateisystems

use strict;
use warnings;
use BeginPerlBioinfo;     # siehe Kapitel 6

list_recursively('pdb');

exit;

################################################################################
# Subroutine
################################################################################

# list_recursively
#
#   Inhalt eines Verzeichnisses ausgeben,
#            gibt rekursiv den Inhalt aller vorhandenen Unterordner aus

sub list_recursively {

    my($directory) = @_;

    my @files = ( );

    # Ordner öffnen
    unless(opendir(DIRECTORY, $directory)) {
        print "Kann Verzeichnis $directory nicht öffnen!\n";
        exit;
    }

    # Verzeichnis einlesen, Spezialeinträge "." und ".." ignorieren
    @files = grep (!/^\.\.?$/, readdir(DIRECTORY));

    closedir(DIRECTORY);

    # Wenn Datei, Name ausgeben
    # Wenn Verzeichnis, Inhalt rekursiv ausgeben

    # Beachten Sie, daß wir den Verzeichnisnamen voranstellen müssen!
    foreach my $file (@files) {

        # Wenn der Verzeichniseintrag eine reguläre Datei ist
        if (-f "$directory/$file") {

            print "$directory/$file\n";
```

Beispiel 11-3: Eine rekursive Subroutine zur Auflistung eines Dateisystems (Fortsetzung)

```
        # Wenn der Verzeichniseintrag ein Unterverzeichnis ist
        }elsif( -d "$directory/$file") {

            # Hier ist der rekursive Aufruf dieser Subroutine
            list_recursively("$directory/$file");
        }
    }
}
```

Hier die Ausgabe von Beispiel 11-3 (beachten Sie, daß sie mit der Ausgabe von Beispiel 11-2 übereinstimmt):

```
pdb/3c/pdb43c9.ent
pdb/3c/pdb43ca.ent
pdb/44/pdb144d.ent
pdb/44/pdb144l.ent
pdb/44/pdb244d.ent
pdb/44/pdb244l.ent
pdb/44/pdb344d.ent
pdb/44/pdb444d.ent
pdb/pdb1a4o.ent
```

Sehen Sie sich den Code in Beispiel 11-3 an, und vergleichen Sie ihn mit dem Code in Beispiel 11-2. Wie Sie sehen können, sind die Programme größtenteils identisch. Beispiel 11-2 besteht nur aus einem Hauptprogramm. Beispiel 11-3 verwendet nahezu identischen Code, besitzt aber eine Subroutine, die von einem kleinen Hauptprogramm aufgerufen wird. Das Hauptprogramm in Beispiel 11-3 ruft eine rekursive Funktion auf und übergibt dabei den Namen eines Verzeichnisses. Das Beispiel verwendet ein auf meinem Computer existierendes Verzeichnis. Wenn Sie das Programm ausführen, müssen Sie ein Verzeichnis verwenden, das auf Ihrem Rechner existiert. Hier der Aufruf:

```
list_recursively('pdb');
```

Ich weiß nicht, ob Sie enttäuscht sind, ich bin es. Das sieht genauso aus wie jede andere Subroutine auch. Natürlich muß die Rekursion innerhalb der Subroutine definiert werden. Es dauert bis zum Ende der `list_recursively`-Subroutine (wo das Programm mit Hilfe des Dateitestoperators `-d` herausfindet, daß ein Element des Verzeichnisses selbst ein Verzeichnis ist), bis man erkennt, daß es einen deutlichen Unterschied zum Code aus Beispiel 11-2 gibt. An diesem Punkt verwendet Beispiel 11-2 Code, um noch einmal nach Dateien oder Verzeichnissen zu sehen. Die Subroutine in Beispiel 11-3 ruft hingegen einfach eine Subroutine auf, nämlich sich selbst, also `list_recursively`:

```
list_recursively("$directory/$file");
```

Das ist Rekursion.

Wie Sie hier sehen können, gibt es Arten von Daten – zum Beispiel die hierarchische Struktur eines Dateisystems – für die sich rekursive Programme besonders gut eignen. Die Tatsache, daß die Rekursion am Ende der Subroutine erfolgt, bedeutet, daß wir es mit einer besonderen Form der Rekursion, der sogenannten *Endrekursion* (»tail recursion«), zu tun haben. Zwar kann die Rekursion aufgrund der möglicherweise recht zahlreichen Subroutinenaufrufe ziemlich langsam sein, aber im Fall der Endrekursion können viele Compiler den Code so optimieren, daß er wesentlich schneller läuft. Die Verwendung der Rekursion kann zu klaren, kurzen und leicht zu verstehenden Programmen führen. (Auch wenn Perl sie momentan nicht optimiert, so gibt es doch Pläne, die Optimierung der Endrekursion in Perl 6 einzuführen.)

Verarbeitung vieler Dateien

Perl besitzt Module für eine Vielzahl unterschiedlicher Aufgaben. Einige werden standardmäßig mit Perl ausgeliefert, andere können installiert werden, nachdem man sie vom CPAN (*http://www.CPAN.org/*) oder anderen Quellen heruntergeladen hat.

Beispiel 11-3 im vorherigen Abschnitt hat gezeigt, wie man alle Dateien und Verzeichnisse unterhalb eines gegebenen Verzeichnisses lokalisiert. Es gibt ein Modul namens *File::Find*, das in allen jüngeren Perl-Versionen zum Standard gehört. (Sie finden Informationen zu diesem Modul in Ihren Perl-Manpages; unter Unix oder Linux geben Sie dazu z.B. den Befehl `perldoc File::Find` ein.) Dieses Modul macht es einfach – und ist sehr effizient –, alle Dateien unterhalb eines gegebenen Verzeichnisses zu verarbeiten und dabei alle von Ihnen festgelegten Operationen durchzuführen.

Beispiel 11-4 verwendet *File::Find*. In der Dokumentation finden Sie weitere Beispiele für den Einsatz dieses sehr nützlichen Moduls. Das Beispiel weist die gleiche Funktionalität auf wie Beispiel 11-3, arbeitet nun aber mit *File::Find*. Es gibt einfach alle Dateien und Verzeichnisse aus. Beachten Sie, wieviel weniger Code Sie schreiben müssen, wenn Sie ein gutes, direkt einsatzbereites Modul finden!

Beispiel 11-4: Verwendung von File::Find

```
#!/usr/bin/perl
#  Verwendung von File::Find

use strict;
use warnings;
use BeginPerlBioinfo;     # siehe Kapitel 6

use File::Find;

find ( \&my_sub, ('pdb') );
```

Beispiel 11-4: Verwendung von File::Find (Fortsetzung)

```
sub my_sub {
    -f and (print $File::Find::name, "\n");
}

exit;
```

Wie Sie sehen, wird die Subroutine `my_sub` als Referenz übergeben, indem man ihr ein Backslash-Zeichen voranstellt. Sie müssen dem Namen auch ein &-Zeichen voranstellen, wie in Kapitel 6 erläutert.

Der Aufruf von `find` kann auch wie folgt stattfinden:

```
find sub { -f and (print $File::Find::name, "\n") }, ('pdb');
```

Das bindet eine anonyme Subroutine anstelle der Referenz auf `my_sub` ein und wird bei dieser Form sehr kurzer Subroutinen sehr häufig verwendet.

Hier die Ausgabe:

```
pdb/pdb1a4o.ent
pdb/44/pdb144d.ent
pdb/44/pdb144l.ent
pdb/44/pdb244d.ent
pdb/44/pdb244l.ent
pdb/44/pdb344d.ent
pdb/44/pdb444d.ent
pdb/3c/pdb43c9.ent
pdb/3c/pdb43ca.ent
```

Als abschließendes Beispiel für die Verarbeitung von Dateien mit Perl folgt nun ein Einzeiler, der die gleiche Funktionalität aufweist wie die vorangegangenen Programme. Wir geben das Programm direkt über die Kommandozeile ein:

```
perl -e 'use File::Find;find sub{-f and (print $File::Find::name,"\n")},("pdb")'Für
diejenigen, die es kurz und knapp lieben, echt cool, auch wenn das nicht gerade
Verwirrung vermeiden hilft. Bei Unix-Systemen erreichen Sie das gleiche übrigens mit ls
-R pdb und find pdb -print und müssen noch weniger eingeben.
```

File::Find ist dazu bestimmt, Ihre eigenen Subroutinen aufzurufen, da es Ihnen ermöglicht, beliebige Tests mit den Dateien durchzuführen und dann beliebige Aktionen mit diesen Dateien auszuführen. Es ist eine andere Form der *Modularisierung*: Das *File::Find*-Modul macht es einfach, rekursiv alle Dateien und Verzeichnisse einer Dateistruktur durchzugehen, und gleichzeitig können Sie mit den gefundenen Dateien und Verzeichnissen alles machen, was Sie wollen.

PDB-Dateien

Hier ein Auszug aus einer echten PDB-Datei:

```
HEADER    SUGAR BINDING PROTEIN                   03-MAR-99   1C1F
TITLE     LIGAND-FREE CONGERIN I
COMPND    MOL_ID: 1;
COMPND   2 MOLECULE: CONGERIN I;
COMPND   3 CHAIN: A;
COMPND   4 FRAGMENT: CARBOHYDRATE-RECOGNITION-DOMAIN;
COMPND   5 BIOLOGICAL_UNIT: HOMODIMER
SOURCE    MOL_ID: 1;
SOURCE   2 ORGANISM_SCIENTIFIC: CONGER MYRIASTER;
SOURCE   3 ORGANISM_COMMON: CONGER EEL;
SOURCE   4 TISSUE: SKIN MUCUS;
SOURCE   5 SECRETION: NON-CLASSICAL
KEYWDS    GALECTIN, LECTIN, BETA-GALACTOSE-BINDING, SUGAR BINDING
KEYWDS   2 PROTEIN
EXPDTA    X-RAY DIFFRACTION
AUTHOR    T.SHIRAI,C.MITSUYAMA,Y.NIWA,Y.MATSUI,H.HOTTA,T.YAMANE,
AUTHOR   2 H.KAMIYA,C.ISHII,T.OGAWA,K.MURAMOTO
REVDAT   2   14-OCT-99 1C1F    1       SEQADV HEADER
REVDAT   1   08-OCT-99 1C1F    0
JRNL        AUTH   T.SHIRAI,C.MITSUYAMA,Y.NIWA,Y.MATSUI,H.HOTTA,
JRNL        AUTH 2 T.YAMANE,H.KAMIYA,C.ISHII,T.OGAWA,K.MURAMOTO
JRNL        TITL   HIGH-RESOLUTION STRUCTURE OF CONGER EEL GALECTIN,
JRNL        TITL 2 CONGERIN I, IN LACTOSE- LIGANDED AND LIGAND-FREE
JRNL        TITL 3 FORMS: EMERGENCE OF A NEW STRUCTURE CLASS BY
JRNL        TITL 4 ACCELERATED EVOLUTION
JRNL        REF    STRUCTURE (LONDON)             V.   7  1223 1999
JRNL        REFN   ASTM STRUE6  UK ISSN 0969-2126                 2005
REMARK   1
REMARK   2
REMARK   2 RESOLUTION. 1.6 ANGSTROMS.
REMARK   3
REMARK   3 REFINEMENT.
REMARK   3   PROGRAM     : X-PLOR 3.1
REMARK   3   AUTHORS     : BRUNGER
REMARK   3
REMARK   3  DATA USED IN REFINEMENT.
REMARK   3   RESOLUTION RANGE HIGH (ANGSTROMS) : 1.60
REMARK   3   RESOLUTION RANGE LOW  (ANGSTROMS) : 8.00
REMARK   3   DATA CUTOFF            (SIGMA(F)) : 3.000
REMARK   3   DATA CUTOFF HIGH         (ABS(F)) : NULL
REMARK   3   DATA CUTOFF LOW          (ABS(F)) : NULL
REMARK   3   COMPLETENESS (WORKING+TEST)   (%) : 85.0
REMARK   3   NUMBER OF REFLECTIONS             : 17099
REMARK   3
REMARK   3
REMARK   3  FIT TO DATA USED IN REFINEMENT.
REMARK   3   CROSS-VALIDATION METHOD          : THROUGHOUT
REMARK   3   FREE R VALUE TEST SET SELECTION  : RANDOM
REMARK   3   R VALUE            (WORKING SET) : 0.201
```

```
REMARK   3   FREE R VALUE                       : 0.247
REMARK   3   FREE R VALUE TEST SET SIZE    (%) : 5.000
REMARK   3   FREE R VALUE TEST SET COUNT       : 855
REMARK   3   ESTIMATED ERROR OF FREE R VALUE   : NULL
REMARK   3
```
... *(Datei gekürzt)*
```
REMARK   4
REMARK   4 1C1F COMPLIES WITH FORMAT V. 2.3, 09-JULY-1998
REMARK   7
REMARK   7 >>> WARNING: CHECK REMARK 999 CAREFULLY
REMARK   8
REMARK   8 SIDE-CHAINS OF SER123 AND LEU124 ARE MODELED AS ALTERNATIVE
REMARK   8 CONFORMERS.
REMARK   9
REMARK   9 SER1 IS ACETYLATED.
REMARK  10
REMARK  10 TER
REMARK  10  SER: THE N-TERMINAL RESIDUE WAS NOT OBSERVED
REMARK 100
REMARK 100 THIS ENTRY HAS BEEN PROCESSED BY RCSB ON 07-MAR-1999.
REMARK 100 THE RCSB ID CODE IS RCSB000566.
REMARK 200
REMARK 200 EXPERIMENTAL DETAILS
REMARK 200  EXPERIMENT TYPE                : X-RAY DIFFRACTION
REMARK 200  DATE OF DATA COLLECTION        : NULL
REMARK 200  TEMPERATURE           (KELVIN) : 291.0
REMARK 200  PH                             : 9.00
REMARK 200  NUMBER OF CRYSTALS USED        : 1
REMARK 200
REMARK 200  SYNCHROTRON              (Y/N) : Y
REMARK 200  RADIATION SOURCE               : PHOTON FACTORY
REMARK 200  BEAMLINE                       : BL6A
REMARK 200  X-RAY GENERATOR MODEL          : NULL
REMARK 200  MONOCHROMATIC OR LAUE    (M/L) : M
REMARK 200  WAVELENGTH OR RANGE        (A) : 1.00
REMARK 200  MONOCHROMATOR                  : NULL
REMARK 200  OPTICS                         : NULL
REMARK 200
```
... *(Datei gekürzt)*
```
REMARK 500
REMARK 500 GEOMETRY AND STEREOCHEMISTRY
REMARK 500 SUBTOPIC: COVALENT BOND ANGLES
REMARK 500
REMARK 500 THE STEREOCHEMICAL PARAMETERS OF THE FOLLOWING RESIDUES
REMARK 500 HAVE VALUES WHICH DEVIATE FROM EXPECTED VALUES BY MORE
REMARK 500 THAN 4*RMSD (M=MODEL NUMBER; RES=RESIDUE NAME; C=CHAIN
REMARK 500 IDENTIFIER; SSEQ=SEQUENCE NUMBER; I=INSERTION CODE).
REMARK 500
REMARK 500 STANDARD TABLE:
REMARK 500 FORMAT: (10X,I3,1X,A3,1X,A1,I4,A1,3(1X,A4,2X),12X,F5.1)
REMARK 500
REMARK 500 EXPECTED VALUES: ENGH AND HUBER, 1991
REMARK 500
REMARK 500  M RES CSSEQI ATM1   ATM2   ATM3
```

```
REMARK 500     HIS A  44   N   -  CA  -  C   ANGL. DEV. =-10.3 DEGREES
REMARK 500     LEU A 132   CA  -  CB  -  CG  ANGL. DEV. = 12.5 DEGREES
REMARK 700
REMARK 700 SHEET
REMARK 700 DETERMINATION METHOD: AUTHOR-DETERMINED
REMARK 999
REMARK 999 SEQUENCE
REMARK 999 LEU A 135 IS NOT PRESENT IN SEQUENCE DATABASE
REMARK 999
DBREF  1C1F A    1   136  SWS    P26788   LEG_CONMY        1    135
SEQADV 1C1F LEU A  135  SWS  P26788              SEE REMARK 999
SEQRES   1 A  136  SER GLY GLY LEU GLN VAL LYS ASN PHE ASP PHE THR VAL
SEQRES   2 A  136  GLY LYS PHE LEU THR VAL GLY GLY PHE ILE ASN ASN SER
SEQRES   3 A  136  PRO GLN ARG PHE SER VAL ASN VAL GLY GLU SER MET ASN
SEQRES   4 A  136  SER LEU SER LEU HIS LEU ASP HIS ARG PHE ASN TYR GLY
SEQRES   5 A  136  ALA ASP GLN ASN THR ILE VAL MET ASN SER THR LEU LYS
SEQRES   6 A  136  GLY ASP ASN GLY TRP GLU THR GLU GLN ARG SER THR ASN
SEQRES   7 A  136  PHE THR LEU SER ALA GLY GLN TYR PHE GLU ILE THR LEU
SEQRES   8 A  136  SER TYR ASP ILE ASN LYS PHE TYR ILE ASP ILE LEU ASP
SEQRES   9 A  136  GLY PRO ASN LEU GLU PHE PRO ASN ARG TYR SER LYS GLU
SEQRES  10 A  136  PHE LEU PRO PHE LEU SER LEU ALA GLY ASP ALA ARG LEU
SEQRES  11 A  136  THR LEU VAL LYS LEU GLU
FORMUL   2  HOH   *81(H2 O1)
HELIX    1   1 GLY A   66  ASN A   68  5                                   3
SHEET    1  S1 1 GLY A   3  VAL A   6  0
SHEET    1  S2 1 PHE A 121  GLY A 126  0
SHEET    1  S3 1 ARG A  29  GLY A  35  0
SHEET    1  S4 1 LEU A  41  ASN A  50  0
SHEET    1  S5 1 GLN A  55  THR A  63  0
SHEET    1  S6 1 GLN A  74  SER A  76  0
SHEET    1  F1 1 ALA A 128  GLU A 136  0
SHEET    1  F2 1 PHE A  16  ILE A  23  0
SHEET    1  F3 1 TYR A  86  TYR A  93  0
SHEET    1  F4 1 LYS A  97  ILE A 102  0
SHEET    1  F5 1 ASN A 107  PRO A 111  0
CRYST1   94.340   36.920   40.540  90.00  90.00  90.00 P 21 21 2     4
ORIGX1      1.000000  0.000000  0.000000        0.00000
ORIGX2      0.000000  1.000000  0.000000        0.00000
ORIGX3      0.000000  0.000000  1.000000        0.00000
SCALE1      0.010600  0.000000  0.000000        0.00000
SCALE2      0.000000  0.027085  0.000000        0.00000
SCALE3      0.000000  0.000000  0.024667        0.00000
ATOM      1  N   GLY A   2       1.888  -8.251  -2.511  1.00 36.63           N
ATOM      2  CA  GLY A   2       2.571  -8.428  -1.248  1.00 33.02           C
ATOM      3  C   GLY A   2       2.586  -7.069  -0.589  1.00 30.43           C
ATOM      4  O   GLY A   2       2.833  -6.107  -1.311  1.00 33.27           O
ATOM      5  N   GLY A   3       2.302  -6.984   0.693  1.00 24.67           N
ATOM      6  CA  GLY A   3       2.176  -5.723   1.348  1.00 18.88           C
ATOM      7  C   GLY A   3       0.700  -5.426   1.526  1.00 16.58           C
ATOM      8  O   GLY A   3      -0.187  -6.142   1.010  1.00 12.47           O
ATOM      9  N   LEU A   4       0.494  -4.400   2.328  1.00 15.00           N
...  (Datei gekürzt)
```

```
ATOM    1078  CG  GLU A 136      -0.873   9.368  16.046  1.00 38.96           C
ATOM    1079  CD  GLU A 136      -0.399   9.054  17.456  1.00 44.66           C
ATOM    1080  OE1 GLU A 136       0.789   8.749  17.641  1.00 47.97           O
ATOM    1081  OE2 GLU A 136      -1.236   9.099  18.361  1.00 47.75           O
ATOM    1082  OXT GLU A 136       0.764  12.146  12.712  1.00 26.22           O
TER     1083      GLU A 136
HETATM 1084  O   HOH   200      -1.905  -7.624   2.822  1.00 14.50           O
HETATM 1085  O   HOH   201      -8.374   7.981   9.202  1.00 20.77           O
HETATM 1086  O   HOH   202      -4.047   9.199  11.632  1.00 38.24           O
HETATM 1087  O   HOH   203       6.172  14.210   8.483  1.00 14.50           O
HETATM 1088  O   HOH   204       2.903   7.804  15.329  1.00 24.51           O
HETATM 1089  O   HOH   205      16.654   0.676  11.968  1.00 10.49           O
... (Datei gekürzt)
HETATM 1157  O   HOH   286       6.960  14.840  -3.025  1.00 35.59           O
HETATM 1158  O   HOH   287      -3.222  10.410   7.061  1.00 38.91           O
HETATM 1159  O   HOH   288      28.306   0.551   4.876  1.00 52.13           O
HETATM 1160  O   HOH   290      21.506 -12.424   9.751  1.00 31.68           O
HETATM 1161  O   HOH   291      12.951  10.424  -7.324  1.00 46.10           O
HETATM 1162  O   HOH   292      18.119 -15.184  14.793  1.00 56.82           O
HETATM 1163  O   HOH   293      13.501  22.220   8.216  1.00 43.30           O
HETATM 1164  O   HOH   294      13.916 -11.387   9.695  1.00 47.13           O
MASTER      240    0    0    1   11    0    0    6 1163    1    0   11
END
```

PDB-Dateien sind lang, hauptsächlich weil Informationen über jedes Atom im Molekül benötigt werden. Dementsprechend wäre das obige Beispiel ziemlich umfangreich, wenn wir es vollständig abbilden würden – 28 formatierte Seiten. Ich habe es hier auf gut drei Seiten gekürzt und zeige nur so viele der wichtigsten Abschnitte, daß Sie eine allgemeine Vorstellung bekommen.

Die PDB-Website enthält die wichtigsten Dokumente, die Sie benötigen, um PDB-Dateien lesen und entsprechende Programme schreiben zu können. Der Protein Data Bank Contents Guide (*http://www.rcsb.org/pdb/docs/format/pdbguide2.2/guide2.2_frame.html*) ist die beste Referenz. Darüber hinaus sind FAQs und zusätzliche Dokumente verfügbar.

In den folgenden Abschnitten werden Sie Informationen aus diesen Dateien extrahieren. Weil die Informationen in diesen Dateien die 3D-Struktur von Makromolekülen beschreiben, werden diese Dateien häufig von grafisch orientierten Programmen genutzt, um eine räumliche Darstellung des Moleküls zu erstellen. Im Rahmen dieses Buches können wir auf das Thema Grafik nicht eingehen, wir werden aber zeigen, wie man die Raumkoordinaten aus diesen Dateien herausfiltern kann. Den größten Teil von PDB-Dateien nehmen Datensätze vom Typ ATOM ein, die die Koordinaten der Atome enthalten. Aufgrund dieser Details sind PDB-Dateien üblicherweise länger als GenBank-Records. (Beachten Sie die inkonsistente Terminologie – bei PDB bildet die Datei eine Einheit, die eine Struktur enthält. Eine GenBank-Einheit ist das Record, das einen Eintrag enthält.)

PDB-Dateiformat

Lassen Sie uns einen Blick auf eine PDB-Datei werfen sowie auf die Dokumentation, die uns sagt, wie die Informationen in einer PDB-Datei formatiert sind. Basierend auf diesen Informationen, werden Sie ein Parsen der Datei vornehmen, um die interessanten Informationen herauszufiltern.

PDB-Dateien bestehen aus Zeilen mit je 80 Spalten, die mit einem von mehreren vordefinierten Record-Namen beginnen und mit einem Newline enden. (»Spalte« steht für die Position in der Zeile: Das erste Zeichen steht in der ersten Spalte und so weiter.) Leere Spalten werden mit Leerzeichen aufgefüllt. Ein *Record-Typ* besteht aus einer oder mehreren Zeilen mit dem gleichen Record-Namen. Unterschiedliche Record-Typen besitzen verschiedene Arten von Feldern, die innerhalb der Zeilen definiert werden. Diese sind entsprechend ihrer Funktion gruppiert.

Der Record-Typ SEQRES ist einer von vier Record-Typen in der Primary Structure Section, die die primäre Struktur der Peptid- oder Nukleotidsequenz darstellt:

DBREF
: Referenz auf den Eintrag in der bzw. den Sequenzdatenbank(en)

SEQADV
: Identifikation von Konflikten zwischen PDB und der genannten Sequenzdatenbank

SEQRES
: Primärsequenz der Backbone-Residuen

MODRES
: Identifikation der Modifikationen zu Standard-Residuen

Die Record-Typen DBREF und SEQADV im Beispiel-PDB-Eintrag aus dem vorigen Abschnitt liefern Referenzinformationen und Details zu Konflikten zwischen PDB und der Originaldatenbank. (Das Beispiel enthält keinen MODRES-Record-Typ.) Hier die entsprechenden Record-Typen aus diesem Eintrag:

```
DBREF  1C1F A    1   136  SWS    P26788    LEG_CONMY        1    135
SEQADV 1C1F LEU A  135  SWS  P26788                SEE REMARK 999
```

Kurz gesagt, gibt die DBREF-Zeile an, daß es eine PDB-Datei namens *1C1F* (aus einer Datei namens *pdb1c1f.ent*) gibt, daß die Residuen in Kette A in der Original-Swiss-Prot-Datenbank (SWS) von 1 bis 136 durchnumeriert sind, daß ihnen in dieser Datenbank die ID-Nummer P26788 und der Name LEG_CONMY zugewiesen sind (in vielen Datenbanken sind diese identisch) und daß die Residuen bei PDB von 1 bis 135 durchnumeriert sind. Die Diskrepanz in der Numerierung zwischen der Originaldatenbank und PDB wird im SEQADV-Record-Typ erläutert. Dieser verweist Sie auf eine REMARK 999-Zeile (die hier nicht abgebildet ist). Dort können Sie sehen, daß der

PDB-Eintrag mit der Swiss-Prot-Sequenz bezüglich eines Leucins an Position 135 nicht übereinstimmt (vielleicht haben zwei unterschiedliche Gruppen diese Struktur ermittelt und stimmen an diesem Punkt nicht überein).[2]

Wie Sie sehen können, verlangt das Parsen der Informationen dieser beiden Zeilen durch ein Programm mehrere Schritte. Hierzu gehört beispielsweise die Verfolgung von Links zu anderen Zeilen des PDB-Eintrags, die Diskrepanzen erläutern und andere Datenbanken bestimmen.

Links zwischen Datenbanken sind wichtig für die Bioinformatik. Tabelle 11-1 enthält die Datenbanken, auf die in PDB-Dateien verwiesen wird. Wie Sie bereits wissen, gibt es viele biologische Datenbanken, die hier aufgeführten enthalten eine große Menge Protein- oder Strukturdaten.

Tabelle 11-1: Datenbanken, auf die in PDB-Dateien verwiesen wird

Datenbank	PDB-Code
BioMagResBank	BMRB
BLOCKS	BLOCKS
European Molecular Biology Laboratory	EMBL
GenBank	GB
Genome Data Base	GDB
Nucleic Acid Database	NDB
PROSITE	PROSIT
Protein Data Bank	PDB
Protein Identification Resource	PIR
SWISS-PROT	SWS
TREMBL	TREMBL

SEQRES

Zum Einstieg wollen wir eine recht einfache Aufgabe mit Perl erledigen: die Aminosäure-Sequenzdaten extrahieren. Um die Informationen zur Primärsequenz der Aminosäure zu ermitteln, müssen Sie den Record-Typ SEQRES verarbeiten. Hier eine SEQRES-Zeile aus der vorhin gezeigten PDB-Datei:

```
SEQRES   1 A  136  SER GLY GLY LEU GLN VAL LYS ASN PHE ASP PHE THR VAL
```

2 Diese Verweise auf andere Datenbanken können bei älteren PDB-Dateien problematisch sein. Sie können fehlen oder sonstwo in einer REMARK 999-Zeile vergraben sein.

Der folgende Code zeigt den Record-Typ SEQRES, wie er im Protein Data Bank Contents Guide definiert ist. Dieser Abschnitt zu SEQRES, einem recht einfachen Record-Typ, wurde hier vollständig abgedruckt, um Sie mit dieser Art von Dokumentation vertraut zu machen.

```
SEQRES

Overview

SEQRES records contain the amino acid or nucleic acid sequence of residues in
each chain of the macromolecule that was studied.

Record Format

COLUMNS         DATA TYPE       FIELD         DEFINITION
---------------------------------------------------------------------------------
 1 -  6         Record name     "SEQRES"

 9 - 10         Integer         serNum        Serial number of the SEQRES record
                                              for the current chain.  Starts at 1
                                              and increments by one each line.
                                              Reset to 1 for each chain.

12              Character       chainID       Chain identifier.  This may be any
                                              single legal character, including a
                                              blank which is used if there is
                                              only one chain.

14 - 17         Integer         numRes        Number of residues in the chain.
                                              This value is repeated on every
                                              record.

20 - 22         Residue name    resName       Residue name.

24 - 26         Residue name    resName       Residue name.

28 - 30         Residue name    resName       Residue name.

32 - 34         Residue name    resName       Residue name.

36 - 38         Residue name    resName       Residue name.

40 - 42         Residue name    resName       Residue name.

44 - 46         Residue name    resName       Residue name.

48 - 50         Residue name    resName       Residue name.

52 - 54         Residue name    resName       Residue name.

56 - 58         Residue name    resName       Residue name.

60 - 62         Residue name    resName       Residue name.

64 - 66         Residue name    resName       Residue name.
```

```
68 - 70         Residue name    resName       Residue name.
```

Details

```
* PDB entries use the three-letter abbreviation for amino acid names and the
  one-letter code for nucleic acids.

* In the case of non-standard groups, a hetID of up to three (3) alphanumeric
  characters is used. Common HET names appear in the HET dictionary.

* Each covalently contiguous sequence of residues (connected via the "backbone"
  atoms) is represented as an individual chain.

* Heterogens which are integrated into the backbone of the chain are listed as
  being part of the chain and are included in the SEQRES records for that chain.

* Each set of SEQRES records and each HET group is assigned a component number.
  The component number is assigned serially beginning with 1 for the first set
  of SEQRES records. This number is given explicitly in the FORMUL record, but
  only implicitly in the SEQRES record.

* The SEQRES records must list residues present in the molecule studied, even
  if the coordinates are not present.

* C- and N-terminus residues for which no coordinates are provided due to
  disorder must be listed on SEQRES.

* All occurrences of standard amino or nucleic acid residues (ATOM records)
  must be listed on a SEQRES record. This implies that a numRes of 1 is valid.

* No distinction is made between ribo- and deoxyribonucleotides in the SEQRES
  records. These residues are identified with the same residue name (i.e., A,
  C, G, T, U, I).

* If the entire residue sequence is unknown, the serNum in column 10 is "0",
  the number of residues thought to comprise the molecule is entered as numRes
  in columns 14 - 17, and resName in columns 20 - 22 is "UNK".

* In case of microheterogeneity, only one of the sequences is presented. A
  REMARK is generated to explain this and a SEQADV is also generated.
```

Verification/Validation/Value Authority Control

The residues presented on the SEQRES records must agree with those found in
the ATOM records.

The SEQRES records are checked by PDB using the sequence databases and
information provided by the depositor.

SEQRES is compared to the ATOM records during processing, and both are checked
against the sequence database. All discrepancies are either resolved or
annotated in the entry.

Relationships to Other Record Types

```
The residues presented on the SEQRES records must agree with those found in
the ATOM records. DBREF refers to the corresponding entry in the sequence
databases. SEQADV lists all discrepancies between the entry's sequence for
which there are coordinates and that referenced in the sequence database.
MODRES describes modifications to a standard residue.

Example

         1         2         3         4         5         6         7
1234567890123456789012345678901234567890123456789012345678901234567890
SEQRES   1 A   21  GLY ILE VAL GLU GLN CYS CYS THR SER ILE CYS SER LEU
SEQRES   2 A   21  TYR GLN LEU GLU ASN TYR CYS ASN
SEQRES   1 B   30  PHE VAL ASN GLN HIS LEU CYS GLY SER HIS LEU VAL GLU
SEQRES   2 B   30  ALA LEU TYR LEU VAL CYS GLY GLU ARG GLY PHE PHE TYR
SEQRES   3 B   30  THR PRO LYS ALA
SEQRES   1 C   21  GLY ILE VAL GLU GLN CYS CYS THR SER ILE CYS SER LEU
SEQRES   2 C   21  TYR GLN LEU GLU ASN TYR CYS ASN
SEQRES   1 D   30  PHE VAL ASN GLN HIS LEU CYS GLY SER HIS LEU VAL GLU
SEQRES   2 D   30  ALA LEU TYR LEU VAL CYS GLY GLU ARG GLY PHE PHE TYR
SEQRES   3 D   30  THR PRO LYS ALA

Known Problems

Polysaccharides do not lend themselves to being represented in SEQRES.

There is no mechanism provided to describe sequence runs when the exact
ordering of the sequence is not known.

For cyclic peptides, PDB arbitrarily assigns a residue as the N-terminus.

For microheterogeneity only one of the possible residues in a given position
is provided in SEQRES.

No distinction is made between ribo- and deoxyribonucleotides in the SEQRES
records. These residues are identified with the same residue name (i.e., A,
C, G, T, U).
```

Die Struktur der Zeile, die einen SEQRES-Record-Typ enthält, ist recht einfach. Verschiedene Felder werden bestimmten Positionen oder Spalten der Zeile zugeordnet. Sie werden später sehen, wie man diese Positionen zum Parsen der Informationen nutzt. Beachten Sie, daß die Dokumentation viele Details enthält, die von Interesse sind, wenn man diese Art komplexer experimenteller Daten verarbeitet.

Neben dem üblichen Standardproblem, die Sequenz zusammenzufassen, gibt es hier zusätzlich das Problem mehrerer Stränge. Wenn Sie die obige Dokumentation lesen, erkennen Sie, daß auf den SEQRES-Identifier eine Zahl folgt, die die Zeilennummer für diese Kette darstellt, und daß die Kette im nächsten Feld folgt (auch wenn das bei älteren Records optional war und leer bleiben konnte). Auf diese Felder folgt eine Zahl, die die Gesamtzahl von Residuen in dieser Kette angibt. Danach folgen zum Schluß die durch Drei-Buchstaben-Codes repräsentierten Residuen. Was wird nun benötigt und was kann ignoriert werden, um unsere Programmierziele zu erreichen?

Parsen von PDB-Dateien

Zuerst zeigt Beispiel 11-5 das Hauptprogramm und drei Subroutinen, die dann in diesem Abschnitt erläutert werden.

Beispiel 11-5: Sequenzketten aus PDB-Datei extrahieren

```
#!/usr/bin/perl
#  Sequenzketten aus PDB-Datei extrahieren

use strict;
use warnings;
use BeginPerlBioinfo;     # siehe Kapitel 6

# PDB-Datei einlesen.  Warnung - einige Dateien sind sehr groß!
my @file = get_file_data('pdb/c1/pdb1c1f.ent');

# Parsen der Record-Typen der PDB-Datei
my %recordtypes = parsePDBrecordtypes(@file);

# Aminosäuresequenzen aller Ketten im Protein extrahieren
my @chains = extractSEQRES( $recordtypes{'SEQRES'} );

# 3-Zeichen-Codes in 1-Zeichen-Codes umwandeln und ausgeben
foreach my $chain (@chains) {
    print "$chain\n";
    print iub3to1($chain), "\n";
}

exit;

################################################################################
# Subroutinen für Beispiel 11-5
################################################################################

# parsePDBrecordtypes
#
# - übergeben wird PDB-Datei in einem Array, zurückgegeben wird ein Hash mit
#    Schlüssel = Name des Record-Typs
#    Werte     = Skalar mit Zeilen für diesen Record-Typ

sub parsePDBrecordtypes {

    my @file = @_;

    use strict;
    use warnings;

    my %recordtypes = ( );
```

Beispiel 11-5: Sequenzketten aus PDB-Datei extrahieren (Fortsetzung)

```
    foreach my $line (@file) {

        # Namen des Record-Typs ermitteln, der am Anfang der
        # Zeile beginnt und am ersten Leerzeichen endet. Das Muster
        # (\S+) wird zurückgegeben und in $recordtype gespeichert.
        my($recordtype) = ($line =~ /^(\S+)/);

        # .= schlägt fehl, wenn der Schlüssel undefiniert ist. Wir müssen
        # daher auf Definition prüfen und dann entweder .= oder = verwenden.
        if(defined $recordtypes{$recordtype} ) {
            $recordtypes{$recordtype} .= $line;
        }else{
            $recordtypes{$recordtype} = $line;
        }
    }

    return %recordtypes;
}

# extractSEQRES
#
# - übergeben wird ein Skalar mit SEQRES-Zeilen,
#    zurückgegeben wird ein Array mit den Ketten der Sequenz

sub extractSEQRES {

    use strict;
    use warnings;

    my($seqres) = @_;

    my $lastchain = ';
    my $sequence = ';
    my @results = ( );

    # Array mit Zeilen erzeugen
    my @record = split ( /\n/, $seqres);

    foreach my $line (@record) {
        # Kette liegt an Spalte 12, Residuen beginnen in Spalte 20
        my ($thischain) = substr($line, 11, 1);
        my($residues)  = substr($line, 19, 52); # Leerzeichen anhängen

        # Neue Kette oder Fortsetzung der vorherigen Kette?
        if("$lastchain" eq "") {
            $sequence = $residues;
        }elsif("$thischain" eq "$lastchain") {
            $sequence .= $residues;
```

Beispiel 11-5: Sequenzketten aus PDB-Datei extrahieren (Fortsetzung)

```
        # Einsammeln der vorherigen Kette abschließen (außer bei erstem Record)
        }elsif ( $sequence ) {
            push(@results, $sequence);
            $sequence = $residues;
        }
        $lastchain = $thischain;
    }

    # Letzte Kette speichern
    push(@results, $sequence);

    return @results;
}

# iub3to1
#
# - String aus 3-Zeichen-IUB-Aminosäure-Codes (getrennt durch Whitespace)
#    in einen String von 1-Zeichen-Aminosäure-Codes umwandeln

sub iub3to1 {

    my($input) = @_;

    my %three2one = (
      'ALA' => 'A',
      'VAL' => 'V',
      'LEU' => 'L',
      'ILE' => 'I',
      'PRO' => 'P',
      'TRP' => 'W',
      'PHE' => 'F',
      'MET' => 'M',
      'GLY' => 'G',
      'SER' => 'S',
      'THR' => 'T',
      'TYR' => 'Y',
      'CYS' => 'C',
      'ASN' => 'N',
      'GLN' => 'Q',
      'LYS' => 'K',
      'ARG' => 'R',
      'HIS' => 'H',
      'ASP' => 'D',
      'GLU' => 'E',
    );

    # Eingabe aufräumen
    $input =~ s/\n/ /g;
```

Beispiel 11-5: Sequenzketten aus PDB-Datei extrahieren (Fortsetzung)

```
    my $seq = '';

    # Diese Verwendung von split trennt bei (beliebig vielen) Whitespace-Zeichen
    my @code3 = split(' ', $input);

    foreach my $code (@code3) {
        # Ein bißchen Fehlerprüfung
        if(not defined $three2one{$code}) {
            print "Code $code nicht definiert\n";
            next;
        }
        $seq .= $three2one{$code};
    }
    return $seq;
}
```

Es ist wichtig zu erkennen, daß das Hauptprogramm, das die Subroutine `get_file_data` aufruft, um die PDB-Datei einzulesen, eine Warnung zum möglicherweise recht großen Platzbedarf der PDB-Datei enthält. (So ist beispielsweise die PDB-Datei *1gav* etwa 3,45 MB groß.) Nachdem das Hauptprogramm die Datei vollständig eingelesen hat, ruft es zusätzlich noch die Subroutine `parsePDBrecordtypes` auf, die alle Zeilen – nach Record-Typ getrennt – noch einmal kopiert. Zu diesem Zeitpunkt benötigt das laufende Programm einen Speicherplatz, der doppelt so groß ist wie die Datei. Dieses Design hat den Vorteil der Klarheit und Modularität, kann aber zu Problemen führen, wenn nicht genug Hauptspeicher zur Verfügung steht. Die Verwendung des Arbeitsspeichers kann reduziert werden, indem man die Datei nicht zuerst einliest, sondern die Datendatei direkt an `parsePDBrecordtypes` übergibt:

```
# Daten einlesen und Record-Typen direkt aus der PDB-Datei parsen
%recordtypes = parsePDBrecordtypes(get_file_data('pdb/c1/pdb1c1f.ent'));
```

Sie können noch mehr Arbeitsspeicher einsparen. Zum Beispiel könnten Sie das Programm so umschreiben, daß es die Datei Zeile für Zeile einliest und dabei das Parsen der Record-Typen direkt übernimmt. Ich stelle diese Erwägungen an, um Ihnen eine Vorstellung davon zu geben, welche Entscheidungen bei der praktischen Arbeit mit großen Dateien von Bedeutung sind. Für den Moment wollen wir aber dieses Design beibehalten. Es kostet zwar sehr viel Speicherplatz, aber seine allgemeine Programmstruktur ist sehr gut zu erkennen.

In Kapitel 10 habe ich zwei Möglichkeiten verglichen, GenBank-Dateien in Sequenz und Annotation zu parsen und die Annotation immer detaillierter zu parsen.

Bei der ersten Methode erfolgte eine Iteration über ein Array mit den Zeilen des Records. Erinnern Sie sich daran, daß es aufgrund der Struktur mehrzeiliger Felder notwendig war, während der Iteration bestimmte Flags zu setzen, um festzuhalten, aus welchem Abschnitt der Datei jede Eingabezeile kam.[3]

Die andere Methode, die für GenBank-Dateien besser geeignet war, basierte auf regulären Ausdrücken. Welche Methode ist für PDB-Dateien am besten geeignet? (Oder sollten wir einen ganz anderen Ansatz wählen?)

Es gibt verschiedene Möglichkeiten, diese Informationen zu extrahieren. PDB macht es einfach, die Record-Typen zu verarbeiten, weil sie am Anfang der Zeile alle mit dem gleichen Schlüsselwort beginnen. Die im letzten Kapitel verwendete Technik hat reguläre Ausdrücke verwendet, um die auf der obersten Ebene liegenden Felder der Datei zu verarbeiten. Für PDB-Dateien wäre das etwas unhandlich. (Siehe auch die Übungen am Ende des Kapitels.) Der folgende reguläre Ausdruck faßt beispielsweise alle aufeinanderfolgenden SEQRES-Zeilen in einem skalaren String zusammen:

```
$record =~ /SEQRES.*\n(SEQRES.*\n)*/;
$seqres = $&;
```

Der reguläre Ausdruck erkennt eine einzelne SEQRES-Zeile mit `SEQRES.*\n` und erkennt dann null oder mehr weitere Zeilen mit `(SEQRES.*\n)*`. Beachten Sie, wie das abschließende * null oder mehr Vorkommen des vorstehenden Elements erkennt, also den geklammerten Ausdruck `(SEQRES.*\n)`. Beachten Sie auch, daß `.*` null oder mehr Nicht-Newline-Zeichen erkennt. In der zweiten Zeile wird schließlich das erkannte Muster (bezeichnet durch die Spezialvariable `$&`, die immer das letzte gefundene Muster enthält) in die Variable `$seqres` übertragen.

Wie man diesen Ansatz dahingehend erweitert, daß alle Record-Typen erkannt werden, finden Sie in den Übungen am Ende des Kapitels.

Bei PDB-Dateien beginnt jede Zeile mit einem Schlüsselwort, das explizit angibt, zu welchem Record-Typ die Zeile gehört. Wie Sie der Dokumentation entnehmen können, folgen die zu einem Record-Typ gehörenden Zeilen unmittelbar aufeinander. In diesem Fall scheint die einfachste Lösung darin zu bestehen, alle Zeilen einfach durchzugehen und die Record-Typen einzusammeln.

Beispiel 11-5 enthält die Subroutine `parsePDBrecordtypes`, die ein Parsen der PDB-Record-Typen aus einem die Zeilen eines PDB-Records enthaltenden Array vornimmt.

3 Bei GenBank werden die mehrzeiligen Informationsgruppen als Felder bezeichnet. PDB verwendet den Begriff Record-Typ. Genau wie Forscher in der Biologie ihre eigene Terminologie für bestimmte Strukturen oder Konzepte verwenden können, gibt es auch in der Informatik eine gewisse Kreativität in der Terminologie. Das ist eine der interessanten Aufgaben bei der Integration biologischer Datenquellen.

Diese Subroutine erledigt die notwendigen Arbeiten schnell und sauber. Die Kommentare beschreiben recht gut, was passiert, was (wie Sie wissen) ein wesentlicher Faktor bei der Entwicklung guten Codes ist. Prinzipiell wird jede Zeile auf ihren Record-Typ hin untersucht und dann als Wert eines Hasheintrags genutzt, bei dem der Record-Typ den Schlüssel bildet. Dieser Hash wird dann von der Subroutine zurückgegeben.

Extrahieren der Primärsequenz

Nachdem wir die Record-Typen verarbeitet haben, wollen wir nun die Subroutine `extractSEQRES` untersuchen und uns ansehen, wie sie die primäre Aminosäuresequenz extrahiert.

Sie müssen jede Kette separat extrahieren und ein Array mit einem oder mehreren Strings für die zu diesen Ketten gehörende Sequenz zurückliefern, d.h., Sie können nicht einfach eine Sequenz zurückgeben.

Die Subroutine `parsePDBrecordtypes` in Beispiel 11-5 lieferte den benötigten SEQRES-Record-Typ (der sich über mehrere Zeilen erstreckt) in einem skalaren String zurück, der den Wert des Schlüssels `'SEQRES'` im Hash bildet. Der Erfolg unserer `parsePDBrecordtypes`-Subroutine, die mit der Iteration über Zeilen (und nicht mit regulären Ausdrücken für mehrzeilige Strings) arbeitet, läßt uns hier den gleichen Ansatz versuchen. Die Perl-Funktion `split` ermöglicht es Ihnen, einen mehrzeiligen String in ein Array abzubilden.

Während Sie die Zeilen des SEQRES-Record-Typs durchgehen, halten Sie fest, wann eine neue Kette beginnt, sichern die vorherige Kette in `@results` und setzen das Array `$sequence` und das `$lastchain`-Flag zurück. Wenn alle Zeilen verarbeitet wurden, müssen Sie noch die letzte Sequenzkette im `@results`-Array sichern.

Beachten Sie (und prüfen Sie es durch einen Blick in die Dokumentation nach), daß `split` mit den von Ihnen übergebenen Argumenten auch das macht, was Sie wollen.

Die dritte und letzte Subroutine in Beispiel 11-5 heißt `iub3to1`. Weil die Sequenzinformation bei PDB in Drei-Zeichen-Codes vorliegt, benötigen Sie diese Subroutine, um diese Sequenzen in die Ein-Zeichen-Codes umzuwandeln. Die Umwandlung erfolgt mit Hilfe eines einfachen Hash-Lookups.

Wir haben das Problem nun in einige wenige Subroutinen untergliedert. Eine interessante Frage lautet immer, wie man ein Problem am besten in die entsprechenden Subroutinen aufteilt. Sie können den Aufruf von `iub3to1` in die Subroutine `extractSEQRES` packen. Das könnte die bessere Möglichkeit sein, diese Subroutinen zusammenzupakken, weil Sie, abgesehen vom PDB-Dateiformat, kaum auf Strings treffen werden, die mit Drei-Zeichen-Codes arbeiten.

An dieser Stelle ist es wichtig hervorzuheben, daß einige wenige Subroutinen, zusammengehalten durch ein sehr kurzes Hauptprogramm, ausreichen, um einen Großteil des Parsens von PDB-Dateien durchzuführen.

Koordinaten der Atome bestimmen

Bislang habe ich versucht, nur einen sehr kurzen Überblick über die Proteinstruktur zu geben. Beim Parsen von PDB-Dateien werden Sie aber mit sehr vielen detaillierten Informationen über die Struktur konfrontiert werden sowie über die experimentellen Bedingungen, unter denen sie ermittelt wurde. Ich werde nun ein kurzes Programm vorstellen, das die Koordinaten von Atomen aus einer PDB-Datei extrahiert. Wir können das Thema nicht umfassend behandeln. Hierzu müssen Sie die PDB-Dokumentation im Detail lesen und Texte zur Proteinstruktur, Röntgenstrahlen-Kristallographie und NMR-Techniken hinzuziehen.

Nachdem das gesagt ist, wollen wir die Koordinaten aus dem Record-Typ ATOM extrahieren. Unter den Records, die die Koordinaten der Atome beschreiben, kommen ATOM-Records am häufigsten vor. Weitere Koordinaten-Record-Typen sind MODEL, ATOM, SIGATM, ANISOU, SIGUIJ, TER, HETATM und ENDMDL. Es gibt auch verschiedene Record-Typen zur Transformation von Koordinaten: ORIGXn, SCALEn, MTRIXn und TVECT.

Hier der Teil der PDB-Dokumentation, der die Felddefinitionen der ATOM-Records enthält:

```
ATOM

Overview

The ATOM records present the atomic coordinates for standard residues.
They also present the occupancy and temperature factor for each atom.
Heterogen coordinates use the HETATM record type. The element symbol
is always present on each ATOM record; segment identifier and charge
are optional.

Record Format

COLUMNS        DATA TYPE       FIELD         DEFINITION
------------------------------------------------------------------------------
 1 -  6        Record name     "ATOM  "

 7 - 11        Integer         serial        Atom serial number.

13 - 16        Atom            name          Atom name.

17             Character       altLoc        Alternate location indicator.

18 - 20        Residue name    resName       Residue name.

22             Character       chainID       Chain identifier.
```

23 - 26	Integer	resSeq	Residue sequence number.
27	AChar	iCode	Code for insertion of residues.
31 - 38	Real(8.3)	x	Orthogonal coordinates for X in Angstroms.
39 - 46	Real(8.3)	y	Orthogonal coordinates for Y in Angstroms.
47 - 54	Real(8.3)	z	Orthogonal coordinates for Z in Angstroms.
55 - 60	Real(6.2)	occupancy	Occupancy.
61 - 66	Real(6.2)	tempFactor	Temperature factor.
73 - 76	LString(4)	segID	Segment identifier, left-justified.
77 - 78	LString(2)	element	Element symbol, right-justified.
79 - 80	LString(2)	charge	Charge on the atom.

Hier eine typische ATOM-Zeile:

```
ATOM      1  N   GLY A   2       1.888  -8.251  -2.511  1.00 36.63           N
```

Lassen Sie uns etwas recht Einfaches machen: Lassen Sie uns alle x-, y- und z-Koordinaten aller Atome extrahieren sowie die Seriennummer (ein eindeutiger Integerwert für jedes Atom im Molekül) und das Elementsymbol. Beispiel 11-6 zeigt eine entsprechende Subroutine sowie ein Hauptprogramm, das ihren Einsatz verdeutlicht.

Beispiel 11-6: Atom-Koordinaten aus PDB-Datei extrahieren

```
#!/usr/bin/perl
#  Atom-Koordinaten aus PDB-Datei extrahieren

use strict;
use warnings;
use BeginPerlBioinfo;     # siehe Kapitel 6

# PDB-Datei einlesen
my @file = get_file_data('pdb/c1/pdb1c1f.ent');

# Parsen der Record-Typen in PDB-Datei
my %recordtypes = parsePDBrecordtypes(@file);

# Atome in allen Ketten des Proteins extrahieren
my %atoms = parseATOM ( $recordtypes{'ATOM'} );

# Ein paar Atome ausgeben
print $atoms{'1'}, "\n";
print $atoms{'1078'}, "\n";
```

Beispiel 11-6: Atom-Koordinaten aus PDB-Datei extrahieren (Fortsetzung)

```
exit;

################################################################################
# Subroutinen für Beispiel 11-6
################################################################################

# parseATOM
#
# - x-, y- und z-Koordinaten, Seriennummer und Elementsymbol aus PDB-Record-Typ ATOM
#   extrahieren
#     Zurückgegeben wird Hash mit Schlüssel=Seriennummer, Wert=Koordinaten in einem String

sub parseATOM {

    my($atomrecord) = @_;

    use strict;
    use warnings;

    my %results = ( );

    # Skalar in ein Array aus ATOM-Zeilen umwandeln
    my(@atomrecord) = split(/\n/, $atomrecord);

    foreach my $record (@atomrecord) {
        my $number  = substr($record,  6, 5);  # columns 7-11
        my $x       = substr($record, 30, 8);  # columns 31-38
        my $y       = substr($record, 38, 8);  # columns 39-46
        my $z       = substr($record, 46, 8);  # columns 47-54
        my $element = substr($record, 76, 2);  # columns 77-78

        # $number und $element können führende Leerzeichen enthalten, die wir entfernen
        $number =~ s/^\s*//;
        $element =~ s/^\s*//;

        # Informationen im Hash speichern
        $results{$number} = "$x $y $z $element";
    }

    # Hash zurückgeben
    return %results;
}
```

Die Subroutine `parseATOM` ist recht kurz: Das strenge Format dieser ATOM-Records macht das Parsen der Informationen recht einfach. Zuerst zerlegen Sie das skalare Argument, das die ATOM-Zeilen enthält, mit Hilfe von `split` in ein Array einzelner Zeilen.

Dann verwenden Sie für jede Zeile die Funktion `substr`, um die Spalten der Zeile zu extrahieren, die die gewünschten Daten enthalten: die Seriennummer des Atoms, die x-, y- und z-Koordinaten und den Symbolnamen.

Abschließend sichern wir die Ergebnisse, indem wir einen Hash anlegen, bei dem die Seriennummer den Schlüssel bildet. Den dazugehörigen Wert bildet ein String, der die vier anderen Elemente enthält. Nun ist das nicht immer die bequemste Art, die Daten zurückzugeben. Zum einen sind Hashes nicht nach Schlüsseln sortiert, d.h., ein zusätzlicher Schritt wäre nötig, wenn die Atome nach der Seriennummer sortiert werden müssen. Tatsächlich wäre logisch betrachtet ein Array wohl die beste Wahl, wenn Informationen gespeichert werden sollen, die nach Seriennummern sortiert sind. Es könnte natürlich auch sein, daß Sie alle Metalle finden wollen. In diesem Fall wäre wohl eine andere Datenstruktur zu empfehlen. Dennoch zeigt diese kurze Subroutine eine Möglichkeit, Informationen aufzufinden und auszugeben.

Was man eigentlich häufig benötigt, ist eine Umformatierung der Daten zur Verwendung in einem anderen Programm. Mit Hilfe der Technik dieser Subroutine können Sie die benötigten Daten extrahieren und eine `print`-Anweisung nutzen, die die Daten in die gewünschte Form umwandelt. Sehen Sie sich die Funktionen `printf` und `sprintf` genauer an, wenn Sie eine größere Kontrolle über das Format wünschen. Für wirklich komplexe Formatierungsaufgaben steht die `format`-Funktion zur Verfügung, der in O'Reillys umfassendem Buch *Programmieren mit Perl* ein ganzes Kapitel gewidmet ist. (Siehe auch Kapitel 12 und Anhang B in diesem Buch.)

Hier die Ausgabe von Beispiel 11-6:

```
 1.888   -8.251   -2.511  N
-0.873    9.368   16.046  C
```

Sie können nun zumindest den größten Teil der Atom-Koordinaten aus einer PDB-Datei extrahieren. Es sei noch einmal erwähnt, daß weder ein besonders langes noch ein besonders komplexes Programm notwendig ist, um die nötigen Arbeiten zu erledigen.

Das Programm wurde so entworfen, daß seine Teile zu einem späteren Zeitpunkt auch für andere Zwecke eingesetzt werden können. So können Sie zum Beispiel alle Record-Typen verarbeiten, nicht nur ATOM. Lassen Sie uns noch einen Blick auf ein sehr kurzes Programm werfen, das nur den ATOM-Record-Typ aus der Eingabedatei herausfiltert. Indem man sich nur auf dieses Problem konzentriert, kann man ein wesentlich kürzeres Programm schreiben. Hier das Programm:

```
while(<>) {
        /^ATOM/ or next;

        my($n, $x, $y, $z, $element)
          = ($_ =~ /^.{6}(.{5}).{19}(.{8})(.{8})(.{8}).{22}(..)/);
```

```
        # $n und $element könnten führende Leerzeichen enthalten: entfernen
        $n       =~ s/^\s*//;
        $element =~ s/^\s*//;

        if (($n == 1) or ($n == 1078)) {
                print "$x $y $z $element\n";
        }
}
```

Für jede Zeile extrahiert ein regulärer Ausdruck die benötigten Informationen. Denken Sie daran, daß ein mit Klammern arbeitender regulärer Ausdruck ein Array zurückgibt, dessen Elemente aus den Teilen des Strings bestehen, die innerhalb der jeweiligen Klammern erkannt wurden. Sie weisen den fünf Variablen `$number`, `$x`, `$y`, `$z` und `$element` die Teilstrings aus den entsprechenden Klammern zu.

Der eigentliche reguläre Ausdruck verwendet einfach Punkte und den Quantifizierungsoperator `.{anzahl}`, um *anzahl* Zeichen zu erkennen. Auf diese Weise können Sie am Anfang des Strings beginnen (repräsentiert durch das Caret-Zeichen ^) und die Spalten mit den gewünschten Informationen herausfiltern, indem Sie sie in Klammern setzen.

So benötigen Sie beispielsweise die ersten sechs Zeichen nicht, die Sie mit `^.{6}` angeben, brauchen aber die nächsten fünf Zeichen, weil die die Seriennummer des Atoms enthalten. Dieses Feld geben Sie daher mit `(.{5})` an.

Ehrlich gesagt, ist die Verwendung von `substr` für diesen Zweck aussagekräftiger, aber ich wollte Ihnen auch eine alternative Möglichkeit mit regulären Ausdrücken zeigen.

Für spaltenspezifische Daten wie in PDB gibt es mit der `printf`-Funktion eine Alternative, die mehr Optionen als `print` zur Verfügung stellt.

Unser Programm verwendet eine weitere wichtige Kurzform. Es gibt nicht die Datei an, die geöffnet und gelesen werden soll. Bei Perl können Sie den Namen der Eingabedatei in der Kommandozeile angeben (oder auf ein Mac-Droplet ziehen), und das Programm verwendet diese Datei als Eingabequelle. Verwenden Sie einfach, wie hier in der ersten Programmzeile zu sehen, spitze Klammern, um Daten aus der Datei zu lesen. Bei kurzen, schnell zu schreibenden Programmen ist das ein großer Vorteil. Sie können alle Aufrufe der open-Funktion und alle damit verbundenen Prüfungen einfach weglassen und statt dessen einfach die spitzen Klammern verwenden. Der Aufruf von der Kommandozeile würde wie folgt aussehen, vorausgesetzt, Sie haben das Programm in einer Datei namens *get_two_atoms* gespeichert:

```
biocomp% perl get_two_atoms pdb/c1/pdb1c1f.ent
```

Unter Unix bzw. Linux sowie Mac OS X können Sie alternativ die Daten mit Hilfe einer Pipe an das Programm übergeben:

```
biocomp% cat pdb/c1/pdb1c1f.ent | perl get_two_atoms
```

oder:

```
coltrane% perl get_two_atoms < pdb/c1/pdb1c1f.ent
```

und in Ihrem Programm `<STDIN>` anstelle von `<>` verwenden, um die Daten zu lesen.

Steuerung anderer Programme

Perl macht es einfach, innerhalb eines Programms andere Programme auszuführen und deren Ausgaben zu sammeln. Das ist eine extrem nützliche Fähigkeit, und bei den meisten Programmen ist das gewünschte Ziel mit Perl recht einfach zu erreichen.

Möglicherweise müssen Sie ein bestimmtes Programm viele Male ausführen, etwa für jede PDB-Datei, um die Sekundärstruktur-Informationen zu extrahieren. Das Programm selbst besitzt vielleicht keine Möglichkeit, festzulegen, daß es sich selbst über all diese Dateien ausführen soll. Auch könnte die Ausgabe des Programms alle möglichen Arten überflüssiger Informationen enthalten. Was Sie brauchen, ist ein wesentlich einfacherer Report, der nur die Informationen enthält, die Sie interessieren – vielleicht in einem Format, das als Eingabe für ein anderes Programm dienen könnte! Mit Perl können Sie ein Programm schreiben, das genau das macht.

Eine wichtige Form von Programm, die es zu automatisieren gilt, bietet eine Website, die nützliche Programme oder Daten online zur Verfügung stellt. Mit den entsprechenden Perl-Modulen können Sie die Verbindung zu dieser Website herstellen, Ihre Anfrage übergeben, die Ausgabe einlesen und dann ganz nach Wunsch verarbeiten und neu aufbereiten. Tatsächlich ist das nicht besonders schwer zu erreichen! O'Reillys *Perl Kochbuch*, ein nützliches Begleitbuch zu *Programmieren mit Perl*, ist eine ausgezeichnete Quelle für kurze Programme und nützliche Beschreibungen, die Ihnen einen Einstieg ermöglichen.

Perl bietet ausgezeichnete Möglichkeiten, andere Programme zu automatisieren. Der nächste Abschnitt zeigt ein Beispiel für ein Perl-Programm, das ein anderes Programm ausführt und dessen Ergebnisse sammelt, analysiert, umformatiert und ausgibt. Das Beispiel stammt aus einer Unix/Linux- oder Mac OS X-Umgebung, die Perl-Dokumentation zeigt aber, wie Sie die gleiche Funktionalität auf einer Windows- oder älteren Macintosh-Plattform erreichen.

Das Sekundärstruktur-Vorhersageprogramm Stride

Wir werden ein externes Programm zur Berechnung der Sekundärstruktur aus den 3D-Koordinaten einer PDB-Datei verwenden. Zur Zuweisung einer Sekundärstruktur verwende ich ein Programm namens *stride*, das eine Sekundärstruktur zurückgibt. *stride* ist über EMBL (*http://www.embl-heidelberg.de/stride/stride_info.html*) verfügbar[4] und läuft

1 Zum Zeitpunkt der Übersetzung schien Stride ohne festes Zuhause zu sein, die weiterleitenden Verweise auf den Websites drehten sich im Kreis. Möglicherweise gibt es inzwischen eine neue Adresse, wenn Sie dieses Buch lesen. – Anm.d.Ü.

auf Unix-, Linux-, Windows-, Macintosh- und VMS-Systemen. Das Programm arbeitet sehr simpel, übergeben Sie einfach in der Kommandozeile den Namen einer PDB-Datei. Ich sammle die Ausgabe mit der folgenden Subroutine `call_stride` ein.

Beispiel 11-7 enthält das vollständige Programm, das aus zwei Subroutinen und einem Hauptprogramm besteht. Wir erläutern es gleich im Anschluß.

Beispiel 11-7: Aufruf eines anderen Programms zur Vorhersage einer Sekundärstruktur

```
#!/usr/bin/perl
#  Aufruf eines anderen Programms zur Vorhersage einer Sekundärstruktur

use strict;
use warnings;

# "stride" mit Datei starten und Ergebnis einsammeln
my(@stride_output)  = call_stride('pdb/c1/pdb1c1f.ent');

# Parsen des stride-Reports in Primärsequenz und
#  Sekundärstruktur-Vorhersage
my($sequence, $structure)  = parse_stride(@stride_output);

# Anfang der Sequenz und der Sekundärstruktur ausgeben
print substr($sequence, 0, 80), "\n";
print substr($structure, 0, 80), "\n";

exit;

################################################################################
# Subroutine für Beispiel 11-7
################################################################################

# call_stride
#
# - übergeben wird der Name der PDB-Datei, zurückgegeben wird die Ausgabe
#     des "stride"-Programms zur Vorhersage der Sekundärstruktur

sub call_stride {

    use strict;
    use warnings;

    my($filename) = @_;

    # Die Programmoptionen für stride
    my($stride) = '/usr/local/bin/stride';
    my($options) = ';
    my(@results) = ();
```

Beispiel 11-7: Aufruf eines anderen Programms zur Vorhersage einer Sekundärstruktur (Fortsetzung)

```
    # Prüfen, ob die PDB-Datei vorhanden ist
    unless ( -e $filename ) {
        print "Datei \"$filename\" scheint nicht zu existieren!\n";
        exit;
    }

    # Programm starten, Ausgabe festhalten und zurückgeben
    @results = `$stride $options $filename`;

    return @results;
}

# parse_stride
#
# - Übergib die stride-Ausgabe und extrahiere die Primärsequenz und die
#    Sekundärstruktur-Vorhersage. Gib diese in einem aus zwei
#    Elementen bestehenden Array zurück.

sub parse_stride {

    use strict;
    use warnings;

    my(@stridereport) = @_;
    my($seq) = ';
    my($str) = ';
    my $length;

    # Die uns interessierenden Zeilen extrahieren
    my(@seq) = grep(/^SEQ /, @stridereport);

    my(@str) = grep(/^STR /, @stridereport);

    # Alles außer Sequenz- oder Strukturinformationen
    #  aus den Zeilen entfernen
    for (@seq) { $_ = substr($_, 10, 50) }
    for (@str) { $_ = substr($_, 10, 50) }

    # Information in einem Array mit zwei Strings zurückgeben
    $seq = join(', @seq);
    $str = join(', @str);

    # Unerwünschte Strings von den Enden der Strings entfernen
    # ($seq has no spaces that are wanted, but $str may)
    $seq =~ s/(\s+)$//;

    $length = length($1);

    $str =~ s/\s{$length}$//;

    return( ($seq, $str) );
}
```

Wie Sie in der Subroutine `call_stride` sehen können, wurden Variablen für den Programmnamen (`$stride`) und die zu übergebenden Optionen (`$options`) festgelegt. Weil das Teile des Programms sind, die Sie möglicherweise ändern wollen, sollten Sie die Variablen möglichst weit an den Anfang des Codes stellen, um sie einfach finden und ändern zu können. Das Argument für die Subroutine ist der Name der PDB-Datei (`$filename`). (Wenn Sie natürlich davon ausgehen, daß sich die Optionen häufig ändern, können Sie diese zu einem weiteren Argument der Subroutine machen.)

Da Sie mit einem Programm arbeiten, das eine Datei verlangt, sollten Sie prüfen, ob eine Datei dieses Namens tatsächlich existiert. Verwenden Sie den Dateitestoperator `-e`. Sie können diese Aufgabe auch *stride* überlassen und dessen Fehlerausgaben abfangen. Das verlangt aber, daß Sie die *stride*-Ausgabe nach Fehlern absuchen, was voraussetzt, daß Sie wissen, wie *stride* Fehler meldet. Das kann wiederum kompliziert werden, weshalb ich die Verwendung des Dateitestoperators `-e` vorziehe.

Die eigentliche Ausführung des Programms und das Einsammeln der Ausgabe erfolgen in nur einer Zeile. Das auszuführende Programm steht in Backticks (`` ` ``), die das Programm ausführen (nachdem die Variablen aufgelöst wurden) und die Ausgabe in einem Array von Zeilen zurückliefern.

Es gibt zwei Möglichkeiten, ein Programm auszuführen. Eine gängige Variante ist der Aufruf der Funktion `system`. Das Verhalten unterscheidet sich von Backticks: Die Ausgabe des ausgeführten Befehls wird nicht zurückgegeben (statt dessen wird nur der exit-Status zurückgeliefert, d.h. ein Integerwert, der den Erfolg oder Mißerfolg des Befehls widerspiegelt). Zu den anderen Methoden gehören `qx`, der Systemaufruf `open` sowie die Funktionen `fork` und exec.

Parsen von Stride-Ausgaben

Ich gehe hier nicht allzusehr ins Detail, was das Parsen der *stride*-Ausgabe angeht. Lassen Sie uns nur etwas Code vorstellen, der die Primärsequenz und die Sekundärstruktur-Vorhersage extrahiert. In den Übungen am Ende des Kapitels finden Sie eine Aufgabe, bei der Sie die Informationen zur Sekundärstruktur aus den Record-Typen HELIX, SHEET und TURN einer PDB-Datei filtern und in einem Format ausgeben sollen, das dem von *stride* entspricht.

Hier ein Ausschnitt einer typischen *stride*-Ausgabe:

```
SEQ  1    MDKNELVQKAKLAEQAERYDDMAACMKSVTEQGAELSNEERNLLSVAYKN   50          1A40
STR         HHHHHHHHHHHHHH  HHHHHHHHHHHHHTTT   HHHHHHHHHHHHH               1A40
REM                                                                    1A40
REM                .         .         .         .         .           1A40
SEQ  51   VVGARRSSWRVVSSIEQKEKKQQMAREYREKIETELRDICNDVLSLLEKF  100          1A40
STR       HHHHHHHHHHHHHHHHHHHHHHHHHHHHHHHHHHHHHHHHHHHHHHHHHT               1A40
REM                                                                    1A40
REM                .         .         .         .         .           1A40
```

```
SEQ  101   LIPNAAESKVFYLKMKGDYYRYLAEVAAGDDKKGIVDQSQQAYQEAFEIS  150             1A40
STR        TTTTT HHHHHHHHHHHHHHHHHHHH    HHHHHHHHHHHHHHHHHHHHH                  1A40
REM                                                                         1A40
REM                  .         .         .         .                        1A40
SEQ  151   KKEMIRLGLALNFSVFYYACSLAKTAFDEAIAELLIMQLLRDNLTLW     197             1A40
STR        TTTTHHHHHHHHHHHH   HHHHHHHHHHHH  HHHHHHHHHH                       1A40
```

Beachten Sie, daß jede Zeile mit einem Identifier beginnt, was das Sammeln verschiedener Record-Typen vereinfacht. Selbst ohne einen Blick auf die Dokumentation zu werfen (ein gefährlicher, aber manchmal doch zweckdienlicher Ansatz), können Sie erkennen, daß die Primärsequenz das Schlüsselwort `SEQ` verwendet, die Strukturvorhersage das Schlüsselwort `STR` nutzt und daß die interessanten Daten in jeder Zeile an Position 11 beginnen und an Position 60 enden. (Für den Augenblick ignorieren wir alles andere.)

Die folgende Liste zeigt die von *stride* verwendeten, aus einem Buchstaben bestehenden Codes für die Sekundärstruktur-Einheiten:

H	alpha-Helix
G	3_{10}-Helix
I	Pi-Helix
E	Extended-Residue, Teil eines beta-Strangs
B oder b	Residue einer isolierten beta-Bridge
T	Turn (Schleife)
C	Coil (keines der obigen)

Nun wollen wir die Subroutine `parse_stride` aus Beispiel 11-7 untersuchen, die die *stride*-Ausgabe nimmt und ein Array aus zwei Strings (Primärsequenz und Strukturvorhersage) zurückgibt.

Das ist eine sehr »perlige« Subroutine, die einige Features zur Textbearbeitung nutzt. Interessant ist die Kürze des Programms, die durch einige der in Perl fest eingebauten Funktionen ermöglicht wird.

Zuerst empfangen wir die Ausgabe des *stride*-Programms im Subroutinen-Argument `@_`. Dann nutzen wir die `grep`-Funktion, um die uns interessierenden Zeilen zu extrahieren. Diese Zeilen sind einfach zu identifizieren, weil sie mit den eindeutigen Identifiern `SEQ` und `STR` beginnen.

Nun wollen Sie nur diejenigen Positionen (Spalten) dieser Zeilen festhalten, die Sequenz- oder Strukturinformationen enthalten. Sie benötigen weder die Schlüsselwörter noch die Positionsangaben, noch den Namen des PDB-Eintrags. Mit Hilfe der `substr`-Funktion verarbeiten die beiden `for`-Schleifen jede Zeile der beiden Arrays und speichern von der 11. bis zur 60. Position der Strings alles ab. Hier liegen also die gewünschten Informationen.

Zum Schluß führen Sie die Arrays zu einem einzigen String zusammen. Hier gilt es noch eine Kleinigkeit zu beachten: Sie müssen alle nicht benötigten Leerzeichen vom Ende des Strings entfernen. Beachten Sie, daß *stride* manchmal Leerzeichen in der Strukturvorhersage hinterläßt, was auch bei diesem Beispiel der Fall ist. Sie sollten also nicht alle Leerzeichen vom Ende der Strings entfernen, sondern nur die Leerzeichen am Ende des Sequenzstrings, weil diese überflüssig sind. Die gleiche Anzahl von Leerzeichen entfernen Sie nun aus dem Strukturvorhersage-String und behalten so die Leerzeichen bei, die eine nicht zu bestimmende Sekundärstruktur angeben.

Beispiel 11-7 enthält ein Hauptprogramm, das zwei Subroutinen aufruft, die, weil sie so kurz sind, ebenfalls im Programm enthalten sind (das *BeginPerlBioinfo*-Modul wird also nicht benötigt). Hier die Ausgabe von Beispiel 11-7:

```
GGLQVKNFDFTVGKFLTVGGFINNSPQRFSVNVGESMNSLSLHLDHRFNYGADQNTIVMNSTLKGDNGWETEQRSTNFTL
    TTTTTTBTTT EEEEEEETTTT EEEEEEEEETTEEEEEEEEEEEETTEEEEEEEEEEETTGGG B   EEE
```

Die erste Zeile zeigt die Aminosäuren und die zweite die Vorhersage der Sekundärstruktur. In den nun folgenden Übungen sollen Sie eine Subroutine schreiben, die diese Ausgabe verbessert.

Übungen

Übung 11.1

Nutzen Sie *File::Find* und die Dateitestoperatoren, und bestimmen Sie die ältesten und größten Dateien auf Ihrer Festplatte. (Sie können diese dann löschen oder irgendwo anders speichern, wenn Sie keinen Platz mehr haben.)

Übung 11.2

Finden Sie alle Perl-Programme auf Ihrem Computer.

Hinweis: Verwenden Sie *File::Find*. Was haben alle Perl-Programme gemeinsam?

Übung 11.3

Führen Sie ein Parsen der Record-Typen HEADER, TITLE und KEYWORDS über alle PDB-Dateien Ihres Computers durch. Legen Sie einen Hash an, dessen *Schlüssel* ein Wort dieser Record-Typen ist und dessen *Wert* eine Liste der Dateinamen ist, die dieses Wort enthielten. Speichern Sie diesen Hash in einer DBM-Datei, und bauen Sie ein entsprechendes Abfrageprogramm auf. Letztendlich sollten Sie in der Lage sein, z.B. nach Zucker zu fragen, und eine Liste aller PDB-Dateien erhalten, die dieses Wort in den HEADER-, TITLE- oder KEYWORDS-Records enthalten.

Übung 11.4

Führen Sie ein Parsen der Record-Typen einer PDB-Datei mit Hilfe regulärer Ausdrücke durch (siehe Kapitel 10), anstatt alle Zeilen eines Arrays durchzugehen (wie wir das in diesem Kapitel getan haben).

Übung 11.5
: Schreiben Sie ein Programm, das die Informationen zur Sekundärstruktur extrahiert, die in einer PDB-Datei in den Record-Typen HELIX, SHEET und TURN enthalten sind. Geben Sie die Sekundärstruktur und die Primärsequenz zusammen aus, so daß einfach zu erkennen ist, durch welche Sekundärstruktur die gegebenen Residuen vertreten sind. (Denken Sie über die Verwendung eines speziellen Alphabets für die Sekundärstruktur nach, so daß beispielsweise jede Residue in einer Helix durch ein H repräsentiert wird.)

Übung 11.6
: Schreiben Sie ein Programm, das alle PDB-Dateien unterhalb eines gegebenen Ordners findet und ein Programm (wie *stride* oder das in Übung 11.5 entwickelte Programm) ausführt, das die Sekundärstruktur der PDB-Datei zurückgibt. Halten Sie das Ergebnis in einer DBM-Datei fest, in der der Dateiname den Schlüssel bildet.

Übung 11.7
: Entwickeln Sie eine Subroutine, die zwei Strings untereinander ausgibt und dabei auch Umbrüche berücksichtigt. (Die Ausgabe entspricht also der des *stride*-Programms.) Verwenden Sie diese Subroutine, um die Strings aus Beispiel 11-7 auszugeben.

Übung 11.8
: Entwickeln Sie eine rekursive Subroutine, die die Größe eines Arrays bestimmt. Sie können die Funktionen `pop` oder `unshift` verwenden. (Ignorieren Sie die Tatsache, daß `scalar(@array)` die Größe des `@array` zurückgibt!)

Übung 11.9
: Schreiben Sie eine rekursive Subroutine, die die primäre Aminosäuresequenz aus dem SEQRES-Record-Typ einer PDB-Datei extrahiert.

Übung 11.10
: (*Zusatzaufgabe*) Finden Sie für ein gegebenes Atom und eine Distanz alle anderen Atome in einer PDB-Datei, die innerhalb dieser Distanz vom Atom liegen.

Übung 11.11
: (*Zusatzaufgabe*) Schreiben Sie ein Programm, mit dem Sie eine Korrelation zwischen der primären Aminosäuresequenz und der Lage von alpha-Helices erkennen können.

KAPITEL 12
BLAST

In der biologischen Forschung ist die Suche nach Ähnlichkeiten zwischen Sequenzen von sehr großer Bedeutung. So möchte beispielsweise ein Forscher, der eine möglicherweise wichtige DNA- oder Proteinsequenz isoliert hat, wissen, ob diese bereits von einem anderen Forscher identifiziert und charakterisiert wurde. Ist das nicht der Fall, möchte der Forscher wissen, ob die Sequenz einer bekannten Sequenz eines beliebigen Organismus ähnelt. Diese Information kann wertvolle Hinweise auf die Rolle der Sequenz innerhalb des Organismus liefern. Kann eine solche Ähnlichkeit hingegen nicht festgestellt werden, ist das ein Beweis dafür, daß die Sequenz zu einer neuen Klasse von Genen oder Genprodukten gehört.

Das Basic Local Alignment Search Tool (kurz BLAST) ist eines der populärsten Software-Tools der biologischen Forschung. Es vergleicht die Sequenz in einer Datenbank-Abfrage (Query) mit einer Bibliothek bekannter Sequenzen und versucht dabei, eventuell vorhandene Ähnlichkeiten zu entdecken. Tatsächlich besteht BLAST aus einer Reihe von Programmen mit unterschiedlichen Abfrage-Datenbank-Vergleichen wie Nukleotid-Nukleotid, Protein-Nukleotid, Protein-Protein, Nukleotid-Protein und mehr.

Dieses Kapitel untersucht die Ausgabe der Nukleotid-Nukleotid-Version des Programms, BLASTN. Der Einfachheit halber reden wir hier aber nur von BLAST. Das Hauptziel dieses Kapitels besteht darin, Ihnen zu zeigen, wie man Code entwickelt, der das Parsen einer BLAST-Ausgabedatei mit Hilfe regulärer Ausdrücke ermöglicht. Der Code ist einfach und elementar, erledigt aber seine Aufgabe. Sobald Sie die Grundlagen verstehen, können Sie weitere Features in Ihren Parser integrieren oder sich einen der vollständigeren BLAST-Parser aus dem Web beschaffen. Auf jeden Fall werden Sie genug über Ausgabe-Parser wissen, um sie nutzen oder erweitern zu können.

Dieses Kapitel enthält auch eine kurze Einführung in Bioperl, eine Sammlung von Perl-Bioinformatik-Modulen. Das Bioperl-Projekt ist ein Beispiel für ein Open Source-Projekt, das Sie als Perl-Entwickler in der Bioinformatik gut gebrauchen können. Die Programmiersprache Perl ist selbst ein Open Source-Projekt. Das Programm und dessen Quellcode kann von jedermann ohne Kosten und mit nur sehr wenigen Einschränkungen genutzt und modifiziert werden.

BLAST beschaffen

Es gibt verschiedene BLAST-Implementierungen. Die am weitesten verbreitete ist wohl diejenige, die kostenlos vom National Center for Biotechnology Information (NCBI) angeboten wird: *http://www.ncbi.nlm.nih.gov/BLAST/*. Die NCBI-Website bietet neben der Möglichkeit, die BLAST-Software herunterzuladen, einen öffentlich zugänglichen BLAST-Server, einen umfangreichen Satz von Datenbanken und eine gut organisierte Sammlung von Dokumenten und Einführungen.

Ebenfalls recht populär ist die WU-BLAST-Implementierung der Washington University. Die Haupt-Website, einschließlich einer Liste anderer WU-BLAST-Server, finden Sie unter *http://blast.wustl.edu*. Ältere Versionen von WU-BLAST sind ebenfalls kostenlos erhältlich. Neuere Versionen sind kostenlos verfügbar, wenn Sie in einer Forschungseinrichtung oder einer gemeinnützigen Organisation arbeiten und mit den Lizenzbestimmungen der Washington University einverstanden sind, die das Programm entwickelt und pflegt. Wenn Sie in einer großen Forschungseinrichtung arbeiten, besitzen Sie wahrscheinlich schon eine Site-Lizenz des WU-BLAST-Programms. Wenn Sie in einem normalen Unternehmen arbeiten, müssen Sie einen recht hohen Preis für das neuere WU-BLAST-Programm zahlen (ältere Versionen sind frei verfügbar, wenn Sie BLAST auf Ihrem eigenen Computer laufen lassen). Die Pennsylvania State University entwickelt ebenfalls einige BLAST-Programme, die unter *http://bio.cse.psu.edu/* verfügbar sind. Neben NCBI und WU-BLAST gibt es noch viele weitere BLAST-Server. Eine Google-Suche (*http://www.google.com*) nach »BLAST Server« erzielt sehr viele Treffer.

Eine wichtige Frage, mit der sich Forscher konfrontiert sehen, die mit BLAST arbeiten wollen, ist, ob ein öffentlicher BLAST-Server genutzt oder ein lokaler Server betrieben werden soll. Die Verwendung öffentlicher Server bringt Vorteile. Der größte Vorteil ist wohl, daß die vom BLAST-Server verwendeten Datenbanken (wie etwa GenBank) immer auf dem neuesten Stand sind. Um eine eigene, aktuelle Kopie dieser Datenbanken vorhalten zu können, benötigen Sie viel Plattenplatz, einen Computer mit einem recht schnellen Prozessor und sehr viel Speicher (um die BLAST-Engine betreiben zu können), eine leistungsfähige Netzwerkverbindung und sehr viel Zeit, um die Software zu überblicken, die die Datenbanken aktualisiert. Andererseits besitzen Sie vielleicht eine eigene Bibliothek mit Sequenzen, die Sie bei BLAST-Suchen nutzen wollen, führen häufige oder umfangreiche Suchoperationen durch, oder vielleicht haben Sie andere

Gründe, um eine eigene BLAST-Engine zu betreiben. Wenn das der Fall ist, dann ist es durchaus sinnvoll, in die Hardware zu investieren und den Server lokal zu betreiben.

Die Online-Dokumentation zu BLAST ist recht umfangreich und enthält Details zu den statistischen Methoden, mit deren Hilfe das Programm Ähnlichkeiten berechnet. Im nächsten Abschnitt spreche ich diese Punkte kurz an, die ganzen Details und Referenzen finden Sie aber auf der BLAST-Homepage und im exzellenten Material der NCBI-Website. Wir interessieren uns hier nicht so sehr für die Theorie, sondern vielmehr für das Parsen der Ausgabe des Programms.

String-Matching und Homologie

String-Matching ist der in der Informatik verwendete Fachausdruck für Algorithmen, die einen String finden, der in einem anderen String eingebettet ist. Es besitzt eine recht lange und fruchtbare Geschichte, und viele String-Matching-Algorithmen wurden unter Verwendung unterschiedlichster Algorithmen und für die unterschiedlichsten Zwecke entwickelt. (Das Buch von Gusfield, das in Anhang A genannt wird, enthält eine ausgezeichnete Behandlung des Themas mit biologischem Hintergrund.) Wir haben das String-Matching schon ausgiebig genutzt, etwa bei der Verwendung des Bindungsoperators zur Suche nach Motiven oder nach anderem Text mit regulären Ausdrücken.

BLAST ist im Wesentlichen ein String-Matching-Programm. Details zu String-Matching-Algorithmen, insbesondere zu den von BLAST verwendeten, würden den Rahmen dieses Buches sprengen. Allerdings möchte ich wenigstens einige Begriffe definieren, die häufig verwechselt oder einfach vertauscht werden. Ich werde auch kurz auf die BLAST-Statistiken eingehen.

Biologisches String-Matching sucht nach Ähnlichkeiten als Anzeichen für Homologie. Die *Ähnlichkeit* zwischen der Abfrage (Query) und den Sequenzen in der Datenbank kann durch die *prozentuale Übereinstimmung* gemessen werden, d.h. die Anzahl von Basen in der Abfrage, die genau so in der entsprechenden Region einer Sequenz aus der Datenbank vorkommen. Sie kann auch im Grad der *Konserviertheit* gemessen werden, der die Übereinstimmungen zwischen äquivalenten (im Sinne der Coderedundanz) Codons oder zwischen Aminosäure-Residuen mit ähnlichen Eigenschaften berücksichtigt, die die Funktion eines Proteins nicht verändern (siehe Kapitel 8). *Homologie* zwischen Sequenzen bedeutet, daß die Sequenzen evolutionär verwandt sind. Zwei Sequenzen sind im strengen Sinne entweder homolog oder sie sind es nicht, d.h., es gibt keinen Grad der Homologie.

Auch auf die Gefahr hin, ein komplexes Thema zu stark zu vereinfachen, fasse ich einige wenige Tatsachen zu den BLAST-Statistiken zusammen. (Umfassende Informationen finden Sie in der BLAST-Dokumentation.) Das Ergebnis einer BLAST-Suche beinhaltet eine Reihe von *Scores* (Bewertungen) und Statistiken zu jedem gefundenen Treffer (Match), basierend auf dem *Roh-Score S*, verschiedenen Parametern des Scoring-Algorithmus und Eigenschaften der Query und der Datenbank. Der *Roh-Score S* ist ein Maß für die Ähnlichkeit und die Größe der Übereinstimmung. Die BLAST-Ausgabe gibt ihre Treffer (Hits) sortiert nach dem E-Wert aus. Der *E-Wert* (»except value«, Erwartungswert) eines Treffers mißt, vereinfacht ausgedrückt, die Anzahl der Treffer mit gleichem oder besserem Score, die allein durch puren Zufall in einer Datenbank dieser Größe zu erwarten sind. Je näher der E-Wert an 0 liegt, desto kleiner die Wahrscheinlichkeit für einen Zufallstreffer. Mit anderen Worten: Der Treffer ist um so besser, je kleiner der E-Wert ist. Als Faustregel für BLASTN gilt, daß ein E-Wert kleiner als 1 ein stichhaltiger Treffer sein kann und ein E-Wert kleiner 10 einen genaueren Blick rechtfertigt. Allerdings ist das keine allgemeingültige Regel. (Natürlich können Proteine auch mit einer sehr kleinen prozentualen Übereinstimmung homolog sein. Die prozentuelle Ähnlichkeit ist für homologe DNA typischerweise höher.)

Nachdem wir nun die Grundlagen kennen, wollen wir Code entwickeln, der das Parsen von BLAST-Ausgaben übernimmt. Zuerst trennen wir die Treffer, dann extrahieren wir die Sequenz, und schließlich bestimmen wir die Annotation mit der E-Wert-Statistik.

BLAST-Ausgabedateien

Nachfolgend sehen Sie einen Ausschnitt aus einer BLAST-Ausgabedatei. Ich habe sie erzeugt, indem ich einige Zeilen aus der Datei *sample.dna* aus Kapitel 8 an das BLAST-Programm auf der NCBI-Website übergeben habe, ohne dabei die Standardparameter zu verändern. Die Ausgabe habe ich dann als Text in der Datei *blst.txt* gespeichert, die auch über die Website zu diesem Buch verfügbar ist. Ich habe diese Datei in diesem Kapitel wiederholt in den Parsing-Routinen verwendet. Da sich die Ausgabe über mehrere Seiten erstreckt, habe ich hier nur den Anfang, die Mitte und das Ende der Datei abgebildet.

```
BLASTN 2.1.3 [Apr-11-2001]

Reference: Altschul, Stephen F., Thomas L. Madden, Alejandro A. Schaffer,
Jinghui Zhang, Zheng Zhang, Webb Miller, and David J. Lipman (1997),
"Gapped BLAST and PSI-BLAST: a new generation of protein database search
programs",  Nucleic Acids Res. 25:3389-3402.
RID: 991533563-27495-9092
Query=
         (400 letters)

Database: nt
           868,831 sequences; 3,298,558,333 total letters
```

```
                                                                 Score    E
Sequences producing significant alignments:                      (bits)  Value

dbj|AB031069.1|AB031069 Homo sapiens PCCX1 mRNA for protein cont...  793   0.0
ref|NM_014593.1| Homo sapiens CpG binding protein (CGBP), mRNA       779   0.0
gb|AF149758.1|AF149758 Homo sapiens CpG binding protein (CGBP) m...  779   0.0
ref|XM_008699.3| Homo sapiens CpG binding protein (CGBP), mRNA       765   0.0
emb|AL136862.1|HSM801830 Homo sapiens mRNA; cDNA DKFZp434F174 (f...  450   e-124
emb|AJ132339.1|HSA132339 Homo sapiens CpG island sequence, subcl...  446   e-123
emb|AJ236590.1|HSA236590 Homo sapiens chromosome 18 CpG island D...  406   e-111
dbj|AK010337.1|AK010337 Mus musculus ES cells cDNA, RIKEN full-l...  234   3e-59
dbj|AK017941.1|AK017941 Mus musculus adult male thymus cDNA, RIK...  210   5e-52
gb|AC009750.7|AC009750 Drosophila melanogaster, chromosome 2L, r...   46   0.017
gb|AE003580.2|AE003580 Drosophila melanogaster genomic scaffold ...   46   0.017
ref|NC_001905.1| Leishmania major chromosome 1, complete sequence     40   1.0
gb|AE001274.1|AE001274 Leishmania major chromosome 1, complete s...   40   1.0
gb|AC008299.5|AC008299 Drosophila melanogaster, chromosome 3R, r...   38   4.1
gb|AC018662.3|AC018662 Human Chromosome 7 clone RP11-339C9, comp...   38   4.1
gb|AE003774.2|AE003774 Drosophila melanogaster genomic scaffold ...   38   4.1
gb|AC008039.1|AC008039 Homo sapiens clone SCb-391H5 from 7q31, c...   38   4.1
gb|AC005315.2|AC005315 Arabidopsis thaliana chromosome II sectio...   38   4.1
emb|AL353748.13|AL353748 Human DNA sequence from clone RP11-317B...   38   4.1

ALIGNMENTS
>dbj|AB031069.1|AB031069 Homo sapiens PCCX1 mRNA for protein containing CXXC
domain 1,
           complete cds
          Length = 2487

 Score =  793 bits (400), Expect = 0.0
 Identities = 400/400 (100%)
 Strand = Plus / Plus

Query: 1   agatggcggcgctgaggggtcttgggggctctaggccggccacctactggtttgcagcgg 60
            ||||||||||||||||||||||||||||||||||||||||||||||||||||||||||||
Sbjct: 1   agatggcggcgctgaggggtcttgggggctctaggccggccacctactggtttgcagcgg 60

Query: 61  agacgacgcatggggcctgcgcaataggagtacgctgcctgggaggcgtgactagaagcg 120
            ||||||||||||||||||||||||||||||||||||||||||||||||||||||||||||
Sbjct: 61  agacgacgcatggggcctgcgcaataggagtacgctgcctgggaggcgtgactagaagcg 120

Query: 121 gaagtagttgtgggcgcctttgcaaccgcctgggacgccgccgagtggtctgtgcaggtt 180
            ||||||||||||||||||||||||||||||||||||||||||||||||||||||||||||
Sbjct: 121 gaagtagttgtgggcgcctttgcaaccgcctgggacgccgccgagtggtctgtgcaggtt 180

Query: 181 cgcgggtcgctggcgggggtcgtgagggagtgcgccgggagcggagatatggagggagat 240
            ||||||||||||||||||||||||||||||||||||||||||||||||||||||||||||
Sbjct: 181 cgcgggtcgctggcgggggtcgtgagggagtgcgccgggagcggagatatggagggagat 240

Query: 241 ggttcagacccagagcctccagatgccggggaggacagcaagtccgagaatggggagaat 300
            ||||||||||||||||||||||||||||||||||||||||||||||||||||||||||||
Sbjct: 241 ggttcagacccagagcctccagatgccggggaggacagcaagtccgagaatggggagaat 300

Query: 301 gcgcccatctactgcatctgccgcaaaccggacatcaactgcttcatgatcgggtgtgac 360
            ||||||||||||||||||||||||||||||||||||||||||||||||||||||||||||
Sbjct: 301 gcgcccatctactgcatctgccgcaaaccggacatcaactgcttcatgatcgggtgtgac 360
```

```
Query: 361 aactgcaatgagtggttccatggggactgcatccggatca 400
           ||||||||||||||||||||||||||||||||||||||||
Sbjct: 361 aactgcaatgagtggttccatggggactgcatccggatca 400

>ref|NM_014593.1| Homo sapiens CpG binding protein (CGBP), mRNA
```

 . . . *(Datei gekürzt)*

```
>dbj|AK010337.1|AK010337 Mus musculus ES cells cDNA, RIKEN full-length
enriched library,
          clone:2410002I16, full insert sequence
         Length = 2538

 Score =  234 bits (118), Expect = 3e-59
 Identities = 166/182 (91%)
 Strand = Plus / Plus

Query: 219 gagcggagatatggagggagatggttcagacccagagcctccagatgccggggaggacag 278
           ||||||||||||||| |||||||| |||||||  || ||||| ||||||||||| |||||
Sbjct: 260 gagcggagatatggaaggagatggctcagacctggaacctccggatgccggggacgacag 319

Query: 279 caagtccgagaatggggagaatgcgcccatctactgcatctgccgcaaaccggacatcaa 338
           |||||| |||||||||||||| || ||||||||||||||||| |||||||||||||||||
Sbjct: 320 caagtctgagaatggggagaacgctcccatctactgcatctgtcgcaaaccggacatcaa 379

Query: 339 ctgcttcatgatcgggtgtgacaactgcaatgagtggttccatggggactgcatccggat 398
            ||||||||||| || |||||||||||||| |||||||||||||| ||||||||||||||
Sbjct: 380 ttgcttcatgattggatgtgacaactgcaacgagtggttccatggagactgcatccggat 439

Query: 399 ca 400
           ||
Sbjct: 440 ca 441
 Score = 44.1 bits (22), Expect = 0.066
 Identities = 25/26 (96%)
 Strand = Plus / Plus

Query: 118 gcggaagtagttgtgggcgcctttgc 143
           ||||||||||||| ||||||||||||
Sbjct: 147 gcggaagtagttgcgggcgcctttgc 172

>dbj|AK017941.1|AK017941 Mus musculus adult male thymus cDNA, RIKEN
full-length enriched library, clone:5830420C16, full insert sequence
         Length = 1461

 Score =  210 bits (106), Expect = 5e-52
 Identities = 151/166 (90%)
 Strand = Plus / Plus

Query: 235  ggagatggttcagacccagagcctccagatgccggggaggacagcaagtccgagaatggg 294
            |||||||| |||||||  || ||||| ||||||||||| ||||||||||| |||||||||
Sbjct: 1048 ggagatggctcagacctggaacctccggatgccggggacgacagcaagtctgagaatggg 1107

Query: 295  gagaatgcgcccatctactgcatctgccgcaaaccggacatcaactgcttcatgatcggg 354
            ||||| || ||||||||||||||||| ||||||||||||||||| ||||||||||| ||
Sbjct: 1108 gagaacgctcccatctactgcatctgtcgcaaaccggacatcaattgcttcatgattgga 1167

Query: 355  tgtgacaactgcaatgagtggttccatggggactgcatccggatca 400
            |||||||||||||| |||||||||||||| ||||||||||||||||
Sbjct: 1168 tgtgacaactgcaacgagtggttccatggagactgcatccggatca 1213
```

```
 Score = 44.1 bits (22), Expect = 0.066
 Identities = 25/26 (96%)
 Strand = Plus / Plus

Query: 118 gcggaagtagttgtgggcgcctttgc 143
           ||||||||||||| ||||||||||||
Sbjct: 235 gcggaagtagttgcgggcgcctttgc 260

>gb|AC009750.7|AC009750 Drosophila melanogaster, chromosome 2L, region 23F-24A,
BAC clone
```

... *(Datei gekürzt)*

```
>emb|AL353748.13|AL353748 Human DNA sequence from clone RP11-317B17 on
chromosome 9, complete
             sequence [Homo sapiens]
          Length = 179155

 Score = 38.2 bits (19), Expect = 4.1
 Identities = 22/23 (95%)
 Strand = Plus / Plus

Query: 192   ggcgggggtcgtgagggagtgcg 214
             |||| ||||||||||||||||||
Sbjct: 48258 ggcgtgggtcgtgagggagtgcg 48280

  Database: nt
    Posted date:  May 30, 2001  3:54 AM
  Number of letters in database: -996,408,959
  Number of sequences in database:  868,831

Lambda     K      H
    1.37    0.711     1.31

Gapped
Lambda     K      H
    1.37    0.711     1.31

Matrix: blastn matrix:1 -3
Gap Penalties: Existence: 5, Extension: 2
Number of Hits to DB: 436021
Number of Sequences: 868831
Number of extensions: 436021
Number of successful extensions: 7536
Number of sequences better than 10.0: 19
length of query: 400
length of database: 3,298,558,333
effective HSP length: 20
effective length of query: 380
effective length of database: 3,281,181,713
effective search space: 1246849050940
effective search space used: 1246849050940
T: 0
A: 30
X1: 6 (11.9 bits)
X2: 15 (29.7 bits)
S1: 12 (24.3 bits)
S2: 19 (38.2 bits)
```

Wie Sie sehen können, besteht die Datei aus drei Teilen: einigen Header-Informationen zu Beginn, gefolgt von einer Zusammenfassung der Alignments, den Alignments selbst und dann einigen zusätzlichen zusammenfassenden Parametern und Statistiken am Ende.

Parsen von BLAST-Ausgaben

Warum sollten wir die Ausgabe von BLAST überhaupt verarbeiten wollen? Ein Grund könnte darin bestehen, daß Sie sehen wollen, ob Ihre DNA neue Treffer in der DNA zeigt, die in den ständig wachsenden Datenbanken abgelegt ist. Sie können ein Programm entwickeln, das jeden Tag automatisch eine BLAST-Suche durchführt und die Ergebnisse mit denen des Vortages vergleicht. Hierzu führen Sie ein Parsen der zusammenfassenden Trefferliste durch und vergleichen diese mit der entsprechenden Liste des Vortages. Sie können sich dann vom Programm eine E-Mail schicken lassen, wenn etwas Neues aufgetaucht ist.

Annotation und Alignments extrahieren

Beispiel 12-1 besteht aus einem Hauptprogramm und zwei neuen Subroutinen. Die Subroutinen – `parse_blast` und `parse_blast_alignment` – verwenden reguläre Ausdrücke, um die verschiedenen Teile der Daten aus dem skalaren String zu extrahieren. Ich habe diese Methode gewählt, weil die Daten, obwohl strukturiert, nicht jede Zeile mit ihrer Funktion identifizieren. (Beachten Sie hierzu unsere Erläuterung in den Kapiteln 10 und 11.)

Beispiel 12-1: Annotation und Alignments aus BLAST-Ausgabe extrahieren

```
#!/usr/bin/perl
# Annotation und Alignments aus BLAST-Ausgabe extrahieren

use strict;
use warnings;
use BeginPerlBioinfo;     # siehe Kapitel 6

# Variablen deklarieren und initialisieren
my $beginning_annotation = ';
my $ending_annotation = ';
my %alignments = ( );
my $filename = 'blast.txt';

parse_blast(\$beginning_annotation, \$ending_annotation, \%alignments, $filename);

# Die Annotation und dann die DNA in einem neuen Format ausgeben,
#   nur um zu sehen, ob es funktioniert.
```

Beispiel 12-1: Annotation und Alignments aus BLAST-Ausgabe extrahieren (Fortsetzung)

```
print $beginning_annotation;

foreach my $key (keys %alignments) {
    print "$key\nXXXXXXXXXXXX\n", $alignments{$key}, "\nXXXXXXXXXXX\n";
}

print $ending_annotation;

exit;

################################################################################
# Subroutinen für Beispiel 12-1
################################################################################

# parse_blast
#
# -Parsen von Anfang und Ende der Annotation und den Alignments
#     aus BLAST-Ausgabedatei

sub parse_blast {

    my($beginning_annotation, $ending_annotation, $alignments, $filename) = @_;

    # $beginning_annotation-Referenz auf Skalar
    # $ending_annotation   -Referenz auf Skalar
    # $alignments          -Referenz auf Hash
    # $filename            -Skalar

    # Variablen deklarieren und initialisieren
    my $blast_output_file = ';
    my $alignment_section = ';

    # BLAST-Ausgabe aus Datei in ein Array einlesen
    $blast_output_file = join( ', get_file_data($filename));

    # Anfangs-Annotation, Alignments und End-Annotation extrahieren
    ($$beginning_annotation, $alignment_section, $$ending_annotation)
    = ($blast_output_file =~ /(.*^ALIGNMENTS\n)(.*)(^  Database:.*)/ms);

    # %alignments-Hash füllen
    # Schlüssel = ID des Treffers
    # Wert = Alignment-Abschnitt
    %$alignments = parse_blast_alignment($alignment_section);
}

# parse_blast_alignment
#
# -Parsen der Alignments aus einer BLAST-Ausgabedatei.
```

Beispiel 12-1: Annotation und Alignments aus BLAST-Ausgabe extrahieren (Fortsetzung)

```
#       Zurückgegeben wird ein Hash mit
#       Schlüssel = ID
#       Wert = Alignment-Text

sub parse_blast_alignment {

    my($alignment_section) = @_;

    # Variablen deklarieren und initialisieren
    my(%alignment_hash) = ( );

    # Den die BLAST-Alignments enthaltenden Skalar durchgehen und dabei
    # die ID und das Alignment in einem Hash speichern.
    #
    # Der reguläre Ausdruck erkennt eine Zeile, die mit einem > beginnt,
    # die ID zwischen dem ersten Paar |-Zeichen enthält und auf die
    # beliebig viele Zeilen folgen, die nicht mit >  beginnen.

    while($alignment_section =~ /^>.*\n(^(?!>).*\n)+/gm) {
        my($value) = $&;
        my($key) = (split(/\|/, $value)) [1];
        $alignment_hash{$key} = $value;
    }

    return %alignment_hash;
}
```

Das Hauptprogramm macht nicht viel mehr, als die Parsing-Subroutine aufzurufen und die Ergebnisse auszugeben. Die Argumente sind mit leeren Werten vorinitialisiert worden und werden per Referenz übergeben (siehe Kapitel 6).

Die Subroutine `parse_blast` übernimmt das Parsen auf der obersten Ebene, d.h., sie trennt die drei Abschnitte der BLAST-Ausgabedatei: die Annotation am Anfang, die Alignments in der Mitte und die Annotation am Ende.

Dann wird die Subroutine `parse_blast_alignment` aufgerufen, um die einzelnen Alignments aus dem mittleren Alignment-Abschnitt zu extrahieren. Die Daten werden zuerst aus der genannten Datei eingelesen, wozu wir unseren alten Bekannten `get_file_data` aus Kapitel 8 nutzen. Wir verwenden die `join`-Funktion, um das Array aus Daten in einem skalaren String zu speichern.

Die drei Abschnitte der BLAST-Ausgabedatei werden durch folgende Anweisung getrennt:

```
($$beginning_annotation, $alignment_section, $$ending_annotation)

    = ($blast_output_file =~ /(.*^ALIGNMENTS\n)(.*)(^  Database:.*)/ms);
```

Das Pattern Matching besteht aus drei geklammerten Ausdrücken, wobei

```
(.*^ALIGNMENTS\n)
```

in `$$beginning_annotation`;

```
(.*)
```

in `$alignment_section`; und

```
(^  Database:.*)
```

in `$$ending_annotation` gespeichert wird.

Die Verwendung von `$$` anstelle von `$` vor diesen beiden Variablen gibt an, daß es sich um Referenzen auf skalare Variablen handelt. Denken Sie daran, daß wir sie der Subroutine als Argumente übergeben haben, denen ein Backslash vorangestellt war:

```
parse_blast(\$beginning_annotation, \$ending_annotation, \%alignments, $filename);
```

Sie kennen Referenzen auf Variablen seit Kapitel 6. Lassen Sie sie uns noch einmal kurz in Erinnerung zurückrufen. In der Subroutine `parse_blast` sind Variablen mit nur einem `$`-Zeichen Referenzen auf skalare Variablen. Sie benötigen ein zusätzliches `$`, um die eigentlichen skalaren Variablen anzusprechen. Auf diese Weise funktionieren Referenzen: Man benötigt ein zusätzliches Sonderzeichen, um die Art der Variablen anzugeben, auf die die Referenzen verweisen. Eine Referenz auf eine skalare Variable muß also mit `$$`, eine Referenz auf eine Arrayvariable mit `@$` und eine Referenz auf eine Hashvariable mit `%$` beginnen.

Der reguläre Ausdruck im vorherigen Codefragment erkennt alles bis zum Wort `ALIGNMENTS` am Ende einer Zeile (`.*^ALIGNMENTS\n`); dann für eine Weile alle Zeichen (`.*`); dann eine mit zwei Leerzeichen und dem Wort `Database:` beginnende Zeile, gefolgt vom Rest der Datei (`^  Database:.*`). Diese drei geklammerten Ausdrücke entsprechen den drei gewünschten Teilen der BLAST-Ausgabe, also der Anfangs-Annotation, dem Alignment-Abschnitt und der End-Annotation.

Die in `$alignment_section` gespeicherten Alignments werden durch die Subroutine `parse_blast_alignment` getrennt. Diese Subroutine besitzt eine wichtige Schleife:

```
while($alignment_section =~ /^>.*\n(^(?!>).*\n)+/gm) {
    my($value) = $&;
    my($key) = (split(/\|/, $value)) [1];
    $alignment_hash{$key} = $value;
}
```

Wahrscheinlich halten Sie diesen regulären Ausdruck für richtig unheimlich. Reguläre Ausdrücke wirken manchmal auf den ersten Blick ziemlich unverständlich, weshalb wir hier einmal genauer hinschauen wollen. Es gibt einige neue Dinge zu entdecken.

Die fünf Zeilen enthalten eine `while`-Schleife, die (aufgrund des globalen Modifiers `/g` im Pattern Matching der `while`-Schleife) die gesamte Anzahl der Treffer im String festhält. Bei jedem Durchlauf der Schleife erkennt das Pattern Matching den Wert (das gesamte Alignment) und bestimmt den Schlüssel. Schlüssel und Wert werden dann im Hash `%alignment_hash` gespeichert.

Hier folgt ein Beispiel für einen Treffer, der durch diese `while`-Schleife erkannt wird, wenn die im vorigen Abschnitt besprochene BLAST-Ausgabe verarbeitet wird:

```
>emb|AL353748.13|AL353748 Human DNA sequence from clone RP11-317B17 on
chromosome 9, complete
             sequence [Homo sapiens]
          Length = 179155

 Score = 38.2 bits (19), Expect = 4.1
 Identities = 22/23 (95%)
 Strand = Plus / Plus

Query: 192   ggcgggggtcgtgagggagtgcg 214
             |||| ||||||||||||||||||
Sbjct: 48258 ggcgtgggtcgtgagggagtgcg 48280
```

Dieser Text beginnt mit einer Zeile, die mit einem >-Zeichen anfängt. In einer vollständigen BLAST-Ausgabe folgen Abschnitte wie dieser einer auf den anderen. Sie wollen die Erkennung also bei einer Zeile beginnen, die mit einem > anfängt, und alle nachfolgenden Zeilen festhalten, die nicht mit einem >-Zeichen beginnen. Sie wollen außerdem den Identifier extrahieren, der zwischen dem ersten und dem zweiten |-Zeichen in der ersten Zeile steht (in dieser Zeile beispielsweise `AL353748.13`).

Lassen Sie uns den regulären Ausdruck sezieren:

```
$alignment_section =~ /^>.*\n(^(?!>).*\n)+/gm
```

Dieses Pattern Matching, das innerhalb des Codes in einer `while`-Schleife steht, verwendet den Modifier `m` für die mehrzeilige Verarbeitung. Der Modifier `m` ermöglicht `^` die Erkennung jedes Zeilenanfangs in einem mehrzeiligen String. Dementsprechend erkennt `$` das Zeilenende.

Der reguläre Ausdruck läßt sich wie folgt auflösen. Der erste Teil lautet:

```
^>.*\n
```

Er sucht nach einem > am Anfang der BLAST-Zeile, gefolgt von `.*`, was eine beliebige Anzahl jeglicher Zeichen (außer Newline) bis zum ersten Newline erkennt. Mit anderen Worten: Es wird die erste Zeile des Alignments erkannt.

Hier der Rest des regulären Ausdrucks:

```
(^(?!>).*\n)+
```

Nach dem ^, das den Anfang einer Zeile erkennt, sehen Sie eine *negative Lookahead-Annahme*, (?!>), die sicherstellt, daß kein > folgt. Als nächstes erkennt .* alle Nicht-Newline-Zeichen bis zum abschließenden \n am Ende der Zeile. Das Ganze ist von Klammern umgeben. Direkt dahinter steht ein +, so daß alle entsprechenden Zeilen (zumindest eine) erkannt werden.

Nachdem Sie das gesamte Alignment erkannt haben, müssen Sie den Schlüssel extrahieren und den Hash mit dem Schlüssel und dem Wert füllen. Innerhalb der while-Schleife wird das gerade erkannte Alignment von Perl automatisch als Wert der Spezialvariable $& gesetzt und in der Variable $value abgelegt. Sie müssen nun den Schlüssel aus dem Alignment extrahieren. Sie finden ihn in der ersten Zeile des in $value gespeicherten Alignments zwischen dem ersten um dem zweiten |-Symbol.

Die Extrahierung des identifizierenden Schlüssels erfolgt mit Hilfe der split-Funktion, die den String in ein Array aufbricht. Der Aufruf von split

```
split(/\|/, $value)
```

zerlegt $value in separate Teile, die durch |-Zeichen getrennt sind. Das |-Symbol wird also genutzt, um festzustellen, wo ein Listenelement endet und das nächste beginnt. (Denken Sie daran, daß das |-Zeichen ein Metazeichen ist und mittels \| geschützt werden muß.) Indem Sie den Aufruf von split in Klammern setzen und ein Array-Offset ([1]) hinzufügen, können Sie den Schlüssel isolieren und in $key speichern.

Lassen Sie uns nun zurückgehen und Beispiel 12-1 in seiner Gesamtheit betrachten. Beachten Sie, wie kurz es ist – kaum mehr als zwei Seiten mit Kommentaren. Auch wenn es aufgrund der verwendeten regulären Ausdrücke kein einfaches Programm ist, können Sie es verstehen, wenn Sie die BLAST-Ausgabedateien und die sie verarbeitenden regulären Ausdrücke genauer untersuchen.

Reguläre Ausdrücke besitzen sehr viele komplexe Features, können aber dementsprechend viele nützliche Dinge leisten. Als Perl-Programmierer ist der Aufwand, den Sie auf das Erlernen regulärer Ausdrücke verwenden, die Mühe sehr wohl wert und kann sich in der Zukunft wirklich auszahlen.

Parsen von BLAST-Alignments

Lassen Sie uns das Parsen von BLAST-Ausgabedateien ein wenig vertiefen. Beachten Sie, daß einige Alignments aus mehreren String-Paaren bestehen können – zum Beispiel das hier noch einmal abgebildete Alignment für ID AK017941.1:

```
>dbj|AK017941.1|AK017941 Mus musculus adult male thymus cDNA, RIKEN
full-length enriched
            library, clone:5830420C16, full insert sequence
          Length = 1461
```

```
 Score =  210 bits (106), Expect = 5e-52
 Identities = 151/166 (90%)
 Strand = Plus / Plus

Query: 235  ggagatggttcagacccagagcctccagatgccggggaggacagcaagtccgagaatggg 294
            |||||||| |||||||  || ||||| ||||||||||| ||||||||||| |||||||||
Sbjct: 1048 ggagatggctcagacctggaacctccggatgccggggacgacagcaagtctgagaatggg 1107

Query: 295  gagaatgcgcccatctactgcatctgccgcaaaccggacatcaactgcttcatgatcggg 354
            ||||| || ||||||||||||||||| |||||||||||||||||| |||||||||| ||
Sbjct: 1108 gagaacgctcccatctactgcatctgtcgcaaaccggacatcaattgcttcatgattgga 1167

Query: 355  tgtgacaactgcaatgagtggttccatggggactgcatccggatca 400
            |||||||||||||| |||||||||||||| ||||||||||||||||
Sbjct: 1168 tgtgacaactgcaacgagtggttccatggagactgcatccggatca 1213

 Score = 44.1 bits (22), Expect = 0.066
 Identities = 25/26 (96%)
 Strand = Plus / Plus

Query: 118 gcggaagtagttgtgggcgcctttgc 143
           ||||||||||||| ||||||||||||
Sbjct: 235 gcggaagtagttgcgggcgcctttgc 260
```

Das Parsen dieser Alignments verlangt das Parsen jedes der Stringpaare, die in der BLAST-Terminologie als *High-Scoring-Paare* (»high-scoring pairs«, HSPs) bezeichnet werden.

Jedes HSP enthält außerdem eine Annotation neben dem eigentlichen HSP. Wir wollen jedes HSP in Annotation, Query-String und Subject-String aufteilen und darüber hinaus die Anfangs- und Endpositionen der Strings festhalten. Ein genaueres Parsen ist möglich, d.h., Sie können bestimmte Features aus der Annotation extrahieren oder auch die Lage identischer und nicht identischer Basen im HSP.

Beispiel 12-2 enthält zwei Subroutinen, eine zum Parsen der Alignments in einzelne HSPs und die andere zur Extrahierung der Sequenzen sowie deren Endpositionen. Das Hauptprogramm erweitert Beispiel 12-1 um diese neuen Subroutinen.

Beispiel 12-2: Parsen von Alignments in BLAST-Ausgabedatei

```
#!/usr/bin/perl
# Parsen von Alignments in BLAST-Ausgabedatei

use strict;
use warnings;
use BeginPerlBioinfo;     # siehe Kapitel 6

# Variablen deklarieren und initialisieren
my $beginning_annotation = '';
my $ending_annotation = '';
my %alignments = ( );
```

Beispiel 12-2: Parsen von Alignments in BLAST-Ausgabedatei (Fortsetzung)

```
my $alignment = ';
my $filename = 'blast.txt';
my @HSPs = ( );
my($expect, $query, $query_range, $subject, $subject_range) = (',',',',');

parse_blast(\$beginning_annotation, \$ending_annotation, \%alignments, $filename);

$alignment = $alignments{'AK017941.1'};

@HSPs = parse_blast_alignment_HSP($alignment);

($expect, $query, $query_range, $subject, $subject_range)
 = extract_HSP_information($HSPs[1]);

# Ergebnisse ausgeben
print "\n-> E-Wert:           $expect\n";
print "\n-> Query-String:     $query\n";
print "\n-> Query-Bereich:    $query_range\n";
print "\n-> Subject-String:   $subject\n";
print "\n-> Subject-Bereich:  $subject_range\n";

exit;

################################################################################
# Subroutinen für Beispiel 12-2
################################################################################

# parse_blast_alignment_HSP
#
# - Parsen von Anfangs-Annotation und HSPs
#     aus BLAST-Alignment.
#     Zurückgegeben wird ein Array, dessen erstes Element die Anfangs-Annotation
#     und jedes nachfolgende Element ein HSP enthält.

sub parse_blast_alignment_HSP {

    my($alignment ) = @_;

    # Variablen deklarieren und initialisieren
    my $beginning_annotation  = ';
    my $HSP_section  = ';
    my @HSPs = ( );

    # Anfangs-Annotation und HSPs extrahieren
    ($beginning_annotation, $HSP_section )
        = ($alignment =~ /(.*?)(^ Score =.*)/ms);

    # $beginning_annotation als ersten Eintrag in @HSPs festhalten
    push(@HSPs, $beginning_annotation);
```

```
    # Parsen der HSPs. Jedes HSP als Element in @HSPs speichern
    while($HSP_section =~ /(^ Score =.*\n)(^(?! Score =).*\n)+/gm) {
        push(@HSPs, $&);
    }

    # Rückgabe eines Arrays, dessen erstes Element die Anfangs-Annotation
    # und jedes nachfolgende Element ein HSP enthält
    return(@HSPs);
}

# extract_HSP_information
#
# - Parsen eines HSPs aus dem Alignment-Abschnitt einer BLAST-Ausgabe
#        - Zurückgegeben wird ein Array mit den folgenden Elementen:
#     E-Wert
#     Query-String
#     Query-Bereich
#     Subject-String
#     Subject-Bereich

sub extract_HSP_information {

    my($HSP) = @_;

    # Variablen deklarieren und initialisieren
    my($expect) = ';
    my($query) = ';
    my($query_range) = ';
    my($subject) = ';
    my($subject_range) = ';

    ($expect) = ($HSP =~ /Expect = (\S+)/);

    $query = join ( ' , ($HSP =~ /^Query(.*)\n/gm) );

    $subject = join ( ' , ($HSP =~ /^Sbjct(.*)\n/gm) );

    $query_range = join('..', ($query =~ /(\d+).*\D(\d+)/s));

    $subject_range = join('..', ($subject =~ /(\d+).*\D(\d+)/s));

    $query =~ s/[^acgt]//g;

    $subject =~ s/[^acgt]//g;

    return ($expect, $query, $query_range, $subject, $subject_range);
}
```

Beispiel 12-2 liefert die folgende Ausgabe:

```
-> E-Wert:   5e-52

-> Query-String:   ggagatggttcagacccagagcctccagatgccggggaggacagcaagtccgagaatggg
gagaatgcgcccatctactgcatctgccgcaaaccggacatcaactgcttcatgatcgggtgtgacaactgcaatgagt
ggttccatggggactgcatccggatca

-> Query-Bereich:    235..400

-> Subject-String: ggagatggctcagacctggaacctccggatgccggggacgacagcaagtctgagaatggg
gagaacgctcccatctactgcatctgtcgcaaaccggacatcaattgcttcatgattggatgtgacaactgcaacgagt
ggttccatggagactgcatccggatca

-> Subject-Bereich:  1048..1213
```

Lassen Sie uns die neuen Features von Beispiel 12-2 und dessen Subroutinen betrachten. Beachten Sie zuerst, daß die beiden neuen Subroutinen aus Beispiel 12-1 in unser *BeginPerlBioinfo.pm*-Modul aufgenommen wurden, d.h., sie erscheinen hier nicht noch einmal.

Das Hauptprogramm von Beispiel 12-2 beginnt wie das aus Beispiel 12-1. Es ruft die Subroutine `parse_blast` auf, um die Annotation von den Alignments in der BLAST-Ausgabedatei zu trennen.

Die nächste Zeile nimmt sich eines dieser Alignments aus dem `%alignments`-Hash und verwendet es als Argument für die Subroutine `parse_blast_alignment_HSP`, die dann ein Array mit Annotation (als erstes Element) und den HSPs in `@HSPs` zurückgibt.

Zum Schluß führt Beispiel 12-2 ein weiteres Parsen einzelner HSPs durch, indem es die Subroutine `extract_HSP_information` aufruft und die extrahierten Teile eines der HSPs ausgibt.

Beispiel 12-2 weist eine gewisse Inkonsistenz in unserem Entwurf auf. Manche Subroutinen sprechen ihre Argumente per Referenz an, bei anderen wird der Wert übergeben (siehe Kapitel 6). Sie könnten sich fragen, ob das falsch ist.

Die Antwort lautet: nicht unbedingt. Die Subroutine `parse_blast` mischt mehrere Argumente, von denen eines kein Skalar ist. Denken Sie daran, daß das bei Perl eine potentiell gute Stelle für einen Aufruf per Referenz ist. Die anderen Subroutinen vermischen ihre Argumente nicht auf diese Weise, könnten aber in dieser Form entworfen werden.

Machen wir mit dem Code weiter, und untersuchen wir die Subroutine `parse_blast_alignment_HSP`. Sie nimmt eines der Alignments aus der BLAST-Ausgabe und trennt die einzelnen HSPs heraus. Unsere Technik basiert wieder auf regulären Ausdrücken, die auf einen einzelnen String angesetzt werden, der alle Zeilen des Alignments enthält und als Argument übergeben wird.

Der erste reguläre Ausdruck filtert die Annotation und den die HSPs enthaltenden Abschnitt heraus:

```
($beginning_annotation, $HSP_section )

= ($alignment =~ /(.*?)(^ Score =.*)/ms);
```

Die erste Klammer des regulären Ausdrucks lautet `(.*?)`. Dies ist also ein nicht-gieriges oder minimales Matching, d.h., es wird der kürzest mögliche String erkannt. * ist standardmäßig gierig, d.h. es wird der längste mögliche String erkannt. Hier wird alles bis zu der Zeile abgefangen, die mit `Score =` beginnt. (Ohne das ? hinter dem * würde alles bis zur letzten Zeile erkannt werden, die mit `Score =` beginnt.) Das ist genau die Trennlinie zwischen Anfangs-Annotation und den HSP-Treffern.

Die nächste Schleife und der reguläre Ausdruck trennen die einzelnen HSP-Treffer:

```
while($HSP_section =~ /(^ Score =.*\n)(^(?! Score =).*\n)+/gm) {

    push(@HSPs, $&);
}
```

Das ist die gleiche Art globalen String-Matchings in einer `while`-Schleife wie vorhin. Die Iteration erfolgt so lange, bis der Treffer erkannt wird. Das `/m` ist der Mehrzeilen-Modifier, der es den Metazeichen `$` und `^` ermöglicht, vor bzw. hinter eingebetteten Newlines zu greifen.

Der Ausdruck innerhalb des ersten Klammernpaars – `(^ Score =.*\n)` – erkennt eine mit `Score =` beginnende Zeile. Damit wird die Zeile erkannt, die einen HSP-Abschnitt einleitet.

Der Code innerhalb des zweiten Klammernpaars – `(^(?! Score =).*\n)+` – erkennt eine oder mehrere (durch das auf die äußere Klammer folgende `+`) Zeilen, die nicht mit `Score =` beginnen. Die `?!`-Kombination zu Beginn der eingebetteten Klammern ist wieder die negative Lookahead-Annahme aus Beispiel 12-1. In seiner Gesamtheit erkennt dieser reguläre Ausdruck also eine Zeile, die mit `Score =` beginnt, und alle direkt anschließenden Zeilen, die nicht mit `Score =` beginnen.

Ausgabe von Daten

Bis jetzt haben wir uns auf die `print`-Anweisung verlassen, wenn es um die Formatierung von Ausgaben ging. In diesem Abschnitt stelle ich drei weitere Perl-Features für die Datenausgabe vor:

- `printf`-Funktion
- `Here`-Dokumente
- `format`- und `write`-Funktionen

Die umfassende Behandlung dieser Perl-Ausgabe-Features würde den Rahmen dieses Buches sprengen, aber ich werde Ihnen hier genug erzählen, um Ihnen eine Vorstellung davon zu vermitteln, wie sie eingesetzt werden können.

Die printf-Funktion

Die `printf`-Funktion ähnelt der `print`-Funktion, besitzt aber einige zusätzliche Features, mit deren Hilfe Sie festlegen können, wie bestimmte Daten ausgegeben werden. Die Perl-Funktion `printf` lehnt sich an die gleichnamige C-Funktion an. Hier ein Beispiel für eine `printf`-Anweisung:

```
my $first  = '3.14159265';
my $second  = 76;
my $third = "Hallo, Welt!";

printf STDOUT "Fließkomma: %6.4f Integer: %-5d und ein String: %s\n",
     $first, $second,  $third;
```

Dieses Codefragment gibt folgendes aus:

```
Fließkomma:  3.1416 Integer: 76    und ein String: Hallo, Welt!
```

Die Argumente der `printf`-Funktion bestehen aus einem Formatstring, gefolgt von einer Liste mit Werten, die entsprechend dem Formatstring ausgegeben werden. Der Formatstring kann neben den Direktiven zur Ausgabe der Werte auch beliebigen Text enthalten. (Sie können optional auch, genau wie bei der `print`-Funktion, ein Dateihandle angeben.)

Die Direktiven bestehen aus einem Prozentzeichen, gefolgt von einem (notwendigen) Konvertierungsspezifizierer (im Beispiel etwa das `f` für Fließkomma, `d` für Integer und `s` für String). Der Konvertierungsspezifizierer gibt an, welche Art von Daten in der auszugebenden Variable enthalten sind. Zwischen dem `%` und dem Konvertierungsspezifizierer können null oder mehr Flags stehen. Optional können die minimale Feldlänge, eine Genauigkeitsangabe und ein Längen-Modifier enthalten sein. Die auf diesen Formatstring folgende Liste von Werten muß dem Typ der angegebenen Direktiven entsprechen.

Für die Flags und Spezifizierer sind allerlei Optionen möglich (einige sind in Anhang B aufgeführt). Im gerade gezeigten Beispiel verwenden wir folgendes: Zuerst gibt die Direktive `%6.4f` die Ausgabe einer Fließkommazahl (einer Dezimalzahl) vor, deren minimale Länge bei insgesamt sechs Zeichen liegt (bei Bedarf wird mit Leerzeichen aufgefüllt), wobei vier Zeichen vor dem Komma stehen. Wie Sie in der Ausgabe erkennen können, wird in unserem Beispiel eine Genauigkeit von vier Stellen definiert, obwohl die Fließkomma-Variable `$f` den Wert von Pi auf acht Stellen genau angibt.

Die Direktive %-5d gibt an, daß ein Integerwert mit einer Länge von 5 Zeichen ausgegeben werden soll. Das Flag - sorgt dafür, daß die Zahl im Feld links ausgerichtet wird. Abschließend gibt die Direktive %s einen String aus.

Here-Dokumente

Nun wollen wir kurz einen Blick auf die sogenannten Here-Dokumente werfen. Mit Here-Dokumenten können Sie sehr bequem mehrzeilige Texte, auch mit zu interpolierenden Variablen, eingeben. Dieser Text erscheint in Ihrem Quelltext fast so, wie er dann auch in der Ausgabe erscheint, d.h., Sie können sich viele print-Anweisungen oder eingebettete \n-Zeichen sparen. Es folgen Beispiel 12-3 und dessen Ausgabe. Die Erläuterung dazu gibt es gleich im Anschluß.

Beispiel 12-3: Beispiel eines Here-Dokuments

```
#!/usr/bin/perl
# Beispiel eines Here-Dokuments

use strict;
use warnings;

my $DNA = 'AAACCCCCCGGGGGGGGTTTTTT';

for( my $i = 0 ; $i < 2 ; ++$i ) {
print <<HEREDOC;
     In Iteration $i der Schleife!
    $DNA

HEREDOC
}

exit;
```

Hier die Ausgabe des obigen Beispiels:

```
In Iteration 0 der Schleife!
AAACCCCCCGGGGGGGGTTTTTT

In Iteration 1 der Schleife!
AAACCCCCCGGGGGGGGTTTTTT
```

In Beispiel 12-3 steht ein Here-Dokument in einer for-Schleife, und Sie erkennen, wie sich die Variable $i bei der Ausgabe ändert. Variablen werden in ein Here-Dokument in der gleichen Weise interpoliert, wie das auch bei einem in Anführungszeichen stehenden String der Fall ist. Bei jedem Durchlauf der Schleife erfolgt für das Here-Dokument eine Variableninterpolation und die Ausgabe des entsprechenden Textes. Der in diesem Beispiel zur Beendigung verwendete Text HEREDOC kann durch einen beliebigen, von Ihnen festzulegenden Text ersetzt werden. (Es gibt verschiedene Optionen für solche

Dinge wie Einrückungen und so weiter, auf die ich hier aber nicht eingehen will. Ich verweise Sie auf die Perl-Dokumentation.) Here-Dokumente sind für manche Aufgaben sehr praktisch, etwa wenn Sie ein langes, aus mehreren Zeilen bestehendes Dokument ausgeben müssen, das sich bei jeder Ausgabe nur leicht verändert. Ein typisches Beispiel ist ein Serienbrief, bei dem sich nur die Adresse ändert. Die Verwendung von Here-Dokumenten bewahrt das tatsächliche Aussehen der Ausgabe im Code, erlaubt aber gleichzeitig die Interpolation von Variablen.

format und write

Abschließend wollen wir einen Blick auf die Funktionen `format` und `write` werfen. `format` wurde zur Generierung von Berichten (Reports) entworfen und beherrscht Seitennummern, Kopfzeilen und verschiedene Layout-Optionen wie Zentrieren oder links-/rechtsbündiges Ausrichten. Die Format-Konventionen der Programmiersprache FORTRAN standen hier Pate und sind daher für die auf diesem Stil basierenden Reports besonders gut geeignet, etwa für das PDB-Dateiformat, bei dem sich Felder über bestimmte Spalten einer Zeile erstrecken.

Beispiel 12-4 ist ein kurzes Beispiel für ein Format, das eine FASTA-artige Ausgabe erzeugt.

Beispiel 12-4: Beispiel der format-Funktion zur Generierung von FASTA-Ausgaben

```
#!/usr/bin/perl
# Erzeuge DNA-Ausgabe im FASTA-Format mit "format"-Funktion

use strict;
use warnings;

# Variablen deklarieren
my $id = 'A0000';
my $description = 'Sehr komische DNA. Diese DNA ist sehr unwahrscheinlich!';
my $DNA = 'AAAAAACCCCCCCCCCCCCCGGGGGGGGGGGGGGGGGGGGGTTTTTTTTTTTTTTTTTTTT';

# Format definieren
format STDOUT =
# Die Header-Zeile
>@<<<<<<<<< @<<<<<<<<<<<<<<<<<<<<<<<<<<<<<<<<<<<...
$id,        $description
# Die DNA-Zeilen
^<<<<<<<<<<<<<<<<<<<<<<<<<<<<<<<<<<<<<<<<<<<<<<<<<~~
$DNA
.

# FASTA-formatierte DNA ausgeben
write;

exit;
```

Hier die Ausgabe von Beispiel 12-4:

```
>A0000      Sehr komische DNA. Diese DNA ist seh...
AAAAAACCCCCCCCCCCCCCCGGGGGGGGGGGGGGGGGGGGGTTTTTTTTTT
TTTTTTTTTTTT
```

Nach der Deklaration und Initialisierung der im Format verwendeten Variablen wird das Format wie folgt definiert:

```
format STDOUT =
```

Die Formatdefinition selbst erstreckt sich dann bis zu der Zeile, die mit einem Punkt beginnt.

Das Format kann aus drei Arten von Zeilen bestehen:

- ein mit einem #-Zeichen beginnender Kommentar
- eine sogenannte Picture-Zeile, die das Layout des Textes festlegt
- eine Argument-Zeile, die die Namen der Variablen enthält, die in der vorstehenden Picture-Zeile eingesetzt werden sollen

Die Picture- und die Argument-Zeile müssen aufeinanderfolgen, d.h., sie dürfen beispielsweise nicht durch einen Kommentar getrennt sein.

Die erste Kombination aus Picture/Argument-Zeile ist für die Header-Information:

```
>@<<<<<<<<< @<<<<<<<<<<<<<<<<<<<<<<<<<<<<<<<<<<<<...
$id,        $description
```

Die Picture-Zeile enthält zwei Picture-Felder, die mit den Variablen `$id` und `$description` verknüpft sind. Die Picture-Zeile beginnt mit einem Größer-als-Zeichen. Das ist einfach der Text, mit dem per Definition jede FASTA-Header-Zeile beginnt. Dann folgt das erste Picture-Feld, das mit einem @-Zeichen beginnt und auf das neun <-Zeichen folgen. Das @-Zeichen deklariert ein Feld, in das die entsprechende Variable interpoliert wird. Die neun Kleiner-als-Zeichen legen fest, daß der Wert links ausgerichtet werden soll. Insgesamt besetzen wir also 10 Spalten. Überschreitet der Wert diese 10 Spalten, wird der Rest abgeschnitten. Ein Kleiner-als-Zeichen richtet die Daten des Feldes links aus, ein Größer-als-Zeichen rechts und ein vertikaler Balken | zentriert sie.

Das zweite Picture-Feld ist fast identisch. Es ist länger und endet mit drei Punkten, die ausgegeben werden, wenn der Inhalt der Variable `$description` die Länge des Picture-Feldes übersteigt (was hier zur Ausgabe von »Diese DNA ist seh...« führt).

Das nächste Paar Picture/Argument-Zeilen lautet:

```
^<<<<<<<<<<<<<<<<<<<<<<<<<<<<<<<<<<<<<<<<<<<<<<<<<<~~
$DNA
```

Das Picture-Feld beginnt mit einem Hütchen. Das bedeutet, daß wir ein Picture-Feld deklarieren, das Records variabler Länge verarbeiten kann. Die Zeile enthält 49 Kleiner-als-Zeichen, d.h. insgesamt also 50 linksbündig ausgerichtete Spalten. Am Ende erkennen Sie zwei Tilde-Zeichen, die angeben, daß zusätzliche Zeilen ausgegeben werden sollen, wenn die Daten nicht auf eine Zeile passen.

Der `write`-Befehl gibt das vorher definierte Format einfach aus. Standardmäßig erfolgt die Ausgabe über STDOUT, was auch bei unserem Beispiel der Fall ist, aber Sie können den `format`- und `write`-Anweisungen auf Wunsch auch ein Dateihandle übergeben.

Die kommende Perl-Release 6 wird Formate aus dem Sprachkern herausnehmen und in einem Modul unterbringen. Details sind bisher nicht bekannt, aber wahrscheinlich wird man so etwas wie `use Formats;` zu Beginn des Codes eingeben müssen, um ein Modul für Formate zu laden.

Bioperl

Das *Bioperl*-Projekt ist eine wichtige Sammlung von Perl-Code für die Bioinformatik, die seit 1998 entwickelt wird. Auch wenn Bioperl den fortschrittlicheren objektorientierten Stil verwendet, wollen wir hier doch einen einführenden Blick darauf werfen, wie es organisiert ist und verwendet wird.

Im Mittelpunkt des Bioperl-Moduls steht die Bearbeitung von Sequenzen, der Zugriff auf die verschiedenen biologischen Datenbanken (lokal und webbasiert) und das Parsen der Ausgabe verschiedener Programme.

Bioperl ist unter *http://www.bioperl.org/* verfügbar. Einige Features verlangen die Installation zusätzlicher Perl-Module, die über das CPAN (*http://www.cpan.org/*) verfügbar sind. Dieser Fall ist durchaus üblich, und je mehr Sie mit Perl programmieren, desto vertrauter werden Sie mit der Installation von Modulen aus dem CPAN. Die Bioperl-Tutorials enthalten Informationen zur Installation von Bioperl und von zusätzlichen Modulen für die drei wichtigsten Betriebssysteme: Unix oder Linux, Mac und Windows.

Bioperl stellt dem Entwickler keine fertigen Programme zur Verfügung. Statt dessen bietet es einen recht großen – und ständig wachsenden – Satz von Modulen zur Erledigung gängiger Aufgaben, einschließlich einiger, die wir in diesem Buch vorgestellt haben. Sie müssen die Programme schreiben, die diese Module verwenden. Durch Bereitstellung dieser fertigen und (üblicherweise) einfach zu nutzenden Module verfolgt Bioperl das Ziel, die Entwicklung von Bioinformatik-Anwendungen in Perl schneller und einfacher zu machen. Für die meisten Module stehen Beispielprogramme zur Verfügung, die Sie zum Einstieg untersuchen und modifizieren können.

Wie viele Open Source-Projekte litt auch Bioperl unter Fragmentierung und uneinheitlicher Dokumentation, was daran liegt, daß alle Arbeiten von geographisch weit verstreuten Freiwilligen übernommen werden. Die jüngsten Arbeiten an diesem Projekt, die im März 2001 zur Release 0.7 führten, haben es deutlich verbessert. Insbesondere stehen nun genug einführende Informationen zur Nutzung der Module zur Verfügung, um die Module besser einsetzen zu können.

Einige Schwierigkeiten sind aber noch nicht beseitigt. Der größte Teil des Codes wurde auf Unix- oder Linux-Systemen entwickelt. Nicht alles davon funktioniert also auf Mac- oder Windows-Betriebssystemen, das meiste allerdings schon. Auf der Bioperl-Website sind einige Dokumente vorhanden, die die Verwendung von Bioperl auf Nicht-Unix-Computern erläutern; unter dem Strich werden Sie aber hinnehmen müssen, daß einige Dinge nicht funktionieren.

Wenn Sie Bioperl eine Chance geben wollen (was ich Ihnen nur wärmstens empfehlen kann), dann sollten Sie sicherstellen, daß eine recht aktuelle Version von Perl installiert ist. Sie benötigen zumindest die Version 5.004, es wäre aber besser, wenn Sie die neueste stabile Version von der Perl-Website *http://www.perl.com* herunterladen.

Die wichtigsten Bioperl-Module

Um Ihnen eine Vorstellung davon zu geben, welche Aufgaben durch Bioperl erleichtert werden, faßt Tabelle 12-1 einige der wichtigsten verfügbaren Module zusammen.

Tabelle 12-1: Bioperl-Module

Modul	Beschreibung
Bio::Seq	Sequenz-Objekt mit Features
Bio::SimpleAlign	Multiple Alignments als Satz von Sequenzen
Bio::Species	Generisches Spezies-Objekt
Bio::DB::Ace	Objektorientierte Datenbank-Schnittstelle zu ACeDB-Servern
Bio::DB::GDB	Objektorientierte Datenbank-Schnittstelle zu GDB
Bio::DB::GenBank	Objektorientierte Datenbank-Schnittstelle zu GenBank
Bio::DB::GenPept	Objektorientierte Datenbank-Schnittstelle zu GenPept
Bio::DB::NCBIHelper	Eine Reihe von Routinen, die für die Abfrage von NCBI-Datenbanken nützlich sind
Bio::DB::SwissProt	Objektorientierte Datenbank-Schnittstelle zu SWISS-PROT
Bio::Index::Fasta	Schnittstelle zur Indexierung von FASTA-Dateien
Bio::Index::GenBank	Schnittstelle zur Indexierung von GenBank-seq-Dateien, d. h. Flatfiles im GenBank-Format
Bio::Location::Simple	Implementierung einer einfachen Positionsangabe in einer Sequenz (Start-, Endpunkt)
Bio::Location::Split	Implementierung einer Positionsangabe mit mehreren Abschnitten (Start-, Endpunkten)

Tabelle 12-1: Bioperl-Module (Fortsetzung)

Modul	Beschreibung
Bio::SeqFeature::FeaturePair	Enthält ein Feature-Paar, z.B. einen BLAST-Hit
Bio::SeqFeature::Generic	Generisches Sequenz-Feature
Bio::SeqFeature::Similarity	Sequenz-Feature mit Ähnlichkeitsmaßen
Bio::SeqFeature::SimilarityPair	Enthält ein Feature-Paar, unterstützt Ähnlichkeitsmaße
Bio::SeqFeature::Gene::Exon	Feature-Objekt für ein Exon
Bio::SeqFeature::Gene::GeneStructure	Feature-Objekt für eine beliebig komplexe Genstruktur
Bio::SeqFeature::Gene::Transcript	Feature-Objekt für ein Transkript
Bio::SeqFeature::Gene::TranscriptI	Interface für ein Transkript; unterstützt Exons, Promotoren, UTR und Polyadenylierungsstelle
Bio::Tools::Blast	Bioperl-BLAST-Sequenzanalyse-Objekt
Bio::Tools::BPbl2seq	Schlanker BLAST-Parser für paarweise Sequenz-Alignments über den BLAST-Algorithmus
Bio::Tools::BPlite	Schlanker BLAST-Parser
Bio::Tools::BPpsilite	Schlanker BLAST-Parser für PSIBLAST-Reports
Bio::Tools::CodonTable	Bioperl-Objekt mit Codon-Tabellen
Bio::Tools::Fasta	Bioperl-FASTA-Utility-Objekt
Bio::Tools::IUPAC	Erzeugt eindeutige seq-Objekte aus mehrdeutigem seq-Objekt durch Auflösung der IUB-Gruppencodes
Bio::Tools::RestrictionEnzyme	Bioperl-Objekt für ein Restriktionsenzym
Bio::Tools::SeqPattern	Bioperl-Objekt für ein Sequenzmuster oder Motiv
Bio::Tools::SeqStats	Objekt, das Statistiken für eine bestimmte Sequenz enthält
Bio::Tools::SeqWords	Objekt für Statistik über alle N-mere (Wörter) in einer Sequenz
Bio::Tools::Blast::HSP	Bioperl-Objekt für ein BLAST-High-Scoring-Segment-Paar
Bio::Tools::Blast::HTML	Bioperl-Utility-Modul für die HTML-Formatierung von BLAST-Reports
Bio::Tools::Blast::Sbjct	Bioperl-Objekt für eine mit BLAST gefundene Sequenz
Bio::Tools::Blast::Run::LocalBlast	Bioperl-Modul zur lokalen Ausführung von BLAST-Analysen
Bio::Tools::Blast::Run::Webblast	Bioperl-Modul zur Ausführung von BLAST-Analysen auf entfernten Servern über eine HTTP-Anfrage
Bio::Tools::Prediction::Exon	Feature-Objekt für ein vorhergesagtes Exon
Bio::Tools::Prediction::Gene	Feature-Objekt für eine vorhergesagte Genstruktur
Bio::Variation::AAChange	Klasse für Sequenzänderung auf Polypeptidebene
Bio::Variation::AAReverseMutate	Bestimmt mögliche Punktmutationen für einen gegebenen Aminosäureaustausch
Bio::Variation::Allele	Objekt für eine Allel-spezifische Sequenz
Bio::Variation::DNAMutation	Mutationsklasse auf DNA-Ebene
Bio::Variation::IO	Eingabe/Ausgabe von Sequenzvariations-Formaten

Bioperl-Tutorial-Skript

Bioperl besitzt ein Tutorial-Skript, mit dessen Hilfe Sie die verschiedenen Teile des Pakets ausprobieren können. In diesem Abschnitt zeige ich, wie Sie anfangen können, und führe einige Beispielberechnungen durch.

Ich habe bereits erwähnt, daß Sie lernen sollten, wie man Code aus dem CPAN herunterlädt, um zusätzliche Module wie Bioperl einzubinden. Ein Großteil des Nutzens der Perl-Programmierumgebung ist nun in den im CPAN verfügbaren Modulen enthalten. Das war eine reine Design-Entscheidung: Indem sie sich auf die Kernsprache konzentrieren, können die Perl-Designer die Sprache so gut machen, wie es geht. Die Entwickler von Perl-Modulen können sich wiederum ganz auf die vielen Module konzentrieren. Auf jeden Fall sollten Sie sich auf der CPAN-Website umsehen, um eine Vorstellung davon zu bekommen, welche Fülle von Perl-Modulen Ihnen zur Verfügung steht.

Ich werde hier nicht darauf eingehen, wie man Bioperl installiert. Wie bereits erwähnt wurde, sind diese Informationen auf der Bioperl-Website bzw. der CPAN-Website zu finden.

Wir gehen also davon aus, daß Sie das Bioperl-Modul installiert und sich das Tutorial auf der Bioperl-Website angesehen haben. Nun wollen wir mal sehen, wie man einige Bioperl-Programme ausprobieren kann.

Wechseln Sie in das Verzeichnis, in dem die Bioperl-Software auf Ihrem System kompiliert wurde. Zum Beispiel habe ich auf meinem Linux-Computer die Datei *bioperl-0.7.0.tar.gz* in das Verzeichnis */usr/local/src* heruntergeladen und dann mit dem folgenden Befehl entpackt:

```
tar xvzf bioperl-0.7.0.tar.gz
```

Dadurch wird sie im Quellverzeichnis */usr/local/src/bioperl-0.7.0* abgelegt. Nach der (in der Dokumentation beschriebenen) Installation des Moduls können Sie das Tutorial-Skript ausführen.

Wechseln Sie in das Quellverzeichnis, und geben Sie `perl bptutorial.pl` ein. Hier das Ergebnis (ich habe die ersten Zeilen des Tutorials gewählt, um die Informationen zu Autor und Copyright zu zeigen):

```
% head bptutorial.pl
# $Id: ch12,v 1.46 2001/10/11 19:47:50 troutman Exp mam $

=head1  BioPerl Tutorial

  Cared for by Peter Schattner <schattner@alum.mit.edu>

  Copyright Peter Schattner

   This tutorial includes "snippets" of code and text from various
   Bioperl documents including module documentation, example scripts
% perl bptutorial.pl
```

```
The following numeric arguments can be passed to run the corresponding demo-script.
1 => access_remote_db ,
2 => index_local_db ,
3 => fetch_local_db ,            (# NOTE: needs to be run with demo 2)
4 => sequence_manipulations ,
5 => seqstats_and_seqwords ,
6 => restriction_and_sigcleave ,
7 => other_seq_utilities ,
8 => run_standaloneblast ,
9 => blast_parser ,
10 => bplite_parsing ,
11 => hmmer_parsing ,
12 => run_clustalw_tcoffee ,
13 => run_psw_bl2seq ,
14 => simplealign_univaln ,
15 => gene_prediction_parsing ,
16 => sequence_annotation ,
17 => largeseqs ,
18 => liveseqs ,
19 => demo_variations ,
20 => demo_xml ,

In addition the argument "100" followed by the name of a single
bioperl object will display a list of all the public methods
available from that object and from what object they are inherited.

Using the parameter "0" will run all tests.
Using any other argument (or no argument) will run this display.

So typical command lines might be:
To run all demo scripts:
 > perl -w  bptutorial.pl 0
or to just run the local indexing demos:
 > perl -w  bptutorial.pl 2 3
or to list all the methods available for object Bio::Tools::SeqStats -
 > perl -w  bptutorial.pl 100 Bio::Tools::SeqStats

%
```

Wir probieren die Option 9, den BLAST-Parser, und Option 1, access_remote_db, aus. Fangen wir mit dem BLAST-Parser an:

```
% perl bptutorial.pl 9

Beginning blast.pm parser example...

QUERY NAME     : gi|1401126
QUERY DESC     : UNKNOWN
LENGTH         : 504
FILE           : t/blast.report
DATE           : Thu, 16 Apr 1998 18:56:18 -0400
PROGRAM        : TBLASTN
VERSION        : 2.0.4 [Feb-24-1998]</b>
DB-NAME        : Non-redundant GenBank+EMBL+DDBJ+PDB sequences
DB-RELEASE     : Apr 16, 1998  9:38 AM
DB-LETTERS     : 677679054
DB-SEQUENCES   : 336723
```

```
GAPPED          : YES
TOTAL HITS      : 100
CHECKED ALL     : YES
FILT FUNC       : NO
SIGNIF HITS     : 4
SIGNIF CUTOFF   : 1.0e-05 (EXPECT-VALUE)
LOWEST EXPECT   : 0.0
HIGHEST EXPECT  : 1e-05
HIGHEST EXPECT  : 7.6 (OVERALL)
MATRIX          : BLOSUM62
FILTER          : NONE
EXPECT          : 10
LAMBDA, K, H    : 0.270, 0.0470, 0.230 (SHARED STATS)
WORD SIZE       : 13
S               : 42, 74 (SHARED STATS)
GAP CREATION    : 11
GAP EXTENSION   : 1

Number of hits is 4
Fraction identical for hit 1 is 0.25
Sequence identities for hsp of hit 1 are 66-68 70 73 76 79 80 87-89 114 117
119 131 144 146 149 150 152 156 162 165 168 170 171 176 178-182 184 187 190
191 205-207 211 214 217 222 226 241 244 245 249 256 266-268 270 278 284 291
296 304 306 309 311 316 319 324
%
```

Ein interessanter Ansatz zum Parsen von BLAST-Ausgaben! Nun werfen wir einen Blick auf den Zugriff auf die entfernte Datenbank:

```
% perl bptutorial.pl 1
Beginning remote database access example...
seq1 display id is MUSIGHBA1
seq2 display id is AF303112
Display id of first sequence in stream is AF041456
%
```

Nun, das ist nicht ganz so informativ wie eine Ausgabe, aber man kann daraus schließen, daß der Datenbankzugriff erfolgreich war. (Wenn Sie hier übrigens nicht erfolgreich sind, könnten Sie hinter einer Firewall liegen, die den Zugriff verweigert – bei Universitäten und großen Unternehmen durchaus nichts Ungewöhnliches.)

Die Dokumentation empfiehlt die Ausführung des *bptutorial.pl*-Skripts unter Aufsicht des Perl-Debuggers, damit Sie Schritt für Schritt verfolgen können, was passiert. Auch ich empfehle Ihnen diese Vorgehensweise, verzichte hier aber auf die Ausgabe. Versuchen Sie es selbst!

Weil das letzte Beispiel nicht so schön war, wollen wir ein weiteres ausprobieren. Es folgt das Tutorial zur Sequenzbearbeitung:

```
% perl bptutorial.pl 4

Beginning sequence_manipulations and SeqIO example...
```

```
First sequence in fasta format...
>Test1
AGCTTTTCATTCTGACTGCAACGGGCAATATGTCTCTGTGTGGATTAAAAAAAGAGTGTC
TGATAGCAGCTTCTGAACTGGTTACCTGCCGTGAGTAAATTAAAATTTTATTGACTTAGG
TCACTAAATACTTTAACCAATATAGGCATAGCGCACAGACAGATAAAAATTACAGAGTAC
ACAACATCCATGAAACGCATTAGCACCACC
Seq object display id is Test1
Sequence is AGCTTTTCATTCTGACTGCAACGGGCAATATGTCTCTGTGTGGATTAAAAAAAGAGTGTCTGATAG
CAGCTTCTGAACTGGTTACCTGCCGTGAGTAAATTAAAATTTTATTGACTTAGGTCACTAAATACTTTAACCAATATA
GGCATAGCGCACAGACAGATAAAAATTACAGAGTACACAACATCCATGAAACGCATTAGCACCACC
Sequence from 5 to 10 is TTTCAT
Acc num is unknown
Moltype is dna
Primary id is Test1
Truncated Seq object sequence is TTTCAT
Reverse complemented sequence 5 to 10 is GTGCTA
Translated sequence 6 to 15 is LQRAICLCVD

Beginning 3-frame and alternate codon translation example...
ctgagaaaataa translated using method defaults   : LRK*
ctgagaaaataa translated as a coding region (CDS): MRK

Translating in all six frames:
 frame: 0 forward: LRK*
 frame: 0 reverse-complement: LFSQ
 frame: 1 forward: *ENX
 frame: 1 reverse-complement: YFLX
 frame: 2 forward: EKI
 frame: 2 reverse-complement: IFS
Translating with all codon tables using method defaults:
1 : LRK*
2 : L*K*
3 : TRK*
4 : LRK*
5 : LSK*
6 : LRKQ
9 : LSN*
10 : LRK*
11 : LRK*
12 : SRK*
13 : LGK*
14 : LSNY
15 : LRK*
16 : LRK*
21 : LSN*
%
```

Das ist ein wesentlich schöneres Beispiel, weil dieser Teil von Bioperl verschiedene Dinge macht, die wir in diesem Buch bereits erläutert haben.

Ich hoffe, dieser kurze Blick auf Bioperl hat Ihnen Appetit auf mehr gemacht. Sie sollten diesen Satz von Modulen genau untersuchen. Ein Perl-Modul zum Parsen von BLAST-Ausgaben namens *BPLite.pm* könnte ebenfalls von Interesse sein: Es ist mittlerweile ein Teil des Bioperl-Projekts.

Übungen

Übung 12.1
: *Einfaches String-Matching.* Schreiben Sie ein Programm, das in einem Zielstring nach einem Abfragestring sucht. Wenn der Abfragestring also beispielsweise »gone« lautet, wird ein Treffer an Position 22 des Zielstrings »goof through the way-goneosphere« erkannt. Verwenden Sie weder reguläre Ausdrücke noch irgendwelche der in Perl fest eingebauten String-Matching-Fähigkeiten. Untersuchen Sie statt dessen individuelle Positionen in den Strings, vergleichen Sie Zeichen, und entwickeln Sie einen eigenen Algorithmus.

Übung 12.2
: Erkunden Sie die NCBI BLAST-Webseiten unter *http://www.ncbi.nlm.nih/BLAST*. Machen Sie sich mit den Aufgaben und der Verwendung der verschiedenen Programme vertraut, und lesen Sie die Tutorial-Informationen über die Bedeutung der Statistiken.

Übung 12.3
: Erkunden Sie die Bioperl-Webseiten unter *http://www.bioperl.org*. Laden Sie den Code herunter, und installieren Sie ihn auf Ihrem Computer.

Übung 12.4
: Führen Sie BLAST-Suchen auf der NCBI-Website durch. Suchen Sie DNA in DNA-Datenbanken. Suchen Sie dann nach der gleichen DNA in den Proteindatenbanken, und vergleichen Sie die Ergebnisse.

Übung 12.5
: Führen Sie zwei BLAST-Suchen mit verwandten Sequenzen durch. Führen Sie ein Parsen der BLAST-Ausgaben beider Suchen durch, und extrahieren Sie die Top-10-Treffer in der Header-Annotation beider Suchoperationen. Entwickeln Sie ein Programm, das die Unterschiede und die Ähnlichkeiten beider Suchoperationen ausgibt.

Übung 12.6
: Entwickeln Sie ein Programm, das Bioperl nutzt, um eine BLAST-Suche über die NCBI-Website durchzuführen. Nutzen Sie dann Bioperl, um die BLAST-Ausgabe zu verarbeiten.

Übung 12.7
: Mischen Sie Bioperl-Module und Ihren eigenen Code, und entwickeln Sie ein Programm, das BLAST auf einer Reihe von DNA-Sequenzen ausführt und die IDs der Liste von Treffern jedes BLAST-Laufs in Arrays sortiert festhält. Ermöglichen Sie es dem Benutzer, sich jede Liste anzusehen. Er soll sich auch die Hits ansehen können, die in mehreren Listen auftauchen, sowie die Treffer, die nur in einer von mehreren Listen vorkommen. Für jeden Hit soll der Benutzer in der Lage sein, sich das gesamte GenBank-Record anzusehen.

Übung 12.8

Kommentieren Sie den Code für die Subroutine *extract_HSP_information*. Berücksichtigen Sie dabei auch das Datenformat, das der Code als Eingabe verwendet.

KAPITEL 13

Weiterführende Themen

Es war das Ziel dieses Buches, Ihnen die Grundlagen der Perl-Programmierung zu vermitteln. In diesem Kapitel geht es nun darum, wie Sie Ihr Wissen über Perl vertiefen können.

Die Kunst des Programmdesigns

Meine Betonung eines guten *Programmdesigns* hat die Art und Weise bestimmt, in der die Programme präsentiert wurden. Wir haben ganz allgemein mit einer Erläuterung des Problems und einiger Ideen begonnen und sind dann von Pseudocode über Gruppen kleiner, kooperierender Subroutinen zu einer genauen Betrachtung des Codes weitergegangen. An verschiedenen Stellen haben Sie mehr als eine Lösung für die gleiche Aufgabe gesehen. Das ist ein wichtiger Teil der Mentalität eines Programmierers: das Wissen um Alternativen und die Bereitschaft, sie auszuprobieren.

Das andere immer wiederkehrende Thema bestand in der Erläuterung der *Problemlösungsstrategien*, auf die sich Programmierer stützen. Dazu gehört auch das Wissen, wie man solche Informationsquellen wie durchsuchbare Newsgruppen-Archive, Bücher und die Sprach-Dokumentation nutzt; außerdem sollte man über die Funktionsweise der Debugging-Tools Bescheid wissen und ein Verständnis grundlegender Algorithmen und vom Design und der Analyse von Datenstrukturen besitzen.

Je größer Ihre Fähigkeiten und je komplexer Ihre Programme werden, desto wichtiger wird die Rolle dieser Strategien. Der Entwurf und die Codierung von Programmen zur Lösung komplexer Probleme oder zur Verarbeitung komplexer Daten verlangt fortgeschrittene Problemlösungsstrategien. Sie sollten also die Mühe auf sich nehmen und lernen, nicht nur wie ein Biologe, sondern auch wie ein Informatiker zu denken.

Web-Programmierung

Das Internet ist die wichtigste Quelle für Bioinformatik-Daten. Der sich mit Perl auskennende Bioinformatiker muß sowohl mit FTP-Sites als auch mit webfähigen Programmen umgehen können, um auf Web-Ressourcen zugreifen zu können. Heutzutage muß nahezu jedes Labor seine eigene Webseite besitzen, und viele Förderprogramme verlangen das sogar. Sie werden die Grundlagen der Textauszeichnungssprachen HTML und XML (in denen Webseiten beschrieben werden) erlernen müssen, ebenso wie den Unterschied zwischen einem Webserver und einem Webbrowser und ähnlichen Tatsachen des Lebens.

Das populäre Modul *CGI.pm* macht es recht einfach, interaktive Webseiten zu generieren, und es sind noch verschiedene andere Module verfügbar, die die Internet-Programmierung relativ einfach machen. So können Sie zum Beispiel Code für Ihre eigene Webseite entwickeln, die es den Besuchern ermöglicht, Ihren neuesten Sequenz-Analyzer auszuprobieren oder Ihre Spezialdatenbank abzufragen. Sie können Ihre eigenen Programme auch um Code erweitern, der mit anderen Websites interagiert und Daten automatisch abfragt und festhält. Geographisch weit entfernte Kollegen können solche Web-Programme nutzen, um gemeinsam an einem Projekt zu arbeiten.

Algorithmen und Sequenz-Alignment

Es ist sicherlich sinnvoll, einige Zeit damit zu verbringen, die Standardalgorithmen aus den Texten, die in Anhang A empfohlen werden, zu studieren. Ein guter Einstieg sind die grundlegenden Methoden zum Sequenz-Alignment wie etwa der Smith-Waterman-Algorithmus. Desweiteren würde sich (zumindest eine flüchtige) Bekanntschaft mit Algorithmen aus den Bereichen Parallelisierung, Zufallszahlen und Approximation lohnen.

Das Sequenz-Alignment ist eine Untermenge der Familie von Algorithmen, die als String-Matching-Algorithmen bezeichnet werden. Sie werden genutzt, um den Grad der Gleichheit oder Ähnlichkeit oder um die Homologie zwischen Sequenzen zu bestimmen. Der Smith-Waterman-Algorithmus, die Behandlung von Gaps, die Anwendung einer Vorverarbeitung, parallele Techniken, das Alignment mehrerer Sequenzen und vieles mehr sind die Aspekte dieser Untersuchung.

Objektorientierte Programmierung

Die objektorientierte Programmierung (OOP) ist eine Form des Programmdesigns, die eine genau definierte Schnittstelle auf Daten und Subroutinen (die in der »OO-Sprache« als Methoden bezeichnet werden) zur Verfügung stellt. Sie ist nicht schwer zu lernen und vereinfacht einige Dinge, die andernfalls nur schwer zu lösen wären (und umgekehrt, aber Sie müssen sie ja nicht für alles verwenden!). Ein großer Teil des Perl-Codes wurde objektorientiert entwickelt, weil die Sprache diese Fähigkeit schon seit einigen Jahren besitzt.

Perl-Module

Ich habe Module häufig erwähnt, und das CPAN – eine umfangreiche Sammlung von Perl-Code – enthält eine Vielzahl von Modulen, die Sie verwenden können. Die meisten stehen zur freien Verfügung, aber um die Dinge abzuklären, sollten Sie die Copyright-Vermerke prüfen und sich die Diskussion zu den Copyright-Themen in den Perl-FAQs ansehen. Heutzutage handelt es sich bei den meisten Modulen, einschließlich eines Großteils des im CPAN verfügbaren Codes, um objektorientierten Code. Sie müssen Ihr Wissen über Perl also in dieser Hinsicht erweitern, benötigen aber kein tiefergehendes Wissen über objektorientierte Techniken, um die meisten Module in Ihren Programmen einsetzen zu können.

Bioperl

Eine wichtige und sich ständig weiterentwickelnde Sammlung von Perl-Modulen für die Bioinformatik bietet das Bioperl-Projekt, das Sie auf der Website *http://www.bioperl.org* finden. Diese Module versorgen Sie mit sehr vielen Fähigkeiten und können direkt eingesetzt werden.

Komplexe Datenstrukturen

Perl kann komplexe Datenstrukturen verarbeiten, was in vielen Programmiersituationen von Vorteil ist. Auch mit diesem Thema müssen Sie sich vertraut machen, wenn Sie den Großteil des existierenden Perl-Codes verstehen wollen, der Ihnen über den Weg läuft.

Zum Beispiel haben Sie in diesem Buch sehr viele Daten »geparst«. Zu diesem Zweck haben Sie eine Reihe von Subroutinen entwickelt, jede relativ kurz, die das Parsen dann auf verschiedenen Ebenen der Datenstruktur übernommen haben. Durch die Verwendung komplexer Datenstrukturen können Sie das Parsen in einer Form festhalten, die die Struktur der Daten widerspiegelt. Das, zusammen mit objektorientierten Methoden für den Zugriff auf die entsprechenden Daten, ist eine sinnvolle Möglichkeit, das Parsen durchzuführen.

Komplexe Datenstrukturen sind von Referenzen abhängig, die wir bei der Erläuterung des Aufrufs mittels Referenz und bei `File::Find` kurz angeschnitten haben.

Relationale Datenbanken

Relationale Datenbanken sind ein weiterer Bereich, dem sich Perl-Programmierer und Bioinformatiker widmen müssen. Die Zeit wird kommen, da reine Text- oder DBM-Dateien für die Verwaltung der Daten eines mittleren bis großen Projekts nicht mehr ausreichen und auf relationale Datenbanken umgestiegen werden muß. Auch wenn es etwas mehr Aufwand bedeutet, sie einzurichten und zu programmieren, stellen sie eine standardisierte und zuverlässige Möglichkeit dar, Daten zu speichern und Fragen zu diesen Daten zu stellen. In diesem Buch haben wir relationale Datenbanken kurz angesprochen und eine einfache DBM-Datenbank genutzt. Im Verlauf Ihrer Arbeit werden Sie aber sehr wahrscheinlich auf Oracle, MySQL, PostgreSQL, Sybase und andere stoßen. Das Perl-Modul DBI (was für »Database Independence«, also Datenbank-Unabhängigkeit, steht) ermöglicht die Entwicklung von Code zur Bearbeitung relationaler Datenbanken, der nicht (zu sehr) davon abhängig ist, welche Datenbank tatsächlich verwendet wird.

Tatsache ist, daß die Entwicklung von Code für die Verarbeitung von Datenbanken nicht allzu schwer ist. Der schwierigste Teil besteht darin sicherzustellen, daß die Datenbank mit den richtigen Bibliotheken installiert ist, daß die richtigen Perl-Module vorhanden sind und daß Sie wissen, wie man aus dem Programm heraus die Verbindung mit der Datenbank herstellt.

Relationale Datenbanken sind also eine Kunst für sich, und es gibt eine ganze Menge darüber zu lernen, wie man gute Datenbanken entwirft und pflegt. Viele Programmierer spezialisieren sich auf diesen Bereich, und das gilt auch für viele Bioinformatiker, weil es hier sehr viele interessante Forschungsfragen gibt, die sich mit dem Entwurf besserer biologischer Datenbanken befassen.

Mikroarrays und XML

Mikroarrays (miniaturisierte, chipbasierte »Laboratorien« zur Erforschung der Gen-Expression) und XML (Extensible Markup Language) sind zwei moderne Entwicklungen, die zur gleichen Zeit aufgekommen sind. Nachdem nun ganze Genome verfügbar sind, ermöglichen Mikroarray-Techniken die gleichzeitige Messung relativer Expressionspegel von Tausenden Gen-Transkripten. Mit ihrer Hilfe hoffen wir, die vielen Reaktionswege und Interaktionen zwischen den Genen und Gen-Produkten in der Zelle entschlüsseln zu können. XML ist, sehr stark vereinfacht, eine Art neues und verbessertes HTML, das sich zum Standard für die Speicherung und den Austausch von Daten entwickelt. (Beim Schreiben dieses Buches wurde XML sehr weitreichend eingesetzt.) XML wird zu einer wichtigen Schnittstelle für viele neue Arten experimenteller Daten.

Grafikprogrammierung

Eine gute grafische Darstellung von Daten ist ein wichtiger Aspekt, wenn Ihre Ergebnisse für Ihre Kollegen nützlich sein sollen. Grafikprogrammiersprachen präsentieren Daten und Ergebnisse und interagieren mit Software-Anwendungen über attraktive, einfach zu nutzende Schnittstellen. Viele Bioinformatik-Programme arbeiten mit großen Datenmengen, und eine grafische Benutzerschnittstelle (GUI) kann den Unterschied ausmachen zwischen einer nützlichen Anwendung und purer Zeitverschwendung. Grafische Benutzerschnittstellen, wie man sie häufig auf Webseiten findet, sind nicht nur wichtig für die Darstellung der Daten, sondern auch für die Eingaben des Benutzers.

Die Point-and-Click-Methode der Interaktion mit Software-Anwendungen ist ein grundlegender Standard. Eine gute grafische Benutzerschnittstelle macht die Nutzung einer Anwendung wesentlich einfacher. Eine Schwierigkeit von GUIs und der grafischen Ausgabe von Daten besteht allerdings darin, daß solche Programme meist weniger portabel sind als Programme mit einfacheren Grafiken. Sie sollten sich die Grafikfähigkeiten solcher Perl-Module wie Tk und GD (unter anderem) ansehen.

Modellierung von Netzwerken

Netzwerke interagierender biologischer Systeme wie Gene oder Gen-Produkte können mit Hilfe von Graphen-Algorithmen modelliert und untersucht werden. Trotz der Ähnlichkeit mit dem Begriff »Grafik« sind Algorithmen auf Graphen ein völlig anderes Gebiet, das auf der mathematischen Graphen-Theorie beruht. Mit Graphen und ihren vielen Varianten (wie etwa Petri-Netzen) kann man zum Beispiel Eigenschaften biologischer Reaktionswege oder intra- und interzellulärer Signalwege ausdrücken und untersuchen.

DNA-Computer

Für den nach vorne blickenden Wissenschaftler ist es interessant und aufschlußreich, etwas über neue Trends der Informatik zu lernen, wie etwa DNA-Computer, optische Computer und Quantum-Computer. DNA-Computer sind besonders interessant. Sie verwenden Standardtechniken der Molekularbiologie, um einen Allzweck-Computer zu modellieren. Sie können Algorithmen implementieren, Daten speichern und verhalten sich generell wie ein »echter« Computer. Während diese Zeilen geschrieben werden, sind sie noch nicht einsatzbereit, aber die Vorstellung ist wirklich nett – und eines Tages vielleicht, wer weiß?

ANHANG A
Ressourcen

Es gibt eine Vielzahl von Ressourcen zu Perl und zur Bioinformatik-Programmierung. Die folgende Liste ist nicht allumfassend, enthält aber die Ressourcen, sowohl online als auch in gedruckter Form, von denen ich glaube, daß sie interessant werden könnten, während Sie Ihr Perl-Programmier-Repertoire erweitern.

Perl

Die Dokumentation zu Perl ist sehr umfangreich. Sie enthält Listen von FAQs (Frequently Asked Questions, also häufig gestellte Fragen mit Antworten), Tutorials, präzise Definitionen in Form Unix-typischer Manpages und Erläuterungen spezieller Themenbereiche. Es gibt verschiedene Websites, eine gut organisierte, zentrale Anlaufstelle nützlicher Perl-Programme namens CPAN, Newsgruppen mit durchsuchbaren Archiven, Konferenzen und viele gute Bücher. Es ist auch sicher der Mühe wert, die eigene lokale Perl-Community ausfindig zu machen und kennenzulernen. Haben Sie keine Angst davor, auch Ihre Kollegen zu verpflichten, denn während Ihre Programmierfähigkeiten steigen, werden diese garantiert anfangen, Ihnen Fragen zu stellen!

Wie bereits erwähnt, ist Perl frei verfügbar. Es ist Teil einer größeren Open Source-Bewegung, die solche Entwicklungen einschließt wie Linux, den Apache-Webserver und so weiter. Weil Perl frei verfügbar ist, ist es von einer Gemeinschaft interessierter Parteien abhängig, die Code entwickeln und die Dokumentation schreiben. Weil das so ist, werden Sie feststellen, daß ein großer Teil der Dokumentation etwas unvollständig daherkommt (in manchen Fällen auch sehr unvollständig). Dennoch erreichen all diese Projekte ein Maß an Support, das demjenigen für die besten kommerziellen Softwarepakete entspricht.

Website

http://www.perl.com

Der Ausgangspunkt für alles, was Perl betrifft. Sollte man sich auf alle Fälle ansehen. Von hier aus erreichen Sie viele weitere Sites, die sich verschiedenen anderen Aspekten der Perl-Programmierung widmen. Unter anderem könnte *http://www.perl.org* nützlich sein.

CPAN: Comprehensive Perl Archive Network

http://www.cpan.org/

Das Comprehensive Perl Archive Network ist eine wichtige Ressource und *der* Ort, an dem Sie nach Perl-Modulen suchen sollten. Es ist auch ein Depot für andere Software, Dokumentation und Weblinks. Bevor Sie selbst ein Programm schreiben, sollten Sie zuerst hier nachsehen, ob es nicht bereits geschrieben wurde.

FAQs: Frequently Asked Questions

http://www.perl.com/pub/v/faqs

FAQs (»Frequently Asked Questions«, also »häufig gestellte Fragen«) sind ein Kompendium der am häufigsten von Anfängern gestellten Fragen und den dazugehörigen Antworten. Solche FAQs sind sehr hilfreich. Als Programmierneuling sollten Sie sich die Zeit nehmen und die Perl-FAQs lesen, um etwas Licht ins Dunkel zu bringen.

Sie sollten zumindest so viel Zeit mit dem Lesen verbringen, um eine Vorstellung davon zu bekommen, welche Arten von Fragen in den FAQs beantwortet werden. Schauen Sie zuerst in den FAQs nach, bevor Sie einen lokalen Experten befragen oder in einer Newsgruppe nachfragen. Wiederholt Fragen zu stellen, die bereits umfassend in den FAQs behandelt wurden, könnte (insbesondere in den Perl-Newsgruppen) zu einigen Irritationen führen.

Sie werden sehen, daß die Perl-FAQs in mehrere Teile untergliedert sind. Wenn Sie die FAQs nutzen, sollten Sie auch immer das Datum der letzten Aktualisierung prüfen. Bei Perl ist das nicht unbedingt ein Problem, aber im Web finden sich doch viele veraltete Informationen.

Anfänger

Es gibt verschiedene Dokumente, die sich in den FAQs und in der Dokumentation speziell an den Anfänger richten. Neben diesem Buch gibt es noch andere Einsteiger-Bücher, die an anderer Stelle in diesem Anhang erwähnt werden. Es gibt auch einige Online-Tutorials und Artikel für den Perl-Neuling unter *http://learn.perl.org*. (Während dies geschrieben wird, wurde es gerade eingeführt, sieht aber sehr vielversprechend aus.)

Es gibt auch eine ganze Reihe von Mailinglisten, die Sie abonnieren können, darunter auch eine speziell für Anfänger namens *beginners@perl.org*, die Sie über *http://lists.perl.org* abonnieren können.

Online-Handbücher

http://www.perl.com/pub/v/documentation

Das Perl-Handbuch ist online über die bereits erwähnte Perl-Website verfügbar. Es sollte aber auch auf Ihrem Computer installiert sein. Sie können darauf zugreifen, indem Sie `perldoc perl` eingeben. Bei Unix/Linux-Systemen können Sie auch `man perl` eingeben, um in die Einstiegs-Manpage zu gelangen. Wie Sie daraus ersehen, verteilt sich das Handbuch auf mehrere Manpages. So gelangen Sie zum Beispiel in das Handbuch für die in Perl fest eingebauten Funktionen, indem Sie `man perlfunc` oder `perldoc perlfunc` eingeben. HTML-Versionen der Handbücher sind vorhanden und können auf Ihrem lokalen Computer installiert werden. Ich bevorzuge diese Form der Dokumentation: Sie verfügt über Links, die die Navigation vereinfachen, und wenn sie lokal installiert ist, können Sie sie auch nutzen, wenn keine Verbindung zum Internet besteht.

Bücher

Es gibt sehr viele Bücher zu Perl. Viele sind ausgezeichnet, einige nicht. Hier eine kurze Liste der Perl-Bücher, die ich für meine eigene Arbeit am nützlichsten fand.

Programmieren mit Perl, *2. Auflage* von Larry Wall, Tom Christiansen und Jon Orwant (O'Reilly Verlag). Das Standardwerk zu Perl von dessen Erfinder. Es erklärt nahezu alles, auch wenn es etwas hinter der allerneuesten Perl-Version hinterherhinken kann. Die absolute Autorität für Ihre konkrete Perl-Installation sollten also die Online-Manuals sein. *Programmieren mit Perl* behandelt sehr viele Details. Es ist eine gute Referenz, ein gutes Tutorial und ein ausgezeichneter Leitfaden. Es stellt die Philosophie vor, die hinter der Sprache steckt, und bietet so eine Möglichkeit, ein wenig vom Denken eines Informatikers in sich aufzunehmen. Frühere Ausgaben sind, wenn Sie denn eine besitzen, ebenfalls hilfreich.

Perl Kochbuch von Tom Christiansen und Nathan Torkington (O'Reilly Verlag). Wird als Begleitbuch zu *Programmieren mit Perl* bezeichnet, und das ist es auch. Hier finden Sie Beispiele, die Perl für die unterschiedlichsten Aufgaben nutzen. Es ist in vielen Fällen eine große Hilfe. Wenn Sie sehr viel mit Perl programmieren, sollten Sie sich zumindest einige Stunden Zeit nehmen, um es zu überfliegen.

Einführung in Perl, 3. Auflage von Randall L. Schwartz und Tom Christiansen (O'Reilly Verlag). Die klassische Einführung in Perl. Gut geschrieben und gut organisiert. Nachdem Sie das vorliegende Buch gelesen haben, sollten Sie mit *Einführung in Perl* keine Schwierigkeiten haben.

Elements of Programming in Perl von Andrew L. Johnson (Manning Publications). Ein weiteres für Einsteiger gedachtes Buch. Es ist sehr gut, und ich empfehle es als Ergänzung zu diesem Buch. (Deutsche Ausgabe von Galileo Press unter dem Titel *Perl – Der Einstieg* – Anm. d. Ü.)

Reguläre Ausdrücke von Jeffrey R. Friedl (O'Reilly Verlag). Ein gutes Buch zu einem wichtigen Thema. Perl wird exzellent behandelt.

Object-Oriented Perl von Damian Conway (Manning Publications). Ein ausgezeichnetes Buch zu diesem Thema, das sich für Anfänger und Fortgeschrittene gleichermaßen eignet.

Konferenz

O'Reilly Open Source Convention. Diese Tagung schließt nun die jährliche Perl-Conference mit ein. Hier haben Sie die Möglichkeit, an verschiedenen Kursen und Vorträgen teilzunehmen und Perl-Anwender aller Art kennenzulernen. Es gibt auch regelmäßige *YAPC*[1]-Meetings in den USA und in Europa; Details finden Sie unter *http://www.yapc.org/*. In Deutschland wird seit Jahren der *Deutsche Perl-Workshop* (*http://www.perlworkshop.de/*) erfolgreich durchgeführt.

Newsgruppen

Perl-Newsgruppen sind eine wichtige Ressource für den Programmierer. Falls Sie sie noch nicht kennen, können Sie (unter anderem) über das Web auf sie zugreifen. Sie bieten Ihnen die Möglichkeit, eine Nachricht an eine große Gruppe von Menschen zu schicken, die sich für eines von hunderten Themen interessieren. Wenn Sie eine Frage haben, die in der Perl-Dokumentation oder den FAQs nicht beantwortet werden konnte, führt eine Suche in den Newsgruppen häufig zu deren Beantwortung. Sie können auch eine Frage an die Newsgruppe posten, wenn Sie keine Antwort finden können, aber das ist häufig nicht notwendig.

Ich möchte betonen, wie nützlich diese Ressource ist. Der Nachteil besteht aber darin, daß Newsgruppen zu einem »niedrigen Signal-Rausch-Verhältnis« neigen, d.h., es findet sich sehr viel uninteressantes Material in den Newsgruppen. Dennoch kann sich der Aufwand lohnen. Selbst negative Antworten (keine bekannte Lösung zu einem Problem) können Ihnen Zeit und Mühe sparen.

Es gibt eine ganze Reihe von Perl-bezogenen Newsgruppen in den Hierarchien *comp.lang.perl* (englischsprachig) und *de.comp.lang.perl* (deutschsprachig). Die Suchmaschine *deja.com* (jüngst an *google.com* verkauft, aber immer noch verfügbar) ermöglicht es Ihnen, die Archive dieser Newsgruppen zu durchsuchen. Weitere Informationen sind in

1 »Yet Another Perl Conference«

den Perl-FAQs zu bestimmten Newsgruppen enthalten. So besitzen beispielsweise viele Perl-Module eigene Newsgruppen, Mailinglisten oder Websites. Die CPAN-Website ist eine andere Anlaufstelle für durchsuchbare Newsgruppen-Archive.

Informatik

Auch wenn Sie biologische Anwendungen programmieren, bewegen Sie sich doch häufig in den Gefilden der traditionellen Informatik. Hier einige veröffentlichte Ressourcen, die Ihnen auf Ihrem Weg helfen können.

Algorithmen

Introduction to Algorithms von Thomas H. Cormen, Charles E. Leiserson und Ronald L. Rivest (MIT Press und McGraw-Hill). Ein wirklich gutes Buch über Algorithmen – in vielerlei Hinsicht das beste. Für Studenten einer der Standardtitel (wahrscheinlich *der* Standardtitel). Es eignet sich sowohl als Lehrbuch als auch als Referenz. Die anvisierte Leserschaft sind Informatikstudenten, weshalb recht viel Mathematik im Spiel ist, aber auch nicht mathematisch orientierte Leser werden das Buch hilfreich finden.

Algorithmen mit Perl von Jon Orwant, Jarkko Hietaniemi und John Macdonald (O'Reilly Verlag). Ich habe die Bedeutung des Studiums von Algorithmen bereits erwähnt, und dieses sehr schöne Buch präsentiert viele wichtige Algorithmen im Kontext von Perl. Es erläutert Konzepte und stellt Code zur Verfügung. Es vermittelt allerdings nicht die mathematischen Grundlagen der Analyse und Messung von Algorithmen. Daran interessierte Leser finden die entsprechenden Informationen in Titeln wie *Introduction to Algorithms* von Corman, Leiserson und Rivest. Selbst für einen Programmierneuling ist das ein nützliches Buch, und Sie werden viel Code finden, den Sie einsetzen können.

Fundamentals of Algorithmics von Gilles Brassard und Paul Bratley (Prentice Hall). Eine einfache Übersicht algorithmischer Verfahren.

Algorithms on Strings, Trees, and Sequences: Computer Science and Computational Biology von Dan Gusfield (Cambridge University Press). Dieses Buch ist auf Algorithmen für Strings spezialisiert und behandelt auch solche Themen wie das Sequenz-Alignment. Es ist sehr umfangreich, aber trotzdem nicht vollständig: Dies ist immerhin ein sehr weites Feld! Es ist die beste Einzelquelle für String-Algorithmen mit sehr viel Informationen zur Ähnlichkeit biologischer Sequenzen.

Die folgenden Bücher sind für ein fortgeschritteneres Studium gedacht:

The Design and Analysis of Computer Algorithms von Alfred V. Aho, John E. Hopcroft und Jeffrey D. Ullman (Addison-Wesley). Der klassische Text über die Wissenschaft der Algorithmen.

Introduction to Parallel Algorithms and Architectures: Arrays, Trees, Hypercubes von Frank Thomson Leighton (Morgan Kaufmann). Ein umfassendes und gründliches Lehr- und Referenzwerk.

Randomized Algorithms von Rajeev Motwani und Prabhakar Raghavan (Cambridge University Press). Ein klares und gründliches Buch.

Software-Entwicklung

Software Engineering, Second Edition von Ian Sommerville (Addison-Wesley). Ein gutes, allgemein gehaltenes Buch, das sehr viele wichtige Themen behandelt und es grundsätzlich vermeidet, Partei für oder gegen die konkurrierenden Ansätze zu ergreifen.

Theorie

Introduction to Automata Theory, Languages, and Computation, Second Edition von John E. Hopcroft, Rajeev Motwani und Jeffrey D. Ullman (Addison-Wesley). Der klassische Text zur Theorie der Informatik.

Computers and Intractability: A Guide to the Theory of NP-Completeness von Michael R. Garey und David S. Johnson (W.H. Freeman & Co). Der sehr gute Klassiker zu diesem Thema.

Programmierung allgemein

The Unix Programmers Manual, herausgegeben von Steven V. Earhart (Harcourt, Brace und Jovanovich School). Dieses Unix-Handbuch (für jede Unix-Version) ist ein Crashkurs in Informatik mit Schwerpunkt Programmierung. Das Design interagierender Programme und die Konzepte von Pipes, Redirection, Prozessen und so weiter bilden eine der großen Erfolgsgeschichten der Programmierung. Dieses Handbuch faßt das System zusammen: Teil I dokumentiert die Benutzerprogramme, die Teile II und III dokumentieren die Programmierschnittstelle. Die programmierbare Shell und die Programme *grep*, *awk* und *sed* bildeten die primäre Inspiration zu Perl.

The C Programming Language von Brian W. Kernighan und Dennis M. Ritchie (Prentice Hall PTR). C und C++ sind wichtige Sprachen der Bioinformatik, und dieser Klassiker lehrt C. Wenn Sie dieses Buch durcharbeiten und sich an allen Übungen versuchen, haben Sie ein exzellentes Programmiertraining hinter sich.

Structure and Interpretation of Computer Programs von Harold Abelson, Gerald Jay Sussman und Juke Sussman (MIT Press). Ein wirklich interessantes Buch, das die Programmierung sehr tiefgehend betrachtet, während man einen Lisp-Dialekt erlernt.

The Unix Programming Environment von Brian W. Kernighan und Robert Pike (Prentice Hall). Ein sehr schönes Buch, das gutes Software-Design erläutert.

Linux

Wenn Sie ein Linux-System besitzen, steht Ihnen der gesamte Quellcode für das ganze System zur Verfügung (was auch für einige Unix-Systeme gilt). (Ist er nicht installiert, können Sie ihn von den Distributions-CDs, von der Website *http://www.linux.org* oder von der Website des Unternehmens herunterladen, das Ihre Linux-Version produziert hat.) Das ist eine großartige Ressource. Sie können sich ansehen, wie jedes einzelne Programm, selbst das Betriebssystem, geschrieben wurde.

Bioinformatik

Die Bioinformatik ist eine relativ junge Disziplin, die recht viel Aufmerksamkeit erfährt, weshalb die verfügbaren Ressourcen äußerst schnell anwachsen. Hier einige Bücher und andere Ressourcen, die Ihnen den Einstieg erleichtern.

Bücher

Einführung in die Praktische Bioinformatik von Cynthia Gibas und Per Jambeck (O'Reilly Verlag). Ein wirklich gutes Buch für den Einsteiger. Es behandelt die Einrichtung einer Linux-Workstation und die Installation und Nutzung vieler der besten und kostengünstigsten Bioinformatik-Programme. Es bringt Ihnen bei, wie man Bioinformatik-Programme einsetzt, nicht wie man progammiert. Es ist das praktischste Bioinformatik-Buch, das zur Zeit verfügbar ist.

Bioinformatik. Ein Leitfaden für Naturwissenschaftler von Andrea Hansen (Birkhäuser Verlag).

Introduction to Computational Biology: Maps, Sequences and Genomes von Michael S. Waterman (CRC Press). Der Klassiker mit vorwiegend statistischer Ausrichtung.

Bioinformatics: A Practical Guide to the Analysis of Genes and Proteins, Second Edition, herausgegeben von Andreas D. Baxevanis und B.F. Francis Ouellette (John Wiley & Sons). Enthält Kapitel unterschiedlicher Autoren zu einer Vielzahl von Themen.

Staatliche Einrichtungen

Völlig unverzichtbar. Die folgenden Websites sind die der wichtigsten staatlich geförderten Bioinformatik-Organisationen.

http://www.ncbi.nlm.nih.gov/
: Das National Center for Biotechnology Information (NCBI) der US-Regierung.

http://www.embl.org/
: Das European Molecular Biology Laboratory (EMBL). Das Laboratorium der Europäischen Gemeinschaft.

http://www.ebi.ac.uk/
Das European Bioinformatics Institute (EBI) des EMBL.

Konferenzen

Die Bioinformatik war lange ein Teil verschiedener Biologie-Konferenzen, z.B. den Cold Spring Harbor-Konferenzen zur Sequenzierung. Nun gibt es viele Konferenzen mit dieser Ausrichtung, häufig unter dem Titel »Genomics«. Hier einige der interessantesten Konferenzen:

- *ISMB: Intelligent Systems for Molecular Biology*, mittlerweile im neunten Jahr
- *Bioinformatics Open Source Conference*, *http://www.bioinformatics.org/*
- *The O'Reilly Bioinformatics Technology Conference*, *http://conferences.oreilly.com/biocon/*
- *RECOMB*: Conference on Computational Molecular Biology
- *German Conference on Bioinformatics*, *http://www.bioinfo.de/*

Molekularbiologie

Recombinant DNA von James Watson u.a. (W.H. Freeman & Co). Dieses Buch, auch wenn es für ein sich so schnell entwickelndes Fachgebiet langsam alt wird, ist ein Juwel für Programmierer und Informatiker, die das Feld der Bioinformatik gerade erst betreten. Viele Standardtechniken werden hier mit exzellenten Illustrationen kurz und klar erläutert. Versuchen Sie, die zweite Auflage zu bekommen.

Molecular Biology of the Gene, Fourth Edition von James Watson u.a. (Addison-Wesley). Das klassische Buch zur Molekularbiologie. Es ist sehr detailliert und in dieser Auflage definitiv veraltet, aber – nun ja – ein Klassiker. Eine gutes Referenzwerk für die Grundlagen.

Molecular Cell Biology, Fourth Edition von Harvey Lodish u.a. (W.H. Freeman & Co). Eine exzellente und umfassende Einführung in die Zellbiologie.

ANHANG B

Perl-Zusammenfassung

Dieser Anhang faßt die Teile der Programmiersprache Perl zusammen, die für Sie beim Lesen dieses Buches am nützlichsten sind. Dies ist keine umfassende Zusammenfassung der Sprache Perl. Denken Sie daran, daß Perl so entworfen wurde, daß Sie nicht alles über die Sprache wissen müssen, um sie nutzen zu können. Quelle für das Material in diesem Anhang ist *Programmieren mit Perl, 2. Auflage* (O'Reilly Verlag).

Befehlsinterpretation

Die Perl-Programme in diesem Buch beginnen mit der folgenden Zeile (mit oder ohne `-w`):

```
#!/usr/bin/perl -w
```

Bei Unix- (oder Linux-)Systemen kann die erste Zeile der Datei den Namen eines Programms sowie einige (optionale) Flags enthalten. Die erste Zeile muß dann mit `#!` beginnen, gefolgt vom vollständigen Pfadnamen des Programms (in unserem Fall dem Perl-Interpreter), optional gefolgt von einer einzelnen Gruppe aus einem oder mehreren Flags.

Wenn das Perl-Programm *meinprogramm* heißt und Ausführungsrechte besitzt, können Sie `meinprogramm` (oder vielleicht `./meinprogramm` oder den vollständigen oder relativen Pfadnamen auf das Programm) eingeben, um das Programm zu starten.

Das Unix-Betriebssystem startet das in der Befehlsinterpretationszeile angegebene Programm und übergibt den Rest der Datei als Eingabe an dieses Programm. In unserem Fall wird also der Perl-Interpreter gestartet und unser Programm zur Ausführung übergeben.

Das Ganze ist also einfach nur eine Kurzform für die Eingabe von

```
/usr/bin/perl -w meinprogramm
```

auf der Kommandozeile.

Kommentare

Ein Kommentar beginnt mit einem #-Zeichen und erstreckt sich von diesem Zeichen bis zum Ende der gleichen Zeile. Er wird vom Perl-Interpreter ignoriert und ist nur da, um von Programmierern gelesen werden zu können. Ein Kommentar kann beliebigen Text enthalten.

Skalare Werte und skalare Variablen

Ein skalarer Wert ist ein einzelnes Datenelement wie etwa ein String oder eine Zahl.

Strings

Strings sind skalare Werte und werden als Text geschrieben, der zwischen einzelnen Anführungszeichen

```
'Ein String in einzelnen Anführungszeichen.'oder doppelten Anführungszeichen steht:
```

```
"Dieser String steht in doppelten Anführungszeichen."
```

Ein String in einzelnen Anführungszeichen wird genauso ausgegeben, wie er geschrieben wurde. Bei doppelten Anführungszeichen können Sie eine Variable in den String einbetten, und ihr Wert wird bei der Ausgabe eingefügt oder »interpoliert«. Sie können auch spezielle Zeichenkombinationen wie \n einfügen, um etwa ein Newline (siehe Tabelle B-3) darzustellen:

```
$aside = '(or so they say)';
$declaration = "Misery\n $aside \nloves company.";
print $declaration;
```

Der obige Code führt zu folgender Ausgabe:

```
Misery
 (or so they say)
loves company.
```

Zahlen

Zahlen sind skalare Werte, die wie folgt unterschieden werden können:

- Ganzzahlen (Integer):

  ```
  3
  -4
  0
  ```

- Fließkommazahlen (dezimal):

  ```
  4.5326
  ```

- Wissenschaftliche Notation ($3{,}13 \times 10^{23}$ oder 313000000000000000000000):

  ```
  3.13E23
  ```

- Hexadezimal (Basis 16):

  ```
  0x12bc3
  ```

- Oktal (Basis 8):

  ```
  05777
  ```

- Binär (Basis 2):

  ```
  0b10101011
  ```

Komplexe (oder imaginäre) Zahlen wie `3 + i` und Brüche (oder rationale Zahlen) wie `1/3` können etwas schwierig sein. Perl kann Brüche verarbeiten, wandelt sie intern aber in Fließkommazahlen um, was bei bestimmten Operationen zu Fehlern führen kann (in dieser Hinsicht ist Perl aber in guter Gesellschaft):

```
if ( 10/3  == ( (1/3) * 10 ) {
    print "Erfolg!";
}else {
    print "Fehler!";
}
```

Dies führt zu folgender Ausgabe:

```
Fehler!
```

Um Brüche, komplexe Zahlen und viele andere mathematische Konstrukte korrekt verarbeiten zu können, gibt es spezielle mathematische Module, auf die wir hier nicht eingehen.

Skalare Variablen

Skalare Werte können in skalaren Variablen gespeichert werden. Sie erkennen eine skalare Variable an dem `$` vor dem Variablennamen. Der Name beginnt mit einem Buchstaben oder einem Unterstrich und kann eine beliebige Anzahl von Buchstaben, Unterstrichen oder Ziffern enthalten. Eine Ziffer darf allerdings nicht das erste Zeichen des Variablennamens sein. Hier einige Beispiele gültiger Namen für skalare Variablen:

```
$Var
$var_1
```

Hier einige ungültige Namen für skalare Variablen:

```
$1var
$var!iable
```

Bei Namen wird die Groß-/Kleinschreibung unterschieden: `$dna` ist nicht mit `$DNA` identisch.

Diese Regeln zur Bildung gültiger Variablennamen (abgesehen vom einleitenden `$`) gelten auch für die Namen von Array- und Hashvariablen sowie für die Namen von Subroutinen.

Eine skalare Variable kann jeden vorhin genannten Typ eines skalaren Werts aufnehmen, also etwa Strings oder die unterschiedlichen Arten von Zahlen.

Zuweisung

Skalaren Variablen werden skalare Werte mit einer Zuweisungsanweisung zugewiesen. So weist zum Beispiel

```
$thousand = 1000;
```

den Integerwert 1000 (ein skalarer Wert) der skalaren Variable `$thousand` zu.

Die Zuweisung sieht aus wie ein Gleichheitszeichen aus der elementaren Mathematik, hat aber eine andere Bedeutung. Die Zuweisung ist eine Anweisung, keine Annahme. Sie bedeutet nicht »`$thousand` ist gleich 1000«. Sie bedeutet: »Speichere den skalaren Wert 1000 in der skalaren Variable `$thousand`«. Nach der Anweisung ist der Wert der skalaren Variable `$thousand` dann aber natürlich gleich 1000.

Sie können Werte an mehrere skalare Variablen zuweisen, indem Sie die Variablen und die Werte in Klammern setzen und durch Kommas trennen und auf diese Weise Listen erzeugen:

```
($one, $two, $three) = ( 1, 2, 3);
```

Neben = gibt es noch verschiedene andere Zuweisungsoperatoren, die Kurzformen für längere Ausdrücke sind. Zum Beispiel ist `$a += $b` mit `$a = $a + $b` identisch. Tabelle B-1 enthält eine vollständige Liste (mit verschiedenen Operatoren, die in diesem Buch nicht behandelt wurden).

Tabelle B-1: Kurzformen für Zuweisungsoperatoren

<table>
<tr><th>Beispiel für Operator</th><th>Äquivalent</th><th></th></tr>
<tr><td>$a += $b</td><td>$a = $a + $b</td><td>(Addition)</td></tr>
<tr><td>$a -= $b</td><td>$a = $a - $b</td><td>(Subtraktion)</td></tr>
<tr><td>$a *= $b</td><td>$a = $a * $b</td><td>(Multiplikation)</td></tr>
<tr><td>$a /= $b</td><td>$a = $a / $b</td><td>(Division)</td></tr>
<tr><td>$a **= $b</td><td>$a = $a ** $b</td><td>(Exponentierung)</td></tr>
<tr><td>$a %= $b</td><td>$a = $a % $b</td><td>(Rest von $a / $b)</td></tr>
<tr><td>$a x= $b</td><td>$a = $a x $b</td><td>(String $a $b-mal wiederholt)</td></tr>
<tr><td>$a &= $b</td><td>$a = $a & $b</td><td>(Bitweises UND)</td></tr>
<tr><td>$a |= $b</td><td>$a = $a | $b</td><td>(Bitweises ODER)</td></tr>
<tr><td>$a ^= $b</td><td>$a = $a ^ $b</td><td>(Bitweises EXKLUSIV-ODER)</td></tr>
<tr><td>$a >>= $b</td><td>$a = $a >> $b</td><td>($a um $b Bits verschieben)</td></tr>
<tr><td>$a <<= $b</td><td>$a = $a << $b</td><td>($a um $b Bits nach links verschieben)</td></tr>
<tr><td>$a &&= $b</td><td>$a = $a && $b</td><td>(Logisches UND)</td></tr>
<tr><td>$a ||= $b</td><td>$a = $a || $b</td><td>(Logisches ODER)</td></tr>
<tr><td>$a .= $b</td><td>$a = $a . $b</td><td>(String $b an $a anhängen)</td></tr>
</table>

Anweisungen und Blöcke

Programme bestehen aus Anweisungen, die häufig zu sogenannten Blöcken gruppiert werden.

Eine Anweisung endet mit einem Semikolon (;), das aber bei der letzten Anweisung in einem Block optional ist.

Ein Block besteht aus einer oder mehreren Anweisungen, die von geschweiften Klammern umschlossen werden. Hier ein Beispiel:

```
{
  $thousand = 1000;
  print $thousand;
}
```

Blöcke können für sich selbst stehen, sind aber häufig mit Konstrukten wie Schleifen oder `if`-Anweisungen verknüpft.

Arrays

Arrays sind geordnete Ansammlungen von skalaren Werten, die über ihre Position angesprochen (indexiert) werden können. Eine Arrayvariable beginnt mit einem at-Zeichen (@), gefolgt von einem gültigen Variablennamen. Hier sind zum Beispiel zwei mögliche Namen für Arrayvariablen:

```
@array1
@dna_fragments
```

Sie können skalare Werte an ein Array zuweisen, indem Sie die skalaren Werte in einer Liste plazieren, sie durch Kommas trennen und mit runden Klammern umschließen. So können Sie einem Array zum Beispiel eine leere Liste zuweisen:

```
@array = ();
```

oder einen oder mehrere skalare Werte:

```
@dna_fragments = ('ACGT', $fragment2, 'GGCGGA');
```

Beachten Sie, daß es auch möglich ist, skalare Variablen wie `$fragment2` in einer Liste anzugeben. Der aktuelle Wert, nicht der Variablenname, wird im Array abgelegt.

Die einzelnen skalaren Werte des Arrays (die Elemente) werden durch ihre Position im Array angesprochen, d.h. indexiert. Sie sprechen individuelle Elemente im Array an, indem Sie dem Arraynamen ein $ voranstellen und den Index des Elements in eckigen Klammern [ ] anhängen, etwa so:

```
$dna_fragments[2]
```

Für die diesem Array vorhin zugewiesenen Werte würde das den Wert `'GGCGGA'` ansprechen. Beachten Sie, daß das Array drei skalare Werte enthält, die über die Indizes 0, 1 und 2 angesprochen werden. Das dritte und letzte Element wird mit 2 indexiert, eins weniger als die Gesamtzahl der Elemente (3), weil das erste Element mit dem Indexwert 0 angesprochen wird.

Sie können eine Kopie des Arrays mit dem Zuweisungsoperator = anlegen. Im folgenden Beispiel wird also eine Kopie des existierenden Arrays `@input` im Array `@output` angelegt:

```
@output = @input;
```

Wenn Sie ein Array im skalaren Kontext evaluieren, wird als Wert die Anzahl der Elemente des Arrays zurückgegeben. Wenn das Array `@input` also fünf Elemente enthält, weist das folgende Beispiel dem `$zaehler` dementsprechend den Wert 5 zu:

```
$zaehler = @input;
```

Abbildung B-1 zeigt das Array @myarray mit drei Elementen und verdeutlicht den geordneten Charakter von Arrays. Sie können sehen, daß ein Element an einer bestimmten Position im Array steht und über seine Position bestimmt werden kann.

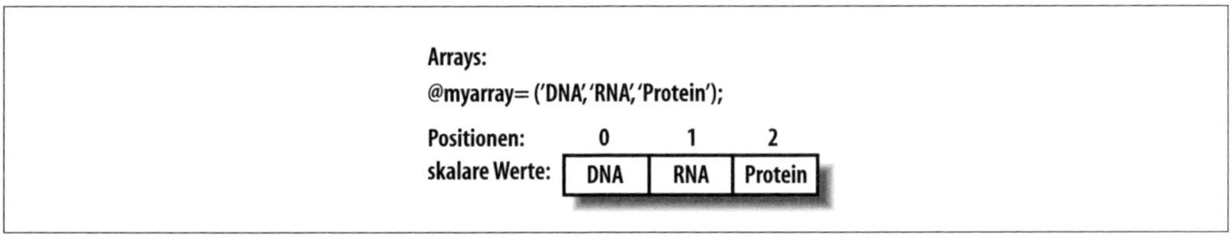

Abbildung B-1: Schematische Darstellung eines Arrays

Hashes

Ein Hash (auch assoziatives Array) besteht aus einer Reihe von null oder mehr Skalarwert-Paaren, die als Schlüssel und Werte bezeichnet werden. Die Werte werden über die Schlüssel indexiert. Eine Hashvariable beginnt mit einem Prozentzeichen (%), gefolgt von einem gültigen Variablennamen. Mögliche Namen für Hashes sind zum Beispiel:

```
%hash1
%genes_by_name
```

Sie können einem Schlüssel mit einer einfachen Zuweisungsanweisung einen Wert zuweisen. Nehmen wir zum Beispiel an, Sie besitzen einen Hash namens %baseball_stadiums und möchten dem Schlüssel Phillies den Wert Veterans Stadium zuweisen. Diese Zuweisung erreichen Sie mit der folgenden Anweisung:

```
$baseball_stadiums{'Phillies'} = 'Veterans Stadium';
```

Beachten Sie, daß ein Hashwert dadurch referenziert wird, daß ein $ anstelle des % am Anfang des Hashnamens steht. In ähnlicher Weise referenzieren wir individuelle Arraywerte durch die Verwendung von $ anstelle des @.

Sie können einem Hash mehrere Schlüssel und Werte zuweisen, indem Sie die entsprechenden Werte in einer Liste angeben, d.h. sie durch Kommas trennen und in runde Klammern stellen. Jedes aufeinanderfolgende Paar von Skalaren wird zu einem Schlüssel und einem Wert des Hashs. So können Sie dem Hash zum Beispiel eine leere Liste zuweisen:

```
%hash = ();
```

Sie können auch ein oder mehrere Schlüssel/Wert-Paare zuweisen:

```
%genes_by_name = ('gene1', 'AACCCGGTTGGTT', 'gene2', 'CCTTTCGGAAGGTC');
```

Sie erreichen das gleiche auch noch auf eine andere Weise, die den Schlüssel/Wert-Charakter deutlicher zutage treten läßt. Nachfolgend führen wir die gleiche Zuweisung durch wie im obigen Beispiel:

```
%genes_by_name = (
    'gene1' => 'AACCCGGTTGGTT',
    'gene2' => 'CCTTTCGGAAGGTC');
```

Um an den mit einem bestimmten Schlüssel verknüpften Wert zu gelangen, stellen Sie dem Namen des Hashs ein $ voran. Auf den Namen folgt dann in geschweiften Klammern der skalare Wert des Schlüssels:

```
$genes_by_name{'gene1'}
```

Das liefert den Wert `'AACCCGGTTGGTT'` zurück, wenn wir von der obigen Zuweisung des Schlüssels `'gene1'` im Hash `%genes_by_name` ausgehen. Abbildung B-2 zeigt einen Hash mit drei Schlüsseln.

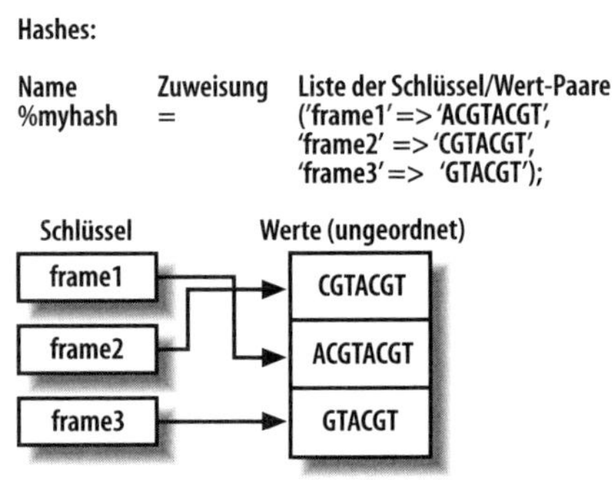

Abbildung B-2: Schematische Darstellung eines Hashs

Operatoren

Operatoren sind Funktionen, die grundlegende Operationen mit Werten darstellen: Addition, Subtraktion usw. Sie werden häufig genutzt und stellen Kernteile der Programmiersprache Perl dar. Tatsächlich handelt es sich bei ihnen nur um Funktionen, die Argumente übernehmen. So ist zum Beispiel + der Operator, der zwei Zahlen addiert:

```
3 + 4;
```

Operatoren haben üblicherweise einen, zwei oder drei Operanden. Im obigen Beispiel werden die beiden Operanden `3` und `4` verwendet.

Operatoren können vor, zwischen oder hinter den entsprechenden Operanden auftauchen. So steht der Plus-Operator beispielsweise zwischen seinen Operanden.

Vorrang von Operatoren

Der Vorrang von Operatoren bestimmt die Reihenfolge, in der die Operationen abgearbeitet werden. So wird zum Beispiel der Ausdruck

```
3 + 3 * 4
```

in Perl nicht von links nach rechts evaluiert, was zu 3 + 3 = 6 und 6 * 4 = 24 führen würde. Die Vorrangsregeln sorgen dafür, daß die Multiplikation zuerst ausgeführt wird, und führen zum Endergebnis 15. Die Vorrangsregeln sind in der *perlop*-Manpage und in den meisten Perl-Büchern zu finden. Dennoch empfehle ich Ihnen, mit Klammern zu arbeiten, um Ihren Code leserlicher zu machen und um Fehler zu vermeiden. Klammern machen Ausdrücke eindeutig. Der erste

```
(3 + 3) * 4
```

evaluiert zu 24, und der zweite

```
3 + (3 * 4)
```

evaluiert zu 15.

Elementare Operatoren

Weitere Informationen zur Funktionsweise von Operatoren finden Sie in der Perl-Manpage *perlop*.

Arithmetische Operatoren

Perl kennt die fünf elementaren arithmetischen Operatoren:

+ Addition

– Subtraktion

* Multiplikation

/ Division

** Exponentierung

Diese Operatoren funktionieren sowohl mit Integer- als auch mit Fließkommazahlen (und führen möglicherweise zu unerwarteten Ergebnissen, wenn Sie sie auch auf Strings anwenden).

Perl besitzt auch einen `Modulo`-Operator, der den Rest bestimmt, der bei der Division zweier Integerwerte übrigbleibt:

```
% Modulo
```

So ergibt `17 % 3` zum Beispiel 2, weil ein Rest von 2 übrigbleibt, wenn man 17 durch 3 teilt.

Perl verfügt auch über Autoinkrement- und Autodekrement-Operatoren:

```
++ eins addieren
-- eins subtrahieren
```

Im Gegensatz zu den vorherigen sechs Operatoren ändern Sie damit den Wert einer Variable. `$x++` addiert eins zu `$x` und macht aus einer 4 eine 5 (oder aus a ein b).

Bitorientierte Operatoren

Alle Skalare, egal ob Zahlen oder Strings, werden »hinter den Kulissen« durch Gruppen einzelner Bits repräsentiert. Ab und zu müssen Sie diese Bits bearbeiten können, und Perl stellt Ihnen hierzu fünf Operatoren zur Verfügung:

`&` Bitorientiertes UND (`and`)

`|` Bitorientiertes ODER (`or`)

`^` Bitorientiertes EXKLUSIV-ODER (`xor`)

`>>` Verschieben (Shift) nach rechts

`<<` Links-Shift

Stringoperatoren

Zwei Strings können mit dem Punkt-Operator verkettet – also an den Enden verbunden – werden:

```
'Dies ist ein ' . 'verketteter String'Das ergibt den Wert 'Dies ist ein verketteter String'.
```

Ein String kann mit dem Operator `x` wiederholt werden:

```
print "Hallo! " x 3;
```

ergibt:

```
Hallo! Hallo! Hallo!
```

Dateitest-Operatoren

Dateitest-Operatoren sind monadische Operatoren, die Dateien auf bestimmte Eigenschaften hin untersuchen. So gibt zum Beispiel `-e $datei` den Wert `wahr` zurück, wenn die *$datei* existiert. Tabelle B-2 führt einige der verfügbaren Dateitest-Operatoren auf.

Tabelle B-2: Dateitest-Operatoren

Operator	Bedeutung
–r	Datei kann gelesen werden
–w	Datei kann geschrieben werden
–x	Datei ist ausführbar
–o	Datei gehört »Ihnen«
–e	Datei existiert
–z	Datei hat die Länge null
–s	Datei hat eine Länge ungleich null (zurückgegeben wird die Länge in Bytes)
–f	Datei ist eine reine Textdatei
–d	Datei ist ein Verzeichnis (ein Ordner)
–l	Datei ist ein symbolischer Link
–t	Dateihandle ist mit einem Terminal verbunden
–T	Datei ist eine Textdatei
–B	Datei ist eine Binärdatei
–M	Alter der Datei (beim Programmstart) in Tagen seit Modifikation
–A	Alter der Datei (beim Programmstart) in Tagen seit letztem Zugriff
–C	Alter der Datei (beim Programmstart) in Tagen seit letzter Inode-Änderung

Konditionalanweisungen und logische Operatoren

Dieser Abschnitt behandelt Konditional-(Bedingungs-)Anweisungen und logische Operatoren.

wahr und falsch

In einer Bedingung (Conditional) evaluiert der Ausdruck zu `wahr` oder `falsch`, und je nach Ergebnis wird eine Anweisung oder ein Block ausgeführt oder nicht.

Ein skalarer Wert kann bei einer Bedingung `wahr` oder `falsch` sein. Ein String ist `falsch`, wenn es sich um den leeren String handelt (dargestellt durch `""` oder `''`). Ein String ist `wahr`, wenn es sich nicht um den leeren String handelt.

In gleicher Weise ist ein Array bzw. ein Hash `falsch`, wenn es bzw. er leer ist, und `wahr`, wenn nicht.

Eine Zahl ist `falsch`, wenn sie 0 ist, und `wahr`, wenn sie nicht 0 ist.

Die meisten Dinge, die Sie bei Perl evaluieren, geben irgendeinen Wert zurück (etwa eine Zahl bei einem arithmetischen Ausdruck oder ein von einer Subroutine zurückgeliefertes Array). Sie können bei Perl also die meisten Dinge in Konditionaltests verwenden. Manchmal erhalten Sie einen undefinierten Wert zurück, z.B. wenn Sie versuchen, eine Zahl zu einer Variable zu addieren, der kein Wert zugewiesen wurde. Dann funktionieren die Dinge nicht wie erwartet. Ein Beispiel:

```
use strict;
use warnings;
my $a;
my $b;
$b = $a + 2;
```

Der obige Code erzeugt die folgende Warnung:

```
Use of uninitialized value in addition (+) at - line 5.
```

Sie können mit der Perl-Funktion `defined` überprüfen, ob Werte definiert sind oder nicht.

Logische Operatoren

Es gibt vier logische Operatoren:

```
not
and
or
xor
```

`not` wandelt `wahr` in `falsch` und `falsch` in `wahr` um. Im Code wird das am deutlichsten:

```
if(not $fertig) {...}
```

Der Code wird nur ausgeführt, wenn `$fertig` `falsch` ist.

`and` ist ein binärer Operator, der nur dann `wahr` zurückgibt, wenn beide Operanden `wahr` sind. Ist einer der beiden Operanden `falsch`, gibt auch der Operator `falsch` zurück:

```
1   and  1    ergibt wahr
'a' and  '    ergibt falsch
'  and  0    ergibt falsch
```

`or` ist ein binärer Operator, der `wahr` zurückgibt, wenn mindestens einer der beiden Operanden `wahr` ist. Sind beide Operanden `falsch`, wird `falsch` zurückgegeben:

```
1   or  1    ergibt wahr
'a' or  '    ergibt wahr
'  or  0    ergibt falsch
```

xor, das EXKLUSIV-ODER, gibt wahr zurück, wenn ein Operand wahr und der andere falsch ist; xor gibt falsch zurück, wenn beide Operanden wahr oder beide falsch sind:

```
1 xor 0   ergibt wahr
0 xor 1   ergibt wahr
1 xor 1   ergibt falsch
0 xor 0   ergibt falsch
```

Es gibt für die meisten auch alternative Varianten:

```
! für not
&& für and
|| für or
```

Diese besitzen einen anderen Vorrang, verhalten sich ansonsten aber identisch. Einige ältere Perl-Versionen verfügen nur über

```
!
||
&&
```

anstelle von not, or und and.

Verwendung logischer Operatoren zur Flußkontrolle

Ein schneller und weitverbreiteter Ansatz, eine Aktion basierend auf dem Ergebnis einer vorangegangenen Aktion auszuführen, besteht in der Verkettung dieser Anweisungen über logische Operatoren. Zum Beispiel werden Sie in Perl-Programmen häufig die folgende Anweisung zum Öffnen einer Datei finden:

```
open(FH, $dateiname) or die "Kann Datei $dateiname nicht öffnen: $!";
```

Die Verwendung von or in dieser Anweisung zeigt einen weiteren wichtigen Aspekt logischer binärer Operatoren: Ihre Argumente werden von links nach rechts evaluiert. Ist das open im obigen Beispiel erfolgreich, hält sich der or-Operator erst gar nicht damit auf, den Wert des zweiten Operanden zu prüfen (in diesem Fall also das die, das mit der Ausgabe des Strings und eventuell weiterer Nachrichten in $! endet). Das or kümmert sich nicht weiter darum, weil ein Operand bereits wahr ist und or damit insgesamt wahr ist. Eine Prüfung des zweiten Operanden ist also gar nicht mehr nötig. Schlägt das open hingegen fehl, muß or prüfen, ob der zweite Operand wahr oder falsch ist, und macht daher mit der Ausführung der die-Anweisung weiter.

Sie können die and-Anweisung in ähnlicher Weise nutzen, um den zweiten Operanden nur dann auszuführen, wenn der erste erfolgreich war.

xor ist für die Flußsteuerung ungeeignet, weil immer beide Argumente evaluiert werden müssen.

Ich habe diese Verkettung logischer Operatoren nicht häufig verwendet, sondern statt dessen mit `if`-Anweisungen gearbeitet. Das liegt daran, daß auf einen solchen Test häufig mehrere Anweisungen folgen und es daher einfacher ist, eine `if`-Anweisung mit einem Block zu verwenden.

Die if-Anweisung

Konditionaltests findet man üblicherweise in `if`-Anweisungen (und ihren Varianten) sowie in Schleifen. Hier ein Beispiel für eine `if`-Anweisung:

```
if (open (FH, $dateiname) {
    print "Hurra, ich habe eine Datei geöffnet.";
}
```

Auf die `if`-Anweisung folgt ein in runden Klammern stehender Ausdruck (die Bedingung), auf den wiederum ein von geschweiften Klammern umschlossener Block folgt. Wenn die Bedingung zu `wahr` evaluiert, werden die Anweisungen im Block ausgeführt.

Der `if`-Anweisung kann optional ein `else` folgen, dessen Code ausgeführt wird, wenn der Bedingungsteil zu `falsch` evaluiert:

```
if ( open(FH, $filename) {
    print "Hurra, ich habe eine Datei geöffnet.";
} else {
    print "Mist! Konnte die Datei nicht öffnen.";
}
```

Die `if`-Anweisung kann optional auch um eine beliebige Anzahl von `elsif`-Klauseln erweitert werden, in denen weitere Bedingungen überprüft werden, wenn keine der vorherigen Bedingungen `wahr` war:

```
if ( open(FH, $file1) {
    print "Hurra, ich habe Datei 1 geöffnet.";
} elsif ( open(FH, $file2) {
    print "Hurra, ich habe Datei 2 geöffnet.";
} elsif ( open(FH, $file3) {
    print "Hurra, ich habe Datei 3 geöffnet.";
} else {
    print "Keine der Dateien konnte geöffnet werden.";
}
```

Im obigen Beispiel wird nicht versucht, weitere Dateien zu öffnen, wenn `file1` in der `if`-Anweisung erfolgreich geöffnet werden konnte.

Es gibt auch eine `unless`-Anweisung, die mit der `if`-Anweisung identisch ist, nur daß hier der Bedingungsteil negiert wird. Die beiden folgenden Anweisungen sind identisch:

```
unless ( open(FH, $filename) {
    print "Mist! Konnte die Datei nicht öffnen.";
}
```

```
if ( not open(FH, $filename) {
    print "Mist! Konnte die Datei nicht öffnen.";
}
```

Bindungsoperatoren

Bindungsoperatoren werden zum Pattern Matching, zur Substitution und zur Transliteration von Strings verwendet. Sie werden zusammen mit regulären Ausdrücken verwendet, die die entsprechenden Muster festlegen. Hier ein Beispiel:

```
'ACGTACGTACGTACGT' =~ /CTA/
```

Das Muster ist der String `CTA`, der zwischen den beiden Schrägstrichen `//` eingeschlossen ist. Der String-Bindungsoperator ist `=~`. Er teilt dem Programm mit, welcher String zu durchsuchen ist, und liefert `wahr` zurück, wenn das Muster im String vorliegt.

Ein weiterer String-Bindungsoperator ist `!~`, der `wahr` zurückliefert, wenn das Muster nicht im String enthalten ist:

```
'ACGTACGTACGTACGT' !~ /CTA/
```

Das ist mit der folgenden Anweisung identisch:

```
not 'ACGTACGTACGTACGT' =~ /CTA/
```

Sie können ein Muster durch ein anderes substituieren (ersetzen), indem Sie einen anderen String-Bindungsoperator verwenden. Im nächsten Beispiel ist `s/thine/nine/` der Substitutionsbefehl, der das erste Vorkommen des Strings `thine` durch den String `nine` ersetzt:

```
$poor_richard = 'A stitch in time saves thine.';
$poor_richard =~ s/thine/nine/;
print $poor_richard;
```

Das erzeugt die folgende Ausgabe:

```
A stitch in time saves nine.
```

Schließlich gibt es noch den Transliterationsoperator `tr`, der Zeichen in einem String ersetzt. Für diesen gibt es verschiedene Anwendungen, aber die beiden in diesem Buch behandelten sind zum einen die Umwandlung von Basen in ihre entsprechenden Komplemente: A → T, C → G, G → C und T → A:

```
$DNA = 'ACGTTTAA';
$DNA =~ tr/ACGT/TGCA/;
```

Das erzeugt den Wert:

```
TGCAAATT
```

Zweitens zählt der tr-Operator, wie oft ein bestimmtes Zeichen im String vorkommt. Im folgenden Beispiel wird etwa die Anzahl der As in einem DNA-String ermittelt:

```
$DNA = 'ACGTTTAA';
$count = ($DNA =~ tr/A//);
print $count;
```

Das erzeugt den Wert 3. Dies zeigt, wie ein Pattern Matching die Anzahl der in einem String gefundenen Muster zurückgeben kann. In diesem Fall wird dieser Wert dann der Variable $count zugewiesen.

Schleifen

Schleifen führen die Anweisungen in einem Block wiederholt aus, bis eine Konditionalprüfung fehlschlägt. Perl kennt verschiedene Formen von Schleifen:

```
while(BEDINGUNG) {BLOCK}
until(BEDINGUNG) {BLOCK}
for(INITIALISIERUNG ; BEDINGUNG ; REINITIALISIERUNG ) {BLOCK}
foreach VAR (LISTE) {BLOCK}
for VAR (LISTE) {BLOCK}
do {BLOCK} while (BEDINGUNG)
do {BLOCK} until (BEDINGUNG)
```

Die while-Schleife prüft zuerst, ob die Bedingung wahr ist. Ist das der Fall, wird der Block ausgeführt, und es geht dann wieder mit der Bedingung weiter. Dieser Prozeß wird so lange wiederholt, bis falsch zurückgegeben wird. In diesem Fall wird der Block nicht wieder ausgeführt, und die Schleife ist abgearbeitet. Ein Beispiel:

```
$i = 3;
while ( $i ) {
   print "$i\n";
   $i--;
}
```

liefert die Ausgabe:

```
3
2
1
```

Die Schleife funktioniert wie folgt. Die skalare Variable $i wird zuerst mit dem Wert 3 initialisiert (und ist nicht Teil der Schleife). Dann erfolgt der Eintritt in die Schleife, und es wird geprüft, ob $i wahr (d.h. ungleich null) ist. Da diese Prüfung wahr ist, wird die Zahl 3 ausgegeben, und der Dekrementoperator wird auf $i angewandt, d.h., der Wert wird auf 2 reduziert. Der Block ist nun abgearbeitet, und die Schleife beginnt erneut mit dem Konditionaltest. Auch jetzt ist die Prüfung mit dem wahr-Wert 2 erfolgreich, und dieser Wert wird ausgegeben und dekrementiert. Die Schleife beginnt erneut mit dem Test von $i, das mittlerweile den wahr-Wert 1 aufweist. Die 1 wird ausgegeben und zu 0 dekrementiert. Wieder beginnt die Schleife, und 0 wird nun auf wahr getestet, ist es aber nicht, und somit wird die Schleife beendet.

Schleifen folgen häufig dem gleichen Muster, d.h., eine Variable wird gesetzt, die dann eingeleitete Schleife prüft den Wert dieser Variable und führt den Block aus, innerhalb dessen auch der Wert der Variable verändert wird.

Die for-Schleife macht die Dinge einfach, indem sie die Initialisierung und die Änderung der Variable in der Schleifenanweisung einschließt. Das folgende Beispiel ist mit dem vorherigen genau identisch und liefert die gleiche Ausgabe:

```
for ( $i = 3 ; $i ; $i-- ) {
   print "$i\n";
}
```

Die foreach-Schleife bietet eine praktische Möglichkeit, alle Elemente eines Arrays zu verarbeiten. Hier ein Beispiel:

```
@array = ('eins', 'zwei', 'drei');

foreach $element (@array) {
   print $element\n";
}
```

Die Ausgabe lautet:

```
eins
zwei
drei
```

Die foreach-Schleife legt fest, daß die skalare Variable $element bei jedem Durchlauf den entsprechend nächsten Wert aus dem Array annimmt. (Sie können jeden Variablennamen verwenden, oder auch keinen, wobei dann automatisch die Spezialvariable $_ benutzt wird.) Das zu verarbeitende Array wird dann in Klammern gestellt, und darauf folgt der Block. Sie können auch for anstelle von foreach verwenden, und das Verhalten ist identisch.

Beim ersten Durchlauf der Schleife wird der Wert des ersten Elements im Array an die foreach-Variable $element zugewiesen. Bei jedem nachfolgenden Durchlauf der Schleife wird der Wert des nächsten Elements im Array an die foreach-Variable $element zugewiesen. Die Schleife endet, sobald das Ende des Arrays erreicht wurde.

Auf einen wichtigen Punkt gilt es aber hinzuweisen. Wenn Sie im Block den Wert der Schleifenvariable `$element` ändern, ändern Sie den Wert auch im Array selbst, und die Änderung bleibt auch erhalten, nachdem die `foreach`-Schleife beendet wurde. Ein Beispiel:

```
@array = ('eins', 'zwei', 'drei');

foreach $element (@array) {
    $element = 'vier';
}

foreach $element (@array) {
    print $element,"\n";
}
```

Das führt zu folgender Ausgabe:

```
vier
vier
vier
```

In der `do-until`-Schleife wird der Block vor dem Konditionaltest ausgeführt, und die Schleife läuft, bis die Bedingung `wahr` ist:

```
$i = 3;
do {
   print $i,"\n";
   $i--;
} until ( $i );
```

Das liefert folgende Ausgabe:

```
3
```

In der `do-while`-Schleife wird der Block vor dem Konditionaltest ausgeführt, und die Schleife läuft, solange die Bedingung `wahr` ist:

```
$i = 3;
do {
   print $i,"\n";
   $i--;
} while ( $i );
```

Das liefert die folgende Ausgabe:

```
3
2
1
```

Eingabe und Ausgabe

Dieser Abschnitt beschreibt, wie man Informationen an Programme übergibt und wie man Daten von ihnen erhält.

Eingabe aus Dateien

Perl besitzt verschiedene praktische Möglichkeiten, Informationen an ein Programm zu übergeben. In diesem Buch haben wir uns darauf konzentriert, Dateien zu öffnen und die darin enthaltenen Daten einzulesen, weil diese Technik häufig genutzt wird und weil das Verhalten bei so ziemlich allen Betriebssystemen identisch ist. Sie haben gesehen, wie man die Systemaufrufe `open` und `close` nutzt und wie man beim Öffnen ein Dateihandle mit der Datei verknüpft. Dieses Dateihandle wird dann genutzt, um die Daten zu lesen. Hier ein Beispiel:

```
open(DATEIHANDLE, "datendatei");
@daten_aus_datendatei = <DATEIHANDLE>;
close(DATEIHANDLE);
```

Dieser Code öffnet die Datei *datendatei* und verknüpft das Dateihandle DATEIHANDLE mit ihr. Das Dateihandle wird dann zwischen spitze Klammern gestellt, um den Inhalt aus der Datei einzulesen und im Array `@daten_aus_datendatei` abzulegen. Abschließend wird die Datei geschlossen, indem man erneut auf das geöffnete Dateihandle verweist.

Eingabe über STDIN

Perl ermöglicht Ihnen die Verarbeitung aller Daten, die Ihrem Programm automatisch über die Standardeingabe (STDIN) übergeben werden. STDIN ist ein Dateihandle, das standardmäßig immer offen ist. Ihr Programm könnte einen Teil seiner Daten auf diesem Weg erwarten. Bei einem Mac zum Beispiel können Sie ein Datei-Icon über das Perl-Applet Ihres Programms ziehen und auf diese Weise den Inhalt dieser Datei über STDIN erscheinen lassen. Bei Unix-Systemen können Sie die Ausgabe irgendeines anderen Programms durch eine Pipe am STDIN Ihres Programms erscheinen lassen. Sie können dazu den folgenden Shell-Befehl nutzen:

```
irgendeinprogramm | mein_perl_programm
```

Sie können den Inhalt einer Datei auch wie folgt an Ihr Programm übergeben:

```
cat datei | mein_perl_programm
```

oder mit:

```
mein_perl_programm < datei
```

Ihr Programm kann dann die Daten (aus einem Programm oder einer Datei) einfach über STDIN einlesen, als würde es sich dabei um irgendeine beliebige Datei handeln:

```
@daten_aus_stdin = <STDIN>;
```

Eingabe aus in der Kommandozeile angegebenen Dateien

Sie können Ihre Eingabedateien in der Kommandozeile angeben. `<>` ist eine Kurzform von `<ARGV>`. Das Dateihandle `ARGV` betrachtet das Array `@ARGV` als Liste von Dateinamen und gibt den Inhalt dieser Dateien zurück, jeweils eine Zeile nach der anderen. Perl plaziert alle Kommandozeilenargumente im Array `@ARGV`. Bei einigen kann es sich um spezielle Flags handeln, die zuerst verarbeitet und aus `@ARGV` entfernt werden sollten, wenn auch Datendateien benannt werden. Perl geht davon aus, daß alles in `@ARGV` auf Namen von Eingabedateien verweist, sobald der `<>`-Befehl erreicht ist. Der Inhalt der Datei(en) steht dem Programm dann über die spitzen Klammern, aber ohne Dateihandle, zur Verfügung:

```
@daten_aus_dateien = <>;
```

Bei Microsoft, Unix oder Mac OS X können Sie Eingabedateien in der Kommandozeile wie folgt angeben:

```
% mein_programm datei1 datei2 datei3
```

Ausgabebefehle

Die `print`-Anweisung ist die gängige Methode zur Ausgabe von Daten in einem Perl-Programm. Die `print`-Anweisung verlangt als Argumente eine Liste von durch Kommas getrennten Skalaren. Auch ein Array kann ein Argument sein. In diesem Fall werden alle Elemente des Arrays hintereinander ausgegeben:

```
@array = ('DNA', 'RNA', 'Protein');
print @array;
```

Das führt zu folgender Ausgabe:

```
DNARNAProtein
```

Sollen zwischen den Elementen des Arrays Leerzeichen stehen, stellen Sie es in der `print`-Anweisung einfach in doppelte Anführungszeichen:

```
@array = ('DNA', 'RNA', 'Protein');
print "@array";
```

Das liefert folgende Ausgabe:

```
DNA RNA Protein
```

Die print-Anweisung kann ein Dateihandle als optionales indirektes Objekt zwischen dem print und den Argumenten angeben:

```
print FH "@array";
```

Die printf-Funktion ermöglicht eine größere Kontrolle bei der Formatierung der Ausgaben von Zahlen. Sie können zum Beispiel die Feldbreite, die Genauigkeit oder die Anzahl der Nachkommastellen festlegen. Sie können auch festlegen, ob der Wert im Feld rechts oder links ausgerichtet werden soll. Die gängigsten Optionen wurden in Kapitel 12 vorgestellt. Für alle Details sei auf die Perl-Dokumentation verwiesen.

Die sprintf-Funktion ist mit der printf-Funktion verwandt, gibt aber nichts aus, sondern bereitet einen String auf.

Die Befehle format und write ermöglichen die Aufbereitung mehrzeiliger Ausgaben, etwa zur Generierung von Berichten. format kann sehr nützlich sein, wird in der Praxis aber nicht häufig verwendet. Die vollständigen Details finden Sie in der Perl-Dokumentation, und O'Reillys *Programmieren mit Perl* enthält ein ganzes Kapitel zu format. Beachten Sie auch die Beschreibung von format in Kapitel 12 dieses Buches.

Ausgaben an STDOUT, STDERR und Dateien

Die Standardausgabe mit dem Dateihandle STDOUT ist das Standardziel aller Ausgaben eines Perl-Programms, weshalb sie nicht explizit benannt werden muß. Die beiden folgenden Anweisungen sind identisch, solange Sie nicht select verwendet haben, um das Standard-Ausgabe-Dateihandle zu ändern:

```
print "Hallo, Welt der Biologie!\n";
print STDOUT "Hallo, Welt der Biologie!\n";
```

Beachten Sie, daß auf das STDOUT kein Komma folgt. STDOUT wird üblicherweise auf den Computerbildschirm weitergeleitet, kann in der Kommandozeile aber auch an andere Programme oder Dateien umgeleitet werden. Der folgende Unix-Befehl leitet beispielsweise das STDOUT von mein_programm über eine Pipe an das STDIN von ihr_programm weiter:

```
mein_programm | ihr_programm
```

Dieser Unix-Befehl leitet die Ausgabe von mein_programm in die Datei *ausgabedatei* um:

```
mein_programm > ausgabedatei
```

Es ist auch üblich, bestimmte Fehlermeldungen an das vordefinierte Dateihandle für Fehler, STDERR, umzuleiten. Hierzu können Sie aber auch eine Datei öffnen und sie mit einem entsprechenden Dateihandle versehen. Hier einige Beispiele für diese beiden Aufgaben:

```
print STDERR "Wenn Sie diesen Teil des Programms erreicht haben, ist etwas furchtbar
schiefgegangen!";

open(OUTPUTFD, ">ausgabe_datei");
print OUTPUTFD "Hier die erste Zeile der Ausgabedatei ausgabe_datei\n";
```

STDERR wird normalerweise standardmäßig ebenfalls auf den Bildschirm umgeleitet, kann über die Kommandozeile aber auch in eine Datei umgeleitet werden. Das geschieht bei unterschiedlichen Systemen auf unterschiedliche Weise. Das folgende Beispiel zeigt die Vorgehensweise für Unix-Systeme mit *sh*- oder *bash*-Shells:

```
meinprogramm 2>meinprogramm.fehler
```

Sie können STDERR auch innerhalb Ihres Perl-Programms in eine Datei umleiten, indem Sie Code wie den folgenden verwenden, bevor Sie STDERR erstmals benutzen. Das ist die portabelste Möglichkeit zur Umleitung von STDERR:

```
open (STDERR, ">meinprogramm.fehler") or die "Kann Fehlerdatei
    meinprogramm.fehler nicht öffnen:$!\n";
```

Das Problem bei diesem Ansatz besteht darin, daß das ursprüngliche STDERR verlorengeht. Die folgende Methode stammt aus *Programmieren mit Perl*. Sie sichert das ursprüngliche STDERR und stellt es wieder her:

```
open FEHLERDATEI, ">meinprogramm.fehler"
    or die "Kann myprogramm.fehler nicht öffnen";
open SAVEERR, ">&STDERR";
open STDERR, ">&FEHLERDATEI;

print STDERR "Dieser Text erscheint in der Fehlerdatei meinprogramm.fehler\n";

# STDERR nun wiederherstellen
close STDERR;
open STDERR, ">&SAVEERR";

print STDERR "Dieser Text erscheint auf dem Bildschirm\n";
```

Eine ganze Reihe von Aspekten, die Dateihandles betreffen, wurde in diesem Buch nicht behandelt. Die Umleitung vordefinierter Dateihandles wie STDERR kann zu Problemen führen, insbesondere wenn Ihre Programme größer werden und mehr auf Modulen oder Bibliotheken basieren. Eine sichere Lösung besteht darin, ein neues Dateihandle für eine Fehlerdatei zu öffnen und alle Fehlermeldungen an dieses Dateihandle zu schicken:

```
open (FEHLERMELDUNGEN, ">meinprogramm.fehler")
    or die "Kann meinprogramm.fehler nicht öffnen:$!\n";

print FEHLERMELDUNGEN "Dies ist eine Fehlermeldung\n";
```

Beachten Sie, daß die Funktion `die` und die eng mit ihr verwandte Funktion `warn` ihre Fehlermeldungen über STDERR ausgeben.

Reguläre Ausdrücke

Reguläre Ausdrücke bilden in Perl eigentlich eine eigene Sprache. Bei Perl besitzen sie sehr viele Features. Zuerst möchte ich kurz zusammenfassen, wie reguläre Ausdrücke in Perl funktionieren, und dann stelle ich einige der vielen Features vor.

Übersicht

Reguläre Ausdrücke beschreiben Muster in Strings. Das von einem einzelnen regulären Ausdruck beschriebene Muster kann viele unterschiedliche Strings beschreiben.

Reguläre Ausdrücke werden bei der Mustererkennung (dem sogenannten Pattern Matching) eingesetzt, um festzustellen, ob ein bestimmtes Muster in einem String existiert. Man kann mit ihnen auch Strings verändern, beispielsweise mit dem `s///`-Operator, der ein erkanntes Muster durch einen anderen String (den Ersetzungstext) ersetzt. Darüber hinaus werden sie von der `tr`-Funktion verwendet, die verschiedene Zeichen in einem String ersetzen kann. Reguläre Ausdrücke unterscheiden zwischen Groß-/Kleinschreibung, solange nicht explizit etwas anderes festgelegt wird.

Das einfachste Muster ist ein für sich stehender String. Wenn Sie zum Beispiel wissen wollen, ob das Muster `'abc'` im String `'abcdefghijklmnopqrstuvwxyz'` erscheint, schreiben Sie in Perl folgendes:

```
$alphabet = 'abcdefghijklmnopqrstuvwxyz';
if( $alphabet =~ /abc/ ) {
    print $&;
}
```

Der Operator `=~` bindet ein Pattern Matching an einen bestimmten String. `/abc/` ist das Muster `abc`, umschlossen von Schrägstrichen `//`. Diese Kombination zeigt an, daß es sich um das Muster eines regulären Ausdrucks handelt. `$&` wird auf das erkannte Muster gesetzt, wenn es eines gibt. In diesem Fall ist das Matching erfolgreich, weil `'abc'` im String `$alphabet` erscheint, und der Code gibt einfach `abc` aus.

Reguläre Ausdrücke bestehen aus zwei Arten von Zeichen. Viele Zeichen wie etwa `'a'` oder `'Z'` stehen für sich selbst. Metazeichen hingegen haben für die »Sprache« regulärer Ausdrücke eine besondere Bedeutung. Zum Beispiel stehen runde Klammern `( )` nicht für sich selbst, sondern werden verwendet, um andere Zeichen zu gruppieren. Wenn Sie ein Metazeichen wie die runde Klammer `(` in einem String erkennen wollen, müssen Sie ihm im Muster das Backslash-Zeichen (ein weiteres Metazeichen) `\(` voranstellen.

Hinter regulären Ausdrücken verbergen sich drei grundlegende Ideen. Die erste ist die Verkettung: Zwei in einem Muster (d.h. der in unseren Beispielen zwischen den Schrägstrichen stehende Text) nebeneinander stehende Elemente müssen zwei benachbarten

Elementen im String (in unserem Beispiel `$alphabet`) entsprechen. Um also `'abc'`, gefolgt von `'def'`, zu erkennen, verketten Sie sie im regulären Ausdruck:

```
$alphabet = 'abcdefghijklmnopqrstuvwxyz';
if( $alphabet =~ /abcdef/ ) {
        print $&;
}
```

Das liefert:

```
abcdef
```

Die zweite wichtige Idee ist die Alternierung. Durch das Metazeichen | getrennte Elemente erkennen jeweils eines dieser Elemente. Zum Beispiel gibt

```
$alphabet = 'abcdefghijklmnopqrstuvwxyz';
if( $alphabet =~ /a(b|c|d)c/ ) {
        print $&;
}
```

folgendes aus:

```
abc
```

Das Beispiel zeigt auch, wie runde Klammern Dinge in einem regulären Ausdruck gruppieren. Die Klammern sind Metazeichen, die im String nicht erkannt werden, sondern die mit `b|c|d` beschriebene Alternierung zu einer Gruppe zusammenfassen. An dieser Stelle des Musters soll also nach `b`, `c` oder `d` gesucht werden. Weil tatsächlich `b` an dieser Stelle in `$alphabet` vorkommt, wird die Alternierung und damit auch das gesamte Muster `a(b|c|d)c` in `$alphabet` erkannt. (Noch ein Hinweis: `ab|cd` bedeutet `(ab)|(cd)`, nicht `a(b|c)d`.)

Die dritte wichtige Idee regulärer Ausdrücke ist die Wiederholung. Diese wird in einem Muster mit dem Quantifizierungsmetazeichen * (nach einem der Erfinder regulärer Ausdrücke auch Kleene-Stern genannt) angegeben. Erscheint ein * hinter einem Element, bedeutet das, daß dieses Zeichen gar nicht, einmal oder beliebig oft an dieser Stelle des Strings vorkommen kann. Zum Beispiel sind alle nachfolgenden Mustererkennungen erfolgreich:

```
'AC' =~ /AB*C/;
'ABC' =~ /AB*C/;
'ABBBBBBBBBBBC' =~ /AB*C/;
```

Metazeichen

Die folgenden Zeichen sind Metazeichen:

```
\ | ( ) [ { ^ $ * + ? .
```

Escaping mit \

Ein Backslash \ vor einem Metazeichen hebt die Sonderfunktion dieses Zeichens auf und sorgt für die Erkennung dieses Zeichens. So erkennt \\ ein einzelnes \ im String.

Alternierung mit |

Das Pipe-Symbol | steht für die vorhin beschriebene Alternierung.

Gruppierung mit ( )

Die runden Klammern ( ) ermöglichen die vorhin beschriebene Gruppierung.

Zeichenklassen

Eckige Klammern [ ] legen eine Zeichenklasse fest. Diese erkennt eines der in ihr festgelegten Zeichen. Zum Beispiel erkennt `[abc]` entweder `a` oder `b` oder `c` an dieser Position (es ist also mit `a|b|c` identisch). `A-Z` legt einen Bereich fest, der jeden Großbuchstaben von A bis Z erkennt, `a-z` erkennt Kleinbuchstaben, und `0-9` erkennt eine beliebige Ziffer. Zum Beispiel erkennt `[A-Za-z0-9]` an einer bestimmten Position einen einzelnen Buchstaben oder eine Ziffer. Ist ^ das erste Zeichen in der Zeichenklasse, wird jedes Zeichen außer den angegebenen erkannt. So erkennt `[^0-9]` zum Beispiel jedes Zeichen, das keine Ziffer ist.

Matching eines beliebigen Zeichens mit .

Der Punkt `.` steht für jedes beliebige Zeichen außer Newline. (Der Modifier `/s` läßt ihn auch das Newline erkennen.) So gesehen, ist `.` also wie eine Zeichenklasse, die für alle Zeichen steht.

Anfang und Ende von Strings mit ^ und $

Das Metazeichen ^ steht nicht für irgendein Zeichen, sondern legt fest, daß das folgende Element am Anfang des Strings stehen muß. In gleicher Weise steht auch das Metazeichen `$` nicht für irgendein Zeichen, sondern gibt an, daß das vorstehende Zeichen am Ende des Strings (oder vor dem abschließenden Newline) stehen muß. Zum Beispiel erkennt `/^Watson and Crick/` nur dann einen Treffer, wenn der String mit `Watson and Crick` beginnt, während `/Watson and Crick$/` den Treffer nur dann erkennt, wenn der String mit `Watson and Crick` oder `Watson and Crick\n` endet.

Quantifier: * + {MIN,} {MIN,MAX} ?

Diese Metazeichen legen die Anzahl der Wiederholungen eines Elements fest. Das Metazeichen * steht für null, eine oder beliebig viele Wiederholungen des vorstehenden Elements. Das Metazeichen + steht für ein oder mehrere des vorstehenden Elements. Die geschweiften Klammern {} ermöglichen die Festlegung einer exakten Anzahl des vorstehenden Elements oder die Festlegung eines Bereichs. Zum Beispiel bedeutet {3} genau drei Elemente, {3,7} bedeutet drei, vier, fünf, sechs oder sieben Elemente, und {3,} bedeutet drei oder mehr Elemente. Das ? akzeptiert keine oder eine Instanz des vorstehenden Elements.

Minimales Matching mit ?

Die gerade vorgestellten Quantifier sind standardmäßig »gierig« (engl. greedy), d.h., sie erkennen so viele Elemente wie möglich. Manchmal benötigen Sie aber ein minimales Matching, bei dem so wenig Elemente wie möglich erkannt werden. Sie erreichen dies, indem Sie hinter jeden der möglichen Quantifier * + {} ? ein ? stellen. So versucht zum Beispiel *?, so wenig Elemente wie möglich zu erkennen (vielleicht sogar keines). Hier ein maximales Matching:

```
'hear ye hear ye hear ye' =~ /hear.*ye/;
print $&;
```

Das erkennt `'hear'`, gefolgt von `.*` (so viele Zeichen wie möglich), gefolgt von `'ye'`, und ergibt folgendes:

```
hear ye hear ye hear ye
```

Hier ein minimales Matching:

```
'hear ye hear ye hear ye' =~ /hear.*?ye/;
print $&;
```

Das erkennt `'hear'`, gefolgt von `.*?` (der kleinstmöglichen Anzahl von Zeichen), gefolgt von `'ye'`, und liefert:

```
hear ye
```

Festhalten erkannter Muster

Sie können Teile des Musters in Klammern einschließen, wenn Sie wissen wollen, welcher String durch diesen Teil genau erkannt wurde. Ein Beispiel:

```
$alphabet = 'abcdefghijklmnopqrstuvwxyz';
$alphabet =~ /k(lmnop)q/;
print $1;
```

ergibt:

```
lmnop
```

Sie können in einem regulären Ausdruck so viele Klammernpaare verwenden, wie Sie wollen. Perl speichert die entsprechend erkannten Substrings jeweils in den Spezialvariablen `$1`, `$2` usw. Die Treffer werden beim Auftreten der öffnenden Klammer nacheinander von links nach rechts durchnumeriert.

Hier ein etwas komplizierteres Beispiel für das Festhalten der in einem String enthaltenen Teiltreffer:

```
$alphabet = 'abcdefghijklmnopqrstuvwxyz';
$alphabet =~ /(((a)b)c)/;
print "Erstes Muster = ", $1,"\n";
print "Zweites Muster = ", $2,"\n";
print "Drittes Muster = ", $3,"\n";
```

Hier die Ausgabe:

```
Erstes Muster = abc
Zweites Muster = ab
Drittes Muster = a
```

Metasymbole

Metasymbole sind Sequenzen von zwei oder mehr Zeichen, wobei immer ein Backslash vor normalen Zeichen steht. Diese Metasymbole haben für die in Perl integrierten regulären Ausdrücke (und die meisten auch für in Anführungszeichen stehende Strings) eine besondere Bedeutung. Es gibt eine ganze Reihe dieser Metasymbole, aber das liegt nur daran, daß sie so nützlich sind. Tabelle B-3 führt die meisten dieser Metasymbole auf. Die Spalte »Atomisch« gibt Ja an, wenn das Metasymbol ein Element erkennt, Nein, wenn das Metasymbol nur eine Annahme macht, und –, wenn irgendeine andere Aktion durchgeführt wird.

Tabelle B-3: Alphanumerische Metasymbole

Symbol	Atomisch	Bedeutung
\0	Ja	Erkennt das Nullzeichen (ASCII NULL)
\NNN	Ja	Erkennt die angegebene Oktalzahl bis 377
\n	Ja	Erkennt den n-ten vorher festgehaltenen String (dezimal)
\a	Ja	Erkennt das Alarm-Zeichen (BEL)
\A	Nein	Wahr zu Beginn eines Strings
\b	Ja	Erkennt das Backspace-Zeichen (BS)
\b	Nein	Wahr an Wortgrenze
\B	Nein	Wahr an Nicht-Wortgrenze
\cX	Ja	Erkennt das Steuerzeichen Control-X
\d	Ja	Erkennt eine beliebige Ziffer
\D	Ja	Erkennt eine Nicht-Ziffer
\e	Ja	Erkennt das Escape-Zeichen (ASCII ESC, nicht Backslash)
\E	–	Beendet Groß/Klein- (\L, \U) bzw. Metaquote-Translation (\Q)
\f	Ja	Erkennt das Seitenvorschub-Zeichen (FF, Formfeed)
\G	Nein	Wahr an der Ende-des-Treffers-Position der vorherigen m//g-Operation
\l	–	Kleinschreibung nur des nächsten Zeichens

Tabelle B-3: Alphanumerische Metasymbole (Fortsetzung)

Symbol	Atomisch	Bedeutung
\L	–	Kleinschreibung bis \E
\n	Ja	Erkennt das Newline-Zeichen (üblicherweise NL, bei Macs aber CR)
\Q	–	Quoting von Metazeichen bis \E
\r	Ja	Erkennt das Return-Zeichen (üblicherweise CR, aber NL bei Macs)
\s	Ja	Erkennt ein Whitespace-Zeichen
\S	Ja	Erkennt ein Nicht-Whitespace-Zeichen
\t	Ja	Erkennt ein Tabulatorzeichen (HT)
\u	–	Titelschreibweise für das nächste Zeichen
\U	–	Großschreibung (keine Titelschreibweise) bis \E
\w	Ja	Erkennt ein »Wort«-Zeichen (alphanumerische Zeichen plus _)
\W	Ja	Erkennt ein Nicht-Wort-Zeichen
\x{abcd}	Ja	Erkennt das hexadezimal angegebene Zeichen
\z	Nein	Nur am Ende des Strings wahr
\Z	Nein	Wahr am Ende des Strings oder vor optionalem Newline

Erweiterte reguläre Ausdrücke

Tabelle B-4 enthält verschiedene nützliche Features, die die Regex-Fähigkeiten von Perl erweitern.

Tabelle B-4: Erweiterte reguläre Ausdrücke

Erweiterung	Atomisch	Bedeutung
`(?#...)`	Nein	Kommentar
`(?:...)`	Ja	Gruppenbildende Klammern, kein Speichern
`(?imsx-imsx)`	Nein	(De-)Aktivieren von Muster-Modifiern
`(?imsx-imsx:...)`	Ja	Gruppenbildende Klammern und Modifier
`(?=...)`	Nein	Wahr, wenn Lookahead-Annahme erfolgreich
`(?!...)`	Nein	Wahr, wenn Lookahead-Annahme fehlschlägt
`(?<=...)`	Nein	Wahr, wenn Lookbehind-Annahme erfolgreich
`(?<!...)`	Nein	Wahr, wenn Lookbehind-Annahme fehlschlägt
`(?>...)`	Ja	Matching eines Submusters ohne Backtracking
`(?{...})`	No	Eingebetteten Perl-Code ausführen
`(??{...})`	Ja	Matching des regulären Ausdrucks aus eingebettetem Perl-Code
`(?(...)...|...)`	Ja	Matching mit if-then-else-Muster
`(?(...)...)`	Ja	Matching mit if-then-Muster

Muster-Modifier

Muster-Modifier sind aus einem Buchstaben bestehende Befehle, die direkt hinter dem Schrägstrich plaziert werden. Sie werden verwendet, um einen regulären Ausdruck oder eine Substitution zu beschränken oder das Verhalten einiger Features regulärer Ausdrücke zu verändern. Tabelle B-5 führt die gängigsten Muster-Modifier auf.

Tabelle B-5: Muster-Modifier

Modifier	Bedeutung
/i	Ignoriere Groß-/Kleinschreibung
/s	. erkennt auch Newline
/m	^ und $ greifen auch bei eingebettetem \n
/x	Ignoriere (die meisten) Whitespace und erlaube Kommentare in Mustern
/o	Kompiliere Muster nur einmal
/g	Finde alle Treffer, nicht nur den ersten

Nehmen wir zum Beispiel an, Sie suchen in einem Text nach einem Namen, wissen aber nicht, ob der erste (oder alle) Buchstabe(n) groß geschrieben wurde(n). Sie können den Modifier `/i` wie folgt einsetzen:

```
$text = "WATSON und CRICK gewannen den Nobelpreis";
$text =~ /Watson/i;
print $&;
```

Das führt zu einem Treffer (weil `/i` die Unterscheidung zwischen Groß- und Kleinschreibung ignoriert) und gibt den erkannten String `WATSON` aus.

Skalarer und Listenkontext

Jede Operation wird bei Perl entweder im skalaren oder im Listenkontext evaluiert. Viele Operatoren verhalten sich je nach Kontext unterschiedlich. Sie geben eine Liste im Listenkontext und einen skalaren Wert im skalaren Kontext zurück.

Das einfachste Beispiel für skalaren und Listenkontext ist die Zuweisung. Wenn die linke Seite (die Variable, der ein Wert zugewiesen wird) eine skalare Variable ist, wird die rechte Seite (der Wert, der zugewiesen wird) im skalaren Kontext evaluiert. In den folgenden Beispielen ist die rechte Seite ein Array `@array` mit zwei Elementen. Ist die linke Seite eine skalare Variable, wird `@array` im skalaren Kontext evaluiert. Im skalaren Kontext gibt ein Array die Anzahl der enthaltenen Elemente zurück:

```
@array = ('one', 'two');
$a = @array;
print $a;
```

Das liefert folgendes Ergebnis:

```
2
```

Wenn Sie runde Klammern um das $a stellen, erzeugen Sie eine Liste mit einem Element, was dazu führt, daß @array im Listenkontext evaluiert wird:

```
@array = ('one', 'two');
($a) = @array;
print $a;
```

Das ergibt:

```
one
```

Beachten Sie, daß bei der Zuweisung an eine Liste alle überflüssigen Werte ignoriert werden, wenn nicht genug Variablen für die Werte zur Verfügung stehen. Um alle Werte festzuhalten, würden Sie folgendes tun:

```
@array = ('one', 'two');
($a, $b) = @array;
print "$a $b";
```

Das ergibt:

```
one two
```

Sind hingegen auf der linken Seite zu viele Variablen für die Anzahl der Werte auf der rechten Seite, dann wird den übriggebliebenen Variablen der undefinierte Wert undef zugewiesen.

Wenn Sie sich mit Perl-Funktionen und -Operationen beschäftigen, sollten Sie darauf achten, was die Dokumentation über skalaren und Listenkontext sagt. Wenn sich Programme seltsam verhalten, dann liegt es häufig daran, daß die Evaluierung in einem anderen Kontext erfolgt, als Sie vielleicht erwarten.

Hier einige allgemeine Richtlinien, wann Sie welchen Kontext erwarten können:

- Sie erhalten Listenkontext bei Funktionsaufrufen (alles im Argumentbereich wird im Listenkontext evaluiert) und bei Listenzuweisungen.
- Sie erhalten skalaren Kontext bei Operationen mit Strings und Zahlen (die Argumente für solche Operatoren wie `.` und `+` müssen Skalare sein), bei Booleschen Tests wie der Bedingung einer `if ()`-Anweisung oder den Argumenten des logischen Operators `||` sowie bei skalaren Zuweisungen.

Subroutinen und Module

Subroutinen werden durch das Schlüsselwort sub definiert. Darauf folgt der Name der Subroutine und dann ein in geschweiften Klammern stehender Block (der Body), der die eigentliche Subroutine enthält. Hier ein einfaches Beispiel:

```
sub a_subroutine {
    print "Ich bin eine Subroutine\n";
}
```

Generell rufen Sie Subroutinen auf, indem Sie den Namen der Subroutine, gefolgt von einer in Klammern stehenden Liste von Argumenten, angeben:

```
a_subroutine();
```

Argumente können an die Subroutine in Form einer Liste von Skalaren übergeben werden. Werden Arrays als Argumente übergeben, werden deren Elemente in die Liste der Skalare interpoliert. Die Subroutine empfängt alle skalaren Werte in Form einer Liste in der Spezialvariable `@_`. Das folgende Beispiel zeigt eine Subroutinendefinition und den Aufruf der Subroutine mit einigen Argumenten:

```
sub concatenate_dna {
    my($dna1, $dna2) = @_;

    my($concatenation);

    $concatenation = "$dna1$dna2";

    return $concatenation;
}

print concatenate_dna('AAA', 'CGC');
```

Das ergibt:

```
AAACGC
```

Die Argumente `'AAA'` und `'CGC'` werden der Subroutine als Liste von Skalaren übergeben. Die erste Anweisung im Block der Subroutine

```
my($dna1, $dna2) = @_;
```

weist diese Liste, die über die Spezialvariable `@_` verfügbar ist, den Variablen `$dna1` und `$dna2` zu.

Die Variablen `$dna1` und `$dna2` sind als `my`-Variablen deklariert, die nur lokal innerhalb des Subroutinenblocks gelten. Generell sollten Sie alle Variablen als `my`-Variablen deklarieren, was Sie durch die Anweisung `use strict;` zu Beginn Ihrer Programme erzwingen können. Es ist aber auch möglich, globale Variablen zu verwenden, die nicht mit `my` deklariert werden. Diese Variablen können überall im Programm genutzt werden, auch in Subroutinen. In diesem Buch wurden keine globalen Variablen verwendet.

Die Anweisung

```
my($concatenation);
```

deklariert eine weitere Variable, die innerhalb der Subroutine verwendet wird.

Die Anweisung

```
$concatenation = "$dna1$dna2";
```

führt die eigentliche Arbeit der Subroutine durch, und die Subroutine definiert ihren Wert mit der `return`-Anweisung:

```
return $concatenation;
```

Der von einer Subroutine zurückgegebene Wert kann beliebig weiterverwendet werden. In unserem Beispiel wird er als Argument an die `print`-Funktion übergeben.

Werden Arrays als Argumente übergeben, werden ihre Elemente in die `@_`-Liste interpoliert, wie das folgende Beispiel zeigt:

```
sub example_sub {
    my(@arguments) = @_;

    print "@arguments\n";
}

my @array = ('two', 'three', 'four');

example_sub('one', @array, 'five');
```

Das ergibt:

```
one two three four five
```

Beachten Sie, daß der folgende Versuch, Arrays und Skalare in den Argumenten einer Subroutine zu mischen, nicht funktioniert:

```
# Das funktioniert nicht!!
sub bad_sub {
    my(@array, $scalar) = @_;

    print $scalar;
}

my @arr = ('DNA', 'RNA');
my $string = 'Protein';

bad_sub(@arr, $string);
```

In diesem Beispiel wird der Subroutinen-Variable `@array` auf der linken Seite der Zuweisung die gesamte Liste der rechten Seite von `@_`, nämlich `('DNA', 'RNA', 'Protein')`, zugewiesen. Die Subroutinen-Variable `$scalar` wird überhaupt nicht gesetzt, d.h., die Subroutine würde nicht wie erwartet `'Protein'` ausgeben. Um separate Arrays und Hashes an die Subroutine zu übergeben, müssen Sie mit Referenzen arbeiten. Beachten Sie hierzu den Abschnitt »Subroutinen: Pass-by-Reference« in Kapitel 6. Hier ein kurzes Beispiel:

```
sub good_sub {
    my($arrayref, $hashref) = @_;

    print "@$arrayref", "\n";

    my @keys = keys %$hashref;

    print "@keys", "\n";
}

my @arr = ('DNA', 'RNA');
my %nums = ( 'one' => 1, 'two' => 2);

good_sub(\@arr, \%nums);
```

Das gibt folgendes aus:

```
DNA RNA
one two
```

Fest eingebaute Funktionen

Perl besitzt sehr viele fest eingebaute Funktionen. Tabelle B-6 ist eine nicht ganz vollständige Liste mit kurzen Beschreibungen.

Tabelle B-6: In Perl fest eingebaute Funktionen

Funktion	Zusammenfassung
abs WERT	Gibt den absoluten Wert des numerischen Arguments zurück
atan2 Y, X	Liefert den Arkus-Tangens von Y/X im Bereich -p bis p zurück
chdir AUSDR	Macht AUSDR zum aktuellen Arbeitsverzeichnis (wechselt standardmäßig ins Home-Verzeichnis)
chmod MODUS LISTE	Ändert die Datei-Zugriffsrechte der Datei-LISTE in MODUS
chomp (VARIABLE oder LISTE)	Entfernt das abschließende Newline (wenn vorhanden) aus einem String
chop (VARIABLE oder LISTE)	Entfernt das letzte Zeichen aus einem String
chown UID, GID, LISTE	Ändert Eigentümer und Gruppe der Datei-LISTE auf die angegebenen numerischen UIDs und GIDs
close DATEIHANDLE	Schließt das mit der Datei, dem Socket oder der Pipe verknüpfte DATEIHANDLE
closedir VERZHANDLE	Schließt das mit VERZHANDLE verknüpfte Verzeichnis
cos AUSDR	Gibt den Kosinus von AUSDR im Bogenmaß zurück
dbmclose HASH	Hebt die Bindung zwischen einer DBM-Datei und einem Hash auf
dbmopen HASH, DBNAME, MODUS	Bindet eine DBM-Datei an einen HASH mit den in MODUS angegebenen Zugriffsrechten
defined AUSDR	Gibt wahr oder falsch zurück, wenn AUSDR einen definierten bzw. undefinierten Wert besitzt
delete AUSDR	Löscht ein Element (oder einen Slice) aus einem Hash oder einem Array
die LISTE	Beendet das Programm mit einer Fehlermeldung, die auch die LISTE umfaßt
each HASH	Geht einen Hash Schlüssel für Schlüssel (oder Schlüssel/Wert-Paar) durch
exec PFADNAME LISTE	Beendet das laufende Programm und führt statt dessen das Programm PFADNAME mit den Argumenten LISTE aus
exists AUSDR	Gibt wahr zurück, wenn der Hashschlüssel oder der Arrayindex existiert
exit AUSDR	Beendet das Programm mit dem Rückgabewert AUSDR
exp AUSDR	Liefert den Wert von e hoch AUSDR zurück
format	Deklariert das von der write-Funktion verwendete Format
grep AUSDR, LISTE	Gibt die Elemente der LISTE zurück, für die der AUSDR wahr ist
gmtime	Gibt die für die Greenwich-Zeitzone korrekte Zeit zurück; Sonntag ist Tag 0, Januar ist Monat 0, Jahr ist die Anzahl der Jahre seit 1900 – Beispiel: ($sek,$min,$std,$mtag,$mon,$jahr,$wtag,$jtag, $isdst) = gmtime;

Tabelle B-6: In Perl fest eingebaute Funktionen (Fortsetzung)

Funktion	Zusammenfassung
goto LABEL	Programm wird an der mit LABEL versehenen Markierung fortgesetzt
hex AUSDR	Gibt den Dezimalwert des hexadezimalen Ausdrucks zurück
index STRING, SUBSTRING	Gibt die Position des ersten Vorkommens von SUBSTRING in STRING zurück
int AUSDR	Gibt den ganzzahligen Teil der Zahl in AUSDR zurück
join AUSDR, LISTE	Verbindet die Strings in LISTE zu einem einzigen String, getrennt durch AUSDR
keys HASH	Gibt eine Liste aller Schlüssel im HASH zurück
last LABEL	Beendet standardmäßig die unmittelbar umschließende Schleife bzw. die Schleife mit dem LABEL
lc AUSDR	Gibt eine in Kleinbuchstaben umgewandelte Kopie des Strings in AUSDR zurück
lcfirst AUSDR	Gibt eine Kopie von AUSDR zurück, bei der der erste Buchstabe in einen Kleinbuchstaben umgewandelt wurde
length AUSDR	Gibt die Länge von AUSDR in Zeichen zurück
localtime	Gibt die lokale Zeit im gleichen Format zurück wie bei der Funktion gmtime
log AUSDR	Gibt den natürlichen Logarithmus der Zahl AUSDR zurück
m/MUSTER/	Der Match-Operator für den regulären Ausdruck MUSTER, häufig abgekürzt mit: /MUSTER/
map BLOCK LISTE (oder map AUSDR, LISTE)	Evaluiert BLOCK oder AUSDR für jedes Element der LISTE und gibt eine Liste der Rückgabewerte zurück
mkdir DATEINAME	Erzeugt das Verzeichnis DATEINAME
my AUSDR	Deklariert die Variablen in AUSDR als private Variablen für den umschließenden Block
next LABEL	Springt standardmäßig zur nächsten Iteration der umschließenden Schleife bzw. zu der mit LABEL markierten Schleife
oct AUSDR	Gibt den Dezimalwert der Oktalzahl in AUSDR zurück
open DATEIHANDLE, AUSDR	Öffnet eine Datei entsprechend den Optionen in AUSDR und verknüpft sie mit DATEIHANDLE
opendir VERZHANDLE, AUSDR	Öffnet das Verzeichnis AUSDR und weist ihm das Handle VERZHANDLE zu
pop ARRAY	Entfernt das letzte Element von ARRAY und gibt es zurück
pos SKALAR	Liefert die Stelle im String SKALAR zurück, an der die letzte m//g-Suche beendet wurde
print DATEIHANDLE LISTE	Gibt die LISTE als String an DATEIHANDLE (standardmäßig STDOUT) aus
printf DATEIHANDLE FORMAT, LISTE	Gibt die Variablen der LISTE im durch FORMAT festgelegten Format an DATEIHANDLE aus
push ARRAY, LISTE	Legt die Elemente der LISTE am Ende des ARRAYs ab
rand AUSDR	Gibt eine Pseudozufallszahl zwischen 0 und kleiner als AUSDR (standardmäßig 1) zurück
readdir VERZHANDLE	Gibt eine Liste der Einträge im mit VERZHANDLE verknüpften Verzeichnis zurück
redo LABEL	Startet eine Schleife erneut, ohne die Bedingung erneut zu evaluieren

Tabelle B-6: In Perl fest eingebaute Funktionen (Fortsetzung)

Funktion	Zusammenfassung
ref AUSDR	Gibt wahr (bzw. falsch) zurück, wenn AUSDR eine Referenz ist (bzw. nicht ist). Der Rückgabewert gibt den Typ der Referenz an.
rename ALTERNAME, NEUERNAME	Ändert den Namen einer Datei
return AUSDR	Kehrt aus der aktuellen Subroutine mit dem Wert AUSDR zurück
reverse LISTE	Gibt eine LISTE in umgekehrter Reihenfolge zurück bzw. kehrt Strings im skalaren Kontext um
rindex STRING, SUBSTRING	Wie die Funktion index, gibt aber das letzte Vorkommen von SUBSTRING in STRING zurück
rmdir DATEINAME	Löscht das Verzeichnis DATEINAME
s/MUSTER/ERSATZ/	Ersetzt den Treffer des regulären Ausdrucks MUSTER durch den String ERSATZ
scalar AUSDR	Erzwingt die Evaluierung von AUSDR im skalaren Kontext
seek DATEIHANDLE, OFFSET, VONWO	Positioniert den Dateizeiger für DATEIHANDLE an OFFSET Bytes (VONWO = 0), an der aktuellen Position plus OFFSET (VONWO = 1) oder OFFSET Bytes vom Dateiende entfernt (VONWO = 2)
shift ARRAY	Entfernt das erste Element aus ARRAY und gibt es zurück
sin AUSDR	Gibt den Sinus von AUSDR (im Bogenmaß) zurück
sleep AUSDR	Läßt das Programm für AUSDR Sekunden pausieren (»schlafen«)
sort BENUTZERSUB LISTE (oder sort BLOCK LISTE)	Sortiert die LISTE entsprechend der Reihenfolge in BENUTZERSUB oder in BLOCK (standardmäßig die übliche String-Reihenfolge)
splice ARRAY, OFFSET, LÄNGE, LISTE	Entfernt LÄNGE Elemente an OFFSET im ARRAY und ersetzt sie (falls vorhanden) durch LISTE
split /MUSTER/, AUSDR	Zerlegt den String AUSDR an Vorkommen von /MUSTER/ und gibt eine Liste zurück
sprintf FORMAT, LISTE	Gibt einen entsprechend FORMAT formatierten String zurück
sqrt AUSDR	Gibt die Quadratwurzel der Zahl AUSDR zurück
srand AUSDR	Initialisiert den Zufallszahlengenerator für den rand-Operator; wird nur bei Perl-Versionen vor 5.004 benötigt
stat (DATEIHANDLE oder AUSDR)	Liefert Statistiken zur Datei AUSDR oder deren DATEIHANDLE zurück – Beispiel: (\$dev,\$inode,\$mode,\$num_of_links,\$uid,\$gid,\$rdev,\$size,\$accesstime, \$modifiedtime,\$changetime,\$blksize,\$blocks) = stat \$filename;
study SKALAR	Versucht, das nachfolgende Pattern Matching im String SKALAR zu optimieren
sub NAME BLOCK	Definiert eine Subroutine namens NAME mit Programmcode im BLOCK
substr AUSDR, OFFSET, LÄNGE, ERSATZ	Gibt einen Substring des Strings AUSDR an der Position OFFSET und mit der Länge LÄNGE zurück. Der Substring wird (wenn vorhanden) durch ERSATZ ersetzt.
system PFADNAME LISTE	Führt ein beliebiges Programm PFADNAME mit den Argumenten LISTE aus; gibt den Exit-Status des Programms zurück, nicht dessen Ausgabe. Um die Ausgabe abzufangen, verwenden Sie Backticks – Beispiel: @output = \`/bin/who\`;
tell DATEIHANDLE	Gibt die aktuelle Dateiposition von DATEIHANDLE in Bytes zurück
tr/ORIGINAL/ERSATZ/	Ersetzt jedes Zeichen im ORIGINAL durch das entsprechende Zeichen in ERSATZ

Tabelle B-6: In Perl fest eingebaute Funktionen (Fortsetzung)

Funktion	Zusammenfassung
truncate (DATEIHANDLE oder AUSDR), LÄNGE	Kürzt die Datei AUSDR oder das geöffnete DATEIHANDLE auf LÄNGE Bytes
uc AUSDR	Gibt eine in Großbuchstaben umgewandelte Kopie von AUSDR zurück
ucfirst AUSDR	Gibt eine Kopie von AUSDR zurück, bei der der erste Buchstabe in einen Großbuchstaben umgewandelt wurde
undef AUSDR	Gibt den undefinierten Wert zurück. Wird eine definierte Variable oder Subroutine namens AUSDR übergeben, ist diese nicht länger definiert. Kann einem Wert zugewiesen werden, wenn Sie diesen Wert nicht mehr benötigen.
unlink LISTE	Löscht die angegebene LISTE von Dateien
unshift ARRAY, LISTE	Setzt die Elemente der LISTE an den Anfang von ARRAY
use MODUL	Lädt ein MODUL
values HASH	Gibt eine Liste aller Werte im HASH zurück
wantarray	Gibt innerhalb einer Subroutine wahr zurück, wenn das aufrufende Programm eine Liste als Rückgabewert erwartet
warn LISTE	Gibt eine Fehlermeldung einschließlich der LISTE aus
write DATEIHANDLE	Schreibt einen formatierten Datensatz an DATEIHANDLE (standardmäßig STDOUT). Das Format wird in der format-Funktion definiert.

Index

Symbole

Zahlen

A

B

C

D

E

F

G

H

I

J

K

L

M

N

O

P

Q

R

S

T

U

V

W

X

Z

Über den Autor

James D. Tisdall ist als Berater für Biocomputing Associates of Kimberton, Pennsylvania, tätig, einem auf Entwicklung und Training von Bioinformatik-Software spezialisierten Unternehmen.

Jim hat für die Bell Labs in Murray Hill, New Jersey, gearbeitet, wo er Computer für das Sprachforschungsinstitut programmiert hat. Während seiner Zeit bei den Bell Labs hat er eine formale Sprache für den melodischen Rhythmus entwickelt und im Bereich Strukturelle Komplexitätstheorie veröffentlicht. Er besitzt einen B.A. in Mathematik vom City College of New York sowie einen M.S. in Informatik von der Columbia University. Er verließ die Bell Labs, um einen Ph.D. in Informatik an der University of Michigan und der University of Pennsylvania zu machen.

Als einer der ersten, die Perl in der Bioinformatik eingesetzt haben, stieß Jim 1991 zum Humangenom-Projekt, wo er die DNA-Workbench entwickelte, ein weltweit genutztes, parallel arbeitendes Bioinformatik-Perl-Programm. Als Bioinformatiker bei Mercator Genetics in Menlo Park, Kalifornien, wurden seine Perl-Programme zur SNP- und Haplotyp-Analyse bei der Entdeckung des Gens eingesetzt, das für die weit verbreitete, genetisch bedingte Hämochromatose-Erkrankung verantwortlich ist. Jim war auch Leiter der Bioinformatik am Fox Chase Cancer Center in Philadelphia.

In seiner knappen Freizeit lehrt Jim Computermusik an der Settlement Music School in Philadelphia und schreibt Gedichte. Er ist Vater von dreien, Sohn von zweien und Ehemann von einer.

Über den Übersetzer

Peter Klicman ist unabhängiger Sachverständiger für DV-Systeme sowie Internet-Provider und freier Unternehmensberater. Seine Arbeit für den O'Reilly Verlag brachte ihn zur technischen Dokumentation. Neben Buchübersetzungen (z.B. *Programmieren mit Perl* und *Perl Kochbuch*) führt er Dokumentations- und Entwicklungsprojekte durch. Sein bisher größter Coup, ein riesengroßes Kamel in den O'Reilly Verlag einreiten zu lassen, scheiterte zum Bedauern der Verlagsmitarbeiter an den zu kleinen Fenstern des Verlags.

Kolophon

Die Tiere auf dem Einband von *Einführung in Perl für Bioinformatik* sind Kaulquappen des Bronzefroschs (*Rana clamitans*) und des Amerikanischen Ochsenfroschs (*Rana catesbeiana*).

Als Kaulquappen bezeichnet man die im Wasser lebenden Larven von Fröschen oder Kröten. Wenn sie gerade aus den Eiern geschlüpft sind, haben sie große, runde Köpfe sowie lange, abgeflachte Schwänze. Durch einen komplizierten Umgestaltungsprozeß, die Metamorphose, verwandeln sich Kaulquappen von diesen kleinen, fischartigen Geschöpfen in die wohlbekannte Gestalt von Fröschen oder Kröten. Je nach Tierart kann dieser Prozeß zwischen zehn Tagen und drei Jahren dauern.

Während der ersten Stadien der Metamorphose sprießen die Hinterbeine, der Kopf flacht sich ab und der Schwanz verkürzt sich. Junge Kaulquappen fressen vor allem Kieselalgen und andere Algen sowie kleine Mengen von Zooplankton, also winzigen Wassertieren. Mit fortschreitender Metamorphose stellen die Kaulquappen ihre Nahrungsaufnahme ein und bilden den Schwanz zurück, wobei die darin enthaltene Energie zur Erhaltung des Stoffwechsels dient. Das Verdauungssystem wird von vornehmlich vegetarischer auf karnivore Kost umgestellt. Erst in den letzten Stadien der Metamorphose erscheinen die Vorderbeine, die Kiefer werden gebildet, das Skelett härtet aus und die Kiemen bilden sich zurück, während die Lungen angelegt werden. Diese werden schon bald zur Aufnahme von Atemluft an der Wasseroberfläche genutzt. Wenig später verlassen die Kaulquappen das Wasser, bilden die letzten Reste des Schwanzes zurück und hüpfen als Frösche oder Kröten davon.

Der Umschlagsentwurf dieses Buches basiert auf dem Reihendesign von Edie Freedman und stammt von Ellie Volckhausen. Das Coverbild ist eine Illustration von Lorrie LeJeune. Das Coverlayout der deutschen Ausgabe wurde von Pam Spremulli und Melanie Wang mit Quark XPress 4.1 unter Verwendung der Schriftart ITC Garamond von Adobe erstellt. Die Illustrationen in diesem Buch stammen von Robert Romano und Jessamyn Read und wurden mit Macromedia Freehand 9 und Adobe Photoshop 6 erzeugt. Michael Oreal hat sie für die deutsche Ausgabe aufbereitet. Für den Einband verwenden wir die Spezialbindung »Freier Rücken«. Lorrie LeJeune und Joachim Kurtz haben das Kolophon geschrieben.

Perl

Einführung in Perl, 3. Auflage

Randal L. Schwartz & Tom Phoenix
ca. 350 Seiten, 2002, ca. 34,- €
ISBN 3-89721-147-5

Einführung in Perl ist ein sorgfältig abgestimmter Kurs für Einsteiger: Mit vielen Programmierbeispielen sowie Übungen und ausgearbeiteten Lösungen zu jedem Thema zeigen die Autoren Schritt für Schritt, wie man mit Perl (Version 5.6) programmiert.

Einführung in Perl für Win32-Systeme

Erik Olson, Randal L. Schwartz &
Tom Christiansen
324 Seiten, 1998, 30,- €
ISBN 3-89721-106-8

Einführung in Perl für Win32-Systeme ist eine auf die Besonderheiten von Win32-Systemen angepaßte Version des Buches *Einführung in Perl, 2. Auflage.*

Perl in a Nutshell

Ellen Siever, Stephen Spainhour
& Nathan Patwardhan
728 Seiten, 1999, 30,- €
ISBN 3-89721-115-7

Die umfassende Referenz zu der Programmiersprache Perl und den wichtigsten CPAN-Modulen.

Perl 5 – kurz & gut, 3. Auflage

Johan Vromans
110 Seiten, 2000, 8,- €
ISBN 3-89721-227-7

Überblick über Perl 5.6, u.a. über Syntaxregeln, Quotierung, Variablen, Operatoren, Funktionen, I/O, Debugging, Formate, Standardmodule und reguläre Ausdrücke.

Programmieren mit Perl, 2. Auflage

Übersetzung der 3. engl. Auflage
Larry Wall, Tom Christiansen & Jon Orwant
1180 Seiten, 2001, 56,- €
ISBN 3-89721-144-0

Dieses Standardwerk ist nicht einfach ein Buch über Perl, es bietet einen einzigartigen – und zuweilen auch eigenwilligen – Einblick in diese Sprache und ihre Kultur. Die neue Auflage wurde komplett überarbeitet, deutlich erweitert und übersichtlicher strukturiert. Behandelt wird Perl 5.6. Neue Themen sind u.a. Threading, Compiler und Unicode.

Perl Kochbuch

Tom Christiansen & Nathan Torkington
836 Seiten, 1999, 46,- €
ISBN 3-89721-140-8

Das *Perl Kochbuch* bietet sowohl Einsteigern, als auch fortgeschrittenen Programmierern „Rezepte" aus allen wichtigen Bereichen der Programmierung mit Perl.

Reguläre Ausdrücke

Jeffrey E. F. Friedl
378 Seiten, 1998, 30,- €
ISBN 3-930673-62-2

Es gibt bestimmte subtile, aber sehr nützliche Arten, in regulären Ausdrücken zu denken. Jeffrey Friedl macht mit diesen Denkweisen vertraut und zeigt Schritt für Schritt, wie man gekonnt reguläre Ausdrücke formuliert, um anfallende Aufgaben effizient zu erledigen.

Algorithmen mit Perl

Jon Orwant, Jarkko Hietaniemi &
John Macdonald
716 Seiten, 2000, 40,- €
ISBN 3-89721-141-6

Das erste Programmierbuch über Algorithmen, das auf Perl eingeht. Beschrieben werden klassische Programmiertechniken, deren Anwendungsmöglichkeiten und – am wichtigsten – deren Umsetzung in Perl-Code.

O'REILLY®

anfragen@oreilly.de • http://www.oreilly.de • +49 (0)221-97 31 60-0

Perl

Einführung in Perl /TK

Nancy Walsh
384 Seiten, 1999, 36,- €
ISBN 3-89721-142-2

Eine Einführung in die Perl-Erweiterung Perl/Tk zur Programmierung grafischer Benutzeroberflächen, die anhand von vielen Beispielen und Abbildungen schrittweise jedes Element (Widget) von Perl/Tk erklärt.

Programmierung mit Perl DBI

Alligator Descartes & Tim Bunce
384 Seiten, 2001, 38,- €
ISBN 3-89721-143-2

DBI ist die Standard-Datenbankschnittstelle für Perl. Das Buch beschreibt die Architektur von DBI, erklärt, wie DBI-basierte Programme geschrieben werden, und behandelt ausführlich die Details und Besonderheiten jedes einzelnen DBD.

Programmieren mit Perl-Modulen

Nate Patwardhan u.a.
538 Seiten, 1999, 38,- €, inkl. CD-ROM
ISBN 3-89721-108-4

Diese Einführung in die Anwendung von Perl-Modulen erklärt, wie man die passenden Module findet, installiert und einsetzt. Dabei werden Module für die wichtigsten Anwendungsbereiche (Datenbanken, Textbearbeitung, GUI, Grafiken, E-Mail, CGI usw.) vorgestellt.

Perl für System-Administration

David N. Blank-Edelman
476 Seiten, 2001, 38,- €
ISBN 3-89721-145-9

Dieses Buch wendet sich an Administratoren von Unix/Linux-, Windows NT/2000- und MacOS-Systemen. Es behandelt vor allem die Bereiche der Systemadministration, in denen Perl besonders nützlich und effektiv ist, u.a. Management von Dateisystemen, Prozessen, Benutzer-Accounts, Datenbanken und Netzwerken.

Perl/TK – kurz & gut

Stephen O. Lidie
120 Seiten, 1998, 8,- €
ISBN 3-89721-200-5

Referenz zu Perl/Tk, die sämtliche Widgets von Perl/Tk einschließlich deren Methoden und Variablen u.v.a.m. beschreibt.

Fortgeschrittene Perl-Programmierung

Sriram Srinivasan
462 Seiten, 1998, 40,- €
ISBN 3-89721-107-6

Fortgeschrittene Perl-Programmierung ermöglicht sowohl Lesern mit Grundkenntnissen als auch erfahrenen Anwendern, ihre Programmiertechnik zu verbessern, kompliziertere Vorgänge zu meistern und effektiver zu arbeiten. Dieses Buch behandelt u.a. folgende fortgeschrittene Themen:

- Objektorientierte Programmierung
- Komplexe Datenstrukturen, Persistenz
- Netzwerkprogrammierung
- API-Programmierung mit Tk
- Interaktion mit in C geschriebenen Funktionen
- Erweiterung und Einbettung des Perl-Interpreters
- Perl-Interna

mod_perl – kurz & gut

Andrew Ford
92 Seiten, 2001, 8,- €
ISBN 3-89721-231-5

Übersicht über die wichtigsten Features des Apache-Moduls mod_perl. Behandelt werden sowohl Funktionen als auch Konfigurationsanweisungen.

O'REILLY®

anfragen@oreilly.de • http://www.oreilly.de • +49 (0)221-97 31 60-0

O'Reillys Taschenbibliothek

kurz & gut

Perl 5, 3. Auflage

Johan Vromans, 110 Seiten, 2000, 8,- €
ISBN 3-89721-227-7

Überblick über Perl 5.6, u.a. über Syntaxregeln, Quotierung, Variablen, Operatoren, Funktionen, I/O, Debugging, Formate, Standardmodule und reguläre Ausdrücke.

Python

Mark Lutz, 82 Seiten, 1999, 8,- €
ISBN 3-89721-216-1

Diese Sprachreferenz gibt einen Überblick über Python-Statements, Datentypen, eingebaute Funktionen, häufig verwendete Module und andere wichtige Sprachmerkmale.

PHP

Rasmus Lerdorf, 111 Seiten, 2000, 8,- €
ISBN 3-89721-225-0

Eine ideale Kurzeinführung in Syntax und Struktur der Skriptsprache sowie eine Schnellreferenz für die Vielzahl der Funktionen.

Tcl/Tk

Paul Raines, 96 Seiten, 1998, 8,- €
ISBN 3-89721-210-2

Kompaktes Nachschlagewerk aller wichtigen Tcl-Sprachelemente, Tcl- und Tk-Befehle sowie der Tk-Widgets.

CVS

Gregor N. Purdy, 84 Seiten, 2001, 8,- €
ISBN 3-89721-229-3

Behandelt die zentralen Konzepte der CVS-Versionskontrolle und enthält eine vollständige Befehlsreferenz sowie eine Anleitung für die Konfiguration und Installation von CVS.

Windows 2000 Befehle

Æleen Frisch, 120 Seiten, 2001, 8,- €
ISBN 3-89721-234-X

Windows 2000 Befehle - kurz & gut listet alle wesentlichen Befehle der Kommandozeile mit ihren jeweiligen Optionen in knapper, aber umfassender Form auf. Auch die Befehle des Resource Kit sind abgedeckt.

C

Ulla Kirch-Prinz & Peter Prinz
120 Seiten, 2002, 8,- €
ISBN 3-89721-238-2

Das Buch bietet zweierlei: der erste Teil ist ein kompakter Überblick über die Sprache und ihre Elemente, die zweite Hälfte ist der Standard-Bibliothek gewidmet. Der neuste ANSI-Standard C99 wird hierbei berücksichtigt.

vi-Editor

Arnold Robbins, 63 Seiten, 1999, 8,- €
ISBN 3-89721-213-7

Zum Nachschlagen für die wenig intuitiven vi und ex: Optionen und Befehle, Shortcuts, reguläre Ausdrücke sowie Optionen der Klone nvi, elvis, vim und vile.

GNU Emacs

Debra Cameron, 64 Seiten, 1999, 8,- €
ISBN 3-89721-211-0

Referenz zu den Optionen und Befehlen des Editors GNU Emacs 20.2: von den Grundlagen der Textverarbeitung bis zu speziellen Befehlen für Programmierer.

sed & awk

Arnold Robbins, 49 Seiten, 2000, 8,- €
ISBN 3-89721-226-9

Kompaktes Nachschlagewerk zu den Unix-Tools sed und awk und zur Mustererkennung mit allen notwendigen Informationen, um die Bearbeitung von Textdateien unter Unix zu automatisieren.

LaTeX

M. K. Dalheimer, 72 Seiten, 1998, 8,- €
ISBN 3-89721-204-8

LaTeX-Befehle und ihre Optionen, die jeder immer wieder benötigt. Behandelt auch Zusatzpakete zur Grafikanbindung und für die Anpassung an den deutschen Sprachraum.

Oracle PL/SQL

S. Feuerstein, C. Dawes & B. Pribyl
104 Seiten, 1999, 8,- €
ISBN 3-89721-217-X

Referenz zu Oracle PL/SQL, einschließlich der neuesten Oracle8*i*-Erweiterungen sowie hilfreicher Informationen zu fundamentalen Sprachelementen, Datensätzen, Prozeduren, Funktionen, Triggern und Packages.

O'REILLY®

anfragen@oreilly.de • http://www.oreilly.de • +49 (0)221-97 31 60-0

O'Reillys Taschenbibliothek

kurz & gut

XML, 2. Auflage

R. Eckstein mit M. Casabianca
106 Seiten, 2002, 8,- €
ISBN 3-89721-235-8

Dieser Bestseller wurde komplett aktualisiert und erweitert. Er bietet eine kurze Einführung in Terminologie und Syntax von XML, einen Überblick über seine Elemente und Attribute, über XPath, XPointer, XLink und nun auch XSLT.

HTML

Jennifer Niederst, 96 Seiten, 2000, 8,- €
ISBN 3-89721-214-5

Diese Referenz bietet einen schnell zugänglichen Überblick über alle HTML-Tags und deren wichtigste Attribute. Berücksichtigt sind HTML 4.0 sowie die Erweiterungen von Netscape und Internet Explorer.

CSS

Eric A. Meyer, 102 Seiten, 2001, 8,- €
ISBN 3-89721-237-4

Dieser Band gibt eine kompakte Übersicht über den Einsatz von Cascading Style Sheets und beschreibt alle CSS-Eigenschaften und deren Unterstützung durch die verschiedenen Browser.

PHP

Rasmus Lerdorf, 111 Seiten, 2000, 8,- €
ISBN 3-89721-225-0

Eine ideale Kurzeinführung in Syntax und Struktur der Skriptsprache sowie eine Schnellreferenz für die Vielzahl der Funktionen.

JavaScript

David Flanagan, 98 Seiten, 1998, 8,- €
ISBN 3-89721-208-0

Eine kompakte Referenz aller Funktionen, Objekte, Methoden, Eigenschaften und Event-Handler von JavaScript 1.2.

Gimp, 2. Auflage

Sven Neumann, 106 Seiten, 2000, 8,- €
ISBN 3-89721-223-4

Umfassende Referenz zu den komplexen Menüs von Gimp 1.2, mit vielen Tips für die praktische Anwendung.

Apache

Andrew Ford, 120 Seiten, 2001, 8,- €
ISBN 3-89721-224-2

Behandelt werden Optionen, Module, Hilfsprogramme, Betrieb und Konfiguration, Performance Tuning, Request-Verarbeitung, Zeitformate, CGI-Umgebungsvariablen für Apache 1.3.12.

mod_perl

Andrew Ford, 92 Seiten, 2001, 8,- €
ISBN 3-89721-231-5

Übersicht über die wichtigsten Features des Apache-Moduls mod_perl. Behandelt werden Funktionen und Konfigurationsanweisungen.

JavaServer Pages

Hans Bergsten, 88 Seiten, 2002, 8,- €
ISBN 3-89721-239-0

Informationen zu JSP-Syntax und -Verarbeitung, Direktiven, Standard-Aktionselementen, Skriptelementen, JSP-Objekten, benutzerdefinierten Aktionen sowie der Entwicklung von TLD- und WAR-Dateien.

CGI

Linda Mui, 108 Seiten, 1999, 8,- €
ISBN 3-89721-218-8

Eine Referenz der CGI-Technologie sowie der bei CGI verbreitetsten Verfahren und Tools wie CGI.pm, mod_perl, SSI und Embperl.

HTTP

Clinton Wong, 86 Seiten, 2000, 8,- €
ISBN 3-89721-230-7

Konzeptioneller Überblick über HTTP und ausführliche Referenz zu HTTP-Transaktionen, Client-Methoden, Statuscodes, Header, URL-Codierung, Medientypen, Cookies, Authentifizierung, Persistenz und Caching.

sendmail

Bryan Costales & Eric Allman
80 Seiten, 1997, 8,- €
ISBN 3-89721-202-1

Komprimiertes Nachschlagewerk, das alle Befehle, Optionen, Makro-Definitionen u.v.m. zu sendmail (V8.8) erklärt.

O'REILLY®

anfragen@oreilly.de • http://www.oreilly.de • +49 (0)221-97 31 60-0

Linux

Linux in a Nutshell, 3. Auflage

Ellen Siever, Stephen Spainhour,
Stephen Figgins & Jessica P. Hekman
848 Seiten, 2001, 36,- €
ISBN 3-89721-195-5

Linux in a Nutshell ist das Nachschlagewerk für Benutzer, Programmierer und Systemadministratoren und beschreibt alle wichtigen Befehle, die in den verbreitetsten Linux-Distributionen enthalten sind.

Linux – Wegweiser für Netzwerker, 2. Auflage

Olaf Kirch & Terry Dawson
528 Seiten, 2001, 38,- €
ISBN 3-89721-135-1

Die vollständig aktualisierte 2. Auflage dieser umfassenden Einführung in die Netzwerkarbeit mit Linux behandelt nun auch Firewalls, Masquerading und Accounting. Abschnitte zu DNS, Mail und News, PPP sowie NFS/NIS wurden gründlich überarbeitet.

Linux-Gerätetreiber

Alessandro Rubini
464 Seiten, 1998, 36,- €
ISBN 3-89721-122-X

Dieses Buch richtet sich an alle, die unter Linux periphere Geräte unterstützen oder neue Hardware entwickeln wollen. Es erklärt Schritt für Schritt, wie man Treiber für eine große Bandbreite an Geräten schreibt, liefert viele Beispiele, die man sofort anpassen und einsetzen kann, und gibt Einblick in die Interna des Linux-Kernels.

Linux – Wegweiser für Onliner

Michael Renner
278 Seiten, 1999, 28,- €
ISBN 3-89721-132-7

Linux ist ein ideales Betriebssystem für all jene, die intensiv das Internet nutzen möchten. Dieses Praxisbuch zeigt Linux-Onlinern, wie sie ihr System komfortabel einrichten, Arbeitsschritte automatisieren, vorhandene Leistungskapazität möglichst optimal ausnutzen und so Onlinezeiten verkürzen.

Linux – Wegweiser zur Installation & Konfiguration, 3. Auflage

M. Welsh, M. K. Dalheimer & L. Kaufman
848 Seiten, 2000, 36,- €
ISBN 3-89721-133-5

Dieser Wegweiser erklärt Ihnen alles, was Sie wissen müssen, um Linux zu verstehen, es zu installieren und um damit arbeiten zu können. Neben einer umfassenden Installationsanleitung enthält das Buch u.a. eine Einführung in Unix, Hinweise zur System- und Netzwerkverwaltung, einen Überblick über X Windows sowie Informationen über Kernel-Updates, Werkzeuge für die Programmierung und jetzt auch Kapitel zu KDE und Samba.

vi-Editor – kurz & gut

Arnold Robbins
63 Seiten, 1999, 8,- €
ISBN 3-89721-213-7

Zum Nachschlagen für die wenig intuitiven vi und ex: Optionen und Befehle, Shortcuts, reguläre Ausdrücke sowie Optionen der Klone nvi, elvis, vim und vile.

GNU Emacs – kurz & gut

Debra Cameron
64 Seiten, 1999, 8,- €
ISBN 3-89721-211-0

Referenz zu den Optionen und Befehlen des Editors GNU Emacs 20.2: von den Grundlagen der Textverarbeitung bis zu speziellen Befehlen für Programmierer.

CVS – kurz & gut

Gregor N. Purdy
84 Seiten, 2001, 8,- €
ISBN 3-89721-229-3

Behandelt die zentralen Konzepte der CVS-Versionskontrolle und enthält eine vollständige Befehlsreferenz sowie eine Anleitung für die Konfiguration und Installation von CVS.

O'REILLY®
anfragen@oreilly.de • http://www.oreilly.de • +49 (0)221-97 31 60-0